KB240098

300만 독자가 선택한

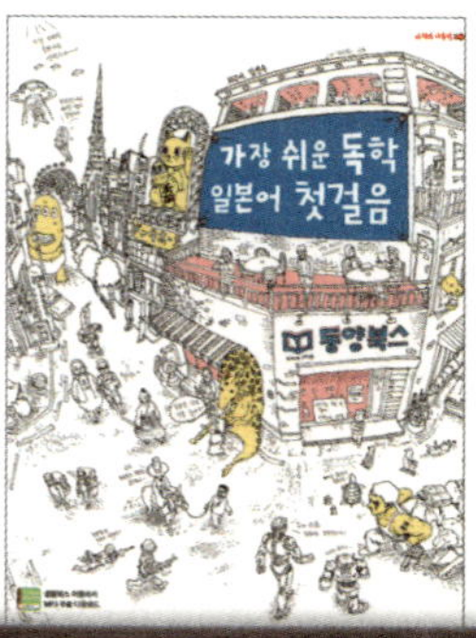

가장 쉬운
독학 일본어 첫걸음
14,000원

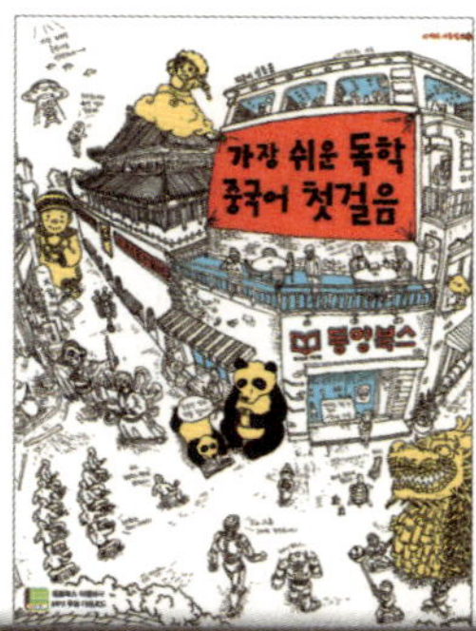

가장 쉬운
독학 중국어 첫걸음
14,000원

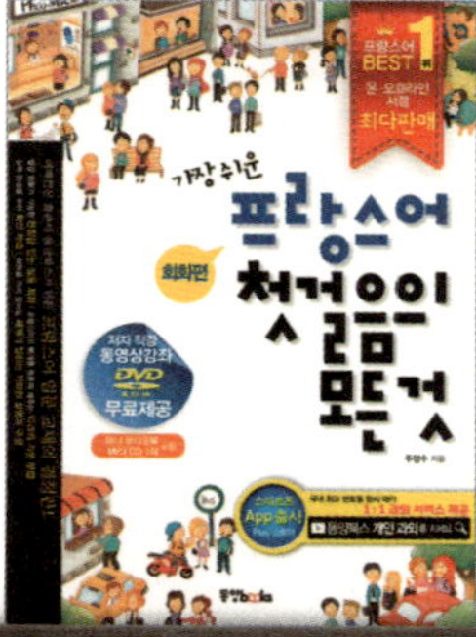

가장 쉬운
프랑스어 첫걸음의 모든 것
17,000원

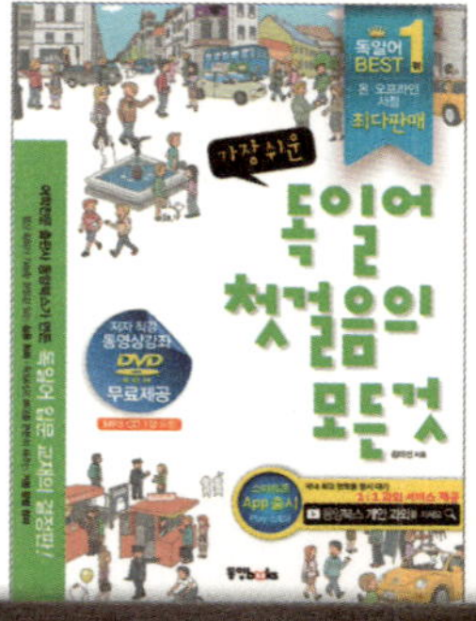

가장 쉬운
독일어 첫걸음의 모든 것
18,000원

가장 쉬운
스페인어 첫걸음의 모든 것
14,500원

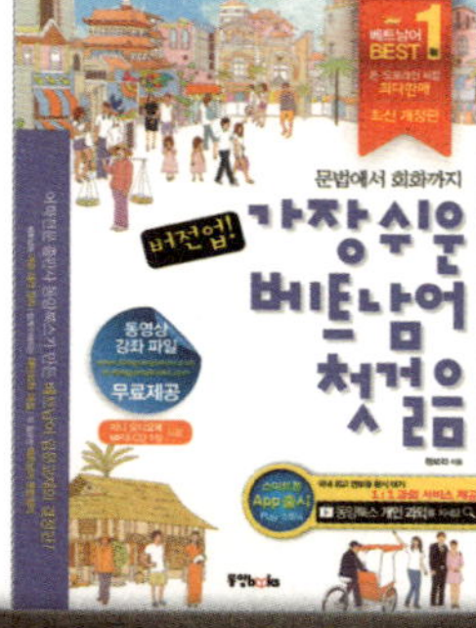

버전업! 가장 쉬운
베트남어 첫걸음
16,000원

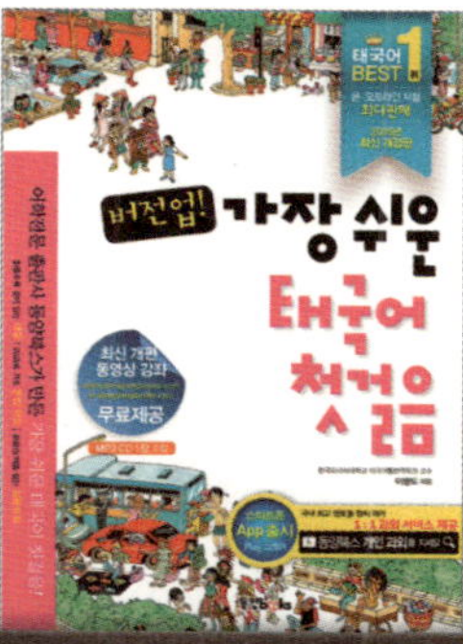

버전업! 가장 쉬운
태국어 첫걸음
16,800원

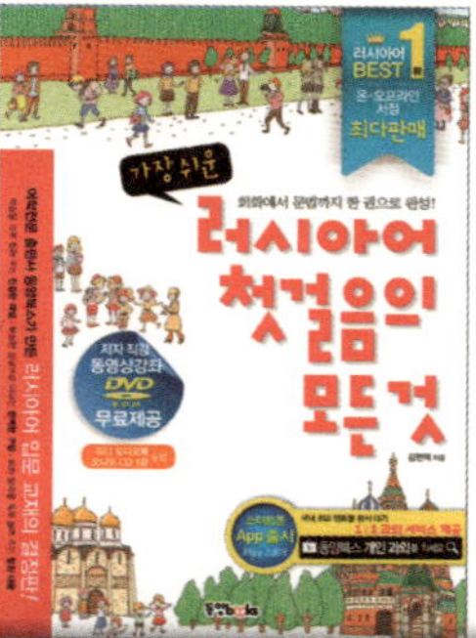

가장 쉬운
러시아어 첫걸음의 모든 것
16,000원

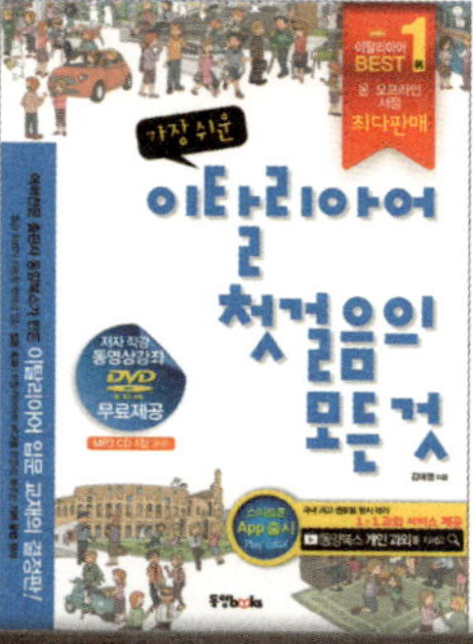

가장 쉬운
이탈리아어 첫걸음의 모든 것
17,500원

첫걸음 베스트 1위!

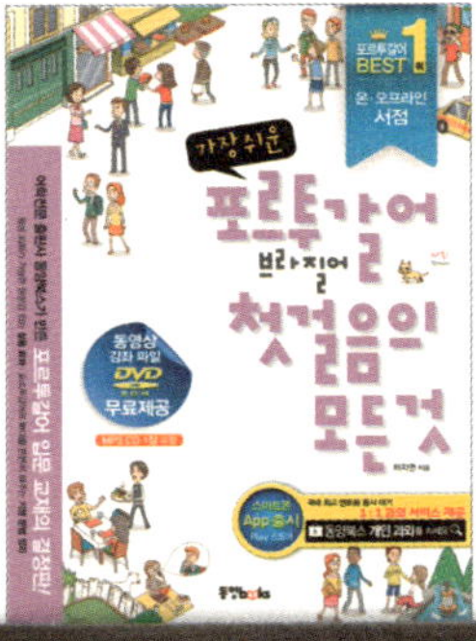

가장 쉬운
포르투갈어 첫걸음의 모든 것
18,000원

가장 쉬운
터키어 첫걸음의 모든 것
16,500원

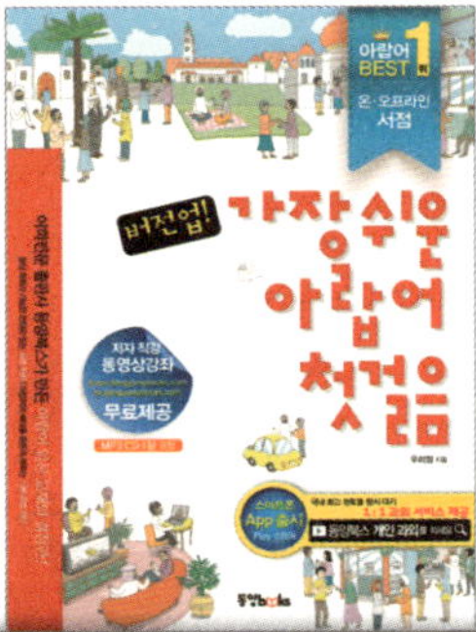

버전업! 가장 쉬운
아랍어 첫걸음
18,500원

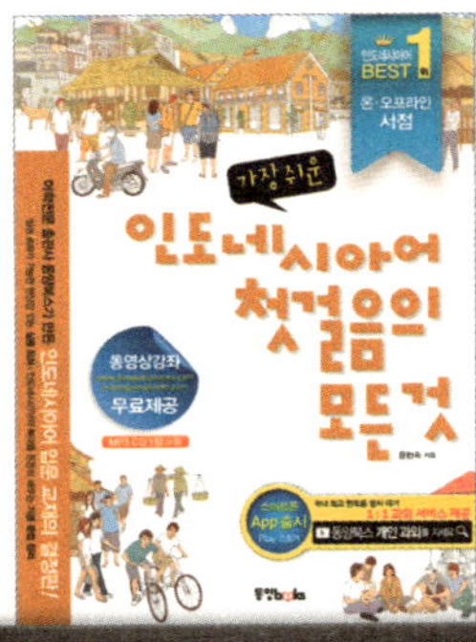

가장 쉬운
인도네시아어 첫걸음의 모든 것
18,500원

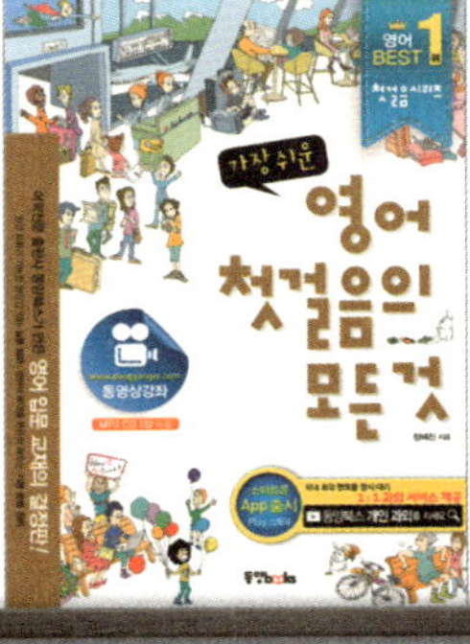

가장 쉬운
영어 첫걸음의 모든 것
16,500원

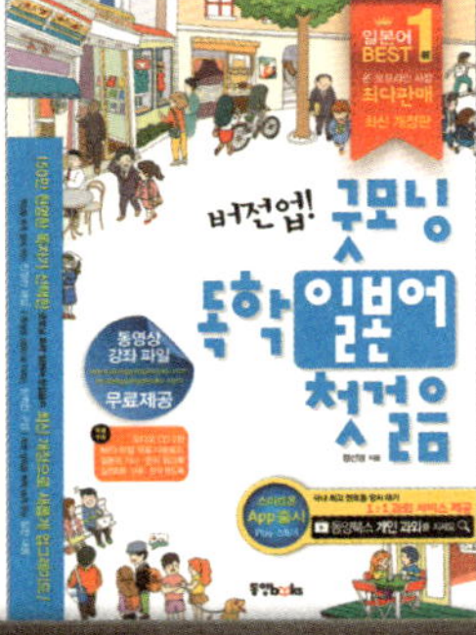

버전업! 굿모닝
독학 일본어 첫걸음
14,500원

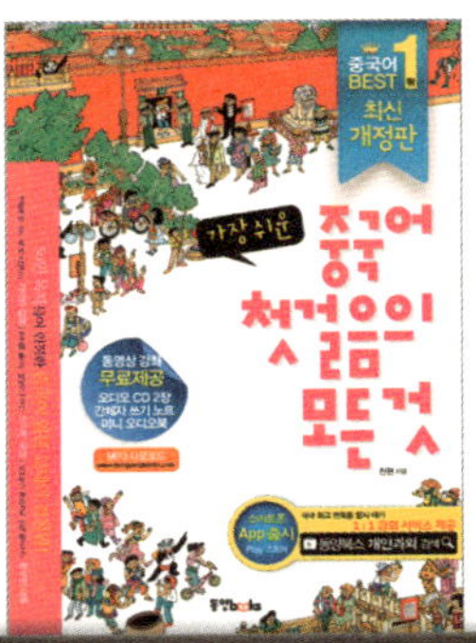

가장 쉬운
중국어 첫걸음의 모든 것
14,500원

www.dongyangbooks.com
www.dongyangtv.com
m.dongyangbooks.com

5급

北京大學

新 HSK 더 THE 모의고사

북경대학 감수 | 배수진 · 최지은 편저

동양북스　北京大學出版社　PEKING UNIVERSITY PRESS

初版 印刷 | 2016년 9월 1일
初版 發行 | 2016년 9월 5일

편저자 | 배수진, 최지은
발행인 | 김태웅
총　괄 | 권혁주
편집장 | 이경숙
책임편집 | 장아름
디자인 | 차경숙
마케팅 총괄 | 나재승
마케팅 | 서재욱, 김귀찬, 왕성석, 이종민, 조경현
온라인 마케팅 | 김철영, 양윤모, 탁수지
제　작 | 현대순
총　무 | 한경숙, 안서현, 최여진, 강아담
관　리 | 김훈희, 이국희, 김승훈, 이규재

발행처 | 동양북스
등　록 | 제10-806호(1993년 4월 3일)
주　소 | 서울시 마포구 동교로22길 12 (04030)
전　화 | (02)337-1737
팩　스 | (02)334-6624

http://www.dongyangbooks.com
http://www.dongyangTV.com

ISBN 979-11-5703-195-5 14720
ISBN 979-11-5703-186-3 (세트)

이 도서의 국립중앙도서관 출판예정도서목록(CIP)은 서지정보유통지원시스템 홈페이지(http://seoji.go.kr)와
국가자료공동목록시스템(http://www.nl.go.kr/kolisnet)에서 이용하실 수 있습니다.
(CIP제어번호:CIP2016018687)

머리말

新한어수평고시(新汉语水平考试 , 이하 新HSK)는 중국 국가한반(中国国家汉办)이 새롭게 내놓은 권위 있는 중국어능력평가시험입니다. 新HSK 취득자는 국내 기업 취업 및 승진 시 일정의 가산점을 부여받을 수 있는 장점이 있어, 응시자 수가 해마다 증가하고 있습니다. 그뿐만 아니라 문화, 예술, 산업 등 다방면에서 중국어에 대한 수요가 증가하고 있기에, 이제 중국어는 영어 못지않게 중요한 언어가 되었습니다. 이에 수험생들이 단시간에 新HSK를 취득할 수 있도록 실제 시험과 유사한 문제들을 반복 학습함으로써 시험 합격률을 높이고, 실제 중국어 구사 능력까지 향상할 수 있게 하기 위해서 이 실전 모의고사 문제집을 만들게 되었습니다.

1 최신 개정 난이도 전격 반영!

이 책의 집필진은 수십 년간 현장 강의 경험을 통해 매년 바뀌는 新HSK의 경향과 흐름을 파악하였고, 특히 2013년에 비해 월등히 난이도가 높아진 최근 新HSK 경향을 반영하였습니다. 출제율이 떨어지는 어휘들은 배제하였고, 최근 4~5개월 동안의 기출 경향을 담았습니다. 또한, 新HSK에 출제된 문장과 단어, 출제 특징 및 문제의 핵심 포인트를 분석하였습니다. 이를 통해 수험생들이 실제 시험과 매우 유사한 문제들로 학습하여 짧은 시간 내에 점수를 취득할 수 있게 될 것입니다.

2 응시자 눈높이에 맞춘 문제 구성

다년간의 HSK 강의 경험을 통해 많은 수험생들이 쉽게 암기하지 못하는 어휘, 어려워하는 문장 구조들을 통계 분석하여 반영하였습니다. 눈높이에 정확히 맞춰진 문제 및 어휘들을 통해 시간 낭비 없이 최단 시간에 수험 능력을 전반적으로 향상할 수 있도록 하였습니다.

3 북경대학의 감수로 믿고 푸는 실전 모의고사

시중에 많은 HSK 모의고사가 있지만, 권위 있는 북경대학 HSK 집필진이 감수하고 그 결과를 반영한 모의고사는 본 서가 처음이자 마지막입니다. 다년간 HSK만을 연구하고 또 문제 출제에 참여한 경험이 있는 집필진들이 직접 감수를 하여 현재 출간된 그 어떤 모의고사보다도 더 최신 출제 경향에 가까워, 본 서로 자신의 실력을 점검한 후 바로 시험장으로 갈 수 있는 단 하나의 모의고사라고 자부합니다.

본 실전 모의고사 문제집은 최근 변화된 난이도에 근거해서 HSK 강의만 10년 해온 편저자가 수험생들의 눈높이에 맞춰 집필된 훌륭한 수험 대비서임을 자부합니다. 오랜 기간 동안 심혈을 기울여 준비한 이 실전 모의고사 시리즈가 新HSK를 준비하는 모든 수험생들에게 밝은 빛을 비춰주는 등대가 되길 바랍니다.

편저자 배수진, 최지은

新HSK는 국제 중국어능력 표준화 시험으로, 중국어가 모국어가 아닌 수험생의 생활·학습·업무 중 중국어를 이용하여 교제를 진행하는 능력을 중점적으로 측정한다.

1. 구성 및 용도

新HSK는 필기시험과 구술시험으로 나누어지며, 각 시험은 서로 독립되어 있다. 또한 新HSK는 ① 대학의 신입생 모집·분반·수업 면제·학점 수여, ② 기업의 인재채용 및 양성·진급, ③ 중국어 학습자의 중국어 응용능력 이해 및 향상, ④ 중국어 교육 기관의 교육 성과 파악 등의 참고 기준으로 사용할 수 있다.

필기시험	구술시험
新HSK 6급 (구 고등 HSK에 해당)	HSKK 고급
新HSK 5급 (구 초중등 HSK에 해당)	HSKK 고급
新HSK 4급 (구 초중등 HSK에 해당)	HSKK 중급
新HSK 3급 (구 기초 HSK에 해당)	HSKK 중급
新HSK 2급 (신설)	HSKK 초급
新HSK 1급 (신설)	HSKK 초급

※구술시험은 녹음 형식으로 이루어진다.

2. 등급

新HSK 각 등급과 〈국제 중국어 능력 기준〉, 〈유럽 언어 공통 참고규격(CEF)〉의 대응 관계는 아래와 같다.

新HSK	어휘량	국제 중국어 능력 기준	유럽 언어 공통 참고규격(CEF)
6급	5,000 이상	5급	C2
5급	2,500	5급	C1
4급	1,200	4급	B2
3급	600	3급	B1
2급	300	2급	A2
1급	150	1급	A1

| 新HSK 1급 | 매우 간단한 중국어 단어와 문장을 이해하고 사용할 수 있으며, 구체적인 의사소통 요구를 만족시키고 진일보한 중국어 능력을 구비한다. |

| 新HSK 2급 | 익숙한 일상 화제에 대해 중국어로 간단하고 직접적인 교류를 할 수 있으며, 초급 중국어의 우수 수준이라 할 수 있다. |

| 新HSK 3급 | 중국어로 일상생활, 학습, 업무 등 방면에서 기본 의사소통이 가능하며 중국에서 여행할 때 대부분의 의사소통이 가능하다. |

| 新HSK 4급 | 비교적 넓은 영역의 화제에 대해 중국어로 토론할 수 있으며, 원어민과 비교적 유창하게 대화할 수 있다. |

| 新HSK 5급 | 중국어로 신문과 잡지를 읽고 영화와 TV 프로그램을 감상할 수 있으며 중국어로 비교적 완전한 연설을 할 수 있다. |

| 新HSK 6급 | 중국어로 된 정보를 가볍게 듣고 이해할 수 있으며, 구어 또는 서면어의 형식으로 자신의 견해를 유창하게 표현할 수 있다. |

3. 접수

① **인터넷 접수** : HSK 홈페이지(www.hsk.or.kr)에서 접수
② **우 편 접 수** : 구비서류(사진 부착한 응시원서 + 반명함판 사진 1장 + 응시비 입금영수증)를 동봉하여 HSK한국사무국으로 등기 발송
③ **방 문 접 수** : 서울공자아카데미(HSK한국사무국 2층)에서 접수

> **접수시간** 평일 - 오전 9시 30분~12시, 오후 1시~5시 30분 /
> 토요일 - 오전 9시 30분~12시

> **준비물** 응시원서, 사진 3장(3×4cm 반명함판 칼라 사진, 최근 6개월 이내 촬영)

4. 시험 당일 준비물

수험표, 2B 연필, 지우개, 신분증

※유효한 신분증:
- 18세 이상 - 주민등록증, 운전면허증, 기간만료 전의 여권, 주민등록증 발급신청 확인서
- 18세 미만 - 기간만료 전의 여권, 청소년증, 청소년증 발급신청 확인서, HSK 신분확인서
  주의! 학생증, 사원증, 국민건강보험증, 주민등록등본, 공무원증은 인정되지 않음

5. 성적 조회, 성적표 수령

시험일로부터 1개월 후 중국고시센터 홈페이지(www.hanban.org)에서 개별 성적 조회가 가능하며, 성적표는 시험일로부터 45일 이후 발송된다.

新HSK 5급 

1. 新HSK 5급 소개

- **어휘 수 :** 2,500개
- **수　준 :** 중국어로 된 신문과 잡지를 읽고 영화와 TV 프로그램을 감상할 수 있으며 중국어로 비교적 완전한 연설을 할 수 있다.
- **대　상 :** 매주 2~4시간씩 2년 이상(400시간 이상) 집중적으로 중국어를 학습하고 2,500개의 상용어휘 및 관련 어법지식을 가지고 있는 학습자를 대상으로 한다.

2. 시험 구성

시험과목	문제형식	문항 수		시간
듣기	제1부분	20	45	약 30분
	제2부분	25		
	듣기 답안지 작성			5분
독해	제1부분	15	45	45분
	제2부분	10		
	제3부분	20		
쓰기	제1부분	8	10	40분
	제2부분	2		
합계		100		약 120분

※총 시험 시간 125분(개인정보 작성 시간 5분 포함)

3. 영역별 문제 유형

듣기	제1부분 (20문제)	**두 사람의 대화 듣고 질문에 답하기** 두 사람의 대화 뒤에 들려주는 질문에 대한 답을 고른다. 시험지에 제시된 4개의 보기 중 알맞은 답안을 고른다.(녹음은 1번 들려준다.)
	제2부분 (25문제)	**4~5문장의 대화 혹은 단문 듣고 질문에 답하기** 4~5문장의 대화는 각각 10문제, 단문은 2~3문제씩 15문제로 구성된다. 대화나 단문을 듣고 시험지에 제시된 4개의 보기 중 알맞은 답안을 고른다.(녹음은 1번 들려준다.)

독해	제1부분 (15문제)	**빈칸에 알맞은 단어/문장 고르기** 매 지문마다 몇 개의 빈칸이 있다.(한 지문당 3~4문제) 빈칸에 알맞은 단어나 문장을 보기에서 고른다.
	제2부분 (10문제)	**단문 독해: 일치하는 내용 고르기** 한 문제당 1개의 단문과 4개의 보기가 주어진다. 단문의 내용과 일치하는 보기를 고른다.
	제3부분 (20문제)	**장문 독해: 질문에 답하기** 한 지문당 3~4문제가 나온다. 지문을 읽고 제시된 질문에 알맞은 답안을 보기에서 고른다.
쓰기	제1부분 (8문제)	**주어진 어휘를 조합해서 문장 만들기** 주어진 몇 개의 어휘를 이용하여 하나의 완전한 문장을 만든다.
	제2부분 (2문제)	**어휘 및 그림 보고 80자 단문 쓰기** 문제1: 주어진 몇 개의 단어를 모두 사용하여 80자 정도의 단문을 쓴다. 문제2: 주어진 그림이나 사진을 보고 80자 정도의 단문을 쓴다.

4. 성적

성적표는 듣기, 독해, 쓰기 세 영역의 점수 및 총점이 기재되며, 총점이 180점을 넘어야 합격이다.

	만점	점수
듣기	100	
독해	100	
쓰기	100	
총점	300	

※HSK 성적은 시험일로부터 2년간 유효하다.

 **Hanban** **国家汉办/孔子学院总部**
Hanban/Confucius Institute Headquarters

新 汉 语 水 平 考 试
Chinese Proficiency Test

HSK（五级）成绩报告
HSK (Level 5) Examination Score Report

姓名：________________________
Name

性别：__________ 国籍：________________
Gender Nationality

考试时间：______________ 年 ________ 月 ________ 日
Examination Date Year Month Day

编号：________________________
No.

	满分 (Full Score)	你的分数 (Your Score)
听力 (Listening)	100	
阅读 (Reading)	100	
书写 (Writing)	100	
总分 (Total Score)	300	

总分180分为合格 (Passing Score：180)

主任 ________________ 国家汉办
Director Hanban

中国 · 北京
Beijing · China

차례

新汉语水平考试

실전 모의고사

제1회

新汉语水平考试
HSK(五级)
全真模拟题 1

注　意

一、　HSK（五级）分三部分：

  1．听力(45题，约30分钟)

  2．阅读(45题，45分钟)

  3．书写(10题，40分钟)

二、　听力结束后，有5分钟填写答题卡。

三、　全部考试约125分钟(含考生填写个人信息时间5分钟)。

中国　北京　　　　　　　　　　　　×××× / ×××××××　　编制

一、听 力

第 一 部 分

第1-20题：请选出正确答案。

1. A 办公室
   B 博物馆
   C 植物园
   D 花店

2. A 中病毒了
   B 质量很差
   C 空间不足
   D 被删掉了

3. A 不感兴趣
   B 要准备考试
   C 要写报告
   D 想休息

4. A 手感不错
   B 有点儿厚
   C 样式不错
   D 颜色鲜艳

5. A 与人沟通
   B 适应环境
   C 野外生存
   D 独立生活

6. A 签证
   B 身份证
   C 推荐信
   D 发票

7. A 男的没精神
   B 女的输给了男的
   C 女的不爱下象棋
   D 女的是售货员

8. A 开会
   B 电话咨询
   C 修理电话
   D 交学费

9. A 没有胃口
   B 过敏了
   C 嗓子难受
   D 胃疼

10. A 是关于文化的
    B 非常幽默
    C 在体育频道播
    D 周六晚上播出

11. A 勇敢面对问题
    B 感谢家人
    C 征求别人意见
    D 放弃挑战

12. A 网上付款
    B 贷款
    C 短信提醒
    D 存款

13. A 会尽力帮忙
    B 对此地很陌生
    C 感到很抱歉
    D 没有多余时间

14. A 风景好看
    B 颜色鲜艳
    C 画面清晰
    D 表情自然

15. A 要当心身体
    B 不要悲观
    C 要坚持下去
    D 没有风险

16. A 就业率最高
    B 环境优美
    C 在全国最好
    D 宿舍条件最好

17. A 不想去钓鱼
    B 要现在出发
    C 不想吃海鲜
    D 抱怨距离远

18. A 月底
    B 春节前
    C 实习开始前
    D 明年年初

19. A 丝毫不担心
    B 很得意
    C 感到自豪
    D 十分紧张

20. A 图书馆下午闭馆
    B 女的下午有课
    C 男的想学历史
    D 讲座没有趣

第 二 部 分

第21-45题：请选出正确答案。

21. A 男的很抱歉
    B 男的退休了
    C 男的汉语不错
    D 男的不想做兼职

22. A 着凉了
    B 晕倒了
    C 胃疼了
    D 喝醉了

23. A 照相机
    B 领带
    C 冰箱
    D 丝绸围巾

24. A 能源
    B 地震
    C 昆虫
    D 动物

25. A 汽车零件
    B 玻璃
    C 丝绸
    D 生活废品

26. A 女的骑摩托车回去
    B 男的想开车回家
    C 女的会开车
    D 男的买了往返票

27. A 休闲
    B 正装
    C 保暖
    D 流行

28. A 优盘已满
    B 密码忘了
    C 网速太慢
    D 鼠标出毛病了

29. A 测验多
    B 学习时间灵活
    C 能免费听讲
    D 学费高

30. A 得过长跑冠军
    B 现在是教练
    C 脚受伤了
    D 总是抱着胜利的想法

31. A 没有人欣赏他
    B 身体不舒服
    C 常上当受骗
    D 觉得自己太穷

32. A 支票
    B 黄金
    C 项链
    D 耳环

33. A 要珍惜财产
    B 要称赞别人
    C 要懂得满足
    D 理想应符合实际

34. A 甲的没有推荐人签名
    B 乙的有补充说明
    C 甲的指出了缺点
    D 乙的设计更细致

35. A 甲学历更高
    B 乙太骄傲
    C 甲更认真
    D 甲的资料更可信

36. A 主观性太强
    B 步骤错了
    C 结果不可靠
    D 求职者不是真实的

37. A 做扇子
    B 打铁
    C 做伞
    D 修水车

38. A 没有人用雨伞
    B 连下了几场大雨
    C 水库做好了
    D 不太实用

39. A 要相信自己的判断
    B 要学会挑战
    C 要遵守规律
    D 不能三心二意

40. A 节省空间
    B 效率高
    C 费用少
    D 场地灵活

41. A 鼓励员工闲谈
    B 做好笔记
    C 增加参会人数
    D 严格控制时间

42. A 人的血压降低
    B 人容易犯困
    C 灰尘增多
    D 光线变暗

43. A 怎样提高驾驶技术
    B 酒后开车的危害
    C 驾车较危险的时段
    D 情绪对驾车的影响

44. A 在追小偷
    B 想赶末班车
    C 着急去警察局
    D 要回去拿钥匙

45. A 担任队长
    B 以为那人是坏人
    C 没有驾照
    D 抓住小偷

二、阅　读

第　一　部　分

第46-60题：请选出正确答案。

46-48.

　　看篮球本来是充满乐趣的一件事，可是很多球迷却因熬夜看比赛，__46__睡眠不足、眼睛疲劳和饮食不规律。而且，随着赛况的不断变化，球迷们的情绪也会起伏不定，易造成心理上的不适。因此，我们要学做一个健康的球迷：最好不要连续看几场比赛，尽量不要熬夜；尽量抽空儿闭目养神，以__47__眼部疲劳；不要因看比赛而打乱正常的饮食习惯。__48__，我们还应该以平和的心态去看待比赛的输赢，不要过度沉浸于球队的成败之中。

46.	A 导致	B 反映	C 促进	D 抱怨
47.	A 吸收	B 缓解	C 取消	D 诊断
48.	A 何况	B 除非	C 此外	D 因此

49-52.

春秋时期，宋国有一个富人。一天一场大雨把他家的一面墙淋坏了。儿子跟他说："快把墙修好吧，　49　会有人来家里偷东西的。"隔壁的老人也这么劝他，但富人觉得不要紧，就没有去修。结果当天晚上，　50　。富人因此觉得儿子很聪明，能预想到可能会发生的事，但他怀疑隔壁那个老人就是小偷。儿子和邻居说的话明明是一样的，只是因为亲疏有别，富人对他们的态度就完全　51　。可见，我们对事情的　52　，有时会受个人感情的左右。

49. A 因而　　　　B 即使　　　　C 不然　　　　D 与其

50. A 果然丢失了很多东西

　　B 屋子又开始漏水

　　C 儿子一整晚都没睡着

　　D 邻居们都来敲门

51. A 固定　　　　B 相反　　　　C 乐观　　　　D 相关

52. A 感动　　　　B 判断　　　　C 促使　　　　D 计算

53-56.

　　街上有两家相邻的——"牛记"和"李记"，它们各有8个座位，生意都很红火。不到半年就李记又开了家分店，而牛记却无力　53　。这是为什么呢？

　　原来，刚煮好的面很　54　，顾客只能慢慢吃，平均每位顾客要15分钟才能吃完一碗面。牛记一直这样经营，但李记店主在听到客人抱怨吃面太花时间后，就　55　做了些改变：把面端给顾客前，先在冰水中放30秒，这样顾客吃起来温度刚好，　56　。因此，李记每小时的客容量就比牛记大了许多。

　　一样的经营条件和环境，在细微之处动一下脑筋，便会得到不同的结果。

53.	A 配合	B 制定	C 扩大	D 缩小
54.	A 烫	B 软	C 深	D 嫩
55.	A 照常	B 再三	C 稍微	D 其实

56.　A 体重反而增加了

　　　B 口味也不如从前了

　　　C 怪不得人越来越多

　　　D 速度自然加快了

57-60.

从前有一个小伙子，他见什么学什么，但学一样丢一样，__57__没有学会任何东西。后来，他竟然怀疑自己走路的姿势有问题。他听说邯郸人走路姿势很美，便去那里学习。

一开始，他整天站在街头，__58__，再模仿他们，可总觉得不像，他想最好忘记自己从前走路的方法，这样才能专心学习。但即便如此，他仍然觉得自己没学到位。没多久，钱花光了，他才想起回家，可这时他已经不知道该__59__走路，只好爬回家去了。

后来人们就用"邯郸学步"来比喻一些人一味模仿，不仅没有学到别人的长处，反而__60__了自身的特色。

57. A 迟早　　　　B 始终　　　　C 及时　　　　D 连忙

58. A 思考自己的前途
　　B 看了各种各样的造型
　　C 研究每个人走路的姿态
　　D 热情地向路人问自己的姿势

59. A 如何　　　　B 各自　　　　C 任何　　　　D 其余

60. A 消失　　　　B 消除　　　　C 耽误　　　　D 失去

第 二 部 分

第61–70题：请选出与试题内容一致的一项。

61. 教育家指出，让孩子做家务可以锻炼孩子的动作技能，促进其认知能力的发展，增强他们的责任感。家长让孩子在家庭中负起责任很重要，而最好的方式就是让他们承担一部分家务。

    A 让孩子做家务很有必要

    B 家长要耐心教育孩子

    C 孩子很会办事

    D 家长要学会称赞孩子

62. 使用电子优惠券，已成为很多年轻人的消费习惯。相对于纸质优惠券，电子优惠券的优点很明显，不但成本低，商家还可以根据用户下载优惠券的情况，分析消费者的消费习惯和兴趣，更准确地把握其需求。

    A 电子优惠券不方便

    B 优惠券的使用期限很短

    C 电子优惠券越来越流行

    D 下载电子优惠券有一定风险

63. 有效的沟通不仅要有良好的口才，还要善于倾听。只有听懂对方的意思，才能更好地理解别人，因而进行更有效的沟通。同时具备这两种能力，我们就可以在公众场合自如地与人沟通交流。

    A 要重视表达能力

    B 沟通需要好口才和理解能力

    C 知识越丰富表达能力越好

    D 要懂得自己

64. 世界气象组织将每年的3月23日确定为世界气象日，并且每年都会选定一个主题。2014年世界气象日的主题是"天气和气候：青年人的参与"，旨在鼓励青年人关注全球气候变化，并积极参与环保活动。

A 全球气候条件会越来越好
B 世界气象日每年都有一个主题
C 气候变化对老年人的影响更大
D 世界气象组织都是年轻工作人员

65. 最近研究表明，并非所有的感冒均需服药。普通感冒不需要吃药，多喝水、多休息就可以了。但对于流行性感冒或由其他细菌感染引起的感冒，还是应该及时就医，避免病情加重。

A 发烧是感冒的主要症状
B 生病了要及时治疗
C 感冒很容易发炎
D 普通感冒无需吃药

66. 正如每个人都有自己的习惯一样，每个地方也都有自己独特的风俗，因此外出旅游时，每到一处，我们都应该"入乡随俗"，遵守当地的风俗习惯。这样不仅能表示对当地人的尊重，也有利于我们了解当地的民风民俗，或许还能从中得到意想不到的收获。

A 出门旅行要考虑周到
B 不要离开家乡
C "入乡随俗"具有全面性
D 旅行中要尊重当地的风俗

67. 毛遂是赵国平原君的手下，但一直没得到重用。后来，秦国攻打赵国时，他主
动向平原君推荐自己，请求与他一同前去楚国求救。到了楚国，毛遂又挺身而
出，说服了楚王，为赵国搬来救兵，立下了大功。后来人们就用成语"毛遂自
荐"比喻自告奋勇，自己推荐自己担任某项工作。

A 毛遂对国家的贡献很大

B 平原君始终不信任毛遂

C 乐观的态度使毛遂取得了成功

D 毛遂曾经在楚国生活过

68. 《朝花夕拾》出版于1928年，是著名思想家，文学家鲁迅写的一部回忆性散文
集。作者以优美的语言、深沉而热烈的感情回忆了自己童年、少年和青年时期
的生活片段，从侧面描绘了中国当时的社会景象，体现了作者对人生和社会变
革的思考。

A 《朝花夕拾》是短篇小说

B 《朝花夕拾》反映了当时的社会状况

C 《朝花夕拾》的语言非常难懂

D 《朝花夕拾》是鲁迅的第一部作品

69. 老师问："一滴水怎样才能不干？"学生回答不上来。老师说道："一滴水，
风可以将它吹干，太阳可以让它蒸发。要想生存，只有融入大海。一个人就如
一滴水，要想取得成功，就要学会与人合作，就要融入集体。"这就是我们常
说的"再强大的个人都不如一个团结的集体。"

A 要善于发挥自身优势

B 要懂得与人合作

C 不要轻视个人力量

D 性格是成功的关键

70. 夏季气温高，人体消耗的水分比其他季节要多，需要及时补充。此时我们可以多吃一些瓜类蔬菜或水果，如冬瓜、黄瓜、南瓜和甜瓜等。这些瓜类蔬果的共同特征是含水量都在90%以上，同时，它们还有降低血压、保护血管等作用。

A 夏季人的血压容易降低

B 要注意营养均衡

C 瓜类蔬果成熟期长

D 夏季应多吃含水量大的蔬果

第 三 部 分

第71-90题：请选出正确答案。

71-74.

　　有个小男孩儿，一次不小心踩到香蕉皮滑倒了，摔得浑身是泥。多年后，他成了一名研究机械润滑原理的工程师。一天，他在研究润滑油时，突然想起了小时候摔的那一跤，脑子里顿时冒出了一个问题：香蕉皮为什么那么滑呢？

　　于是，他开始认真研究香蕉皮。透过显微镜，他发现香蕉皮是由几百个薄层构成的，薄层之间能够相对滑动，摩擦力很小。正是这种结构使香蕉皮十分地滑。

　　由此他想到，如果将这种结构原理运用到工业润滑方面，一定能解决很多难题。从那天以后，他刻苦钻研，经过无数次实验，终于发明了二硫化钼润滑脂。这种润滑脂问世不久，便在工业上得到了广泛应用，被誉为"润滑之王"。他将这项发明申请了专利，获得了巨额财富。

　　走路摔跤本是寻常事，可是有心人却能从中发现问题，并成就一番事业。留心生活中的小事，做个善于发现问题的人，你的世界也许会变得更加完美。

71.　那个小男孩：

　　A　运气一直很好

　　B　后来当了工程师

　　C　没想到这次试验彻底失败了

　　D　非常调皮

72. 根据第2段，可以知道香蕉皮：

    A 表面粗糙

    B 由许多薄层构成

    C 常被用于制造润滑剂

    D 结构容易被破坏

73. 关于那项发明，下列哪项正确？

    A 应用很广   B 引起了技术革命

    C 会污染环境   D 成本较高

74. 上文主要想告诉我们：

    A 具体问题具体分析

    B 要留心发现问题

    C 要善于利用各种资源

    D 看问题要全面

75-78.

　　有位有名的喜剧明星在从艺初期，常因自己的演技平平而愁得吃不下饭。当时他参加了一个电视剧的演出，剧组有位老喜剧演员表演非常传神，深受观众喜爱。可是，无论他怎么努力，就是演不出人家那么好的效果。这让他十分困惑："自己到底是哪里做得不够呢？"

　　一天，他和剧组的同事在一家饭店吃饭。老板非常幽默，一边给他们上菜，一边逗他们发笑，大家都笑得直不起腰来。这时，他突然发现那位老喜剧演员正目不转睛地看着老板，观察老板的一言一行。等老板走后，老演员又悄悄地模仿起老板刚才那几个生动有趣的动作。看到这儿，他忽然明白了，老演员之所以演得那么好，是因为善于从生活中积累表演素材，而来自生活的，才是最具有感染力的。

　　从那以后，他也开始留意生活中有趣的表演素材，并将其和自己的性格融合在一起，逐渐形成了独具特色的表演风格。不久后，他就成为了家喻户晓的喜剧明星。

75．他刚开始为什么会发愁？

　　A　没有舞台经验

　　B　演技不够好

　　C　记不住台词

　　D　与同事相处得不好

76．第2段中画线词语"目不转睛"形容老演员：

　　A　观察仔细　　　　　　　　B　非常谨慎

　　C　配合得很好　　　　　　　D　很尊敬那位老戏剧演员

77. 那位老演员在饭店是怎么做的？

A 向老板请教厨艺

B 模仿老板的动作

C 请顾客当裁判

D 表演了老板的动作

78. 从饭店回来后，他开始：

A 思考人生价值

B 研究电影作品

C 到处演出

D 从生活中学表演

79-82.

　　钥匙，家家都有，再平常不过了。然而，有人竟收集了古今中外约两万把钥匙，还建了个人收藏馆——金钥匙博物馆。这个人就是上海钥匙收藏家赵金志。

　　赵金志从小就与钥匙结下了不解之缘。那时父亲做小生意，收来许多废铜烂铁。他一旦从中发现形态奇特的钥匙，便如获至宝。而且，只要知道哪里有值得收藏的钥匙，他都会<u>千方百计</u>找回来。一次，他得知广东某地有一把"放大镜钥匙"。当时正值台风季节，交通不便，可他还是风雨兼程赶到广东，最终得到了那把钥匙。

　　经过近半个世纪的搜集，赵金志已拥有150多个国家和地区的1200多种钥匙，总数近两万把。这些钥匙质地各异，包括金、银、铜、铁和玛瑙等多种材质。1997年，金钥匙博物馆新馆落成，不足30平方米的展室内陈列了赵金志多年来倾其心血收藏的珍奇钥匙。

　　在这些藏品中，有多项世界之最。比如世界上最小的钥匙，它雕刻在一根头发丝上，只有凭借显微镜将其放大100多倍才能看清楚；再比如唐代钥匙"锁寒窗"，因其造型酷似古代的窗格而得名，是中国现存最早的钥匙。这些珍贵的藏品无不令人惊奇。

79. 第2段画线词语"千方百计"最可能是什么意思？

A 计算能力非常强

B 想尽一切办法

C 打听消息

D 态度诚恳

80. 第3段主要谈的是：

    A 赵金志的钥匙收藏情况

    B 金钥匙博物馆的建成过程

    C 钥匙的各种功能

    D 钥匙的制作工艺

81. 关于"世界上最小的钥匙"，下列哪项正确？

    A 只凭肉眼无法看清

    B 做工比较粗糙

    C 被折断了

    D 已经失传

82. 根据上文，可以知道：

    A 赵金志只收藏中国钥匙

    B 家人不同意赵金志搞收藏

    C "锁寒窗"得名于形状

    D 金钥匙博物馆规模很大

83-86.

某公司新建了一个商场，并打算将楼里30多个黄金铺位一一拍卖。

9点半，最好的铺位首先开始拍卖，起价是30万元。拍卖师话音刚落，一位中年人便举手叫价："80万！"顿时，整个拍卖现场鸦雀无声，大家都吃惊地看着这位中年人，拍卖师在拍卖席上大声喊："有没有超过80万的？80万第一次！80万第二次！好，成交！"就这样，最好的铺位被中年人拍走了。

第二个摊位稍微逊色些，但起价也是30万。这时，拍卖现场的气氛变得火热起来。拍卖师一说出价格，便有人举手示意40万，有人高喊50万，竞争相当激烈。最后，它以100万的价格成交。

才一个上午，30多个铺位就被拍卖一空，最差的铺位也拍出了35万元。有心人不难发现，整场拍卖会，第一个竞拍者其实是最大的赢家。

后来，这位竞拍者说："凭我的经验，如果按常规方式竞拍，这个铺位最后一定会超过100万。拍卖场如战场，稍有迟疑，就会错失良机。所以拍卖师一出价，我就直接把价格抛到了自己的理想价位上，让其他人措手不及。当时我心里也很紧张，怕有人继续抬价，幸好他们都还没做好思想准备，我这才成功拿下了这个铺位。"

83. 中年人出价后，其他竞拍者：

A 纷纷退场   B 很吃惊

C 都想拦住他   D 很无奈

84. 关于第二个铺位，下列哪项正确？

A 最后拍到了100万元

B 起价比第一个高

C 地理位置最好

D 还没装修

85. 根据最后一段，可以知道：

A 中年人缺乏拍卖经验

B 目标不要定得太高

C 把握机会很重要

D 中年人十分后悔

86. 最适合做上文标题的是：

A 拍卖场上的智慧

B 狡猾的拍卖公司

C 拍卖师的一天

D 黄金铺位的秘密

87-90.

明代医药学家李时珍，早在青年时期就已远近闻名了。一天傍晚，他外出看病回来，刚要休息，渔民老庞匆匆跑来请他去救妻子一命。李时珍不顾劳累，马上背起药箱赶到庞家。原来老庞的妻子早上感到不舒服，老庞就找医生开了个药方，又到药铺抓了药，不料妻子服药后，却躺在床上不省人事了。

李时珍看了药方，觉得没问题。他又让老庞取来药罐，拿着药方——核对煮过的草药。突然，他发现药中并没有方子上开的"漏篮子"，却多了一种叫"虎掌"的药，而虎掌有剧毒，吃了必然会出事。

听说是药铺配错了药，老庞气得要去找药铺老板算账。李时珍拉住他，劝道："这件事不能全怪药铺，因为医书《日华本草》上说'漏篮子又名虎掌'，他们大概是因为这样才抓错了药。"

这件事给李时珍的触动很大，他已经多次发现草药书中的错误，也听说过医生或药铺因依照书中的错误记载抓药而致人丧命的事情。这天晚上，<u>他翻来覆去睡不着</u>，想到旧"本草"已几百年没修订了，再继续用下去，不知道还会有多少这样的事情发生。于是，他立誓要重修旧"本草"，纠正古代医书中的各种错误，补充民间现存的医学精华，造福后人。经过27年的不断努力，他终于编写完成了药学巨著——《本草纲目》。

87. 李时珍是怎样发现药有问题的？

    A　亲自尝一尝

    B　询问其他大夫

    C　检查煮过的草药

    D　翻看医书

88. 李时珍为什么说责任不全在药铺？

    A　老庞煮药的方法好

    B　老庞的妻子对草药过敏

    C　医生开的药量太大

    D　药铺可能受医书的误导

89. 第4段中画线句子说明李时珍：

    A　为自己的未来担心

    B　怀疑自己医术不精

    C　心情很不平静

    D　经常开夜车

90. 上文主要讲的是：

    A　李时珍学医的理由

    B　《本草纲目》的由来

    C　李时珍年轻时的小事

    D　草药学产生的背景

三、书 写

第 一 部 分

第91-98题：完成句子。

例如： 发表　　　这篇论文　　　什么时候　　　是　　　的

这篇论文是什么时候发表的?

91.　安排　　　顺序　　　把　　　我　　　好了

92.　我现在　　　答案　　　不能　　　给你明确的

93.　研究　　　理论　　　进行了　　　他对这项

94.　很　　　特色小吃　　　独特　　　当地的

95.　方案　　　被总经理　　　这项　　　否定了

96.　大家　　　积极心态　　　很佩服　　　他的　　　让

97.　运动设施　　　新增了　　　我们健身房里　　　许多

98.　中国传统建筑　　　为主　　　木材　　　以

第 二 部 分

第 99-100 题：写短文。

99.　请结合下列词语（要全部使用），写一篇80字左右的短文。

　　家乡、离开、偶尔、熟悉、想念

100.　请结合这张图片写一篇80字左右的短文。

新汉语水平考试

실전 모의고사

제2회

新汉语水平考试
HSK(五级)
全真模拟题 2

注　意

一、 HSK（五级）分三部分：

1. 听力(45题，约30分钟)

2. 阅读(45题，45分钟)

3. 书写(10题，40分钟)

二、 听力结束后，有5分钟填写答题卡。

三、 全部考试约125分钟(含考生填写个人信息时间5分钟)。

中国　北京　　　　　　　　　　　　　　XXXX/XXXXXXX　编制

一、听 力

第 一 部 分

第1-20题：请选出正确答案。

1. A 有雷阵雨
   B 持续晴天
   C 降温
   D 有大雾

2. A 没逻辑性
   B 观点鲜明
   C 语言优美
   D 内容真实

3. A 引进了人才
   B 生产效率降低了
   C 原材料价格下降了
   D 更新了管理制度

4. A 舅舅
   B 姑姑
   C 外婆
   D 外公

5. A 象棋
   B 西装
   C 数码相机
   D 玩具车

6. A 新产品开发
   B 宣传
   C 咨询
   D 售后服务

7. A 他们在钓鱼
   B 雾气很美
   C 村庄在山顶上
   D 男的在讲神话故事

8. A 电脑中病毒了
   B 鼠标坏了
   C 女的误删了文件
   D 男的没找到软件

9. A 招待客人
   B 参加夏令营活动
   C 参加婚礼
   D 签订合同

10. A 项目没通过
    B 被经理批评了
    C 没被录取了
    D 失业了

11. A 保暖效果不错
    B 是进口的
    C 非常柔软
    D 是手工制作的

12. A 绿色食品
    B 新能源
    C 疾病防治
    D 环境污染

13. A 是业余选手
    B 担任裁判
    C 不懂比赛规则
    D 是个球迷

14. A 厨房的墙面
    B 客厅的大小
    C 阳台的门
    D 卧室的窗帘

15. A 调整坐姿
    B 少熬夜
    C 多吃蔬菜
    D 加强锻炼

16. A 没地方晒衣服
    B 空气湿润
    C 护肤品太贵
    D 生活舒适

17. A 改变字体
    B 下载电子书
    C 上传电影
    D 制作字幕

18. A 不要慌张
    B 别太节省
    C 当心着凉
    D 台阶很滑

19. A 停电了
    B 电池没安好
    C 插座坏了
    D 充电器没插好

20. A 有相关经验
    B 有美术功底
    C 演讲水平高
    D 普通话好

第 二 部 分

第 21 - 45 题：请选出正确答案。

21. A 配套设施完善
    B 交通方便
    C 租金贵
    D 面积很大

22. A 很高档
    B 像真的
    C 很结实
    D 很鲜艳

23. A 键盘坏了
    B 密码忘了
    C 网速太慢
    D 硬盘已满

24. A 民间传说
    B 婚礼风俗
    C 饮食习惯
    D 家乡特产

25. A 乐器店
    B 操场
    C 维修店
    D 幼儿园

26. A 换公寓了
    B 退休了
    C 是地理老师
    D 没做完手术

27. A 市场推广需要
    B 是顾客要求的
    C 想挑战自己
    D 不愿追随时尚

28. A 宠物托运
    B 包裹邮寄
    C 航班信息
    D 网络购票

29. A 看急诊
    B 预订座位
    C 组织聚会
    D 开发票

30. A 再打电话催一下
    B 让物业赔偿
    C 自己试着修
    D 损失太大

31. A 伸手打桌子

B 批评孩子

C 搬走桌子

D 看孩子是否受伤

32. A 劝告孩子要坚强

B 给孩子讲故事

C 让孩子把桌子擦干净

D 帮孩子分析原因

33. A 乐观面对困难

B 勇敢地承担责任

C 独立思考

D 虚心学习

34. A 面对困境有什么要求

B 如何看待加班

C 有无工作经历

D 怎样处理与同事的关系

35. A 公司应多为员工着想

B 公司利益就是自己利益

C 员工必须有自尊心

D 诚信是企业的生命

36. A 能承受压力

B 为人大方

C 具有创新精神

D 懂得从自身找原因

37. A 很挑剔

B 特别懒

C 喜欢潮湿的环境

D 尾巴很漂亮

38. A 天气转暖时

B 刮大风时

C 暴雨天

D 雾天

39. A 做选择时要谨慎

B 要赞美别人

C 不要过于关注优点

D 不要轻视他人

40. A 便于闲聊

B 方便查找资料

C 注意力容易集中

D 环境舒适

41. A 效率更高

B 感到不安

C 变得骄傲

D 更爱思考

42. A 每队须有一名女性

B 年龄不得超过30岁

C 球技要好

D 须穿新衣服

43. A 输赢偶然性强
    B 允许违规
    C 规则简单
    D 已经推广了

44. A 那些画儿很便宜
    B 许多人要买画家的画儿
    C 画家得过大奖
    D 画家的水平很高

45. A 画风变了
    B 出名了
    C 开始谦虚了
    D 比以前更认真了

二、阅 读

第 一 部 分

第46－60题：请选出正确答案。

46-48.

　　从前，某地红薯很贵，有个人因为种了许多红薯而大赚了一笔。那些没种红薯的人很是后悔，他们暗下__46__，第二年一定要改种红薯。可是，由于第二年种红薯的人太多，大家都__47__惨重。但是第一年种红薯的那个人却赚了很多钱。原来，他料到第二年会有很多人种红薯，于是他就专门卖红薯秧苗给别人。

　　人与人的不同就在于此，有的人只能看到眼前__48__，人云亦云；有的人却能把眼光放得长远，把握先机。

46.	A 决心	B 信心	C 感觉	D 梦想
47.	A 受伤	B 伤害	C 损失	D 威胁
48.	A 用途	B 待遇	C 利益	D 权力

49-52.

　　有位少年向陶渊明请教读书的方法，希望自己也能__49__像他那样家喻户晓的大诗人。

　　陶渊明带着少年来到稻田间，指着一颗秧苗说："你仔细看，它是不是在长高？"少年蹲在秧苗旁仔细__50__，过了好半天也不见秧苗往上长，就对陶渊明说："它没长高啊。"

　　陶渊明问："真的没长吗？那矮小的幼苗是怎么长到现在这么高的呢？"

　　少年低头不语，陶渊明进一步引导说："其实，它__51__都在生长，只是我们看不到而已。读书也是一样，__52__，并不容易察觉到，但只要勤学不辍，就会积少成多。"

49. A 成为　　　　B 参考　　　　C 沟通　　　　D 考虑

50. A 搜索　　　　B 彻底　　　　C 模仿　　　　D 观察

51. A 曾经　　　　B 反复　　　　C 已经　　　　D 时刻

52. A 知识是慢慢积累的

　　 B 肯定要结合实践

　　 C 急于速成是不可取的

　　 D 不免会遇到困难

53-56.

　　熊猫的学名其实是"猫熊"，意思是"像猫一样的熊"，也就是说它__53__上类似于熊，而外貌却像猫。严格地说，"熊猫"是一种错误的称呼。那么这一错误的称呼是怎么来的呢？原来，早年间重庆市北碚博物馆__54__展出过"猫熊"的标本，它的说明牌自左向右横写着"猫熊"两个字。可是，当时报刊的横标题都是自右向左认读的，所以记者们便在__55__中把"猫熊"误写成了"熊猫"。

　　这一称呼经媒体广泛传播后，被人们熟知。人们说惯了，也就很难再纠正过来了。于是，__56__，称"猫熊"为"熊猫"了。

53.　A　本质　　　　B　规范　　　　C　规则　　　　D　趋势

54.　A　迟早　　　　B　照常　　　　C　如果　　　　D　曾经

55.　A　预报　　　　B　报道　　　　C　辅导　　　　D　报到

56.　A　记者们十分惊慌

　　　B　大家就将错就错

　　　C　人们就改正过来

　　　D　动物学家不愿承认自己错了

57-60.

　　心理学研究表明，对自己说一些暗示性的话语，有利于更好地完成任务。不同的任务，可能需要不同的暗示语。对一些要求精细操作的任务，应用比较__57__的暗示语，比如打高尔夫球时，可以告诉自己"手抬高一点儿""放慢一些"等；而对于那些要求有耐力和韧性的任务，如长跑、竞走等，说一些积极性的暗示语，效果会更好，如对自己说"__58__""我一定能做到的"等。

　　专家指出，语言暗示其实是一种"自我话疗"，它可以帮助人们__59__心态，让人更自信、注意力更集中，从而激发出人的潜能，当你心情不好或工作__60__不高时，不妨也试着对自己说几句话吧。

57.　A　彻底　　　　　B　具体　　　　　C　个别　　　　　D　被动

58.　A　要是输了怎么办　　　　　　　B　这段路太难了
　　　C　别再勉强自己了　　　　　　　D　再坚持一下就赢了

59.　A　训练　　　　　B　调整　　　　　C　看病　　　　　D　诊断

60.　A　步骤　　　　　B　性质　　　　　C　效率　　　　　D　程度

第 二 部 分

第61-70题：请选出与试题内容一致的一项。

61. 不少人都喜欢喝下午茶，下午茶对补充人体能量大有好处。随着现代社会生活
    节奏加快，上班族的午餐经常吃得太少或者过于仓促，而一份营养均衡的下午
    茶，不但能赶走瞌睡，还有助于恢复体力。

    A 喝下午茶会加重消化负担
    B 午餐要注意营养均衡
    C 喝下午茶有助于补充能量
    D 中午不宜吃得过饱

62. 人生像一杯咖啡一样，苦中带着甜，甜中透着苦。糖是甜的，咖啡是苦的，这
    是无法改变的，但是我们可以通过改变它们的用量，来调好我们的"人生咖
    啡"，让它散发出属于自己的味道。

    A 要学会缓解自己的压力
    B 喝咖啡有助于提神
    C 很容易做出改变
    D 要把握好自己的人生

63. 人与人之间的关系就像花朵，不悉心照顾就会慢慢枯萎。与朋友保持长久关系
    的基本原则，就是不要失去联络。有时候，超过半年不与某个朋友联系，就有
    可能失去这段友谊。同时要谨记，不要等到需要帮助时才想起朋友。

    A 养花有很多讲究
    B 要与朋友保持联系
    C 跟朋友相处要诚恳坦率
    D 要尽量帮助身边的朋友

64. 活字印刷术是宋朝一个叫毕昇的普通老百姓发明的。这一发明用可以移动的胶泥字块儿代替传统的手工抄写，大大地节省了人们的时间和精力，为知识和文化的传播与交流创造了条件，称得上是人类历史上最伟大的发明之一。

    A 活字印刷术已经失传

    B 活字印刷术成本较高

    C 活字印刷术提高了印刷效率

    D 活字印刷术是现代最伟大的发明

65. 俗话说："送人玫瑰，手留余香。"在帮助别人的过程中，我们可以从精神上获得收获，如境界的提升、心态的改善、助人的快乐等等。这些收获虽然不那么"实惠"，却能让我们长期甚至终身受益，而这是金钱买不来的。

    A 帮助别人能使自己获益

    B 付出不见得有收获

    C 物质是精神的基础

    D 良好的人际关系非常重要

66. "中国历史文化名街"评选推介活动日前已连续举办5届，活动参照历史要素、文化要素、保存状况、经济文化活力、社会知名度、保护与管理这6大标准，已先后评选出50条历史文化名街和街区，有力地提升了社会对历史文化街区保护的关注程度。

    A 保护状况是评选的首要标准

    B 该活动主要宣传胡同文化

    C 该活动有利于保护历史文化名街

    D 参选的文化街均有50多年的历史

67. 长江江豚是全球唯一的江豚淡水品种，主要分布于长江中下游及附近湖区。它们已经在地球上生存了2500万年，被称作"长江生态的活化石"和"水中大熊猫"。长江江豚是目前长江仅存的大型哺乳类动物，现仅剩1000多头。保护长江江豚，已经刻不容缓。

A　长江江豚是种很古老的动物

B　长江江豚目前严重缺少食物

C　长江江豚无法在浅水中生活

D　长江江豚外形与大熊猫很像

68. 《白鹿原》是中国著名作家陈忠实的代表作。这部近50万字的长篇小说以陕西关中平原上的白鹿村为背景，细致地讲述了白、鹿两大家族之间发生的故事。全书有着厚重的史诗风格和真实感，自出版以来，深受读者的赞赏和欢迎，还曾多次被改编成电影、话剧等。

A　《白鹿原》是短篇小说

B　《白鹿原》是陈忠实的最后一部作品

C　《白鹿原》受到了广泛好评

D　《白鹿原》描写了长江两岸人民的生活

69. 做事太在乎别人的评价，只会让自己放不开手脚，犹豫不决，最终失去个性，失去自我。很多时候，相信并坚持自己的选择，才是我们正确的道路。所以，别人怎么看并不重要，重要的是做真实的自己，做自己认为正确的事。

A　要积极乐观

B　要坚持自己的选择

C　要善于听取他人意见

D　要勇于承认自己的错误

70. 词，是诗的一种别体。宋代时，词的创作进入繁荣阶段，出现了大批成就突出的词人，并形成了各种风格、流派，名篇佳作很多，《全宋词》共收录词作近两万首。后人认为词代表了宋代文学的最高成就，将它与唐代诗歌并列，因此有"唐诗宋词"的说法。

A 宋词的派别比较单一
B 唐诗不如宋词影响大
C 宋代是词的繁荣时期
D 宋词流传下来的极少

第 三 部 分

第71-90题：请选出正确答案。

71-74.

　　他从小兴趣就特别广泛。

　　他乐感很好，在一次学校的新年音乐会上，他和同学们表演的小提琴二重奏很受欢迎。朋友们都说，要是他专攻小提琴，一定会成为一名出色的小提琴手。

　　他还是全校的游泳冠军，曾作为运动员代表参加了西南地区的游泳比赛，并获得了第三名。队友们说，如果他接受专业的体育训练，也许能站在高高的领奖台，赢得鲜花和掌声。

　　从农学院毕业后，他带着青春朝气进了一所学校，走上了讲台。学生们说，他讲课生动、透彻，听他的课是种享受，他将来肯定是一位桃李满天下的优秀老师。

　　这时他却开始犹豫了，不知道自己今后努力的方向到底在哪儿。直到有一天，他看见一位果农拿着剪刀，将一串串小花连着枝条一块儿剪掉。他不解地问："为什么把这些花都剪掉？多可惜呀！""花长得太密，是很难结果的。"果农的话一下子点醒了他：花太密了难结果，人生的目标太多了，同样难以实现啊！

　　从此，他立志做个伟大的农民，并将如何提高水稻产量作为自己的研究课题。他就是世界"杂交水稻之父"、首届中国国家最高科学技术奖获得者——袁隆平。

71.　关于他，下列哪项正确？

A　爱好很多　　　　　　　　　B　很自豪

C　好奇心一直很强　　　　　　D　最后成了小提琴手

72. 学生们觉得他：

A 很单纯　　　　　　　B 喜欢提问

C 善于交际　　　　　　D 讲课生动

73. 根据第5段，他为什么会犹豫：

A 取得了研究成果

B 人生目标不明确

C 自己的想法被否定了

D 被取消参赛资格了

74. 上文主要想告诉我们：

A 要勇于承担责任

B 兴趣是从小培养

C 专注才能成功

D 机会无处不在

75-78.

　　小镇南面有一片光秃秃的荒山。一个农夫赶着羊群路过这里，他想：如果把这片荒山全种上橡树，那该多好啊！经过再三考虑，他决定付诸行动，把这个想法变成现实。

　　但是，他却遭到了家人的强烈反对。妻子说："你知道那片荒山多大吗？起码有6000亩！就凭你一个人，恐怕好几辈子都种不完。"他却说："只要我坚持去做，总有一天会种完的。"

　　见他如此执着，家人也就不再阻拦了。从26岁开始，他就一边牧羊，一边实施着自己的伟大计划。每天出门前，他都会带上100粒橡树种子，到了山上，他先将羊群安顿好，然后把这些种子一粒一粒地种下去，浇水、施肥……

　　就这样，日复一日，一晃30年过去了，曾经的荒山如今已变成了一片绿色的海洋。

　　很多人看来完全不可能完成的事，他却做到了。很多时候，我们会被一些看似艰巨的任务吓倒，不敢动手一试。其实，成功的秘诀很简单，就是勇敢地迈出第一步，然后每天都完成一个小目标，并长久地坚持下去。

75.　家人之所以反对，是因为担心他：

A　伤害自尊心　　　　　　　　B　无法单独完成

C　遭人议论　　　　　　　　　D　浪费钱和精力

76.　第3段中画线词语"伟大计划"指的是：

A　在荒山上种满树

B　推广自己的种树经验

C　把荒山变成农场

D　凭种树致富

77. 根据上文，他是怎样获得成功的?

 A 追求细节的完美

 B 引进了先进设备

 C 全镇村民一起做

 D 每天完成一个小目标

78. 最适合做上文标题的是：

 A 大自然的魅力　　　　B 农夫的梦想

 C 农夫的命运　　　　　D 一粒神奇的种子

79-82.

去年夏天，家里来了一个会制作笛子的木匠，在我家干了半个月的活儿。一天，我到山上砍了根竹子，请他帮我做一支笛子。他苦笑道："不是每根竹子都能做成笛子的。"我觉得他是在骗我，我找的那根竹子粗细适宜，厚薄均匀，质感光滑，竹节也不明显，是我千挑万选才相中的，为什么不能做成笛子呢？

他解释说："这是今年的竹子，就算做成了笛子，也经不起吹奏。" 我更加困惑了：今年的竹子怎么了？难道非要放旧了再拿来做？东西不就是越新鲜越好吗？他看出了我的困惑，接着讲道："你不知道，凡是用来做笛子的竹子都需要经历寒冬。因为竹子在春夏长得太散漫，只有到了冬天，气温骤冷，天天'风刀霜剑严相逼'，它的质地才会改变，做成笛子吹起来才不会走调。而当年生的竹子，没有经过霜冻雪侵，虽然看起来长得不错，可是用来制作笛子的话，不但音色会差许多，而且还会出现小裂痕，虫子也很喜欢蛀这样的竹子。"

其实，人生就好比是这根用来做笛子的竹子，只有历经了风霜雨雪、千锤百炼，才能奏出动人的曲子。

79. 作者请木匠帮什么忙？

    A 做笛子　　　　　　　　　　B 种竹子

    C 教他吹笛子　　　　　　　　D 辨别竹子的好坏

80. 作者为什么觉得木匠在骗他？

    A 他认为自己找的竹子很好

    B 木匠态度不好

    C 木匠技术太差

    D 他见木匠答应了别人的请求

81. 经历过寒冬的竹子：

    A 少有裂痕   B 不够粗壮

    C 表面更光滑   D 不适合做建筑材料

82. 上文主要想告诉我们什么？

    A 要把握机会

    B 苦难会使人成长

    C 不要轻易否定他人

    D 要保持乐观的心态

83-86.

明朝初年，政府直接从当时的最高学府——太学中选拔人才做官。为了能让他们尽快熟悉国家政务，政府要求这些太学生先抄写公文。

一天，明太祖朱元璋突然想去看看那些太学的高才生。这一看，却让他眉头紧锁。原来这些太学生自恃才高，根本没有把抄写公文放在眼里，只顾玩耍，公文抄得一塌糊涂。

看着那些被寄予厚望的太学生如此糟糕的工作状态，朱元璋十分不悦。他刚要发火，却忽然发现有一个人与众不同。那人一直埋头抄写，对身旁的一切听而不闻，视而不见。朱元璋很好奇，悄悄走过去，站在他背后观看。只见他写的字笔画方正，十分工整。朱元璋心里对他大为赞赏，便记住了这个年轻学子的名字。

三年的公文抄写期满，有关部门向皇帝请示，将这些太学生派往各部试用。朱元璋表示同意，然后在名单中勾选了一个人，说此人不必试用，可直接任命为户部四川司主，这个人就是夏原吉。

只被皇帝看了一眼，就实现了"鲤鱼跳龙门"的梦想，有人说夏原吉实在是太幸运了。其实并不尽然，夏原吉从小就养成了做事谨慎认真的好习惯，无论做什么，都一丝不苟，从不敷衍了事，这才是他后来仕途一路顺畅的真正原因。

83. 政府为什么让太学生抄写公文？

    A 减轻政府工作人员的压力

    B 希望他们提出有用的意见

    C 让他们熟悉国家事务

    D 提高他们的写作能力

84. 朱元璋看到那些太学生的工作状态时，感到：

    A 很生气   B 很不耐烦

    C 特别惭愧   D 很有耐心

85. 根据第4段，可以知道什么?

    A　太学生们都很能干

    B　夏原吉被吓了一跳

    C　老师推荐了夏原吉

    D　皇帝很欣赏夏原吉

86. 第5段中的"鲤鱼跳龙门"指的是:

    A　一夜暴富　　　　　　　　B　获得了自由

    C　做了大官　　　　　　　　D　提前毕业

87-90.

中国有句俗语叫"一寸光阴一寸金"，意思是说时间贵如黄金，要好好儿珍惜。有人觉得这种说法很奇怪，时间怎么能讲尺寸呢？

其实，古人的确曾用"尺"测量过时间的长短，他们通过观察阳光下竹竿影子的长短来推算时间。但这个方法在晚上或者阴雨天就没办法测量了，所以渐渐就被淘汰了。后来，人们又发明了铜壶滴漏。铜壶滴漏一般由两个或两个以上的铜壶组成，安放在台阶或架子上，铜壶均有小孔滴水。人们在最上面的铜壶里盛满水，水从几个壶中依次滴下来，最后滴入最底层的水壶。这个水壶中间插着一支标有刻度的箭，这些刻度就代表一天一夜。箭随着水量的增加而逐渐上升，刻度就会一点点显示出来。人们就通过观测箭上显示的刻度来计算时间。"一刻千金""刻不容缓"的"刻"就是从这里来的。

现在我们是用钟表来计算时间，即把一天一夜分成24个小时，每小时分为60分钟，每分钟分为60秒，于是又有"争分夺秒""分秒必争"之类的说法。

87. 根据第1段，人们对什么感到奇怪？

    A 时间可以卖

    B 时间和黄金一样珍贵

    C 时间能用尺子量

    D 时差的存在

88. 用竹竿影子推算时间的缺点在于：

    A 一定要有阳光

    B 空气要湿润

    C 受地势影响较大

    D 测量不准确

89. 关于最底层的水壶，下列哪项正确?

    A　水流的速度越来越快

    B　水位会逐渐上升

    C　一壶水可以滴一个晚上

    D　箭上只有两个刻度

90. 上文主要介绍的是：

    A　计时方法

    B　怎样合理分配时间

    C　如何制作钟表

    D　俗语故事

三、书 写

第 一 部 分

第91-98题：完成句子。

例如：发表　　这篇论文　　什么时候　　是　　的

<u>这篇论文是什么时候发表的？</u>

91. 把　　程序　　他　　安装　　好了

92. 在不断　　原材料的　　上涨　　价钱

93. 从　　辞职了　　那家　　他已经　　公司

94. 我　　实验报告的　　发愁　　正在为　　事情

95. 顾客的　　已经注册　　成功了　　账户

96. 表现　　得　　大方　　十分　　她

97. 门口　　有一个　　老师家　　小池塘

98. 又　　调整　　做了　　利率　　银行对

第 二 部 分

第 99 – 100 题：写短文。

99. 请结合下列词语（要全部使用），写一篇80字左右的短文。

  兼职、用功、差距、坚持、满意

100. 请结合这张图片写一篇80字左右的短文。

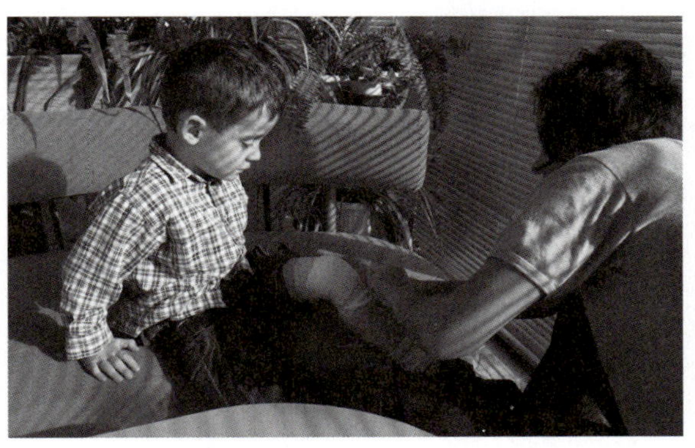

新汉语水平考试

실전 모의고사

제3회

新汉语水平考试
HSK(五级)
全真模拟题 3

注　意

一、HSK（五级）分三部分：

1．听力(45题，约30分钟)

2．阅读(45题，45分钟)

3．书写(10题，40分钟)

二、听力结束后，有5分钟填写答题卡。

三、全部考试约125分钟(含考生填写个人信息时间5分钟)。

一、听 力

第 一 部 分

第1-20题：请选出正确答案。

1.	A 行李超重	6.	A 很实用
	B 赶不上末班车		B 很时尚
	C 航班延误		C 很高档
	D 网络不通		D 很结实
2.	A 训练很刻苦	7.	A 病情减轻了
	B 有合作精神		B 做了手术
	C 很有实力		C 胃疼
	D 挺诚恳的		D 情绪很激动
3.	A 嘉宾不太多	8.	A 太旧了
	B 主持人没到		B 从未出过毛病
	C 会议室停电了		C 很费电
	D 设备出毛病了		D 操作复杂
4.	A 最近着凉了	9.	A 资金紧张
	B 想买只宠物		B 不用调整方案
	C 被兔子咬伤		C 会尽全力去谈
	D 对皮毛过敏		D 会议马上开始
5.	A 报社	10.	A 男的不够用功
	B 博物馆		B 女的赢不了他
	C 印刷厂		C 他最近比较忙
	D 公安局		D 他想教女的

11. A 热情大方
    B 头脑灵活
    C 非常谦虚
    D 特别细心

12. A 单位有宴会
    B 要参加面试
    C 要照顾孩子
    D 要去外地采访

13. A 换零钱
    B 打听路线
    C 帮忙照相
    D 询问价格

14. A 删除垃圾文件
    B 关闭一些程序
    C 升级系统
    D 查杀病毒

15. A 很厚
    B 不太实用
    C 是非卖品
    D 不能手洗

16. A 还没签合同
    B 资金不够
    C 存在很大风险
    D 宣传做不好

17. A 修车
    B 考驾照
    C 找车库
    D 重新停车

18. A 位置好
    B 租金较低
    C 设施不全
    D 交通不便

19. A 少吃油炸食品
    B 多吃蔬菜
    C 爱惜粮食
    D 学炒菜

20. A 在法院工作过
    B 现在是律师
    C 博士毕业了
    D 想去经商

第 二 部 分

第21-45题：请选出正确答案。

21. A 不太新鲜
    B 种类多
    C 太咸了
    D 辣椒太多

22. A 练习射击
    B 参加婚礼
    C 去草原骑马
    D 去海边玩儿

23. A 会做家务了
    B 更自信了
    C 变勇敢了
    D 明白了很多道理

24. A 预定机票
    B 申请退货
    C 浏览网页
    D 签收包裹

25. A 需自己安装
    B 是抽奖得的
    C 可送货到家
    D 可优惠300元

26. A 取包裹
    B 寄文件
    C 交房租
    D 去健身房

27. A 专业性强
    B 风险很高
    C 前途光明
    D 很有意义

28. A 色彩单调
    B 图案抽象
    C 少印了几页
    D 还需调整

29. A 演讲很成功
    B 表演很精彩
    C 赢了比赛
    D 实习结束了

30. A 玩儿个游戏
    B 吹干头发
    C 戴上帽子
    D 洗澡

31. A 画画儿
B 浇花
C 搬花盆
D 买花生

32. A 集中精力
B 再次尝试
C 使用工具
D 向他求助

33. A 竞争激烈
B 装修费用太高
C 生意不太好
D 人手不够

34. A 不合理
B 很奇怪
C 太抽象
D 不值得做

35. A 指出错误
B 打听路线
C 询问价格
D 买铃铛

36. A 看不懂
B 文字大
C 意义不大
D 以前做过

37. A 数学不及格
B 科学满分
C 总分最高
D 语文零分

38. A 推荐他出国留学
B 让他重新考一次
C 聘请他做教授
D 录取了他

39. A 开花了
B 花被虫子咬了
C 很多叶子断了
D 根烂了

40. A 能检测空气质量
B 会散发香气
C 无需勤浇水
D 不喜欢阳光

41. A 要勇于承担责任
B 做事不要犹豫
C 要发挥自身优势
D 要学会坚强

42. A 功能多样
B 设计独特
C 种类繁多
D 无需电源

43. A 人与门距离的远近
　　 B 地毯上重量的变化
　　 C 光线的明暗
　　 D 声音的大小

44. A 让羊先熟悉主人
　　 B 让羊吃饱
　　 C 用草引羊走
　　 D 轻轻拍打羊

45. A 要从整体上把握事物
　　 B 不要逃避问题
　　 C 处理问题不要"硬碰硬"
　　 D 要争做"领头羊"

二、阅 读

第 一 部 分

第46-60题：请选出正确答案。

46-48.

　　冬天，许多湖泊和河流都会结冰，但海水却极少结冰，这是为什么呢？原来，一般情况下，水在零度就会结冰，但如果水里溶入了一些其他__46__，例如盐，那么它结冰的温度就会降到零度以下。由于海水里面__47__不少盐分，所以海水结冰的温度要比一般的淡水低，在冬天也就不太容易结冰了。__48__，海水的流动性很强，这也使得海水不易结冰。

46.　A 事物　　　　B 物质　　　　C 资料　　　　D 资源
47.　A 具有　　　　B 结合　　　　C 含有　　　　D 集合
48.　A 一再　　　　B 总共　　　　C 至少　　　　D 另外

49-52.

　　著名画家张大千曾画过一幅《柳绿鸣蝉图》，画儿上有一只蝉，趴在柳枝上，头朝下，尾朝上。齐白石看到后说："错了！蝉在柳枝上，头极少朝下。"张大千得知后，__49__，心中却不服气。

　　几年后，张大千外出写生。那时正值盛夏，林子里蝉声此起彼伏。他想起齐白石的话，就跑去观察。树上趴着很多蝉，几乎都是头朝上。张大千不禁对齐白石充满了敬佩，但还是不明白其中的__50__。

　　后来，他专门向齐白石请教这个问题。齐白石说："蝉头大身小，趴在树上，头朝上重心才__51__，何况柳枝又细又软，蝉如果头朝下，肯定会掉下来。我们画画儿，必须__52__观察了再画。"张大千恍然大悟，对齐白石佩服得五体投地。

49.　A　就和齐白石吵了起来

　　　B　变得更有信心了

　　　C　嘴上虽没说什么

　　　D　却没办法改变了

50.　A　道理　　　　B　核心　　　　C　传说　　　　D　细节

51.　A　棒　　　　　B　宽　　　　　C　稳　　　　　D　硬

52.　A　耐心　　　　B　仔细　　　　C　严格　　　　D　独特

53-56.

　　"变脸"是川剧艺术中的一种特技，是＿53＿剧中人物内心感情的一种手法。相传在古代，人们为了吓走凶猛的野兽，就在自己的脸上画上不同的图案，这就是"变脸"的由来。后来，川剧把"变脸"搬上了舞台，＿54＿。"变脸"的神奇之处在于演员能在极短的时间内＿55＿地变换脸部的图案。一般表演"变脸"时，演员会＿56＿剧中故事情节的发展，在舞蹈动作的掩饰下，一张一张地变换脸上的图案。例如在川剧《白蛇传》中，演员就可以变出绿、红、白、黑等七八张不同颜色的"脸"。

53.　A　发表　　　　B　公布　　　　C　表达　　　　D　转告

54.　A　表演方式需进一步改进
　　 B　虽然投入了很多精力
　　 C　逐渐失去了它的魅力
　　 D　使它成为一门独特的艺术

55.　A　强烈　　　　B　坚决　　　　C　过分　　　　D　迅速

56.　A　分配　　　　B　展开　　　　C　吸取　　　　D　随着

57-60.

　　鼓励是一种重要的教育方法，每个人都能在不断地鼓励下__57__自信、勇气和上进心。实践证明，鼓励可以使人心情愉快，而当一个人在愉快的心境下学习时，无论是感觉、知觉，还是思维和记忆力，都会处于最佳__58__。所以，在教育孩子时，可以适当地鼓励孩子，这样做不仅可以增强他们的自信心，使孩子意识到自己的能力，还能提高他们对学习的兴趣，使他们__59__去求知。同样的道理，在工作中，管理者多鼓励员工，__60__，使他们的工作更有效率。

57.　A　成立　　　　B　获得　　　　C　生产　　　　D　生长

58.　A　状态　　　　B　类型　　　　C　形状　　　　D　性质

59.　A　主动　　　　B　活泼　　　　C　生动　　　　D　干脆

60.　A　提醒他们工作要认真

　　　B　也会提高员工的工作积极性

　　　C　使他们吸取经验和教训

　　　D　给员工提供更好的待遇

<h1 style="text-align:center">第 二 部 分</h1>

第61-70题：请选出与试题内容一致的一项。

61. "空杯心态"告诉我们：若想学得更多，就得先把自己想象成一个"空杯子"，而不是骄傲自满。这并不是要完全否定过去，而是要我们以谦虚的态度，去接触事物，融入新环境，从而不断丰富和完善自己。

    A　做事要有计划

    B　要提高自己的适应能力

    C　要经常表扬别人

    D　谦虚才能学到更多

62. 运动前最好先进行三五分钟的热身活动，通过一系列的动作来活动关节、舒展肌肉，使心脏逐渐适应即将进入的运动状态。运动结束后，同样应有几分钟的放松活动，让身体放松，避免运动带来的肌肉酸痛。

    A　运动能帮助人保持身材

    B　放松活动对肌肉有一定损害

    C　运动前的热身很有必要

    D　运动后要赶快洗澡

63. 在许多商品的外包装上，都有一组黑白相间的条形图，这就是条形码。条形码是一种特殊的图形，里面包含了一些和商品有关的信息，如生产国代码、生产厂商代码和商品名称代码等，这些图形只有计算机才能"看"得懂。

    A　条形码多为黑色

    B　电脑无法识别条形码

    C　条形码提供了很多信息

    D　条形码可以贴在任意位置上

64. "一场秋雨一场寒"，伴随着阵阵秋雨，人们能明显地感觉到凉意渐浓。此时如果身体受寒，则极易生病。脖子，腰和脚尤其要注意保暖，因为这三个部位血管丰富、肌肉较少，一旦受寒，很容易引起相关部位的疾患。

A 腰最易受伤
B 秋季干燥易引起嗓子不适
C 秋季需注意防寒保暖
D 要多注意饮食卫生

65. 专家指出，人们吃的酸性食物会附着在牙齿上，使牙齿表面的牙釉质软化。此时刷牙有损牙齿健康。所以刚吃完饭尤其是吃过酸性食物的人，最好30分钟后再刷牙，这时牙齿的保护层已经恢复，牙齿就不容易受到损害了。

A 要注意保护嗓子
B 饭后不宜立即刷牙
C 刷牙次数有限制
D 牙齿掉落需要及时补牙

66. 烟袋斜街位于后海北侧，是北京十大胡同之一，也是一条极具传统文化特色的商业步行街。街道两侧的建筑保留了明清时代的传统风格，古朴典雅。街上商店鳞次栉比，古玩店、工艺品小店以及各色餐厅、酒吧应有尽有。在这里，你会感受到古老与现代、传统与时尚的交融碰撞。

A 烟袋斜街共连接10条胡同
B 烟袋斜街的建筑十分古典
C 烟袋斜街始建于明朝
D 烟袋斜街是著名的美食街

67. 生命存活要有适宜的温度，过冷或过热都不利于生命的发育。而我们的大气层恰好是一个很好的温度调节器。白天，大气层能吸收和反射一部分热量，使地表温度不至于过高；夜晚，它又像一床厚被，把地面散失的热量保存住，使温度不会降得太低。这样，地球上的温度就可以保持相对稳定。

A 气温越高生命发育越快

B 大气层能调节地表温度

C 大气层正在遭到破坏

D 白天是地面散热的最佳时间

68. 无花果并不是没有花，也不是不开花就结果。摘下一颗刚长出的小无花果，用刀把它的顶端切开，会看见里面长着很多小花，并且还是雌雄两种花。这些花就在这个花托里开花，相互授粉，然后结出果实。因为这些花一直藏在花托里，不易被发现，所以人们才叫它无花果。

A 无花果其实有花

B 无花果不可食用

C 无花果在冬天成熟

D 无花果不常见

69. 周庄是一个有着900多年历史的江南古镇。它因灵秀的水乡风貌、独特的人文景观和质朴的民俗风情，被誉为"中国第一水乡"。旅游业是周庄的支柱产业，"周庄水乡古镇游"开创了江南水乡古镇旅游的先河，已成为中国精品旅游路线之一。

A 周庄人不善于经商

B 周庄是新兴的江南小镇

C 周庄的旅游业不发达

D 周庄旅游以水乡古镇为特色

70. 中国是世界上最早研究和使用竹子的国家。竹子空心，躯干笔直，四季常青，人们常用它来象征虚心、高洁和坚强等精神品格。另外，竹子还是制作乐器的重要材料，古人常用"丝竹"来指代音乐。可以说，中国人对竹子有着特殊且深厚的感情。

A 竹子在中国文化中有美好的寓意

B 竹乐器制作过程复杂

C 竹子表面一点儿都不光滑

D 面积最大的竹林在中国

第 三 部 分

第71-90题：请选出正确答案。

71-74.

　　一个小男孩儿刚学物理时，成绩很差，有次只考了8分。老师找他谈话，他沮丧地说："老师，我不适合学物理。"老师想了想，笑着对他说："下次你只要考到9分，就算你及格了。"他心想这不难做到，就痛快地答应了，结果在接下来的那次考试中他得了28分。

　　虽然他考得比上次高了很多，但他的分数仍然是班上最低的。为了鼓励他，老师又想了一个<u>办法</u>，她把全班同学两次考试的成绩做了对比，得出了一个新分数，例如上次考90分，这次还是90分，　得分就是0；上次93分，这次是95分的，得分就是2……这样，这个男孩儿得到了全班的最高分——20分。老师把他叫到办公室，给他看同学们两次考试的分数差，然后问他："谁进步最大？"他惊喜地看到，进步最大的居然是自己。

　　他一下子就兴奋了起来，心想自己只要稍微努力一下，就是全班进步最大的。从那以后，他再也没怀疑过自己的学习能力。渐渐地，他喜欢上了物理，成绩也突飞猛进，最终成了全世界最伟大的物理学家之一。

71.　根据第1段，老师找他谈话，是因为他：

　　A　分数太低　　　　　　　　B　不遵守纪律

　　C　课上很积极　　　　　　　D　想退学

72.　第2段画线句子中的"办法"指的是：

　　A　比较两次考试的分数

　　B　给他换了座位

　　C　单独给他辅导

　　D　重新安排一次考试

73. 根据上文，他为什么很兴奋？

A 被名校录取了

B 老师批准了他的请求

C 发现自己进步最大

D 研究成果得到了认可

74. 下列哪项最适合做上文的标题？

A 鼓励的力量

B 老师的耐心

C 骄傲的物理学家

D 人生需要梦想

75-78.

　　古时候，有一艘满载着珍贵瓷器的船沉没了。多年来，人们始终无法打捞出那些沉入海底的宝物，即使是水性最好的人，也无法潜到那么深的地方。

　　后来，有几位渔民想；为何不请章鱼来"帮忙"呢？他们捕捉了一些章鱼，用绳子拴住它们，然后把它们放到沉船的地方。这些章鱼沉到海底后，一发现各种各样的瓷器，就纷纷钻了进去。这时，渔民们再小心翼翼地将绳子提起，而章鱼们丝毫没有察觉，他们的吸盘仍然紧紧地吸在瓷器上，等到吸着瓷器的章鱼被拉出水面后，渔民们往瓷器里加一些盐，它们就乖乖地从瓷器里爬出来了。就这样，在这些"打捞工"的帮助下，渔民们把沉在海底的贵重瓷器一件一件地打捞了上来。

　　人类自身的能力是有限的，但只要运用智慧、假借外力，就可以大大延伸我们的活动空间。我们虽然无法潜入深海，却可以利用章鱼喜欢藏身于空心器物，这一特性，让它们替我们去打捞沉入深海的瓷器，这真是人类的<u>高妙</u>之处。

75.　关于那艘沉船，可以知道什么？

　　A　装有宝物

　　B　设施非常好

　　C　构造独特

　　D　是村民改造的

76.　章鱼发现瓷器后会怎么做？

　　A　振动绳子

　　B　藏入其中

　　C　放慢前进的速度

　　D　展开身体

77. 与第3段画线词语"高妙"意思最相近的是：

A　成熟　　　　　　　　　　B　谨慎

C　耐心　　　　　　　　　　D　聪明

78. 上文主要想告诉我们：

A　要善于利用外物

B　知识能创造财富

C　海洋是一个宝藏

D　动物是人类的好朋友

一般来说，走进某电影院的影厅，如果能清楚地看到每一排座位的椅背，座椅是平铺的而非折叠的，并且座位前后很宽松，即使有人出入也不必起身，那么这就是一家比较正规的影院。其实，影院座位的排列包含了诸多不为人注意的玄机。

选择座位时，大多数观众都会优先选择影厅正中间的座位。其实，观影最佳的位置应该在影厅中间稍后的那几排。比如影厅有10排座位，则6-8排的座位最好；若有20排座位，则13-16排的最佳。如果坐得太靠前，会感觉银屏变形，且脖子一直仰着，会给颈部造成压力；太靠后则光线偏暗，看不清细节，音响效果也会减弱。

同一排的座位中也并非中间的位置最好。因为电影的亮光照在银屏上后会反射，使光线回射进入人的眼中。长时间受这种强光照射，容易使人眼睛酸、视力下降，甚至会引发眼部疾病。实际上，中间偏旁边一点儿的位置才是最好的选择，除了能避免强光反射外，这两处的音效也是最好的。

当然，也有些条件更好的影院，比如使用双放映机甚至多放映机播放，座位下有独立音响等，这样的影院坐哪儿效果都<u>相差无几</u>，观众只需凭个人爱好选择就可以。

79. 根据第1段，正规的影院：

A 提供双语字幕

B 前后排空间大

C 紧急出口不多

D 使用躺椅

80. 观影时为什么不宜坐得太靠前?

A 很难集中注意力

B 左右声道不统一

C 妨碍他人进出

D 脖子会不舒服

81. 关于第3段，下列哪项正确?

A 观影舒适度与位置无关

B 中间偏旁边的位置较好

C 光太强易引起画面迷糊

D 最后一排声效特别好

82. 第4段中"相差无几"的意思最可能是:

A 区别不大　　　　　　　　B 几乎完美

C 很容易比较　　　　　　　D 绝对安全

83-86.

一对画家夫妇希望儿子也成为画家，并能创作出比他们的画更优秀的作品。所以，他们一直对儿子很严格。"这个画得不像，你真笨！""颜色搭配得不好，你平时都没有认真观察吗？"

孩子10岁时，这对夫妇感到十分失望。因为尽管他们严格要求，孩子还是没能画出像样的作品。就在他们准备让孩子放弃时，一位画家朋友来访。朋友看了孩子的画儿，又与孩子深入交谈一番，他认为孩子很有绘画天赋，只是父母不太懂教育。

"难道我们画了一辈子，却连教孩子的能力都没有吗？"这对夫妇不高兴地问朋友。

"不是绘画技巧的问题，是教育方法的问题。"朋友坦率地说。

原来，这位朋友带过不少学生，所以知道问题出在哪儿。在他的争取下，这对夫妇同意让他试教孩子一年。

"这幅画儿真不错！""你真是个天才！"在老师的赞扬声中，孩子一天天地进步。一年后，当画家夫妇再看到孩子的作品时，他们简直不敢相信自己的眼睛。这时他们才发现孩子其实天赋很高，同时也明白了赞扬的重要性。

每个人的成长都需要一个过程，明智的人懂得适时称赞，多一些肯定，少一些批评，从而使对方受到鼓励，更加上进。

83. 朋友认为问题出在哪儿？

A 孩子对色彩不敏感

B 父母的教育方法不对

C 孩子不够专心

D 孩子缺乏自信

84. 一年后看到孩子的作品时，那对夫妇：

    A 特别吃惊   B 感到很亲切

    C 更加悲观了   D 更加惊慌

85. 根据上文，下列哪项正确？

    A 朋友劝孩子放弃学画

    B 孩子一直很佩服他的父母

    C 画家夫妇很盼望儿子成才

    D 孩子总爱抱怨

86. 上文主要想告诉我们：

    A 要体贴父母

    B 要虚心接受他人的意见

    C 要因材施教

    D 要懂得称赞他人

87-90.

　　彩虹是一种光学现象。当阳光折射到空气中的水滴，光线被反射和折射后，天空中就会形成拱形的七彩光谱。

　　其实只要空气中有水滴，而阳光正在我们的背后以低角度照射，我们就有可能看到彩虹。彩虹最常在雨后初晴时出现。这时空气中灰尘少，充满小水滴，天空的一边因为仍有雨云而较暗。而我们头上或背后已没有云的遮挡，阳光可以照过来，这样就比较容易看到彩虹。另一个经常可见到彩虹的地方是瀑布附近。此外，在天气晴朗的时候，背对着阳光，然后向空中喷洒水雾，还可以人工制造彩虹。

　　晚虹是彩虹中少见的一种奇特现象，最可能在月光强烈的夜晚出现。但因夜间光线比较暗，我们的视力变弱，眼睛难以分辨颜色，因此晚虹看起来好像是白色的。

　　一般来说，彩虹有7种颜色，但到底是哪7种，说法却不同。一种说法是：红、橙、黄、绿、青、蓝、紫。另一种说法是：红、橙、黄、绿、蓝、靛、紫。但不管怎样，彩虹的美都给了我们无尽的遐想，彩虹的形象也经常出现在神话等文学作品中，承载了人们美好的希望。

87.　根据上文，什么时候最容易看到彩虹？

　　A　雨后天晴的下午　　　　B　有大雾的早晨

　　C　傍晚　　　　　　　　　D　月圆之夜

88.　关于彩虹现象，下列哪项正确？

　　A　能人工制造

　　B　灰尘越多越明显

　　C　出现的地点固定

　　D　持续时间很短

89. 为什么晚虹看上去像是白色的?

　　A　刚下过雷阵雨

　　B　被月亮的光遮住了

　　C　人的视力晚上较弱

　　D　光线太亮

90. 根据第4段，可以知道：

　　A　彩虹颜色单调

　　B　彩虹颜色不一

　　C　彩虹是人们的空想

　　D　彩虹形状复杂

三、书 写

第 一 部 分

第91-98题：完成句子。

例如：发表　　　这篇论文　　　什么时候　　　是　　　的

这篇论文是什么时候发表的?

91.　请　　　勿在　　　抽烟　　　楼里

92.　做过　　　他曾经　　　主持人　　　广播站的

93.　专家的肯定　　　发明　　　得到了　　　这项

94.　能　　　你　　　宴会　　　出席今晚的　　　吗

95.　尽快　　　请　　　办理保险　　　您　　　手续

96.　相关材料　　　把　　　我已经　　　发给她了

97.　没有想象的　　　那么　　　糟糕　　　并　　　事情

98.　这次的　　　5月底　　　夏令营　　　将持续到　　　活动

第 二 部 分

第 99–100 题：写短文。

99. 请结合下列词语（要全部使用），写一篇80字左右的短文。

   失败、目标、勇敢、收获、面对

100. 请结合这张图片写一篇80字左右的短文。

新汉语水平考试

실전 모의고사

제4회

新汉语水平考试
HSK(五级)
全真模拟题 4

注　意

一、HSK（五级）分三部分：

    1．听力(45题，约30分钟)

    2．阅读(45题，45分钟)

    3．书写(10题，40分钟)

二、听力结束后，有5分钟填写答题卡。

三、全部考试约125分钟(含考生填写个人信息时间5分钟)。

中国　北京　　　　　　　　　　　　　XXXX/XXXXXX　编制

一、听 力

第 一 部 分

第1-20题：请选出正确答案。

1. A 样式老
   B 颜色太鲜艳
   C 布料不够厚
   D 不吸水

2. A 修改论文
   B 做简历
   C 整理会议材料
   D 看球赛

3. A 维修工
   B 企业领导
   C 教练
   D 会计

4. A 光太强
   B 拍得很专业
   C 很结实
   D 有些模糊

5. A 咖啡厅
   B 银行
   C 酒吧
   D 公寓

6. A 橘子
   B 饺子
   C 香肠
   D 矿泉水

7. A 地下室
   B 大厦顶层
   C 操场上
   D 胡同里

8. A 没电了
   B 没放电池
   C 缺零件
   D 被东西挡住了

9. A 浏览网页
   B 上网购物
   C 上网挂号
   D 上网订餐

10. A 暑假期间
    B 这个月中旬
    C 春节之前
    D 礼拜天

11. A 附近太吵
    B 厨房较小
    C 不通风
    D 很潮湿

12. A 卖掉股票
    B 去学理财
    C 谨慎投资
    D 再检查一下

13. A 键盘坏了
    B 硬盘坏了
    C 中病毒了
    D 显示器有问题

14. A 不够时髦
    B 样式经典
    C 颜色单调
    D 显得太成熟

15. A 产品宣传方案
    B 资金筹备
    C 企业制度建设
    D 销售方案

16. A 女儿赢了比赛
    B 女儿被录取了
    C 他升职了
    D 他发奖金了

17. A 赔了很多钱
    B 面料很高档
    C 已是最低价
    D 商店在装修

18. A 重装系统
    B 删除文件
    C 升级软件
    D 找专业人员修

19. A 贷款
    B 网上付款
    C 手机上网
    D 取消账户

20. A 个人名片
    B 发表的文章
    C 硕士论文
    D 学历证书

第 二 部 分

第21-45题：请选出正确答案。

21. A 驾校
    B 健身中心
    C 乐器店
    D 博物馆

22. A 媒体联系好了
    B 嘉宾都已入场
    C 换场地了
    D 推迟了

23. A 吹风机摔坏了
    B 鼠标不见了
    C 屋里很干净
    D 键盘上都是水

24. A 看展览
    B 去欧洲玩儿
    C 听讲座
    D 参加艺术节

25. A 单位要印材料
    B 要去实习
    C 想采访他们
    C 想出版新书

26. A 护照号错了
    B 报错级别了
    C 信息未登记全
    D 身份证号有误

27. A 在打电话
    B 目前没货
    C 是关于心理学的
    D 不会再出版了

28. A 访谈节目
    B 纪录片
    C 体育节目
    D 娱乐节目

29. A 去逛街
    B 收到包裹了
    C 是快递员
    D 想退货

30. A 销量较低
    B 很便宜
    C 保修期为一年
    D 已经停产了

31. A 来回转圈
    B 变换睡觉的地方
    C 摇尾巴
    D 伸懒腰

32. A 光和热对人可能有益
    B 猫很聪明
    C 动物也有语言
    D 阳光能帮助治疗失眠

33. A 突出优点
    B 讲诚信
    C 要始终如一
    D 对人要亲切

34. A 不要过分追求完美
    B 最后印象的重要性
    C 怎样发挥自己的优势
    D 交朋友的原则

35. A 销售业绩很好
    B 从事运输行业
    C 记忆力不错
    D 在实习

36. A 玻璃敲不碎
    B 样品是小马设计的
    C 订单数额巨大
    D 玻璃是进口的

37. A 要敢于冒险
    B 重视信用
    C 行动更有说服力
    D 安全第一

38. A 破了个洞
    B 从未修理过
    C 是用石头堆起来的
    D 面积很小

39. A 牧民怀疑邻居偷了羊
    B 牧民最后抓住了狼
    C 牧民只丢了一只羊
    D 牧民开始没接受邻居的建议

40. A 追着蝴蝶跑
    B 继续赶路
    C 蹲在地上找
    D 假装不知道

41. A 被鸟吃光了
    B 被水冲走了
    C 被人踩碎了
    D 被同伴偷了

42. A 科学问题
    B 快乐的事
    C 计算问题
    D 明白的事

43. A 没有爱好
    B 喜欢赞美别人
    C 字写得漂亮
    D 说话幽默

44. A 男朋友
    B 一个人住
    C 一个好朋友
    D 父母

45. A 觉得不方便
    B 房子价格太高
    C 一个好朋友
    D 离公司很远

二、阅　读

第　一　部　分

第46－60题：请选出正确答案。

46-48.

　　地图鱼是一种美丽的热带鱼，它们黑色的身体上布满了不规则的红色和橙黄色的斑纹，好像一__46__地图。有意思的是，它们能认出自己的主人。当被陌生人观赏时，它们会__47__地做自己的事，而当主人靠近水箱时，它们会立即游过来，摆动着尾巴表示欢迎。有些经过训练的地图鱼甚至会跃出水面去接主人手中的食物。__48__，地图鱼是一种非常有趣的观赏鱼。

46. A 支　　　　　B 幅　　　　　C 粒　　　　　D 颗
47. A 专心　　　　B 乐观　　　　C 热心　　　　D 好客
48. A 与其　　　　B 总之　　　　C 何况　　　　D 从此

49-52.

　　春秋时期，齐国派兵进攻鲁国。鲁庄公和曹刿在长勺迎击齐军。两军摆好阵势后，鲁庄公急着下令击鼓进军，曹刿__49__上前阻止，让他等待时机。直到齐军击第三遍鼓后，曹刿才让鲁军击鼓出战，__50__，很容易就打败了齐军；事后鲁庄公问曹刿再这样做的原因。曹刿说："打仗靠士气，士兵的勇气和耐心非常重要。齐军击第一遍鼓时，士兵的士气大增；第二遍时，__51__；第三遍时，士气就快用尽了。这时我们在击鼓作战，以士气高涨的部队攻打__52__的敌人，当然会取胜了。"

49.　A　陆续　　　　B　随时　　　　C　继续　　　　D　赶紧

50.　A　结果　　　　B　不然　　　　C　总之　　　　D　从此

51.　A　其实是在讽刺

　　　B　正是进攻的好时机

　　　C　劲头已在减弱

　　　D　大家一起使劲儿

52.　A　犹豫　　　　B　遗憾　　　　C　可惜　　　　D　疲劳

53-56.

"免费"很招人喜爱，但有时也会使我们做出不明智的决定。

比如，面对一张免费的10元礼券与一张价格7元的20元礼券，大多数人会选择前者。其实这并不合算，因为20元的那张实际上会让你获得13元的__53__。但人们一看到"免费"这个词，理智往往就被抛到脑后了。

这种心理被越来越多的广告商和市场营销者所__54__，因为只要带有"免费"这个词，__55__。

要警惕"免费"的诱惑，因为你可能__56__没有得到任何实惠。

53.　A　赔偿　　　　B　投入　　　　C　罚款　　　　D　优惠

54.　A　争取　　　　B　利用　　　　C　制定　　　　D　启示

55.　A　一旦我们下定决心买

　　　B　商品的吸引力就会大大提高

　　　C　即使出错了也没关系

　　　D　这会节省不少钱

56.　A　总算　　　　B　简直　　　　C　根本　　　　D　本质

57-60.

　　有个人在旅店投宿，醒来后发现银子不见了，而这一晚店里没有别的客人，因此他怀疑是老板__57__去的。但老板根本不承认，于是两个人闹到了县衙。县官听后，思考了片刻，便对老板说："我在你手上写个'银'字，你到院子里晒会儿太阳，__58__一个小时后字还在，那就说明此事与你无关。"随后，县官派人去把老板娘叫来。老板娘来到县衙，见丈夫在外面站着，__59__。这时，县官大声问店老板："'银'字还在你手里吗？"店老板连忙回答："在，在。"老板娘一听丈夫承认了"银子"在，就不敢再隐瞒了，__60__回家拿出了银子。

57.	A 偷		B 摘		C 抢		D 捡
58.	A 不然		B 哪怕		C 导致		D 假如

59.　A 却不知道是怎么回事

　　　B 觉得他非常谦虚

　　　C 便假装不认识他

　　　D 至今没有消息

60.	A 渐渐		B 深深		C 纷纷		D 乖乖

<h1 style="text-align:center">第 二 部 分</h1>

第61-70题：请选出与试题内容一致的一项。

61.　机会之门开启之前，你无法判断它背后是成功还是失败。你所要做的就是鼓足勇气敲开它，如果你只是站在门前犹豫不决，不去行动，那么你将一直被关在成功的门外。

　　A　充分利用每一分钟

　　B　要敢于行动

　　C　坚持才能取得胜利

　　D　成功也需要勇气

62.　昆虫是地球上数量最多的动物群体，它们的踪迹几乎遍布世界的每个角落。大多数昆虫都具有高超的飞行技术，能借助飞行来选择适宜的生存环境，寻找食物和同伴。

　　A　昆虫的分布很广

　　B　昆虫的寿命很短

　　C　昆虫的数量非常有限

　　D　昆虫的飞行速度很快

63.　黑豆营养丰富，含有多种营养成分。其中优质蛋白的含量比黄豆的大约高出1/4，居豆类之首，因此赢得了"豆中之王"的美誉。即使与蛋白质丰富的肉类相比，黑豆也毫不逊色，因此它又被誉为"植物蛋白肉"。

　　A　老人不适合吃黑豆

　　B　黑豆蛋白质含量比肉类更多

　　C　黑豆营养价值高

　　D　黑豆热量比较低

64. 读书能增长知识，但也会限制思维。"读万卷书"后，只有亲自去"行万里路"，才能真切体验到书中所描绘的情景，然后将作者的感受同自己的理解加以比较，这样方能有更多的收获，读书的效果才能真正地体现出来。

A 旅行有助于改善情绪

B 要将读书与体验结合起来

C 读书前要先了解作者的写作背景

D 读书是获得知识的最好方式

65. 一部作品要想打动读者，最关键的是作家对生活、对艺术、对读者要抱有真诚的态度。作品中任何虚假的声音，读者都能听得见。其中的赞美与反对，都应是作者内心真实的表达，唯有这样的作品才能引起无数心灵的共鸣。

A 作家创作要有诚恳的态度

B 创作要充分考虑市场需求

C 作者应多听读者的评价

D 作家的风格决定作品的水平

66. 票号是清代出现的一种金融机构。中国最早的票号是山西省的日昇昌票号，它坐落于平遥古城西大街的繁华地段，是中国现代银行的开山鼻祖。日昇昌票号历经百年，分号遍布全国35个大中城市，业务远至欧美、东南亚等，以"汇通天下"而著名。

A 日昇昌创办于明朝

B 票号是一种古代钱币

C 中国最早的票号位于欧美

D 日昇昌的业务远及海外

67. 科学家们发现植物对光的颜色有选择性，不同的植物喜欢不同颜色的光。这一
发现可应用于农业生产上：在红光照射下，小麦发育快，成熟早，辣椒生长
快，结果多；在紫光照射下，西红柿产量多出40%以上。相信随着科学技术的
进步，颜色在农业上的应用也将越来越广泛。

A 光照可延长食物保质期

B 小麦喜欢紫色光

C 阳光越充足农作物产量越高

D 合理利用光照可促进农作物增产

68. 海象是珍稀的哺乳类海洋动物，它们一般能在水中潜游20分钟，潜水深度可
达500米。有的海象曾创纪录的潜入到1500米的深水层，大大超过一般军用潜
艇的潜水深度。更令人吃惊的是，海象只需几分钟就能从前一次潜水中恢复体
力，再次潜入水下。

A 海象潜水本领强

B 海象浮出水面费时较长

C 海象潜游是在减轻压力

D 海象生活在海底最深处

69. 天一阁是一个以藏书文化为核心，集藏书的保护、管理、陈列、研究及旅游观
光于一体的专题性博物馆，它也是中国现存最早的私人藏书楼。天一阁现收藏
的各类书籍达30余万卷，此外，还有大量的字画、碑帖以及精美的地方工艺
品，这些都是宝贵的文化财富。

A 天一阁存放着大量古书

B 天一阁不对外开放

C 天一阁是中国最早的博物馆

D 天一阁一直在扩建

70.　著名的六度空间理论认为：你和任何一个陌生人之间所隔的人不会超过6个，也就是说，最多通过6个人你就能认识任何一个陌生人。这种现象，并不是说一个人与任何陌生人都必须通过6层关系才会产生联系，而是表达了这样一个重要的概念：任何两个素不相识的人，只要通过一定的方式，就能够产生某种联系。

A　陌生人之间很容易沟通

B　每个人至少要有6个朋友

C　六度空间是一个地理概念

D　陌生人之间也能建立某种联系

第 三 部 分

第71-90题：请选出正确答案。

71-74.

　　沈括小时候上学时，老师在课堂上给同学们朗读了一首白居易的诗。当读到"人间四月芳菲尽，山寺桃花始盛开"这句时，沈括的眉头拧成了一个结，"为什么4月其他地方的花都谢了，山上的桃花才开始盛开呢？"这个问题一直萦绕在沈括的心头，后来他找其他同学讨论，但谁都说不出个所以然来。

　　第二天，沈括一行人就前往山里寻找答案。4月的山上，乍暖还寒，凉风袭来，冻得人瑟瑟发抖，沈括茅塞顿开，原来山上的温度要比山下低很多，花季也比山下来得晚，所以山下的桃花都谢了，而山上的桃花还在盛开呢。

　　正是有了这种"打破砂锅问到底"的精神，沈括的学问才得以不断地增长。

　　凭借这种求索和实证的精神，长大后的沈括写出了被誉为"中国古代百科全书"的《梦溪笔谈》。

71. 第一段中的"眉头拧成了一个结"是形容沈括：

　　A　很委屈　　　　　　　　　B　心存疑问

　　C　十分发愁　　　　　　　　D　不耐烦

72. 沈括一行人上山是为了：

　　A　体验生活

　　B　摘桃子

　　C　寻找诗中所描写的美景

　　D　找出山上开花晚的原因

73. 关于沈括，可以知道什么?

A 喜欢冒险

B 是一位诗人

C 小时候很淘气

D 是《梦溪笔谈》的作者

74. 上文主要想告诉我们:

A 要懂得合作

B 要学会欣赏

C 要有求知精神

D 考虑问题要慎重

75-78.

> 　　一群青蛙来到一座10层高的楼前，比赛看谁先爬到楼顶。很多动物聚集在高楼下观看。

> 　　比赛刚开始，就有动物大喊："我看还是别费劲儿了，你们根本不可能爬到楼顶的！"
>
> 　　听到这句话，蛙群中一阵骚动，有些青蛙摇摇头退出了比赛。但还是有不少青蛙在坚持，其中有一只显得尤其卖力，尽管它已经摔下来好几次了。
>
> 　　下面的动物仍旧在喊："别白费力气了，青蛙永远都不可能爬上高楼的！"
>
> 　　伴随着它们的喊声，越来越多的青蛙放弃了比赛，但那只非常卖力的青蛙仍然在努力地向上爬，而且好像越爬越有劲儿。只见它一跳一蹲，台阶就这样一级一级地被它甩在了身后。临近终点时，其他青蛙全都退出了比赛。最后，只有它爬上了楼顶。
>
> 　　放弃比赛的青蛙们都想知道这只青蛙是如何坚持下来的。但不管大家怎么问，这只青蛙就是不开口。这时大家才发现原来它听觉不太好，根本没听到刚才动物们说的话。
>
> 　　很多时候，我们就是因为听了别人的"忠言"而把成功想得高不可攀，放弃了努力。其实，只要全神贯注于你的目标，成功就会离你越来越近。

75. 青蛙们在举行什么比赛？

A 数台阶　　　　　　　　B 比力气

C 爬楼顶　　　　　　　　D 建房子

76. 根据上文，很多青蛙退出比赛的原因是：

A 听信了其他动物的话

B 觉得不公平

C 违反了比赛规则

D 腿摔伤了

77. 关于那只获胜的青蛙，下列哪项正确?

 A 非常讨厌冒险

 B 好奇心特别强

 C 始终很努力

 D 身体很健康

78. 最适合做上文标题的是:

 A 敢于放弃

 B 团结就是力量

 C 沉默是金

 D 听不见的青蛙

79-82.

　　她经营着一家小小的蛋糕店，生意平平。一天，一对中年夫妇来店里，要求定做一个象棋形状的蛋糕，送给在象棋大赛中获得冠军的儿子。他们已经跑了好几家店，但因为出价不高没人肯做。

　　她答应了下来。晚上，她特意去买了一副象棋，自己在店里琢磨，因为对方出价低，用贵的材料会亏本，但若用普通的材料，做出来的蛋糕肯定不理想，想来想去，她最终还是选用了上好的材料。

　　第二天，那对夫妇看到漂亮的象棋蛋糕后高兴极了，一个劲儿地道谢。事后，他们还介绍了一些朋友来定做蛋糕。

　　这笔偶然的生意启发了她。她想：现在的社会，什么都讲个性，千篇一律的蛋糕怎么能吸引人呢？如果给每一个蛋糕定一个与顾客的经历有关的主题，为他们量身定做独一无二的蛋糕，说不定会给店里的生意带来起色呢！

　　此后，每当有顾客来店里订蛋糕时，她都会详细地问："告诉我，你要送给什么人？他和你是什么关系，他有什么爱好……"虽然顾客经常会被她弄得莫名其妙，但是明白她的心意后，都有一种意外的惊喜。看到她根据自己讲述的故事做出来的主题蛋糕时，更是赞叹不已。一传十，十传百，来定做蛋糕的人越来越多。看到自己的蛋糕这么受欢迎，还能给大家带来好心情，她干脆给蛋糕店起了一个浪漫的名字——"美丽心情"。 就这样，她的蛋糕走进了更多人的心里。

79. 关于那个象棋蛋糕，下列哪项正确？

A 写满了祝福语

B 是象棋冠军设计的

C 是为婚礼准备的

D 原料比较贵

80. 第5段中画线词语"她的心意"指的是：

    A 说服顾客多买蛋糕

    B 为顾客做主题蛋糕

    C 帮顾客挑选礼物

    D 赠送装饰品

81. 根据上文，可以知道什么？

    A 她常常熬夜

    B 顾客建议她开网店

    C 她很会讲故事

    D 她店的生意转好了

82. 最适合做上文标题的是：

    A 善良的糕点师

    B 有故事的蛋糕

    C 模仿的神奇力量

    D 小象棋大作用

83-86.

清朝康熙年间，一户姓张的人家和一户姓吴的人家相邻。两家中间有三尺空地，由于他们的房子都是祖上留下的产业，时间久远，这三尺空地究竟属于哪家，谁也不清楚。

后来，吴家重修房子，想要占用那三尺空地，张家不同意，说这三尺空地是他们家的，吴家则认为是自己的，两家为此争执不下。于是，张家给在京城做大官的亲戚张英去了一封信，说明了情况，希望张英可以为张家做主。

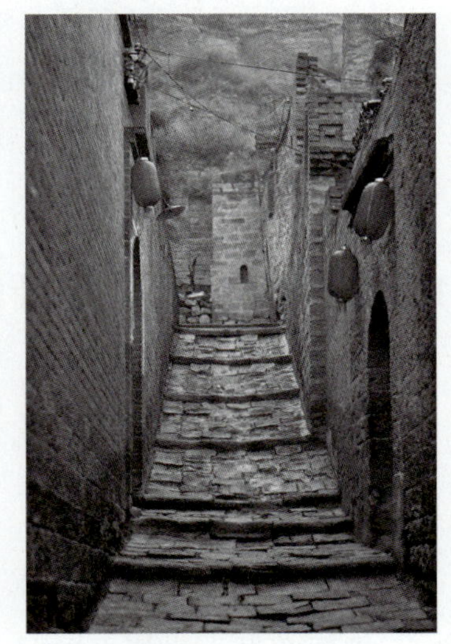

不料张英不但没压制吴家，反而让自己家人让出这三尺空地。张英在信中写道："千里修书只为墙，让他三尺又何妨？万里长城今犹在，不见当年秦始皇。"张家人读了信后觉得很惭愧。

于是主动登门拜访吴家，并把三尺空地让了出来。吴家被张英的大度谦让所感动，在重修房屋时，也让出了三尺地，这样两家之间就空出了一条足有六尺宽的巷子，人称"六尺巷"。张英大度谦让地处理邻里财产纠纷的事情也被传为千古佳话。

六尺巷只有百米长，但留给人们的思考却很多。俗话说："退一步天高海阔，让三分心平气和。"谦让、忍让虽然可能会使我们暂时失去面子，失去利益，但却可以让我们拥有优雅的风度和平和的心境。其实，得与失总是相对平衡的，我们失去的，往往会以另一种形式得到补偿。让，是一种修养，是一种美德，也是一种人生的至高境界。

83. 为什么两家不清楚空地该归谁？

A 房屋合同丢了　　　　　B 转卖过多次

C 年代久远　　　　　　　D 曾属于两家共有

84. 张英希望张家怎么做？

    A　让出空地

    B　向吴家道歉

    C　把空地卖给吴家

    D　和吴家共同开发空地

85. 根据上文，下列哪项正确？

    A　张家得到了赔偿

    B　两家的矛盾日益深了

    C　吴家最后没重修房子

    D　张英的做法受到了人们赞扬

86. 上文主要想告诉我们：

    A　要懂得谦让

    B　要勇于承认错误

    C　幸福要靠自己争取

    D　邻里之间要互相帮助

最新研究发现，蜜蜂的飞行并不全是由翅膀的振动来完成的，它的后腿也发挥着重要的作用。

众所周知，飞机在飞行过程中起落架是收起来的，着陆的时候才放下来。在人们的印象中，动物在飞行时，它们的腿肯定同飞机的起落架一样，都是收起来的。如果你留心观察的话，会发现大多数动物都是这样的，但蜜蜂是一个例外。

为了进一步分析蜜蜂的飞行特点，科学家做了一项实验，他们诱使蜜蜂在一个户外风洞中飞行，以便进行观察。结果发现，有一种兰花蜂蜜，它的后腿像飞机的机翼一样，能为蜜蜂提供上升的力量。当风洞中的风达到一定的速度时，蜜蜂就会伸出后腿来保持飞行的稳定，速度越快，后腿伸展的幅度越大。但是，如果风速提高到超过它所能承受的极限时，即使它完全伸展开后腿，也无法在保持身体的平衡和飞行的稳定，这时蜂蜜便会四处乱撞。

实验表明，蜜蜂的飞行速度并不取决于它的肌肉力量的大小或者翅膀振动的快慢，而是取决于它在不稳定的飞行条件下自我控制和调节平衡的能力。它伸出的后腿可以帮助它实现平衡，就像飞速旋转的花样滑冰运动员张开手臂来平衡自己的身体一样。

87. 第2段举飞机的例子是为了说明许多动物：

A 能持续飞行很长时间

B 善于利用气流

C 飞行时腿会收起来

D 懂得节省体力

88. 关于兰花蜜蜂，可以知道什么？

    A 翅膀形状独特

    B 后腿可提供上升力

    C 常活动在风洞附近

    D 飞行速度极快

89. 根据上文，蜜蜂飞行速度与哪种能力有关？

    A 辨认方向   B 感知温度

    C 调控平衡   D 传播花粉

90. 上文主要介绍的是：

    A 蜜蜂的生存智慧

    B 蜜蜂喜欢成群飞的原因

    C 后腿对蜜蜂飞行的重要性

    D 风速对蜜蜂寻找食物的影响

三、书 写

第91-98题：完成句子。

例如： 发表　　这篇论文　　什么时候　　是　　的

这篇论文是什么时候发表的？

91. 当地的　　风格　　很古典　　建筑

92. 手续　　办理辞职　　她已经　　了

93. 充分的　　投资之前　　应进行　　市场调查

94. 说明　　都　　每幅画儿　　下面　　配有

95. 学校　　为学生　　健康保险　　办理了

96. 1988年　　正式　　农业展览馆　　建成于

97. 很多动物　　平衡　　靠尾巴　　控制

98. 记录了　　当时的　　生动地　　这张照片　　情景

第 二 部 分

第 99 – 100 题：写短文。

99. 请结合下列词语（要全部使用），写一篇80字左右的短文。

　　困难、遇到、虚心、经验、成长

100. 请结合这张图片写一篇80字左右的短文。

실전 모의고사

제5회

新汉语水平考试
HSK(五级)
全真模拟题 5

注　意

一、 HSK（五级）分三部分：

    1. 听力(45题，约30分钟)

    2. 阅读(45题，45分钟)

    3. 书写(10题，40分钟)

二、 听力结束后，有5分钟填写答题卡。

三、 全部考试约125分钟(含考生填写个人信息时间5分钟)。

<table>
<tr><td>中国　北京</td><td>XXXX/XXXXXXX　编制</td></tr>
</table>

一、听 力

第 一 部 分

第1-20题：请选出正确答案。

1. A 维修人员
   B 律师
   C 主持人
   D 歌手

2. A 登记物品数量
   B 买办公用品
   C 找人搬走货物
   D 找仓库

3. A 报纸上
   B 电视新闻里
   C 短信里
   D 娱乐杂志上

4. A 秘书
   B 作家
   C 演员
   D 运动员

5. A 纪录片
   B 体育
   C 新闻
   D 综艺娱乐

6. A 先去理发
   B 换副手套
   C 戴条项链
   D 穿件厚外套

7. A 邮局
   B 国家大剧院
   C 国家博物馆
   D 法院

8. A 没买到机票
   B 擅长滑雪
   C 要去哈尔滨
   D 是名导游

9. A 接孩子
   B 接待来宾
   C 开家长会
   D 去亲戚家

10. A 位于地下一层
    B 面积不小
    C 租金很贵
    D 不单独出售

11. A 步行进去
    B 向路人打听
    C 先倒车
    D 绕路走

12. A 参演的明星很多
    B 没收回成本
    C 剧本修改过多次
    D 很受年轻人欢迎

13. A 很虚心
    B 比较勤奋
    C 为人老实
    D 做事冷静

14. A 工作效率很高
    B 教学方法很特别
    C 很善良
    D 很勤奋

15. A 看话剧
    B 安装书橱
    C 参加宴会
    D 听报告

16. A 拿了设计大奖
    B 新建不久
    C 是用木头盖的
    D 里面很潮湿

17. A 评价很高
    B 许多明星参演
    C 还没上映
    D 获了大奖

18. A 餐厅
    B 酒吧
    C 公寓
    D 商场

19. A 是关于市场开发的
    B 还需修改
    C 得到了领导批准
    D 很多人不赞成

20. A 过敏了
    B 着凉了
    C 喝醉了
    D 失眠了

第 二 部 分

第 21 - 45 题：请选出正确答案。

21. A 文章写得不错
     B 业余爱好很多
     C 在准备驾照考试
     D 下决心要参赛

22. A 咨询旅行社
     B 早点儿回复她
     C 赶紧办签证
     D 替她请假

23. A 弄坏了键盘
     B 写错地址了
     C 没收到包裹
     D 想退货

24. A 非常破旧
     B 正在重修
     C 是木结构的
     D 全被烧毁了

25. A 屋顶类型
     B 地板材质
     C 卧室风格
     D 墙纸颜色

26. A 居民消费状况
     B 急救常识
     C 环境满意度
     D 数码产品使用情况

27. A 家务活儿太多
     B 失恋了
     C 没找到工作
     D 担心论文写不完

28. A 地毯上
     B 书架旁
     C 窗帘后
     D 柜子里

29. A 报社
     B 机场
     C 俱乐部
     D 旅行社

30. A 营业时间
     B 收费标准
     C 无线网络
     D 软件名称

31. A 变得更小气
    B 被动消费
    C 追求名牌商品
    D 选东西更谨慎

32. A 货比三家
    B 以节约为本
    C 避免被商家左右
    D 尽量用现金

33. A 觉得丈夫很了不起
    B 希望儿子有前途
    C 有爱心
    D 很有学问

34. A 遇事征求孩子的意见
    B 鼓励孩子多动手
    C 常表扬孩子
    D 用自己的行动

35. A 培养孩子的独立性
    B 互相交流
    C 以身作则
    D 尊重孩子

36. A 有多种解释
    B 不爱思考
    C 怎么都想不明白
    D 觉得这样做很不礼貌

37. A 推销指南
    B 成交记录
    C 谈话内容
    D 商品信息

38. A 被他感动了
    B 其他人都推荐
    C 他的产品功能多
    D 可以免运费

39. A 量身高
    B 做调查问卷
    C 指出错误
    D 让他们发言

40. A 找借口请假
    B 互换座位
    C 往后面站
    D 和老师辩论

41. A 很用功
    B 是职业演员
    C 学历不高
    D 常腰疼

42. A 愉快感减弱
    B 很积极
    C 越来越不安
    D 更加兴奋

43. A 休假有助于减肥
    B 长假易使人孤单
    C 假期不易早起
    D 休短假更让人开心

44. A 待遇优厚
    B 商品都便宜
    C 规模大
    D 服务态度好

45. A 补回差价
    B 提高质量
    C 扩大销售
    D 降低成本

二、阅 读

第 一 部 分

第46-60题：请选出正确答案。

46-48.

长时间看电视，不但会损伤眼睛，还会使人体受到辐射，所以和电视保持一定的距离很有必要。那么，离多远才能将__46__降到最低呢？专家指出，与电视之间的距离应根据电视屏幕的大小来调整。最佳距离应该是屏幕对角线长度的4至6倍，但这样量有些费劲儿。其实还有一个简单的方法：面对电视伸直胳膊，横放手掌，使之与眼睛处于同一水平线，然后__47__上一只眼，慢慢调整身体与电视之间的距离，当手掌正好能把电视挡住时，那时站立的地方就是观看电视最佳的__48__。

46. A 缺点　　　B 意外　　　C 伤害　　　D 毛病
47. A 闭　　　　B 翻　　　　C 瞧　　　　D 放
48. A 位置　　　B 投资　　　C 程度　　　D 类型

49-52.

　　一位知名人士曾说：“我把钱借给朋友，从来不指望他们还。因为我想，如果他没钱还不了，一定不好意思来；如果他有钱而不想还，也一定不会再来。那么我__49__也就这一次，就当花点儿钱认清了一个坏朋友。朋友借钱，只要数目不大，我都会__50__，因为朋友间应该有通财之谊。至于借出去之后，我从不催讨，是怕伤了__51__的和气。因此，每当我把钱借出去时，总有种既借出去钱，又借出去朋友的感觉。__52__，我便有一种金钱与朋友一起失而复得的感觉。”

49.　A 吃亏　　　B 缩短　　　C 破坏　　　D 破产

50.　A 提倡　　　B 答应　　　C 发表　　　D 发言

51.　A 各自　　　B 彼此　　　C 任何　　　D 其余

52.　A 哪怕他们不会还钱

　　　B 而他们又找我借钱时

　　　C 而每当他们把钱还回来时

　　　D 虽然我还是会借钱给他们

53-56.

　　据说很久以前,黄山的鱼贩都是徒步千里之外的长江将鳜鱼运送到黄山地区售卖，＿53＿到了目的地，鳜鱼往往都已经腐烂了。没办法，鱼贩们只好在鱼身上撒一层盐，以防止鱼变质。没想到，这样腌制储存的鳜鱼，到了千里之外，颜色＿54＿鲜亮如新，虽然表皮会散发出一种似臭非臭的特殊气味，但洗净后，经过热油烹调，＿55＿，反而鲜香无比。于是，便有了中国名菜"黄山臭鳜鱼"。

　　臭鳜鱼歪打正着，化腐朽为神奇，＿56＿了人间美味，令人称奇。

53. 　A　除非　　　　　B　不过　　　　　C　假如　　　　　D　而且

54. 　A　依然　　　　　B　偶尔　　　　　C　偶然　　　　　D　恐怕

55. 　A　最后生成了对人有益的微生物

　　　B　吃起来非但无臭味

　　　C　或许能够引起人们的注意

　　　D　即使加上各种调料

56. 　A　促使　　　　　B　于是　　　　　C　构成　　　　　D　成就

57-60.

　　有个造纸工人不小心弄错了配方，生产出了一批废纸。正当他对着那批废纸 __57__ 时，一位朋友劝他："任何事情都有两面性，你不如换个 __58__ 看看，也许能变废为宝。"听了朋友的话，他开始仔细研究那些废纸。他发现它们虽然不能用来写字，但吸水性 __59__ 好，甚至能吸干家具上的水滴。于是，他把那些纸切割成小块儿，取名"吸水纸"，拿到市场上去卖， __60__ 。后来，他自己成立了一家工厂，专门生产这种"吸水纸"，赚了不少钱。

57.　A　强调　　　　B　发愁　　　　C　珍惜　　　　D　争论

58.　A　角度　　　　B　规矩　　　　C　原则　　　　D　步骤

59.　A　相当　　　　B　简直　　　　C　总算　　　　D　稍微

60.　A　却原来的老板指责

　　　B　即使投入很多资金

　　　C　技术越来越好

　　　D　结果很受欢迎

第 二 部 分

第61-70题：请选出与试题内容一致的一项。

61. 森林能涵养水源，在预防水旱灾害方面的作用非常大。据统计，一片面积10万亩的森林，其蓄水量相当于一个200万立方米水库的储水量。正如俗话所说"山上多种树，等于修水库。雨多它能吞，雨少它能吐。"

   A 森林规模正在变小
   B 森林蓄水能力较强
   C 水库分布严重不均
   D 水库附近灾害多发

62. 家里精心种植的花草常会莫名其妙地枯萎，而野生植物却不管旱涝总能保持旺盛的活力。人也是一样，过于舒适的成长环境，容易消磨人的意志，让人止步不前。很多时候，苦难反而能让我们变得更强大。

   A 植物适应环境的能力非常强
   B 心情易影响工作效率
   C 艰苦的环境有助于人的成长
   D 压力大的人宜养植物

63. 大米中含有维生素、无机盐和蛋白质等营养成分，如果多次淘洗或者用热水冲洗，大米中的营养物质就会流失，若用手使劲儿地反复搓洗，营养物质则会流失得更多。因此，做米饭前一般只需将米轻轻淘洗两次即可。

   A 大米不宜反复淘洗
   B 大米的营养成分很难被吸收
   C 用热水煮饭更有营养
   D 大米容易保存

64. 衡山又称"南岳"，是中国五岳名山之一，位于湖南省衡阳市。衡山的气候条件比其它四岳要好，山上林深树多，终年翠绿，到处生长着奇花异草，四季飘香，自然景色十分秀丽，因而它又有"五岳独秀"的美称。

A 衡山早晚温差大

B 衡山文化艺术气息浓厚

C 衡山自然资源比较缺乏

D 衡山的气候条件在五岳中最好

65. 生命是一段旅程，而不是一场竞赛。走得一帆风顺固然值得庆幸，但多走几段弯路也未必不是一种收获。多欣赏几段风景，就会多一些生活体验。人生之旅是否有意义、有价值，不在于起点或终点的输赢，也不在于途中的你追我赶，而在于沿途所见的风景，以及内心的那份感受与领悟。

A 常旅行的人心胸开阔

B 要多走弯路

C 只赢不输的人生才精彩

D 人生的意义在于经历与感悟

66. 武当山位于湖北境内，不仅自然风光雄伟奇特，而且拥有历史悠久的人文景观。有关武当山的传说、民谣、民俗等丰富多彩。它是中国"内家功夫"的杰出代表——武当拳的发源地，又是著名的道教圣地之一，因此被人称为"中国武术之乡""天下第一仙山"。

A 武当山是中国功夫的发源地之一

B 武当山自然资源丰富

C 武当山上佛教建筑越来越多

D 武当山的地理位置险要

67. 晴朗的日子里，我们会发现有时飞机从空中飞过，尾巴后面会拖着一条白色
的带子。这种飞机一般是喷气式飞机，它们在高空飞行时，机尾会喷出大量
气体，这些气体会跟空气中的水汽凝结成小水珠，远远看上去就像一条"白带
子"。

A 傍晚"白带子"最明显

B 喷气式飞机的机尾特别长

C "白带子"其实是小水珠

D 喷气式飞机对空气污染大

68. 一项研究称，一个人要掌握某项技能成为专家，需要不断地练习一万个小时；
要把一份工作做得得心应手，差不多需要9年。所以如果你现在尽力了，但还
是做得不够好，那说明你花的时间还不够。多一点儿耐心，多给自己一点儿时
间，相信成功会离你越来越近。

A 成功需要一定时间的积累

B 要热爱自己的工作

C 成功的标准很多

D 要合理分配时间

69. 自信心不足的人往往不够放松，走路常会低头弓背、无精打采。而自信的人走
路一般昂首挺胸，速度较快，且有节奏，因为他们目标明确，对要去的地方、
要见的人和要做的工作都心中有数。因此，心理专家建议，如果你不够自信，
可以通过练习快步走来提高自信心。

A 练习快走能增强自信

B 走路能够锻炼全身

C 走路慢显得不礼貌

D 走路要注意调整呼吸

70. 某报社进行了"人类最糟糕的发明"评选活动，"荣获"此称号的就是我们每天大量使用的塑料袋。塑料袋之所以"糟糕"，是因为自然界的光、热和细菌等都很难将其降解。处理废弃塑料袋往往只能用土填埋或用火烧，但是填埋他们的土地，将很难再长出庄稼或树木；而焚烧塑料袋产生的有害烟尘和有毒气体，会对大气造成污染。

A 塑料袋不易处理

B 保护环境是每个人的义务

C 要鼓励发明创造

D 塑料袋结实耐用

<h1 style="text-align:center">第 三 部 分</h1>

第71-90题：请选出正确答案。

71-74.

　　李安进公司两年了，工作尽职尽责，从来没受过批评。

　　可有一天，他忍不住去找经理理论："经理，我在公司这两年，没出过任何差错，没得到提拔。小罗才来公司半年，我们干一样的工作，他却升了部门主任，这不公平。"

　　经理思考了一下，对他说："我一会儿再向你解释。我正要给大家准备午餐水果，街道拐角处就有一家水果店，你帮我看看那里有没有桔子。"李安出去很快就回来了。

　　经理问他："那里有桔子吗？""有。""多少钱一斤？""啊？这个我没问。""桔子多不多？够我们员工吃吗？""我没注意。""那里还有其它水果吗？""好像有，但……""没事，你先坐下稍等一会儿。"

　　经理打电话叫来了小罗，并给了他与李安同样的任务。15分钟后，小罗回来了，经理问他："小罗，那里有桔子吗？"

　　"经理，那里有桔子，足够我们员工吃一顿，每公斤三块钱。店主说如果买得多，可以给8%折扣。另外，那里还有香蕉、木瓜等水果。我已经预定了桔子，如果您还想要其他水果，我再去一趟。"

　　经理转向身旁一脸惊讶的李安，问道："你还有什么疑问吗？"李安红着脸说："经理，我明白了，抱歉。"

71.　李安为什么觉得不公平？

　　A　他常被派去外地出差

　　B　小罗奖金比他多

　　C　他认真工作却没有升职

　　D　经理对他总是不耐烦

72. 经理让李安做什么?

    A　去水果店看有无桔子

    B　同水果店老板谈合作

    C　买午餐

    D　为宴会做准备

73. 关于小罗，可以知道：

    A　经理很欣赏他　　　　　　B　不会讨价还价

    C　觉得特别委屈　　　　　　D　进公司比李安早

74. 李安最后明白什么了?

    A　不要害怕吃亏

    B　要勇于承认错误

    C　做事要专心

    D　考虑问题要全面

75-78.

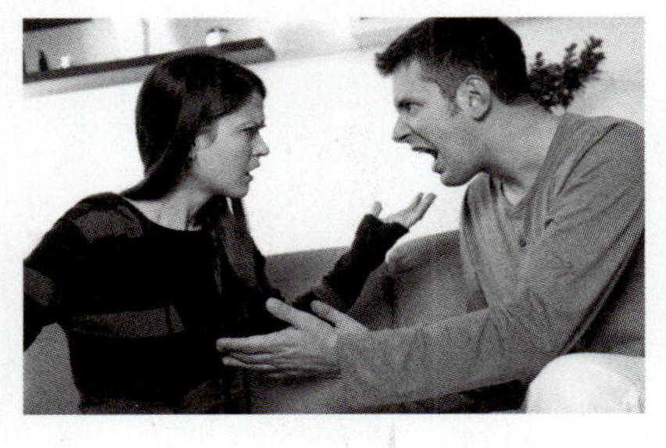

　　坐在你身旁的同事是否总是不停地抱怨工作环境不好或是工作压力太大？在他们抱怨时，你是否会耐心地倾听呢？如果是，那你可不只是在听别人讲而已。事实上，在倾听的过程中，你也会不知不觉地被他们的压力所"传染"。

　　心理学家发现，压力就像感冒一样会传染，这种"二手"的压力和焦虑情绪可以在工作场所迅速蔓延。因为人们能够以惊人的速度模仿他人的面部表情、声音和姿势，从而对他人的情绪感同身受。我们其实都是"海绵"，可以吸收周围人散发出的感染性的情绪。而在吸收他人压力的同时，我们自己也开始感受到压力，并会不自觉地去关注那些可能会困扰我们的问题。

　　为什么别人的压力会传染给我们？这是因为，一方面，我们吸收朋友或同事的压力是为了和他们<u>打成一片</u>；另一方面，持续灌进我们耳中的不满的声音，也会让我们开始产生消极的想法。

　　研究者发现，我们不仅会接受他人消极的思维模式，还会下意识地模仿他们在压力下的身体语言，这导致我们在交谈时会与他们一样弓起背、皱起眉。另外，女性遭遇"二手压力"的风险更大，因为她们往往更容易与他人产生共鸣。

75.　为什么说"我们其实都是'海绵'"？

　　A　有很强的适应性

　　B　学习能力强

　　C　抗压性强

　　D　会吸收别人的情绪

76.　第3段中的画线词语"打成一片"，是什么意思？

　　A　争论　　　　　　　　　　B　吵架

　　C　搞好关系　　　　　　　　D　相互支持

77. 根据第4段，下列哪项正确？

    A　女性喜欢模仿

    B　身体语言与年龄有关

    C　人的思维方式很难改变

    D　女性更容易受他人影响

78. 最适合做上文标题的是：

    A　倾诉的力量　　　　　　　B　海绵效应

    C　会传染的压力　　　　　　D　你能读懂表情吗

79-82.

在老家，香椿树几乎随处可见。每到春天，树上就会长出浓密的嫩芽，香椿被称为"树上蔬菜"，用它的嫩芽做成的菜肴是不可多得的美味。

一天，父亲用把刀把院子里的几棵香椿树顶端的枝条给割了下来，我很奇怪：长得好好儿的，为什么要把顶梢割掉？顶端的枝条不也能长出很多香椿芽吗？割掉了多可惜。

父亲见我一脸疑惑，笑着解释说："香椿树不仅嫩叶可以当蔬菜吃，同时也是一种优质的木材，人称'中国桃花心木'。它纹理美丽，质地坚硬，且不易变形，是做家具还有造船的上好材料。"

"这和留不留顶梢有什么关系呢？"

"这就看你想要什么了，去掉顶梢的香椿树，营养都给了嫩芽，嫩芽便会又多又肥；留着顶梢，香椿树会一直往上长，将来就能成为好木材。"

"难道去掉顶梢就成不了木材了吗？"

"你见过哪一棵结果实的树，长成了参天大树？指望吃果子，就别想成为木材；指望树成为木材，就别期待它能结果子。树跟人一样，精力是有限的。"

嫩芽与木材，我们只能选择其一。树犹如此，人亦然。一个人，不可能同时坐上两只船。选择这只，就得放弃另一只，不能太贪心。

79. 关于香椿树，可以知道什么？

A 树根非常发达

B 喜欢湿润的气候

C 嫩芽可食用

D 内部是空心的

80. 根据上文，下列哪项是香椿树木材的特点？

A 不易变形　　　　　　　　B 香味浓

C 重量重　　　　　　　　　D 木质粗糙

81.　根据第5段，可以知道：

    A　营养不足导致树木生长慢

    B　树越高越难成活

    C　香椿树分布范围较小

    D　去掉顶梢的香椿嫩芽更肥

82.　上文主要想告诉我们：

    A　要学会取舍

    B　目标要远大

    C　做事要考虑后果

    D　要坚持自己的梦想

83-86.

母亲问她5岁的女儿："如果妈妈和你一起出去玩儿，咱们俩都渴了，但是又没带水，而你的小书包里恰巧有两个苹果，你会怎么做呢？"女儿歪着脑袋想了想，说："我会把两个苹果各咬一口。"

母亲听后微微一怔，以为女儿是想把两个苹果据为己有，不由得感到一丝失望，她本想训斥女儿一番，可就在话即将说出口的那一刻，她忽然改变了主意。她摸摸女儿的小脸，温柔地问："能告诉妈妈，你为什么要这样做吗？"

女儿眨眨眼睛，天真地说："因为我要先尝一尝，看看哪个更甜，然后把最甜的那个给妈妈吃！"那位母亲听了心头一暖，非常感动。

我们应该为那位母亲感到庆幸，因为她对女儿的宽容和信任，使她感受到了女儿的爱；我们也为女孩儿感到庆幸，因为母亲给了她说完话的机会。

即使是最亲密的家人之间也会产生误解，只有耐心倾听才能消除误会，爱一直都在，只是有时候它看不见、摸不着。耐心一点儿，从倾听开始，给爱一个展露真实面貌的机会。

83.　母亲一开始听到女儿的回答，觉得：

A　特别高兴

B　一点儿都不奇怪

C　特别委屈

D　有些失望

84.　女儿为什么想把两个苹果各咬一口？

A　看是不是坏了

B　想做个记号

C　要选一个甜的

D　舍不得吃

85. 关于那位母亲，可以知道：

    A　非常细心

    B　对女儿比较有耐心

    C　答应了孩子的要求

    D　追求完美

86. 上文主要想告诉我们什么？

    A　要学会多角度看问题

    B　要维护孩子的自尊心

    C　要学会倾听

    D　要多体贴父母

87-90.

人类习惯躺着睡觉，即使在某些特殊情况下能坐着入睡，但也总会睡得东倒西歪的。与人类不同，鸟类大都是以双足紧扣树枝的方式"坐"在数米高的树上睡觉的，而且从不会跌落下来。这是为什么呢？

一位鸟类学家解释说，人类和鸟类的肌肉作用方式有很大的区别，尤其是在进行"抓"这一动作时，更是完全相反。二者相比较，人类是主动地去抓，鸟类则是被动地去抓。当人类想要抓住某样东西的时候，需要用力使肌肉紧张起来。而鸟类只有在要松开所抓的物体时，肌肉才会紧张起来。也就是说，当鸟类飞离树枝时，其爪子的肌肉呈紧张状态，而当它"坐"稳之后，肌肉便松弛下来，爪子就自然地抓住树枝了。

这位鸟类学家还介绍说，不同的鸟睡眠时间也大不相同。鸫属的鸟基本上一天只睡1到3个小时；啄木鸟等穴洞孵卵鸟类睡眠时间最长，大约要睡6个小时。

另外，他还指出，同人类相比，鸟类没有"深度睡眠"这一阶段，它们所谓的睡眠只是进入了一种"安静的状态"而已，因为它们必须警惕随时可能出现的天敌，以便及时地飞走逃生。

87. 鸟类大多是怎样睡觉的？

    A 躲在洞里

    B 倒挂在树枝上

    C 东倒西歪地躺着

    D "坐"在树枝上

88. 人类和鸟类的睡眠方式不同，是因为：

    A 大脑结构不同

    B 骨骼构成不同

    C 饮食习惯不同

    D 肌肉作用方式不同

89. 根据第3段，下列哪项正确？

    A 很多鸟喜欢在晚上睡觉

    B 啄木鸟的睡眠时间很长

    C 鸫属的鸟每天要睡6个小时

    D 鸟类的睡眠时间和季节有关

90. 鸟类为什么没有"深度睡眠"？

    A 为了保存体力

    B 为了保持警觉

    C 周围环境太吵

    D 怕错过捕食时间

三、书　写

第 一 部 分

第 91–98 题：完成句子。

例如：发表　　这篇论文　　什么时候　　是　　的

这篇论文是什么时候发表的？

91.　透明的　　结实　　雨伞　　这种　　吗

92.　那文件　　保存　　硬盘里了　　到　　我把

93.　邀请了　　很多　　此次开幕式　　明星

94.　这部　　小说是　　作品　　之一　　他的代表

95.　利息　　此次贷款　　上调了　　百分之二

96.　退休　　的　　爷爷是　　去年

97.　设计　　这把锁的　　巧妙　　极其

98.　对身体　　熬夜　　伤害　　极大

第 二 部 分

第 99 - 100 题：写短文。

99. 请结合下列词语（要全部使用），写一篇80字左右的短文。

    最初、状态、习惯、克服、坚持

100. 请结合这张图片写一篇80字左右的短文。

新汉语水平考试

녹음
스크립트

〈제1회〉 녹음 스크립트

（音乐，30秒，渐弱）

大家好! 欢迎参加 HSK(五级)考试。
大家好! 欢迎参加 HSK(五级)考试。
大家好! 欢迎参加 HSK(五级)考试。

HSK(五级)听力考试分两部分，共45题。
请大家注意，听力考试现在开始。

第 一 部 分

第 1 到 20 题：请选出正确答案。现在开始第 1 题：

1.　女：这个花瓶非常好看! 是哪个朝代的?
　　男：好像是清代的。但是我不太确定，问问博物馆的解说员吧。
　　问：他们最可能在哪儿?

2.　男：你的移动硬盘空间不够，这部电影放不下了。
　　女：先等一会儿吧，我把里面看完的电影都删掉。
　　问：移动硬盘怎么了?

3.　女：晚上有演出，一起去看吧?
　　男：不好意思，还是你们去吧。我得写实验报告。
　　问：男的为什么不去看演出?

4.　女：这条围巾手感真好，摸着很柔软。
　　男：那当然了，这是我在"丝绸之乡"湖州买的围巾。
　　问：女的觉得围巾怎么样?

5. 男：这次夏令营活动的主题是什么？
   女：农村体验，让学生体验农村生活，培养他们适应环境的能力。
   问：这次活动想培养学生哪方面的能力？

6. 女：请问，取网上预订的飞机票要带什么证件吗？
   男：带着身份证就行。
   问：取飞机票需要带什么？

7. 男：麻烦您，把这两副象棋分开包装吧。
   女：好的。您先去结账，我就给您包装。
   问：根据对话，下列哪项正确？

8. 女：舅舅给你打电话，你怎么没接呀？
   男：对不起，没听见。因为刚才我在开会，手机调成了震动。
   问：男的刚才在做什么？

9. 女：听说单位附近新开了一家川菜馆，我们去尝尝。
   男：我最近嗓子疼，不能吃辣椒，改天去吧。
   问：男的怎么了？

10. 男：那个关于新能源开发的纪录片，在哪个频道播？
    女：科学频道。每周六晚上九点开始。
    问：关于那个纪录片，可以知道什么？

11. 男：逃避不能解决问题，你得勇敢地去面对。
    女：你说得对，我会正式面对这个问题的。谢谢！
    问：男的建议女的怎么做？

12. 女：先生，您好。您要办理什么业务？
    男：我要开通余额变动短信提醒的功能。
    问：男的要办理哪项业务？

13. 男：我初来此地，对很多情况都不太了解，请您多帮忙。
    女：有什么事你尽管说，我一定会尽量帮助你的。
    问：女的是什么意思？

14. 女：你觉得哪张照片拍得最好？我想选一张挂在墙上。
    男：左边这张吧，表情比较自然。
    问：男的为什么选那张照片？

15. 女：您教我打太极拳，好吗？
    男：好，不过你可不能"三天打鱼，两天晒网"。你一定要坚持到底。
    问：男的是什么意思？

16. 男：真让人意外，你居然选了这所大学。
    女：我对建筑设计很感兴趣，他们的这个专业在全国排名第一。
    问：女的为什么选择那所学校？

17. 男：我和朋友约好了去钓鱼，你也一起去吧。
    女：外面太晒了，而且我也对钓鱼没有兴趣。我想在家休息。
    问：女的是什么意思？

18. 男：听说单位要在春节前，举办一次职业培训？
    女：对，还专门邀请几位这方面的专家呢。
    问：培训将在什么时候举行？

19.　女：你还记得你第一次演出时的情景吗?
　　　男：当然记得，当时舞台下坐满了人，我心里紧张得要命。
　　　问：男的第一次演出时心情怎么样?

20.　男：下午，学校图书馆有一场关于现代文学的讲座，你有没有兴趣?
　　　女：几点开始? 我三点还有一节历史课。
　　　问：根据对话，可以知道什么?

第 二 部 分

第 21 到 45 题：请选出正确答案。现在开始第 21 题：

21.　女：你汉语说得真流利!
　　　男：我是华裔啊，我父母都是中国人，但他们很早就移民了。
　　　女：那你的汉语都是父母教的?
　　　男：我的汉语是跟辅导老师学的。
　　　问：根据对话，下列哪项正确?

22.　女：你昨晚去医院了吗?
　　　男：我昨天晚上突然胃疼，就去医院看了急诊。
　　　女：医生怎么说? 说是饮食不规律导致的吧?
　　　男：对，让我平时注意按时吃饭。
　　　问：男的昨晚怎么了?

23.　女：听说你在单位的运动会上获得了短跑冠军?
　　　男：对，我那天状态比平时更好，充分发挥实力了。
　　　女：恭喜恭喜，有奖品吧?
　　　男：当然有，是一部数码相机。
　　　问：冠军的奖品是什么?

24. 男：好看的纪录片推荐一下。

　　女：《微观世界》就挺有意思的。是关于昆虫生活的。

　　男：是哪个频道播放的？

　　女：科教频道放的，你上网搜一下。

　　问：那部纪录片是关于什么的？

25. 女：小李，听说你的毕业作品主题是环境保护？

　　男：对，我的作品所用的材料的大部分都是一些废弃的生活用品。

　　女：都用了什么东西？

　　男：塑料袋、旧光盘、和矿泉水瓶什么的。

　　问：小李的作品是用什么做的？

26. 女：你中秋节坐飞机回家吗？

　　男：往返机票没买到，我打算开车回去。

　　女：那得很长时间吧？长途驾驶挺辛苦的。

　　男：需要大概5、6个小时，我和弟弟轮流开车。

　　问：根据对话，下列哪项正确？

27. 女：这些服装都是今年的新款，您随便看看。

　　男：这些大部分都是正装，我想买套休闲的。

　　女：休闲的在后边的货架上，您想要什么颜色的？

　　男：蓝色的吧。

　　问：男的想要哪种衣服？

28. 女：你有没有今天上午讲座的录音？

　　男：有，班级的网页里都有，你没下载？

　　女：我已经试了，但网速太慢，下不了。

　　男：那你用优盘直接从我电脑拷吧。

　　问：女的为什么不能下载录音？

29.　男：你这是不是在上网络课程?

　　　女：是。我报了一个数学班。

　　　男：在网上听课好吗?

　　　女：挺好的，能反复听。信息也多，还能自由安排学习时间。

　　　问：女的觉得网络课程有什么优点?

30.　女：你以前想过自己会获得世界冠军吗?

　　　男：没有。我就是喜欢游泳而已，没抱着一定要赢的念头。

　　　女：那您觉得，以前做运动员和现在做教练有什么不同?

　　　男：肩膀上的担子更重了，我希望能多培养些优秀的运动员。

　　　问：关于男的，可以知道什么?

第31到33题是根据下面一段话:

　　有个年轻人一直抱怨自己太穷，总是闷闷不乐。一天，有位老人问他:"小伙子，你已经拥有最宝贵的财产了，为什么还不满足呢?"年轻人摇着头说:"我身无长物，哪有财产?""如果我给你很多宝物，你愿意把眼睛换给我吗?""不，我不换。没了眼睛我怎么看东西呀?""那把你的双手给我，我赔你一袋黄金啊!""不，我的手也不能换。"老人听后笑着说:"有眼睛，你就能欣赏美丽的风景。有双手，你就可以体会劳动的快乐。这些不都是你拥有的宝贵财产吗?"其实，我们每个人都很富有，懂得满足，珍惜自己所拥有的，才能感到快乐。

31.　年轻人为什么总是闷闷不乐?

32.　那位老人想用什么换年轻人的双手?

33.　这段话主要想告诉我们什么?

第34到36题是根据下面一段话：

　　某大学的研究人员做了一个实验。他们虚构了甲乙两名求职者，并给他们做了两份完全一样的简历，推荐信也大部分都相同。唯一的区别是，甲的推荐信中多了一句话——"有时候甲比较固执，很难说服他"。研究人员把两人的简历和推荐信发给了一些大公司的人事主管。结果他们选择的都是甲。为什么有缺点的甲反而更受欢迎呢？原来推荐信中尽管指出了甲的缺点，但也使人事主管们觉得，推荐信中对甲的赞美更为可信。因此，甲更有优势。

34.　两封推荐信有什么不同？

35.　主管们为什么选择甲？

36.　关于那个实验可以知道什么？

第37到39题是根据下面一段话：

　　有个人想学一门手艺，想来想去觉得雨伞人人都要用，就去学习制作雨伞。学成后，他回了家乡开了一家雨伞店。可是一连几个月都没下雨，雨伞也卖不出去。他一气之下，就将做雨伞的工具都扔掉了。这时他发现，街上很多人在询问，哪儿卖水车。于是，他又去学习制作水车。可没想到，学成后，接连下了好几场大雨，水车又用不着了。后来，他想：'做雨伞和水车的工具都是铁做的，我何不去学打铁呢？'。只可惜，此时的他，已经没有力气举起打铁的大锤了。做事的时候常常三心二意的人，什么都得不到。

37.　那个人最开始学的是哪种手艺？

38.　为什么水车又用不着了？

39.　这段话主要想告诉我们什么？

第40到41题是根据下面一段话：

　　"站立式会议"是一种新型的会议方式。它是人们站着开会而不是坐下来的。"站立式会议"一方面有效地提高了会议效率，缩短了会议时间，另一方面对人们的身体健康更有利。进行"站立式会议"要严格控制时间，开会时要直奔主题，避免闲谈，并尽量在十五分钟内得出结论。要是会议时间过长，可能会影响职员的情绪。

40.　"站立式会议"有什么优点？

41.　"站立式会议"需要注意什么？

第42到43题是根据下面一段话：

　　驾车要尽量避开三个危险时段。一是凌晨1点至3点，这段时间人的血压降低，大脑反应比较迟钝，容易发生交通事故。二是上午11点至下午1点，这时候，人通常会出现短暂的疲劳感，注意力也容易分散。三是下午5点至傍晚7点，黄昏时分，光线由明转暗，容易导致司机判断失误，导致安全事故。

42.　　为什么要避免在下午5点至傍晚7点开车？

43.　　这段话主要谈的是什么？

第44到45题是根据下面一段话：

　　小赵是一个刚入职的警察。一天，他在街上巡逻时，看见一个人夹着公文包，跑得很快，险些撞到路人。小赵刚想叫住他，却见他朝自己的方向望了一眼，然后跑得更快了。小赵顿时觉得事情不对，就立刻追上去抓住了那个人。那人吃惊地问："你为什么抓我？"，小赵严肃地回答："你跑什么？"，那人指着刚开走的汽车说："我在赶公司的末班车呀。"

44.　　那个人为什么跑那么快？

45.　　关于小赵，下列哪项正确？

听力考试现在结束。

（音乐，30秒，渐弱）

大家好！欢迎参加 HSK(五级)考试。
大家好！欢迎参加 HSK(五级)考试。
大家好！欢迎参加 HSK(五级)考试。

HSK(五级)听力考试分两部分，共45题。
请大家注意，听力考试现在开始。

第 一 部 分

第 1 到 20 题：请选出正确答案。现在开始第 1 题：

1. 男：天气预报说明天还要降温。
   女：对，据说有股冷空气正从北方过来。
   问：天气预报说明天天气会怎么样？

2. 男：我们昨天买的那本小说，描写的都是普通老百姓的日常生活，挺真实的。
   女：是的，感觉里面的故事好像就发生在身边，很熟悉。
   问：他们买的小说有什么特点？

3. 女：听李总说今年公司的利润不错。
   男：是，今年市场规模扩大了，再加上钢铁等原料的价格下降，利润也就提高了。
   问：男的认为利润提高的原因是什么？

4. 男：听说这期节目的嘉宾是著名的心内科专家。
   女：是吗？那我得让我舅舅看看，他心脏不太好。
   问：女的想让谁看节目？

5. 男：儿童节，我们送女儿什么礼物好呢？
   女：象棋吧。那天她在姥姥家玩儿，回来就吵着要我买一副呢。
   问：他们打算送女儿什么？

6. 女：新产品月底就要投入市场了，宣传工作就交给你们部门了。
   男：好的。宣传方案我们会尽快做好的。
   问：男的负责哪方面的工作？

7. 女：你看，从这儿能看到山下整个村庄。
   男：是，薄薄的雾气让村子看上去像仙境一样。真美！
   问：根据对话，下列哪项正确？

8. 女：我不小心把一份重要文件给删了，能恢复吗？
   男：不用担心，我帮你下载一个恢复数据的软件。
   问：根据对话，下列哪项正确？

9. 男：国庆节，你有什么打算？
   女：去趟杭州，我本科时最好的朋友在那儿举办婚礼。
   问：女的去杭州做什么？

10. 男：小王怎么了？听他说话的语气好像不太高兴。
    女：他申请的研究项目没被批准，所以情绪有点儿低落。
    问：小王为什么情绪不好？

11. 女：这块地毯没什么特别的呀，可是太贵了！
　　男：这可是纯手工制作的，而且使用的材料也很高档。
　　问：那块地毯为什么贵？

12. 女：你确定要做新能源方面的论文了？
　　男：确定了，这将是我今后研究的主要方向。
　　问：论文是关于哪方面的？

13. 女：昨晚的决赛真激烈，为了拿冠军，双方真是拼劲了全力。
　　男：是啊！我还真没想到，你也是个球迷。
　　问：关于女的可以知道什么？

14. 男：这个装修方案您还满意吗？
　　女：其他都不错，就是阳台的门，我想换成玻璃的推拉门。
　　问：女的对哪儿的设计不满意？

15. 男：你去医院了吗？医生怎么说？
　　女：说我的肩膀不太好，是长期使用电脑导致的，让我平时注意调整坐姿。
　　问：大夫建议女的怎么做？

16. 女：这里的空气真湿润，感觉皮肤都比以前光滑了。
　　男：可是有一点不好，就是衣服很难晾干。
　　问：他们觉得那里怎么样？

17. 男：这部电子书能下载吗？
　　女：不能直接下，不过进入阅读模式后，你可以复制文字。
　　问：男的想要做什么？

18. 女：爸爸您小心点，台阶上有水，很滑。

男：好的。我去花草市场逛一逛，你和你奶奶说一声。

问：**女的提醒爸爸什么？**

19. 男：手机都充了一夜了，怎么还是没电？

女：充电器没插好，你看这里都松了。

问：**手机为什么没电？**

20. 男：你觉得自己应聘编辑的优势是什么？

女：我在杂志社实习过，有经验，我做事也比较细心，适合做文字方面的工作。

问：**女的认为自己的优势在哪儿？**

第 二 部 分

第 21 到 45 题：请选出正确答案。现在开始第 21 题：

21. 男：这个公寓有120多平米吧？

女：差不多，我当初就是因为它面积大才租的。

男：你们几个人合住，相处得怎么样？

女：四个，关系很密切。

问：**女的觉得那个公寓怎么样？**

22. 男：这些手工艺品都是你收藏的？

女：是的，大部分是从小商品批发市场买来的。

男：这个小鸟模型做工真精细，跟真的似的。

女：对，它翅膀上的羽毛据说是一根一根粘上去的。

问：**男的觉得那个小鸟模型怎么样？**

23. 女：你有昨天讲座的录音吗？

男：有，班级的公共邮箱里就有，你还没下载？

女：我刚试了，但网速太慢，下不了。

男：那你用移动硬盘直接从我这儿拷吧。

问：女的为什么不能下载录音？

24. 男：你们家乡办婚礼时有什么特别的风俗吗？

女：很多呀，比如说，姑娘出嫁前一晚，家里的长辈会帮她梳头发，边梳边说一些祝福的话。

男：这有什么特殊的含义吗？

女：就是希望她的结婚生活顺顺利利。

问：他们在谈什么？

25. 女：你怎么突然想买钢琴了？

男：是给我女儿的，她想要学。

女：我知道一家乐器店，那儿的小钢琴质量不错，价格也合理。

男：太好了，你把它的具体地址告诉我吧。

问：男的想知道哪儿的地址？

26. 男：我今天碰到李老师了，就是咱们高中的数学老师。

女：是吗？好多年没见她了。她现在怎么样？

男：她已经退休了，看上去身体不错，精神也很好。

女：改天我们一起去看看她吧。

问：关于李老师，可以知道什么？

27. 男：您这次设计的服装作品跟之前有很大的不同。

女：是的，我这次选择了更为大胆的色彩搭配。

男：您为什么要做出这样的改变呢？

女：我想挑战自己，尝试新的风格。

问：女的为什么要改变作品风格？

28. 女：您好，我想问一下，能带小狗上飞机吗？

男：宠物不能直接带上飞机，您需要办理托运。

女：那托运手续怎么办？

男：需要提供宠物健康证明，您得带宠物去检查一下。

问：女的在咨询什么问题？

29. 男：请问，现在能预订晚上的座位吗？

女：可以，您贵姓？几位？

男：我姓王，两位，大概7点半到。麻烦给我留个靠窗的位置。

女：好，我们最晚给您保留到8点。请尽早过来。

问：男的在做什么？

30. 女：厨房有根水管漏水了。

男：赶紧给物业公司打个电话，让他们派人来修。

女：打过了，他们说维修师傅一个半小时后才能到。

男：这么久，那你把工具箱拿来，我先看看吧。

问：男的是什么意思？

第31到33题是根据下面一段话：

　　两个孩子不小心碰到桌子，大哭起来。第一位母亲立即伸手打桌子，然后哄孩子说："乖，别哭。"第二位母亲则启发孩子："人会撞上桌子，一般有三个原因，一是跑得太快，二是不注意看路，三是在想别的事情。你刚才是因为什么呢？"桌子不会主动撞人，伸手打桌子，就等于告诉孩子那不是你的错。在这种教育方式下长大的孩子，容易推卸责任。而第二位母亲则是在教育孩子，出错了应该先从自身找原因，要敢于承担责任，不要一味地指责别人。

31. 孩子碰到桌子后，第一位母亲做了什么？

32. 第二位母亲是怎么做的？

33. 第二位母亲实际上是教育孩子要怎么样？

第34到36题是根据下面一段话：

　　某公司招聘时，只问了应聘者一个问题："你怎么看待加班？"最后，一位年轻人脱颖而出。他的回答是这样的："首先，如果是工作需要，我会主动加班。因为公司的利益就是我的利益。其次，我会考虑如何提高我的工作能力，尽可能减少不必要的加班。最后，如果我经常被领导要求加班，那说明这是我个人的问题。"后来，有人问面试官，面试中有很多比他更优秀的人，为什么最后却决定录用他呢？面试官笑着说："不错，的确还有比他更优秀的，但是这么多人中，懂得自我批评，不找借口，而主动从自身找原因的人，只有他一个。"

34.　那家公司问应聘者的问题是什么？

35.　下列哪项是那个年轻人的观点？

36.　面试官觉得那个年轻人的优势在哪儿？

第37到39题是根据下面一段话：

　　雄孔雀的尾巴张开时，就像一把大扇子。特别漂亮！所以它们都非常爱惜自己的尾巴。当它们想要休息时，总是先选好位置放好尾巴，然后才安心休息。孔雀警惕性高，人不易接近。但每逢暴雨天，孔雀担心被雨水淋湿后走动会把尾巴弄脏，就一动不动地趴在原地。即使人们走到它们的面前，它们也仍然不动。唯恐损坏了自己漂亮的尾巴。这时，它们很容易被人抓到。有时候，我们太关注自己的优点，反而容易被敌人利用。

37.　关于孔雀，可以知道什么？

38.　孔雀一般在什么天气下容易被抓？

39.　这段话主要想告诉我们什么？

第40到41题是根据下面一段话：

　　在图书馆看书，一方面，可以尽量减少外界对我们的干扰，使我们的精力更集中。另一方面，我们看到他人努力学习的样子，往往能激发自身的竞争意识，也会不自觉地开始努力。心理学家将这种现象称为"社会助长效应"。实验证明，在竞争的气氛中，任务执行的效率会比较高。因此，想要消除杂念，提高学习效率，去图书馆是一个好办法。

40.　根据这段话，在图书馆看书有什么优点？

41.　人们在竞争的环境中做事会怎么样？

第 42 到 43 题是根据下面一段话：

　　泥浆足球，是一项在泥浆场地中进行的足球比赛。每队派出6人参赛，其中必须有一名女球员。出场前还很整洁的球员，结束比赛后，一个个都变成了泥人。在泥泞中踢球，小腿的肌肉很容易变得酸痛无力。因此，这项比赛更看重耐力，球员得坚持到底。由于比赛规则简单，没有越位、罚球线等规定的限制。这项运动，现已成为人们释放压力展现自我的一种方式。

42.　泥浆足球赛，对球员有什么特别的要求？

43.　关于泥浆足球赛，下列哪项正确？

第44 到 45 题是根据下面一段话：

　　有位画家很有天赋，但没什么名气。好不容易参加了画展，他的作品却无人过问。一位画商朋友认定他很有才华，就专门跑到画展上，装作很惊喜的样子，对别人说："很多人都让我帮忙找这位画家的画儿，没想到竟然在这里找到了。"画商就用这个办法不断给画家做宣传。就这样，这位画家逐渐被人们所熟知，变得有名了。

44.　画商在画展上说了什么？

45.　那位画家后来怎么样了？

听力考试现在结束。

〈제3회〉 녹음 스크립트

(音乐，30秒，渐弱)

大家好! 欢迎参加 HSK(五级)考试。
大家好! 欢迎参加 HSK(五级)考试。
大家好! 欢迎参加 HSK(五级)考试。

HSK(五级)听力考试分两部分，共45题。
请大家注意，听力考试现在开始。

第 一 部 分

第 1 到 20 题：请选出正确答案。现在开始第 1 题：

1. 女：你看看外面起雾了，不知道我们的飞机会不会延误。
   男：别担心，这雾不算大。现在还没听说有航班被推迟。
   问：女的担心什么?

2. 女：下一场比赛你们的对手都是体育大学的?
   男：对，他们实力挺强的，我们在加紧训练呢。
   问：男的觉得对手怎么样?

3. 女：参会的专家都到了，我们开始吧。
   男：播放设备突然出了点儿问题，还在调试，稍等几分钟。
   问：会议为什么还不能开始?

4.　女：我要出差几天，你能帮我照顾一下我的小猫吗？

　　男：真不好意思，我对动物皮毛过敏，一碰到就打喷嚏。

　　问：关于男的可以知道什么？

5.　女：你见小张了吗？主任有事要我转告他。

　　男：我才在门口碰见他了，我让他去印刷厂拿宣传册。

　　问：小张最可能去哪儿了？

6.　女：这组家具不错，跟我家的装修风格挺像的。

　　男：的确是，而且这个书柜很结实，正好可以把我的书都装下。

　　问：男的认为书柜怎么样？

7.　女：医生，我姑姑现在情况怎么样？

　　男：手术很顺利，病情基本稳定了。不过还要留院再观察几天。

　　问：姑姑怎么了？

8.　男：咱们实验室的那几台设备太旧了。

　　女：你说得对，应该跟王经理申请换几台新的。

　　问：关于设备，下列哪项正确？

9.　男：小刘，有把握拿下这个项目吗？

　　女：我也不敢保证，尽我最大努力吧，争取谈成。

　　问：女的是什么意思？

10.　女：我怎么又输了？咱们再下一盘。

　　男：你下象棋可不是我的对手，不管再下几盘结果都一样。

　　问：男的是什么意思？

11. 女：展会现在急需人手，能从你们部门借个人过来帮忙吗？
男：可以，新来的实习生小张真不错，头脑灵活，人也勤奋，让他过去吧。
问：男的觉得小张怎么样？

12. 男：明晚的开幕式你能来吗？
女：不好意思，我去不了，单位让我明天去外地采访。
问：女的为什么不能参加开幕式？

13. 女：这里风景真美！找人帮我们照个合影？
男：好啊！前面有个小姑娘，就找她吧。
问：他们想找人做什么？

14. 女：我的电脑开机太慢了，是不是得重新安装一下系统？
男：不用，是自动启动的程序太多了，关几个就行了。
问：男的建议女的怎么做？

15. 男：这条围巾真不错，多少钱？
女：不好意思。这是非卖品，您可以用购物卡的积分兑换。
问：关于那条围巾，下列哪项正确？

16. 女：那个项目谈得怎么样了？什么时候能签合同？
男：谈判已经到最后一个阶段了，不出意外的话明天就能签。
问：关于那个项目，下列哪项正确？

17. 男：您看看，您的车停歪了，后面的车进出不太方便。
女：对不起，我刚学会开车，还不太熟练，我再重新停一下。
问：女的要做什么？

18. 女：这个小区后面有个医院，附近还有大型超市，而且出门走几分钟就是地铁
    站。

    男：地理位置是不错，可惜价格有点儿高，我再考虑一下。

    问：男的觉得那个小区怎么样？

19. 女：多吃点儿蔬菜，这样营养才能均衡。

    男：好，您别给我夹菜，您也多吃点儿。

    问：女的希望男的怎么做？

20. 女：你大学毕业后直接读研究生的吗？

    男：不是。我先在法院工作了一年，然后才考研的。

    问：关于男的，下列哪项正确？

第 二 部 分

第 21 到 45 题：请选出正确答案。现在开始第 21 题：

21. 男：你怎么了？胃口不好？

    女：不是，这家饭店的菜太咸了，我有些吃不惯。

    男：是吗？我觉得还行。看来你口味比较清淡。

    女：对。我从小跟着奶奶生活。她做菜很清淡。

    问：女的觉得那儿的菜怎么样？

22. 男：你去过内蒙古大草原吗？

    女：我倒是很想去，可惜一直没时间。

    男：那，国庆节咱们一起去吧。我教你骑马。

    女：太好了！我还没骑过马呢，肯定很刺激！

    问：他们国庆节打算做什么？

23. 女：你参加过哪些社会实践活动？

　　男：我曾在郊区一所小学当过老师。

　　女：能谈谈你的收获吗？

　　男：在这个过程中，我认识到了自己的价值，更有自信了。

　　问：男的当志愿者有什么收获？

24. 女：您好！这里是南方航空公司。

　　男：你好！我想订北京到上海的往返机票。

　　女：好的，请说一下具体的出发日期。

　　男：7月4号从北京出发，7号从上海返回。

　　问：男的正在做什么？

25. 女：这款电视现在买有优惠吗？

　　男：有，家电类商品消费满五百送一百元代金券，还可参与抽奖。

　　女：那能送货上门吗？

　　男：可以，购买后两天内给您送到家。

　　问：关于那款电视，可以知道什么？

26. 男：喂，请问是张女士吗？

　　女：是，您哪位？

　　男：我是顺风快递的，麻烦您到公寓一层大厅来取个包裹。

　　女：好，您等一下，我马上下来。

　　问：男的让女的做什么？

27. 男：您一直在杂志社工作吗？

　　女：对，我从事编辑工作已经10多年了。

　　男：看来您很热爱这份工作啊。

　　女：是的，我觉得这份工作很有意义，我会一直做下去的。

　　问：女的怎样看待自己的工作？

28. 女：这次宣传册的设计经理很满意。

    男：那可以印刷了吗？

    女：先等等，有几个文字还要调整一下。

    男：好的，等确定了我就联系印刷厂。

    问：关于宣传册，下列哪项正确？

29. 男：您今天的表演简直太棒了！

    女：谢谢你的称赞。

    男：我能不能跟您合影留念？

    女：当然可以。

    问：男的为什么称赞女的？

30. 男：你头发怎么湿了？外面没下雨呀！

    女：和儿子玩儿水枪了。

    男：赶紧用吹风机吹一下吧，不然容易感冒。

    女：不要紧，我用毛巾擦擦就好了。

    问：男的建议女的怎么做？

第31到32题是根据下面一段话：

　　有一天，一个小男孩儿想把一盆花搬到院子里，可是那盆花太重，他怎么也搬不起来。父亲见了，在旁边鼓励他："只要你全力以赴，就一定能搬起来。"但是小男孩儿使了很大劲儿，也没把花盆搬起来。他对父亲说："我已经用尽全力了。"父亲摇了摇头，说："你没有，因为我就站在你旁边，你却没有向我求助。全力以赴是想尽所有办法，用尽所有可用资源。"

31. 小男孩儿在做什么？

32. 父亲认为小男孩儿应该怎么做？

第33到35题是根据下面一段话：

有个人开了一家旅店，为了吸引顾客，他把旅店布置得很好，并竭尽全力为客人们提供优质的服务，收费也很公道。但不知为何，前来住店的人还是很少，他非常苦恼，于是向一位朋友求助。朋友说："我有个主意，你把旅店的名字改成'五个铃铛'，然后在门口挂上六个铃铛。""这样做太奇怪了，能有用吗？""你试试就知道了。"朋友微笑着说。所以他只好照办。结果，很多路过旅店的人都会走进店里，给他指出这个错误。而当人们走进旅店时，就会被里面的设施和服务吸引，就会留下来歇息，这样就给店主带来了成功。

33. 店主为什么很苦恼？

34. 店主觉得朋友的建议怎么样？

35. 后来很多人走进店里是要做什么？

第36到38题是根据下面一段话：

钱钟书是中国非常著名的作家。高中毕业的那年，他报考了清华大学。入学考试时，他的语文和外语都答得非常好，但数学试卷却让他觉得像天书一样。他只好随便做了几道就交卷了。成绩出来了，钱钟书的数学只考了15分。按照学校的规定，只要有一门课不及格，就不能被录取。他的数学那么差，本来是一点儿希望都没有。但当时的校长罗家伦看到钱钟书的语文和外语成绩，都是满分，就决定打破学校常规，破格录取了他。正是罗家伦的这次破例，成就了钱钟书这位学贯中西的学者。

36. 这段话中"像天书一样"想说明什么？

37. 关于钱钟书的成绩下列哪项正确？

38. 校长是怎么做的？

第39到41题是根据下面一段话：

朋友养了盆芦荟，出差前请我帮忙照看。早上我把芦荟放在窗台上就出门了。谁知中午刮起了大风。等我回家时，很多芦荟叶子都被折断了，地上到处是残叶。我心疼极了，担心它会枯萎。可没想到，第二天叶子竟然自己愈合了，只留下一些褐色的伤口。后来朋友告诉我，芦荟是一种坚强的植物，它非常耐旱，只要根还活着，很长时间浇一次水也能活。就算叶子被折断，也能自己愈合。人生难免遭遇坎坷与磨难，我们应当像芦荟那样学会坚强自己，即使跌倒受伤，也要勇敢地爬起来。

39. 说话人回家后发现芦荟怎么了？

40. 关于芦荟，下列哪项正确？

41. 这段话主要想告诉我们什么？

第42到43题是根据下面一段话：

现在，自动门的种类越来越多，构造也越来越简单。目前大部分的自动门都是地毯式自动门。这种门通常门前会有一块儿地毯，地毯下面有一条电线与电源相接。当人站在地毯上时，地毯上的重量增加，电源就会被接通，门就打开了；人进去后，地毯上的重量减轻，电源就会自动断开，几秒钟后，门就关上了。

42. 关于自动门，下列哪项正确？

43. 地毯式自动门通过什么来控制门的开关？

第44到45题是根据下面一段话：

农夫买了一只羊准备牵回家，可不管他怎么使劲儿拉，羊始终都不肯往前走。卖羊的人笑着说："你拿一把青草在它前面晃一晃，它就会走了。"于是，农夫找了一把青草在羊面前晃了晃，羊果然跟着也走了，就这样不用生拉硬拽、农夫轻轻松松把羊牵回了家。生活中解决问题的方法有很多，有时并不需要硬碰硬用一把草就可以解决问题，何必费那么大的力气呢？

44. 卖羊的人建议农夫怎么做？

45. 这段话主要想告诉我们什么？

听力考试现在结束。

（音乐，30秒，渐弱）

大家好！欢迎参加 HSK(五级)考试。
大家好！欢迎参加 HSK(五级)考试。
大家好！欢迎参加 HSK(五级)考试。

HSK(五级)听力考试分两部分，共45题。
请大家注意，听力考试现在开始。

第 一 部 分

第 1 到 20 题：请选出正确答案。现在开始第 1 题：

1. 男：这款窗帘样式不错，颜色也好看，我们就选它吧。
   女：我也觉得设计风格不错，就是布料太薄了，恐怕会透光。
   问：女的觉得窗帘怎么样？

2. 女：你今天怎么这么没精神，你是不是又熬夜看球赛了？
   男：是，昨晚的比赛很精彩，我支持的球队进决赛了。
   问：男的昨晚为什么熬夜？

3. 女：刘师傅，这台电脑你有把握修好吗？
   男：估计是某个零件坏了，我得拆开看看才能确定。
   问：男的最可能是做什么的？

4. 男：这些照片，色彩明亮，视角独特，一看就是经验丰富的摄影师拍的。
　　女：这都是我老公的作品，当中有几张还获过大奖呢。
　　问：男的觉得那些照片怎么样？

5. 女：我银行卡丢了，得去银行挂失一下。
　　男：那你赶紧去吧。晚上我们直接在咖啡厅碰面吧。
　　问：他们晚上在哪儿见面？

6. 男：今晚烧烤用的东西都准备好了吗？
　　女：差不多了，一会儿再买几瓶矿泉水就可以了。
　　问：他们还需要买什么？

7. 男：真奇怪，电话怎么突然断了？
　　女：地下室的信号不太稳定，明天找个维修工看看吧。
　　问：他们最可能在哪儿？

8. 男：妈妈，我的玩具车为什么不动了？
　　女：电池没电了，我给它换节电池就好了。
　　问：玩具车为什么不动了？

9. 男：你知道怎么在网上预约挂号吗？
　　女：我也没做过，你上网搜索一下吧。
　　问：男的想做什么？

10. 男：你的商店什么时候开始营业？
　　　女：正在办理营业执照，估计这个月中旬能开业。
　　　问：商店什么时候能开业？

11. 男：这个房子，采光挺好的，就是厨房稍微有点儿小。

女：不要紧，您可以买套组合家具，这样能节省不少空间。

问：男的觉得那个房子怎么样?

12. 男：最近股市行情不错，我选的那几个股票都上涨了。

女：不过投资风险也挺大的，你一定要谨慎点儿吧。

问：女的劝男的怎么做?

13. 女：我电脑中病毒了，你帮我重新安装系统吧。

男：好，你先把电脑里的重要资料备份一下。

问：电脑怎么了?

14. 男：这个款式现在很时尚，您服装也挺合身的。

女：可我觉得这条裙子显得人太成熟，我穿着不太习惯。

问：女的觉得裙子怎么样?

15. 男：小张，今天会议讨论的主题是什么?

女：新产品的宣传方案，想征求一下各部门的意见。

问：会议将围绕什么进行?

16. 女：爸爸，录取结果已经公布了，我考上了!

男：太好了，晚上我们一家人一起庆祝一下。

问：男的为什么想要庆祝?

17. 女：这条牛仔裤的质量确实不错，能便宜点儿吗?

男：我们现在搞优惠活动，商品全部打5折，已经是最优惠的价格了。

问：男的是什么意思?

18. 女：我的电脑出毛病了，保存的文件都丢失了。能恢复吗?
    男：我也不太懂，你最好找专业人员帮你看看。
    问：男的建议女的怎么做?

19. 女：您好，您要办理什么业务?
    男：麻烦您，我要取消这个账户。需要什么证件?
    问：男的要办理哪项业务?

20. 男：你在简历里提到的在校期间发表的那些文章，带来了吗?
    女：带了。都在这个文件夹里，您看一下。
    问：文件夹里装的是什么?

第 二 部 分

第 21 到 45 题：请选出正确答案。现在开始第 21 题：

21. 女：您好! 有什么可以帮您的?
    男：我听王教练说现在办会员卡有优惠。
    女：对，现在办卡可以免费体验我们健身房的整个课程。
    男：都有什么课程能详细说一下吗?
    问：他们最可能在哪儿?

22. 女：产品发布会准备得怎么样了?
    男：会场已经安排好了，媒体也都联系到了。
    女：嘉宾方面呢?
    男：邀请函已经发出去了，都准备好了。
    问：关于发布会可以知道什么?

23. 男：键盘上怎么都是水？

    女：我妹妹刚才不小心把水杯碰倒了。

    男：赶紧把键盘拔掉，用吹风机吹一下。

    女：都拔了，我这就去拿吹风机。

    问：根据对话下列哪项正确？

24. 男：老板送了我两张展览会的门票，周日一起去看吧。

    女：哪方面的展览？

    男：欧洲艺术品展，就在我单位后边。

    女：听上去不错，那周日你来接我吧。

    问：男的邀请女的去做什么？

25. 女：你常和印刷厂的人打交道吗？

    男：是啊，我们一直合作，怎么了？

    女：单位让我负责联系印刷厂印一批宣传材料，但我没认识的人。

    男：有家印刷厂的经理和我挺熟悉的，什么时候介绍你们认识？

    问：女的为什么想认识印刷厂的人？

26. 男：老师，我准考证上的信息有问题，您能帮我改一下吗？

    女：哪儿错了？

    男：我的身份证号最后一位是八，不是三。

    女：把你的身份证给我，我核对一下。

    问：男的为什么要修改准考证信息？

27. 女：我刚才查了一下，那本书确实卖完了。

    男：那你们近期还会补货吗？

    女：应该会，您把手机号留给我们，到货后我直接通知您。

    男：那太感谢了，这是我的名片，麻烦你到时候给我打电话。

    问：关于那本书，可以知道什么？

28. 男：我们换个频道吧，别看纪录片了。

女：现在好像也没什么好看的节目。

男：体育频道在转播足球比赛，我们看那个？

女：我对足球不感兴趣，给你遥控器，你自己换吧。

问：男的想看什么？

29. 男：小刘，你的包裹我帮你拿来了。

女：谢谢，太好了，我马上过去。

男：买的什么东西，你这么着急？

女：办公室太干燥了，我买了个加湿器。

问：关于女的可以知道什么？

30. 男：这款数码相机很高档也很时尚，卖得特别好。

女：看起来不错，保修期有多长？

男：一年内免费维修，一个月内若出现问题都能退换。

女：好。谢谢！我考虑一下。

问：关于那款相机下列哪项正确？

第31到32题是根据下面一段话：

有位博士发现这样一个现象。一只猫在阳光下舒服地睡着觉，当身上的阳光被树影挡住时，它就会醒过来，走到有阳光的地方继续睡。猫会随着太阳的移动而变换睡觉的地方，这种行为引起了博士的好奇。猫喜欢呆在阳光下，这说明光和热一定对它有益。那对人是不是也有好处呢？这个一闪而过的想法，成了日后闻名世界的"日光浴治疗法"。这位博士也因为那只睡懒觉的猫而获得了诺贝尔医学奖。

31. 太阳移动后猫会怎么做？

32. 那位博士的想法是什么？

第33到34题是根据下面一段话：

　　在人际交往中，人们留给交往对象的最后印象是非常重要的，有时，它甚至直接决定着单位或个人的整体形象。这就是末轮效应。末轮效应强调事情结尾的完美与完善，要求人们在塑造单位或个人的整体形象时，必须做到始终如一。拿送客礼仪来说，每次告别时，我们都要以将会再次见面的心情来送别对方。送客工作如果处理不好，就会影响整个接待工作，使接待工作前功尽弃。

33.　末轮效应要求人们在塑造形象时怎么做？

34.　这段话主要谈的是什么？

第35到37题是根据下面一段话：

　　小马是位安全玻璃的推销员。他的业绩一直保持全公司第一，同事们都问他："你有什么独特的方法吗？"小马说："见客户时，我的包里总放着几块玻璃样品和一个小铁锤。我首先会问客户，是否相信安全玻璃。大部分人都会说不信，然后我就会让他们拿铁锤去敲玻璃。当他们发现，玻璃真的敲不碎时，他们往往都会大吃一惊。忍不住说："天哪！真不敢相信！"这时，我再和他们谈生意。一般都能很快地签下订单。整个过程通常不会超过二十分钟。很多时候，行动比任何说辞都有效。"

35.　关于小马，下列哪项正确？

36.　客户们不敢相信什么？

37.　这段话主要想告诉我们什么？

第38到39题是根据下面一段话：

　　一个牧民养了30多只羊，他白天放牧，晚上则把羊赶进一个用柴草和木桩围起来的羊圈内。一天早晨，牧民去放羊时，发现少了一只羊。原来羊圈破了个洞，夜里有狼从洞里钻了进来，把那只羊叼走了。邻居劝他赶快把羊圈修一修，堵上那个洞。可他却说："反正羊已经丢了，再修羊圈有什么用？"谁知第二天早上他去放羊时，发现又少了一只羊。原来昨晚又有狼从那个洞钻进羊圈里，叼走了一只羊。牧民这才后悔没有听邻居的劝告，及时修补羊圈。于是，他赶紧堵上那个洞，把羊圈修得结结实实的。从此以后，牧民再也没有丢过羊。

38.　关于羊圈，可以知道什么？

39.　根据这段话，下列哪项正确？

第40到41题是根据下面一段话：

　　从前有只猴子，手里抓着一把豆子。一蹦一跳地往家走，一不留神，手中的豆子掉了一颗，滚到了地上。它赶紧将手中其余的豆子放在一旁，去捡那颗掉落的豆子。可它蹲在地上找了半天，也没找到掉落的那颗豆子。最后，猴子不得不放弃。等它将身上的土拍掉，准备去拿之前被放在一旁的豆子时，才发现那把豆子早就被小鸟吃光了。

40.　掉了一颗豆子后，猴子是怎么做的？

41.　之前被放在一旁的豆子怎么了？

第42到43题是根据下面一段话：

　　散文家林清玄的书法很好。有一次，朋友请他写一幅字，他考虑再三，写下了"常想一二"四个字。朋友看了便问他是什么意思。林清玄说："人生不如意的事十之八九，但扣除八九成的不如意，至少还有一二成是如意、快乐、欣慰的事情。要想拥有快乐的人生，就要常想那一二成的好事，这样才会感到庆幸、懂得珍惜，不至于被那八九成的不如意所打倒。"

42.　"常想一二"中的"一二"指的是什么？

43.　关于林清玄，可以知道什么？

第44到45题是根据下面一段话：

　　大学毕业以后，我和好朋友春梅一起找了一套房子，房费一人出一半儿可以省钱挺好的。可现在春梅有了男朋友，就觉得不方便了，想找个房子搬出去。两个月过去了，我跑了很多地方，还没有找到合适的。不是地方太远，就是房子太差，不然就是价钱太贵。我觉得现在找房子比找男朋友更难。

44.　我现在和谁住在一起？

45.　我为什么要找房子？

听力考试现在结束。

〈제5회〉 녹음 스크립트

（音乐，30秒，渐弱）

大家好! 欢迎参加 HSK(五级)考试。
大家好! 欢迎参加 HSK(五级)考试。
大家好! 欢迎参加 HSK(五级)考试。

HSK(五级)听力考试分两部分，共45题。
请大家注意，听力考试现在开始。

第 一 部 分

第 1 到 20 题：请选出正确答案。现在开始第 1 题：

1. 女：这个麦克风没声音，音乐也播放不了。
   男：那个设备好像出毛病了，我让维修人员过来看看。
   问：男的要找谁去？

2. 女：小刘，这些货物堆在这里会妨碍大家进出，你赶紧处理一下。
   男：不好意思，我马上让人搬到仓库去。
   问：女的提醒男的做什么？

3. 女：你怎么知道那几个股票要上涨啊？
   男：我早上读《经济参考报》，里面是这么分析的。
   问：男的从哪儿了解到的信息？

4. 男：这次您要演的角色，好像跟之前的不一样。

女：的确，这次的演出对我来说是一个挑战。我期待自己能有所突破。

问：女的最可能是做什么的？

5. 男：你现在负责什么类型的节目？

女：以纪录片为主，明年想参加一些访谈类的节目。

问：女的主要负责哪类节目？

6. 女：今晚我穿这套衣服，怎么样？

男：不错，就是稍微有点儿暗，最好再配条亮点儿的项链。

问：男的建议女的怎么做？

7. 男：我同事说，国家博物馆春节期间照常开放。

女：那我们明天去吧，我一会儿上网预订两张票。

问：他们明天要去哪儿？

8. 女：我这月底要去哈尔滨，你给推荐个好玩儿的地方吧。

男：那儿的冰雪大世界很不错，我在那儿滑过雪。

问：关于女的，下列哪项正确？

9. 女：喂？你一会儿去学校接孩子吧。我临时有事走不开。

男：好，我处理完手头的事情就去。

问：男的一会儿要去做什么？

10. 男：这套房子装修得确实不错，楼下有车库吗？

女：有，面积挺大的，有二十多平米。

问：关于那个车库，可以知道什么？

11. 男：姑娘，这条胡同太窄了。车根本开不进去。

女：那我们绕一下吧，前面那条路也能到。

问：女的建议怎么做？

12. 女：这部电影的导演是个新人，他的票房竟然过了5亿。

男：这部影片是80后的集体回忆，所以吸引了不少年轻人。

问：关于那部电影，下列哪项正确？

13. 女：张总，您觉得这次谈判派谁去比较合适？

男：小李吧，他经验丰富，遇事冷静，对这个项目也熟悉。

问：男的觉得小李怎么样？

14. 男：你刚才的发言非常好，你的汉语进步很大呀。

女：谢谢，我最近请了一位辅导老师，他很有耐心，教学方法也很独特。

问：女的觉得辅导老师怎么样？

15. 男：坐下歇会儿吧，晚上回来再收拾。

女：估计咱们从宴会回来就很晚了，我还是抓紧做完吧。

问：他们晚上最可能要做什么？

16. 女：这些建筑都是唐朝时建的吗？

男：不是，是前几年为了拍影视剧，特意模仿古建筑而新建的。

问：关于那些建筑，可以知道什么？

17. 女：陈导演，您的下一部作品什么时候能和大家见面？

男：电影已经拍完了，目前正在进行后期制作，预计九月中旬上映。

问：关于电影，可以知道什么？

18. 男：隔壁新开了一家酒吧，据说那儿的生意不错，晚上我们去看看？

　　女：好啊，正好趁着周末放松一下。

　　问：他们晚上打算去哪儿？

19. 女：我已经征求过李总的意见了，他同意咱们的活动方案。

　　男：好，那我赶紧去通知各部门开会，分配一下具体任务。

　　问：关于活动方案，可以知道什么？

20. 男：你是不是感冒了？怎么一直在打喷嚏？

　　女：不是，我对花粉过敏，一到春天就这样。

　　问：女的怎么了？

第 二 部 分

第 21 到 45 题：请选出正确答案。现在开始第 21 题：

21. 男：你倒车熟练了不少啊。

　　女：这些天我有时间就思考自己出错的原因和改正的方法。

　　男：不错，你这么认真，月底的驾照考试肯定没问题。

　　女：谢谢教练，我会努力的。

　　问：关于女的可以知道什么？

22. 女：小张，我们正商量报团去欧洲旅游，你去吗？这个月中旬出发，来回一共
　　　10天，怎么样？

　　男：我还不确定，得看接下来的工作安排。

　　女：那你尽快给我答复吧。我好统计人数。

　　男：好，只要不耽误工作，我肯定去。

　　问：女的希望男的怎么做？

23. 女：我上星期在你们店买的键盘怎么还没寄到？

　　男：您可以先查一查物流信息。

　　女：查了，上面显示两天前就到北京了，但我一直没收到。

　　男：您把订单编号告诉我，我帮您确认一下。

　　问：女的怎么了？

24. 男：没想到，这些建筑都一千年了还保存得这么完整。

　　女：是啊。不过有些地方都重新修补装饰过。

　　男：难怪看起来很新。它们都是用木头建的？

　　女：对，所以这里严禁吸烟。

　　问：关于那些建筑，下列哪项正确？

25. 男：你们的新房还没开始装修？

　　女：没有，我和我丈夫意见不统一。

　　男：你俩喜欢的风格不一样？

　　女：这只是地板的问题。他想用瓷砖，但我喜欢木地板。

　　问：女的和丈夫在哪方面想法不一致？

26. 女：打扰一下，您能帮我填一份调查问卷吗？

　　男：是关于什么的问卷？

　　女：关于数码产品使用情况的，不会耽误太长时间。

　　男：好，那我填一份吧。

　　问：那份问卷是关于哪方面的？

27. 女：我最近总是失眠，睡不好觉。

　　男：压力太大了吧？

　　女：可能是，月底就要交毕业论文了，可我还没写完呢。

　　男：还有半个月，你肯定能写完，忙完这个阶段就好了。

　　问：女的为什么睡不好觉？

28.　男：你找什么呢？

　　　女：我有只耳环不见了。

　　　男：卧室和洗手间你都找了吗？

　　　女：找过了，没有。可能是我早上打扫客厅时，掉在地毯上了。

　　　问：女的觉得耳环可能掉在哪儿了？

29.　女：请问劳动节还有去杭州的旅行团吗？

　　　男：还有一个四天三夜的团没报满。

　　　女：我能看一下具体的行程安排吗？

　　　男：请稍等，我给您拿一下日程表。

　　　问：他们最可能在哪儿？

30.　男：请问，你们店有无线网络吗？

　　　女：有，您搜索一下，用户名就是我们店名。

　　　男：好的，那密码呢？

　　　女：是我们店名前三个字的汉语拼音。

　　　问：男的在问什么？

第31到32题是根据下面一段话：

　　不好意思这种心理，一旦被别人利用往往会使你做出不情愿的，被动的选择。有一项研究表明，商家常利用顾客的不好意思，来推销产品。例如，逛商店时，虽然一开始，你没打算买某产品，但是在售货员耐心地跟你讲了一堆它的优点后，因为不好意思，你可能掏钱购买；到饭店吃饭，菜可能够了，但服务员的热情推荐让你没了主意。最后还是同意加个菜尝尝。这样的事，几乎人人都遇到过。作为消费者，一定要摆正心态，别让自己不好意思的心理被别人利用。

31.　不好意思的心理会使人们怎么样？

32.　根据这段话，购物时需要注意什么？

第33到35题是根据下面一段话：

从前，有位宰相，他妻子十分重视儿子的前程。每天不厌其烦地劝儿子努力读书，而宰相却每天很早就去工作，晚上回家也只顾自己读书。有一天，妻子终于忍不住了说："你每天只顾自己工作、看书，什么时候能在孩子身上花点儿心思呀？"宰相边看书，边说："我这就是在教育儿子呀！言传不如身教。"宰相用实际行动来教育儿子，这比妻子的说教更有效。有些父母对孩子要求极其严格，自己却做不到，这样不但收不到好的效果，反而容易使孩子产生逆反心理。父母如果能以身作则，即使什么都不说，孩子也能做得很好。

33. 关于宰相的妻子，可以知道什么？

34. 宰相是怎么教育孩子的？

35. 根据这段话，父母应该怎么做？

第36到38题是根据下面一段话：

有个推销员非常敬业。一次，一家公司的老板多次拜访后告诉他想要购买别人的产品。推销员百思不得其解，决定再去拜访一下那位老板，见面后他诚恳地请求对方告诉自己失败的原因，以便改进，并准备记录在自己的客户记录卡上，那上面详细记录了每一次见面时的谈话内容，看着他手中密密麻麻地谈话记录，那位老板感动地说："你这种认真的精神让我很佩服。现在我决定买你的产品了。"

36. 这段话中"百思不得其解"最可能是什么意思？

37. 客户记录卡里面写的是什么？

38. 那位老板最后为什么决定买他的产品了？

第39到41题是根据下面一段话：

舞蹈选修课上，老师总喜欢叫第一排的人到前面做示范，以便指出他们动作上的错误，同学们怕被老师叫到前面去，就纷纷往后边站。于是，第一排就成了最糟糕的位置，而我却喜欢站在第一排。果然老师总会叫我去跳，并一一指出我的错误。为了能在大家面前跳好，上课时，我会更用心地学，课下也会下工夫练。这就是我站在第一排的缘故。我跳得越来越好。后来，我当了老师，因为会跳舞孩子们都很喜欢我。我的工作也很顺利。

39. 老师叫第一排的人到前面的目的是什么？

40. 很多同学都怎么做？

41. 关于说话人，下列哪项正确？

第42到43题是根据下面一段话：

　　研究表明，人们从短假中获得的快乐要比从长假中获得的多。比如，一个七天长假，只有刚开始的两天，能让人感到激动和快乐，后面几天由于人们已经习惯了假期生活愉快感会逐渐消失，甚至有人还会因为假期太长而打乱正常的作息和饮食规律造成身体不适。因此，分开休几个短假比一次性休长假更能让人感到快乐。

42.　长假的后几天人们会怎么样？

43.　根据这段话，下列哪项正确？

第44到45题是根据下面一段话：

　　我们常会在一些超市里看到"天天低价"，"五公里范围内最低价"等标语，这其实是超市利用心理学上的"晕轮效应"，而采取的一种促销手段。他们将食品等一些生活必需品的价格定得比较低，让人形成这里更便宜的印象，并会自然地认为这里所有商品都比较便宜，可实际上其他商品的价格会被抬高，这样他们才能补回差价。像可乐、果汁等这种品牌产品，价格可能会低于别的超市，但是其他一些不知名品牌的毛巾或衣服等，价格可能就比较高。

44.　食品等价格低会使顾客对超市产生什么印象？

45.　超市为什么要提高不知名品牌商品的价格？

听力考试现在结束。

新汉语水平考试

정답

제1회~제5회

<제1회> 정답

一、听力

第一部分

1. B	2. C	3. C	4. A	5. B
6. B	7. D	8. A	9. C	10. D
11. A	12. C	13. A	14. D	15. C
16. C	17. A	18. B	19. D	20. B

第二部分

21. C	22. C	23. A	24. C	25. D
26. B	27. A	28. C	29. B	30. B
31. D	32. B	33. C	34. C	35. D
36. D	37. C	38. B	39. D	40. B
41. D	42. D	43. C	44. B	45. B

二、阅读

第一部分

46. A	47. B	48. C	49. C	50. A
51. B	52. B	53. C	54. A	55. C
56. D	57. B	58. C	59. A	60. D

第二部分

61. A	62. C	63. B	64. B	65. D
66. D	67. A	68. B	69. B	70. D

71. B	72. B	73. A	74. B	75. B
76. A	77. B	78. D	79. B	80. A
81. A	82. C	83. B	84. A	85. C
86. A	87. C	88. D	89. C	90. B

三、 书写

第一部分

91. 我把顺序安排好了。

92. 我现在不能给你明确的答案。

93. 他对这项理论进行了研究。

94. 当地的特色小吃很独特。

95. 这项方案被总经理否定了。

96. 他的积极心态让大家很佩服。

97. 我们健身房里新增了许多运动设施。

98. 中国传统建筑以木材为主。

第二部分

99. 时间飞快，一转眼离开家乡已经十年了。由于整天忙于工作，却难得有机会回去看看。也不知现在家乡变化如何。工作之余偶尔会回想儿时美好的往事，那一幕幕熟悉的画面却依旧历历在目。真的想念家乡的一切。

100. 在人生的旅途中，每个人都会遇到不同的困境。在这个时候朋友会给我们带来很大帮助：一句话、一个建议或者一个拥抱都能给予莫大的安慰。但同时我们也应该用真心去对待一个朋友。真正的朋友是沙漠中的绿洲。

〈제2회〉 정답

一、听力

第一部分

1. C	2. D	3. C	4. A	5. A
6. B	7. B	8. C	9. C	10. A
11. D	12. B	13. D	14. C	15. A
16. B	17. B	18. D	19. D	20. A

第二部分

21. D	22. B	23. C	24. B	25. A
26. B	27. C	28. A	29. B	30. C
31. A	32. D	33. B	34. B	35. B
36. D	37. D	38. C	39. C	40. C
41. A	42. A	43. C	44. B	45. B

二、 阅读

第一部分

46. A	47. C	48. C	49. A	50. D
51. D	52. A	53. A	54. D	55. B
56. B	57. B	58. D	59. B	60. C

第二部分

61. C	62. D	63. B	64. C	65. A
66. C	67. A	68. C	69. B	70. C

第三部分

71. A	72. D	73. B	74. C	75. B
76. A	77. D	78. B	79. A	80. A
81. A	82. B	83. C	84. A	85. D
86. C	87. C	88. A	89. B	90. A

三、 书写

第一部分

91. 他把程序安装好了。

92. 原材料的价钱在不断上涨。

93. 他已经从那家公司辞职了。

94. 我正在为实验报告的事情发愁。

95. 顾客的账户已经注册成功了。

96. 她表现得十分大方。

97. 老师家门口有一个小池塘。

98. 银行对利率又做了调整。

第二部分

99. 越来越多的大学生做起了兼职，课余时间被充分的利用起来了，学习方面，也意识到其重要性。用功成了每个大学生的理念，他们努力缩减彼此的差距，相信那一份份坚持会使每一个大学生在大学生涯收获满意的成果。

100. 爱子教子是每一个父母的责任和义务，但并不是轻而易举的。孩子的一声啼哭，是否碎了父母的心？也许适度地疼爱孩子才是更好的教育，要让孩子懂得：勇敢、礼让、团结、勤奋等，父母亦应该做出表率并以身作则。

〈제3회〉 정답

一、听力

第一部分

1. C	2. C	3. D	4. D	5. C
6. D	7. B	8. A	9. C	10. B
11. B	12. D	13. C	14. B	15. C
16. A	17. D	18. A	19. B	20. A

第二部分

21. C	22. C	23. B	24. A	25. C
26. A	27. D	28. D	29. B	30. B
31. C	32. D	33. C	34. B	35. A
36. A	37. A	38. D	39. C	40. C
41. D	42. C	43. B	44. C	45. C

二、阅读

第一部分

46. B	47. C	48. D	49. C	50. A
51. C	52. B	53. C	54. D	55. D
56. D	57. B	58. A	59. A	60. B

第二部分

61. D	62. C	63. C	64. C	65. B
66. B	67. B	68. A	69. D	70. A

第三部分

71. A	72. A	73. C	74. A	75. A
76. B	77. D	78. A	79. B	80. D
81. B	82. A	83. B	84. A	85. C
86. D	87. A	88. A	89. C	90. B

三、书写

第一部分

91. 请勿在楼里抽烟。

92. 他曾经做过广播站的主持人。

93. 这项发明得到了专家的肯定。

94. 你能出席今晚的宴会吗?

95. 请您尽快办理保险手续。

96. 我已经把相关材料发给她了。

97. 事情并没有想象的那么糟糕。

98. 这次的夏令营活动将持续到5月底。

第二部分

99. 人生的旅程中,没有完全的一帆风顺,我们都会经历一定的艰难和挫折。虽有失败,但我们应该勇敢地面对。树立坚定的目标,加之不懈地努力,相信一定会取得成功。为了更大的收获,请继续努力前行。

100. 在无聊的时候,是否有它的陪同? 孤单的时候,是否有它的陪伴? 在它们有生命危险的时候,是否想到了保护它? 狗,人类忠诚的朋友,但仍有人肆意杀害它。希望您能善待朋友、善待忠实的它们,善待每一个可贵的生命。

〈제4회〉정답

一、听力

第一部分

1. C	2. D	3. A	4. B	5. A
6. D	7. A	8. A	9. C	10. B
11. B	12. C	13. C	14. D	15. A
16. B	17. C	18. D	19. D	20. B

第二部分

21. B	22. A	23. D	24. A	25. A
26. D	27. B	28. C	29. B	30. C
31. B	32. A	33. C	34. B	35. A
36. A	37. C	38. A	39. D	40. C
41. A	42. B	43. C	44. C	45. A

二、阅读

第一部分

46. B	47. A	48. B	49. D	50. A
51. C	52. D	53. D	54. B	55. B
56. C	57. A	58. D	59. A	60. D

第二部分

61. B	62. A	63. C	64. B	65. A
66. D	67. D	68. A	69. A	70. D

71. B	72. D	73. D	74. C	75. C
76. A	77. C	78. D	79. D	80. B
81. D	82. B	83. C	84. A	85. D
86. A	87. C	88. B	89. C	90. C

三、书写

第一部分

91. 当地的建筑风格很古典。

92. 她已经办理辞职手续了。

93. 投资之前应进行充分的市场调查。

94. 每幅画儿下面都配有说明。

95. 学校为学生办理了健康保险。

96. 农业展览馆正式建成于1988年。

97. 很多动物靠尾巴控制平衡。

98. 这张照片生动地记录了当时的情景。

第二部分

99. 你，放弃过吗？你，失败过吗？你，遇到困难时，退缩过吗？请不要害怕，大声地告诉自己：我是最棒的。人生中都会遇到困难，应该虚心地接受别人的建议，以及取每一次的教训才能积累更多的经验时，从而能更好地成长。

100. 如果突然的一天，发生了未曾预料的事，你会怎么做？第一时间努力自己争取还是求救？也许自己才是最大的救星，请尝试着自己去努力，我们应该学会相信自己、主动，然后再寻求帮助。

<제5회> 정답

一、听力

第一部分

1. A	2. C	3. A	4. C	5. A
6. C	7. C	8. C	9. A	10. B
11. D	12. D	13. D	14. B	15. C
16. B	17. C	18. B	19. C	20. A

第二部分

21. C	22. B	23. C	24. C	25. B
26. D	27. D	28. A	29. D	30. C
31. B	32. C	33. B	34. D	35. C
36. C	37. C	38. A	39. C	40. C
41. A	42. A	43. D	44. B	45. A

二、阅读

第一部分

46. C	47. A	48. A	49. A	50. B
51. B	52. C	53. B	54. A	55. B
56. D	57. B	58. A	59. A	60. D

第二部分

61. B	62. C	63. A	64. D	65. D
66. A	67. C	68. A	69. A	70. A

第三部分

71. C	72. A	73. A	74. D	75. D
76. C	77. D	78. C	79. C	80. A
81. D	82. A	83. D	84. C	85. B
86. C	87. D	88. D	89. B	90. B

三、 书写

第一部分

91. 这种透明的雨伞结实吗?

92. 我把那文件保存到硬盘里了。

93. 此次开幕式邀请了很多明星。

94. 这部小说是他的代表作品之一。

95. 此次贷款利息上调了百分之二。

96. 爷爷是去年退休的。

97. 这把锁的设计极其巧妙。

98. 熬夜对身体伤害极大。

第二部分

99. 俗话说:万事开头难。也许太多时候我们厌恶最初的状态,不知道如何才能做到令人满意。但如果坚持,不断地努力探求,养成良好的习惯,一定会克服重重困难,获得令人满意的成功。

100. 日益发展的社会,竞争也在逐步加剧,压力也是随之而来。寻求发泄的方法已是人们关注的话题,那就来一次说走就走的旅行吧。抛弃世俗的种种烦恼,尽情的享受旅行带给我们的放松。继而重整心情,更好地工作和生活!

新 汉 语 水 平 考 试
HSK （五级）答题卡

姓名	

国籍	[0] [1] [2] [3] [4] [5] [6] [7] [8] [9]
	[0] [1] [2] [3] [4] [5] [6] [7] [8] [9]
	[0] [1] [2] [3] [4] [5] [6] [7] [8] [9]

序号	[0] [1] [2] [3] [4] [5] [6] [7] [8] [9]
	[0] [1] [2] [3] [4] [5] [6] [7] [8] [9]
	[0] [1] [2] [3] [4] [5] [6] [7] [8] [9]
	[0] [1] [2] [3] [4] [5] [6] [7] [8] [9]
	[0] [1] [2] [3] [4] [5] [6] [7] [8] [9]

性别	男 [1]	女 [2]

考点	[0] [1] [2] [3] [4] [5] [6] [7] [8] [9]
	[0] [1] [2] [3] [4] [5] [6] [7] [8] [9]
	[0] [1] [2] [3] [4] [5] [6] [7] [8] [9]

你是华裔吗?

是 [1]　　　　　不是 [2]

年龄	[0] [1] [2] [3] [4] [5] [6] [7] [8] [9]
	[0] [1] [2] [3] [4] [5] [6] [7] [8] [9]

学习汉语的时间:

1年以下 [1]　　　1年－2年 [2]　　　2年－3年 [3]　　　3年－4年 [4]　　　4年以上 [5]

注意　请用 2B 铅笔这样写: ▬

一 听力

1. [A] [B] [C] [D]　　6. [A] [B] [C] [D]　　11. [A] [B] [C] [D]　　16. [A] [B] [C] [D]　　21. [A] [B] [C] [D]
2. [A] [B] [C] [D]　　7. [A] [B] [C] [D]　　12. [A] [B] [C] [D]　　17. [A] [B] [C] [D]　　22. [A] [B] [C] [D]
3. [A] [B] [C] [D]　　8. [A] [B] [C] [D]　　13. [A] [B] [C] [D]　　18. [A] [B] [C] [D]　　23. [A] [B] [C] [D]
4. [A] [B] [C] [D]　　9. [A] [B] [C] [D]　　14. [A] [B] [C] [D]　　19. [A] [B] [C] [D]　　24. [A] [B] [C] [D]
5. [A] [B] [C] [D]　　10. [A] [B] [C] [D]　　15. [A] [B] [C] [D]　　20. [A] [B] [C] [D]　　25. [A] [B] [C] [D]

26. [A] [B] [C] [D]　　31. [A] [B] [C] [D]　　36. [A] [B] [C] [D]　　41. [A] [B] [C] [D]
27. [A] [B] [C] [D]　　32. [A] [B] [C] [D]　　37. [A] [B] [C] [D]　　42. [A] [B] [C] [D]
28. [A] [B] [C] [D]　　33. [A] [B] [C] [D]　　38. [A] [B] [C] [D]　　43. [A] [B] [C] [D]
29. [A] [B] [C] [D]　　34. [A] [B] [C] [D]　　39. [A] [B] [C] [D]　　44. [A] [B] [C] [D]
30. [A] [B] [C] [D]　　35. [A] [B] [C] [D]　　40. [A] [B] [C] [D]　　45. [A] [B] [C] [D]

二 阅读

46. [A] [B] [C] [D]　　51. [A] [B] [C] [D]　　56. [A] [B] [C] [D]　　61. [A] [B] [C] [D]　　66. [A] [B] [C] [D]
47. [A] [B] [C] [D]　　52. [A] [B] [C] [D]　　57. [A] [B] [C] [D]　　62. [A] [B] [C] [D]　　67. [A] [B] [C] [D]
48. [A] [B] [C] [D]　　53. [A] [B] [C] [D]　　58. [A] [B] [C] [D]　　63. [A] [B] [C] [D]　　68. [A] [B] [C] [D]
49. [A] [B] [C] [D]　　54. [A] [B] [C] [D]　　59. [A] [B] [C] [D]　　64. [A] [B] [C] [D]　　69. [A] [B] [C] [D]
50. [A] [B] [C] [D]　　55. [A] [B] [C] [D]　　60. [A] [B] [C] [D]　　65. [A] [B] [C] [D]　　70. [A] [B] [C] [D]

71. [A] [B] [C] [D]　　76. [A] [B] [C] [D]　　81. [A] [B] [C] [D]　　86. [A] [B] [C] [D]
72. [A] [B] [C] [D]　　77. [A] [B] [C] [D]　　82. [A] [B] [C] [D]　　87. [A] [B] [C] [D]
73. [A] [B] [C] [D]　　78. [A] [B] [C] [D]　　83. [A] [B] [C] [D]　　88. [A] [B] [C] [D]
74. [A] [B] [C] [D]　　79. [A] [B] [C] [D]　　84. [A] [B] [C] [D]　　89. [A] [B] [C] [D]
75. [A] [B] [C] [D]　　80. [A] [B] [C] [D]　　85. [A] [B] [C] [D]　　90. [A] [B] [C] [D]

三 书写

91.

92.

93.

94.

95.

96.

97.

98.

99.

100.

新 汉 语 水 平 考 试
HSK （五级） 答题卡

姓名

序号 [0] [1] [2] [3] [4] [5] [6] [7] [8] [9]

年龄

国籍 [0] [1] [2] [3] [4] [5] [6] [7] [8] [9]

性别　　男 [1]　　　　女 [2]

考点 [0] [1] [2] [3] [4] [5] [6] [7] [8] [9]

你是华裔吗?　　是 [1]　　　　不是 [2]

学习汉语的时间:

1年以下 [1]　　1年－2年 [2]　　2年－3年 [3]　　3年－4年 [4]　　4年以上 [5]

注意　请用 2B 铅笔这样写: ■

一 听力

1. [A] [B] [C] [D]　6. [A] [B] [C] [D]　11. [A] [B] [C] [D]　16. [A] [B] [C] [D]　21. [A] [B] [C] [D]
2. [A] [B] [C] [D]　7. [A] [B] [C] [D]　12. [A] [B] [C] [D]　17. [A] [B] [C] [D]　22. [A] [B] [C] [D]
3. [A] [B] [C] [D]　8. [A] [B] [C] [D]　13. [A] [B] [C] [D]　18. [A] [B] [C] [D]　23. [A] [B] [C] [D]
4. [A] [B] [C] [D]　9. [A] [B] [C] [D]　14. [A] [B] [C] [D]　19. [A] [B] [C] [D]　24. [A] [B] [C] [D]
5. [A] [B] [C] [D]　10. [A] [B] [C] [D]　15. [A] [B] [C] [D]　20. [A] [B] [C] [D]　25. [A] [B] [C] [D]
26. [A] [B] [C] [D]　31. [A] [B] [C] [D]　36. [A] [B] [C] [D]　41. [A] [B] [C] [D]
27. [A] [B] [C] [D]　32. [A] [B] [C] [D]　37. [A] [B] [C] [D]　42. [A] [B] [C] [D]
28. [A] [B] [C] [D]　33. [A] [B] [C] [D]　38. [A] [B] [C] [D]　43. [A] [B] [C] [D]
29. [A] [B] [C] [D]　34. [A] [B] [C] [D]　39. [A] [B] [C] [D]　44. [A] [B] [C] [D]
30. [A] [B] [C] [D]　35. [A] [B] [C] [D]　40. [A] [B] [C] [D]　45. [A] [B] [C] [D]

二 阅读

46. [A] [B] [C] [D]　51. [A] [B] [C] [D]　56. [A] [B] [C] [D]　61. [A] [B] [C] [D]　66. [A] [B] [C] [D]
47. [A] [B] [C] [D]　52. [A] [B] [C] [D]　57. [A] [B] [C] [D]　62. [A] [B] [C] [D]　67. [A] [B] [C] [D]
48. [A] [B] [C] [D]　53. [A] [B] [C] [D]　58. [A] [B] [C] [D]　63. [A] [B] [C] [D]　68. [A] [B] [C] [D]
49. [A] [B] [C] [D]　54. [A] [B] [C] [D]　59. [A] [B] [C] [D]　64. [A] [B] [C] [D]　69. [A] [B] [C] [D]
50. [A] [B] [C] [D]　55. [A] [B] [C] [D]　60. [A] [B] [C] [D]　65. [A] [B] [C] [D]　70. [A] [B] [C] [D]
71. [A] [B] [C] [D]　76. [A] [B] [C] [D]　81. [A] [B] [C] [D]　86. [A] [B] [C] [D]
72. [A] [B] [C] [D]　77. [A] [B] [C] [D]　82. [A] [B] [C] [D]　87. [A] [B] [C] [D]
73. [A] [B] [C] [D]　78. [A] [B] [C] [D]　83. [A] [B] [C] [D]　88. [A] [B] [C] [D]
74. [A] [B] [C] [D]　79. [A] [B] [C] [D]　84. [A] [B] [C] [D]　89. [A] [B] [C] [D]
75. [A] [B] [C] [D]　80. [A] [B] [C] [D]　85. [A] [B] [C] [D]　90. [A] [B] [C] [D]

三 书写

91.

92.

93.

94.

95.

96.

97.

98.

99.

100.

新 汉 语 水 平 考 试
HSK （五级） 答题卡

姓名	

序号	[0] [1] [2] [3] [4] [5] [6] [7] [8] [9] [0] [1] [2] [3] [4] [5] [6] [7] [8] [9] [0] [1] [2] [3] [4] [5] [6] [7] [8] [9] [0] [1] [2] [3] [4] [5] [6] [7] [8] [9] [0] [1] [2] [3] [4] [5] [6] [7] [8] [9]
年龄	[0] [1] [2] [3] [4] [5] [6] [7] [8] [9] [0] [1] [2] [3] [4] [5] [6] [7] [8] [9]

国籍	[0] [1] [2] [3] [4] [5] [6] [7] [8] [9] [0] [1] [2] [3] [4] [5] [6] [7] [8] [9] [0] [1] [2] [3] [4] [5] [6] [7] [8] [9]
性别	男 [1]　　　　女 [2]
考点	[0] [1] [2] [3] [4] [5] [6] [7] [8] [9] [0] [1] [2] [3] [4] [5] [6] [7] [8] [9] [0] [1] [2] [3] [4] [5] [6] [7] [8] [9]

你是华裔吗?　　是 [1]　　　　不是 [2]

学习汉语的时间：

1年以下 [1]　　　1年－2年 [2]　　　2年－3年 [3]　　　3年－4年 [4]　　　4年以上 [5]

注意	请用 2B 铅笔这样写: ▬

一 听力

1. [A] [B] [C] [D]
2. [A] [B] [C] [D]
3. [A] [B] [C] [D]
4. [A] [B] [C] [D]
5. [A] [B] [C] [D]
6. [A] [B] [C] [D]
7. [A] [B] [C] [D]
8. [A] [B] [C] [D]
9. [A] [B] [C] [D]
10. [A] [B] [C] [D]
11. [A] [B] [C] [D]
12. [A] [B] [C] [D]
13. [A] [B] [C] [D]
14. [A] [B] [C] [D]
15. [A] [B] [C] [D]
16. [A] [B] [C] [D]
17. [A] [B] [C] [D]
18. [A] [B] [C] [D]
19. [A] [B] [C] [D]
20. [A] [B] [C] [D]
21. [A] [B] [C] [D]
22. [A] [B] [C] [D]
23. [A] [B] [C] [D]
24. [A] [B] [C] [D]
25. [A] [B] [C] [D]
26. [A] [B] [C] [D]
27. [A] [B] [C] [D]
28. [A] [B] [C] [D]
29. [A] [B] [C] [D]
30. [A] [B] [C] [D]
31. [A] [B] [C] [D]
32. [A] [B] [C] [D]
33. [A] [B] [C] [D]
34. [A] [B] [C] [D]
35. [A] [B] [C] [D]
36. [A] [B] [C] [D]
37. [A] [B] [C] [D]
38. [A] [B] [C] [D]
39. [A] [B] [C] [D]
40. [A] [B] [C] [D]
41. [A] [B] [C] [D]
42. [A] [B] [C] [D]
43. [A] [B] [C] [D]
44. [A] [B] [C] [D]
45. [A] [B] [C] [D]

二 阅读

46. [A] [B] [C] [D]
47. [A] [B] [C] [D]
48. [A] [B] [C] [D]
49. [A] [B] [C] [D]
50. [A] [B] [C] [D]
51. [A] [B] [C] [D]
52. [A] [B] [C] [D]
53. [A] [B] [C] [D]
54. [A] [B] [C] [D]
55. [A] [B] [C] [D]
56. [A] [B] [C] [D]
57. [A] [B] [C] [D]
58. [A] [B] [C] [D]
59. [A] [B] [C] [D]
60. [A] [B] [C] [D]
61. [A] [B] [C] [D]
62. [A] [B] [C] [D]
63. [A] [B] [C] [D]
64. [A] [B] [C] [D]
65. [A] [B] [C] [D]
66. [A] [B] [C] [D]
67. [A] [B] [C] [D]
68. [A] [B] [C] [D]
69. [A] [B] [C] [D]
70. [A] [B] [C] [D]
71. [A] [B] [C] [D]
72. [A] [B] [C] [D]
73. [A] [B] [C] [D]
74. [A] [B] [C] [D]
75. [A] [B] [C] [D]
76. [A] [B] [C] [D]
77. [A] [B] [C] [D]
78. [A] [B] [C] [D]
79. [A] [B] [C] [D]
80. [A] [B] [C] [D]
81. [A] [B] [C] [D]
82. [A] [B] [C] [D]
83. [A] [B] [C] [D]
84. [A] [B] [C] [D]
85. [A] [B] [C] [D]
86. [A] [B] [C] [D]
87. [A] [B] [C] [D]
88. [A] [B] [C] [D]
89. [A] [B] [C] [D]
90. [A] [B] [C] [D]

三 书写

91.

92.

93.

94.

95.

96.

97.

98.

99.

100.

新 汉 语 水 平 考 试
HSK （五级） 答题卡

姓名	

国籍
[0] [1] [2] [3] [4] [5] [6] [7] [8] [9]
[0] [1] [2] [3] [4] [5] [6] [7] [8] [9]
[0] [1] [2] [3] [4] [5] [6] [7] [8] [9]

序号
[0] [1] [2] [3] [4] [5] [6] [7] [8] [9]
[0] [1] [2] [3] [4] [5] [6] [7] [8] [9]
[0] [1] [2] [3] [4] [5] [6] [7] [8] [9]
[0] [1] [2] [3] [4] [5] [6] [7] [8] [9]
[0] [1] [2] [3] [4] [5] [6] [7] [8] [9]

性别　　　　男 [1]　　　　　女 [2]

考点
[0] [1] [2] [3] [4] [5] [6] [7] [8] [9]
[0] [1] [2] [3] [4] [5] [6] [7] [8] [9]
[0] [1] [2] [3] [4] [5] [6] [7] [8] [9]

年龄
[0] [1] [2] [3] [4] [5] [6] [7] [8] [9]
[0] [1] [2] [3] [4] [5] [6] [7] [8] [9]

你是华裔吗?　　　是 [1]　　　　　不是 [2]

学习汉语的时间:

1年以下 [1]　　　1年－2年 [2]　　　2年－3年 [3]　　　3年－4年 [4]　　　4年以上 [5]

注意　　请用 2B 铅笔这样写: ▅

一 听力

1. [A] [B] [C] [D]　　6. [A] [B] [C] [D]　　11. [A] [B] [C] [D]　　16. [A] [B] [C] [D]　　21. [A] [B] [C] [D]
2. [A] [B] [C] [D]　　7. [A] [B] [C] [D]　　12. [A] [B] [C] [D]　　17. [A] [B] [C] [D]　　22. [A] [B] [C] [D]
3. [A] [B] [C] [D]　　8. [A] [B] [C] [D]　　13. [A] [B] [C] [D]　　18. [A] [B] [C] [D]　　23. [A] [B] [C] [D]
4. [A] [B] [C] [D]　　9. [A] [B] [C] [D]　　14. [A] [B] [C] [D]　　19. [A] [B] [C] [D]　　24. [A] [B] [C] [D]
5. [A] [B] [C] [D]　　10. [A] [B] [C] [D]　　15. [A] [B] [C] [D]　　20. [A] [B] [C] [D]　　25. [A] [B] [C] [D]

26. [A] [B] [C] [D]　　31. [A] [B] [C] [D]　　36. [A] [B] [C] [D]　　41. [A] [B] [C] [D]
27. [A] [B] [C] [D]　　32. [A] [B] [C] [D]　　37. [A] [B] [C] [D]　　42. [A] [B] [C] [D]
28. [A] [B] [C] [D]　　33. [A] [B] [C] [D]　　38. [A] [B] [C] [D]　　43. [A] [B] [C] [D]
29. [A] [B] [C] [D]　　34. [A] [B] [C] [D]　　39. [A] [B] [C] [D]　　44. [A] [B] [C] [D]
30. [A] [B] [C] [D]　　35. [A] [B] [C] [D]　　40. [A] [B] [C] [D]　　45. [A] [B] [C] [D]

二 阅读

46. [A] [B] [C] [D]　　51. [A] [B] [C] [D]　　56. [A] [B] [C] [D]　　61. [A] [B] [C] [D]　　66. [A] [B] [C] [D]
47. [A] [B] [C] [D]　　52. [A] [B] [C] [D]　　57. [A] [B] [C] [D]　　62. [A] [B] [C] [D]　　67. [A] [B] [C] [D]
48. [A] [B] [C] [D]　　53. [A] [B] [C] [D]　　58. [A] [B] [C] [D]　　63. [A] [B] [C] [D]　　68. [A] [B] [C] [D]
49. [A] [B] [C] [D]　　54. [A] [B] [C] [D]　　59. [A] [B] [C] [D]　　64. [A] [B] [C] [D]　　69. [A] [B] [C] [D]
50. [A] [B] [C] [D]　　55. [A] [B] [C] [D]　　60. [A] [B] [C] [D]　　65. [A] [B] [C] [D]　　70. [A] [B] [C] [D]

71. [A] [B] [C] [D]　　76. [A] [B] [C] [D]　　81. [A] [B] [C] [D]　　86. [A] [B] [C] [D]
72. [A] [B] [C] [D]　　77. [A] [B] [C] [D]　　82. [A] [B] [C] [D]　　87. [A] [B] [C] [D]
73. [A] [B] [C] [D]　　78. [A] [B] [C] [D]　　83. [A] [B] [C] [D]　　88. [A] [B] [C] [D]
74. [A] [B] [C] [D]　　79. [A] [B] [C] [D]　　84. [A] [B] [C] [D]　　89. [A] [B] [C] [D]
75. [A] [B] [C] [D]　　80. [A] [B] [C] [D]　　85. [A] [B] [C] [D]　　90. [A] [B] [C] [D]

三 书写

91.

92.

93.

94.

95.

96.

97.

98.

99.

100.

新 汉 语 水 平 考 试
HSK （五级）答题卡

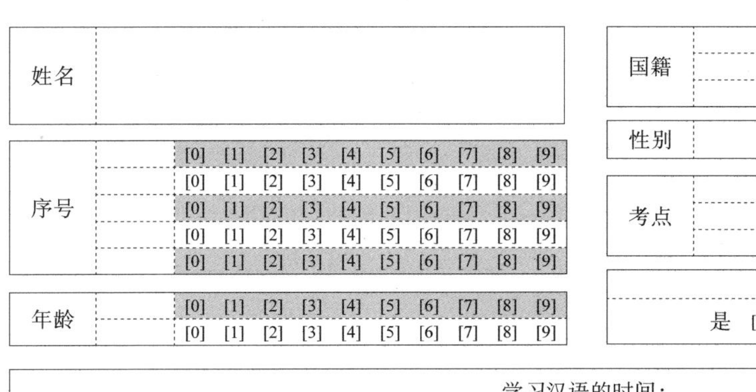

姓名

序号

年龄

国籍
[0] [1] [2] [3] [4] [5] [6] [7] [8] [9]
[0] [1] [2] [3] [4] [5] [6] [7] [8] [9]
[0] [1] [2] [3] [4] [5] [6] [7] [8] [9]

性别　　男 [1]　　　　女 [2]

考点
[0] [1] [2] [3] [4] [5] [6] [7] [8] [9]
[0] [1] [2] [3] [4] [5] [6] [7] [8] [9]
[0] [1] [2] [3] [4] [5] [6] [7] [8] [9]

你是华裔吗?
是 [1]　　　　　　不是 [2]

学习汉语的时间：

1年以下 [1]　　1年—2年 [2]　　2年—3年 [3]　　3年—4年 [4]　　4年以上 [5]

注意　　请用 2B 铅笔这样写：■━

一 听力

1. [A] [B] [C] [D]	6. [A] [B] [C] [D]	11. [A] [B] [C] [D]	16. [A] [B] [C] [D]	21. [A] [B] [C] [D]
2. [A] [B] [C] [D]	7. [A] [B] [C] [D]	12. [A] [B] [C] [D]	17. [A] [B] [C] [D]	22. [A] [B] [C] [D]
3. [A] [B] [C] [D]	8. [A] [B] [C] [D]	13. [A] [B] [C] [D]	18. [A] [B] [C] [D]	23. [A] [B] [C] [D]
4. [A] [B] [C] [D]	9. [A] [B] [C] [D]	14. [A] [B] [C] [D]	19. [A] [B] [C] [D]	24. [A] [B] [C] [D]
5. [A] [B] [C] [D]	10. [A] [B] [C] [D]	15. [A] [B] [C] [D]	20. [A] [B] [C] [D]	25. [A] [B] [C] [D]
26. [A] [B] [C] [D]	31. [A] [B] [C] [D]	36. [A] [B] [C] [D]	41. [A] [B] [C] [D]	
27. [A] [B] [C] [D]	32. [A] [B] [C] [D]	37. [A] [B] [C] [D]	42. [A] [B] [C] [D]	
28. [A] [B] [C] [D]	33. [A] [B] [C] [D]	38. [A] [B] [C] [D]	43. [A] [B] [C] [D]	
29. [A] [B] [C] [D]	34. [A] [B] [C] [D]	39. [A] [B] [C] [D]	44. [A] [B] [C] [D]	
30. [A] [B] [C] [D]	35. [A] [B] [C] [D]	40. [A] [B] [C] [D]	45. [A] [B] [C] [D]	

二 阅读

46. [A] [B] [C] [D]	51. [A] [B] [C] [D]	56. [A] [B] [C] [D]	61. [A] [B] [C] [D]	66. [A] [B] [C] [D]
47. [A] [B] [C] [D]	52. [A] [B] [C] [D]	57. [A] [B] [C] [D]	62. [A] [B] [C] [D]	67. [A] [B] [C] [D]
48. [A] [B] [C] [D]	53. [A] [B] [C] [D]	58. [A] [B] [C] [D]	63. [A] [B] [C] [D]	68. [A] [B] [C] [D]
49. [A] [B] [C] [D]	54. [A] [B] [C] [D]	59. [A] [B] [C] [D]	64. [A] [B] [C] [D]	69. [A] [B] [C] [D]
50. [A] [B] [C] [D]	55. [A] [B] [C] [D]	60. [A] [B] [C] [D]	65. [A] [B] [C] [D]	70. [A] [B] [C] [D]
71. [A] [B] [C] [D]	76. [A] [B] [C] [D]	81. [A] [B] [C] [D]	86. [A] [B] [C] [D]	
72. [A] [B] [C] [D]	77. [A] [B] [C] [D]	82. [A] [B] [C] [D]	87. [A] [B] [C] [D]	
73. [A] [B] [C] [D]	78. [A] [B] [C] [D]	83. [A] [B] [C] [D]	88. [A] [B] [C] [D]	
74. [A] [B] [C] [D]	79. [A] [B] [C] [D]	84. [A] [B] [C] [D]	89. [A] [B] [C] [D]	
75. [A] [B] [C] [D]	80. [A] [B] [C] [D]	85. [A] [B] [C] [D]	90. [A] [B] [C] [D]	

三 书写

91.

92.

93.

94.

95.

96.

97.

98.

99.

100.

新 汉 语 水 平 考 试
HSK （五级）答题卡

姓名

序号 [0] [1] [2] [3] [4] [5] [6] [7] [8] [9]

年龄 [0] [1] [2] [3] [4] [5] [6] [7] [8] [9]

国籍 [0] [1] [2] [3] [4] [5] [6] [7] [8] [9]

性别　　　男 [1]　　　　女 [2]

考点 [0] [1] [2] [3] [4] [5] [6] [7] [8] [9]

你是华裔吗?

是 [1]　　　　不是 [2]

学习汉语的时间:

1年以下 [1]　　1年－2年 [2]　　2年－3年 [3]　　3年－4年 [4]　　4年以上 [5]

注意　　请用 2B 铅笔这样写: ▬

一 听力

1. [A] [B] [C] [D]　　6. [A] [B] [C] [D]　　11. [A] [B] [C] [D]　　16. [A] [B] [C] [D]　　21. [A] [B] [C] [D]
2. [A] [B] [C] [D]　　7. [A] [B] [C] [D]　　12. [A] [B] [C] [D]　　17. [A] [B] [C] [D]　　22. [A] [B] [C] [D]
3. [A] [B] [C] [D]　　8. [A] [B] [C] [D]　　13. [A] [B] [C] [D]　　18. [A] [B] [C] [D]　　23. [A] [B] [C] [D]
4. [A] [B] [C] [D]　　9. [A] [B] [C] [D]　　14. [A] [B] [C] [D]　　19. [A] [B] [C] [D]　　24. [A] [B] [C] [D]
5. [A] [B] [C] [D]　　10. [A] [B] [C] [D]　　15. [A] [B] [C] [D]　　20. [A] [B] [C] [D]　　25. [A] [B] [C] [D]

26. [A] [B] [C] [D]　　31. [A] [B] [C] [D]　　36. [A] [B] [C] [D]　　41. [A] [B] [C] [D]
27. [A] [B] [C] [D]　　32. [A] [B] [C] [D]　　37. [A] [B] [C] [D]　　42. [A] [B] [C] [D]
28. [A] [B] [C] [D]　　33. [A] [B] [C] [D]　　38. [A] [B] [C] [D]　　43. [A] [B] [C] [D]
29. [A] [B] [C] [D]　　34. [A] [B] [C] [D]　　39. [A] [B] [C] [D]　　44. [A] [B] [C] [D]
30. [A] [B] [C] [D]　　35. [A] [B] [C] [D]　　40. [A] [B] [C] [D]　　45. [A] [B] [C] [D]

二 阅读

46. [A] [B] [C] [D]　　51. [A] [B] [C] [D]　　56. [A] [B] [C] [D]　　61. [A] [B] [C] [D]　　66. [A] [B] [C] [D]
47. [A] [B] [C] [D]　　52. [A] [B] [C] [D]　　57. [A] [B] [C] [D]　　62. [A] [B] [C] [D]　　67. [A] [B] [C] [D]
48. [A] [B] [C] [D]　　53. [A] [B] [C] [D]　　58. [A] [B] [C] [D]　　63. [A] [B] [C] [D]　　68. [A] [B] [C] [D]
49. [A] [B] [C] [D]　　54. [A] [B] [C] [D]　　59. [A] [B] [C] [D]　　64. [A] [B] [C] [D]　　69. [A] [B] [C] [D]
50. [A] [B] [C] [D]　　55. [A] [B] [C] [D]　　60. [A] [B] [C] [D]　　65. [A] [B] [C] [D]　　70. [A] [B] [C] [D]

71. [A] [B] [C] [D]　　76. [A] [B] [C] [D]　　81. [A] [B] [C] [D]　　86. [A] [B] [C] [D]
72. [A] [B] [C] [D]　　77. [A] [B] [C] [D]　　82. [A] [B] [C] [D]　　87. [A] [B] [C] [D]
73. [A] [B] [C] [D]　　78. [A] [B] [C] [D]　　83. [A] [B] [C] [D]　　88. [A] [B] [C] [D]
74. [A] [B] [C] [D]　　79. [A] [B] [C] [D]　　84. [A] [B] [C] [D]　　89. [A] [B] [C] [D]
75. [A] [B] [C] [D]　　80. [A] [B] [C] [D]　　85. [A] [B] [C] [D]　　90. [A] [B] [C] [D]

三 书写

91.

92.

93.

94.

95.

96.

97.

98.

99.

100.

北京大學

新 HSK THE 모의고사

더

모의고사 5세트 수록

5급

MP3 CD 1장 포함

북경대학 감수 | 배수진 · 최지은 편저

북경대학 新HSK THE 모의고사로
5급을 THE 만만하고, THE 쉽게 합격까지!

동양북스　北京大學出版社
PEKING UNIVERSITY PRESS

300만 독자가 선택한

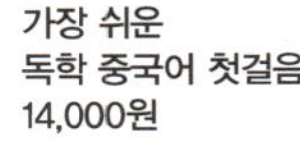

가장 쉬운
독학 일본어 첫걸음
14,000원

가장 쉬운
독학 중국어 첫걸음
14,000원

가장 쉬운
프랑스어 첫걸음의 모든 것
17,000원

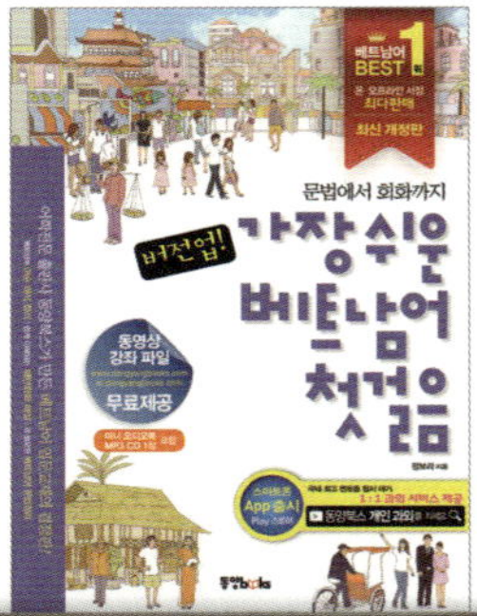

가장 쉬운
독일어 첫걸음의 모든 것
18,000원

가장 쉬운
스페인어 첫걸음의 모든 것
14,500원

버전업! 가장 쉬운
베트남어 첫걸음
16,000원

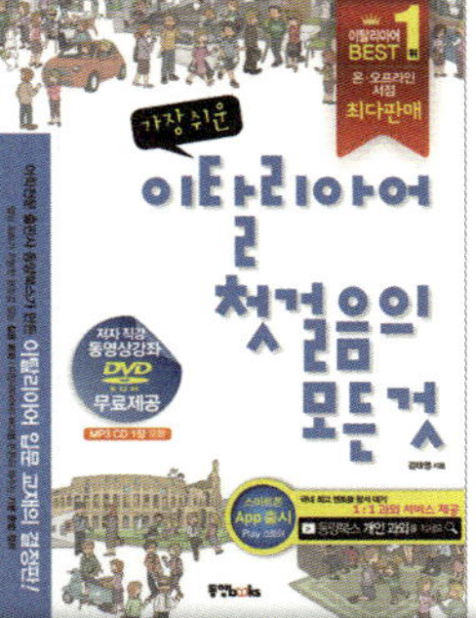

버전업! 가장 쉬운
태국어 첫걸음
16,800원

가장 쉬운
러시아어 첫걸음의 모든 것
16,000원

가장 쉬운
이탈리아어 첫걸음의 모든 것
17,500원

첫걸음 베스트 1위!

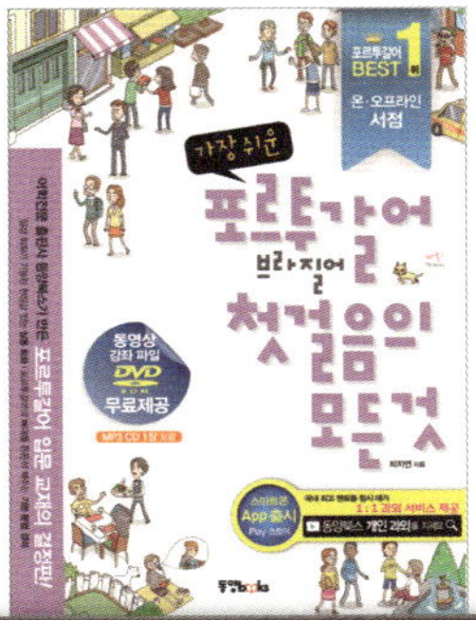

가장 쉬운
포르투갈어 첫걸음의 모든 것
18,000원

가장 쉬운
터키어 첫걸음의 모든 것
16,500원

버전업! 가장 쉬운
아랍어 첫걸음
18,500원

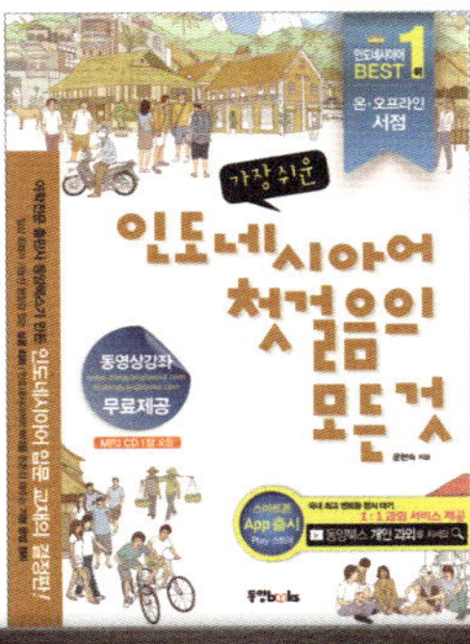

가장 쉬운
인도네시아어 첫걸음의 모든 것
18,500원

가장 쉬운
영어 첫걸음의 모든 것
16,500원

버전업! 굿모닝
독학 일본어 첫걸음
14,500원

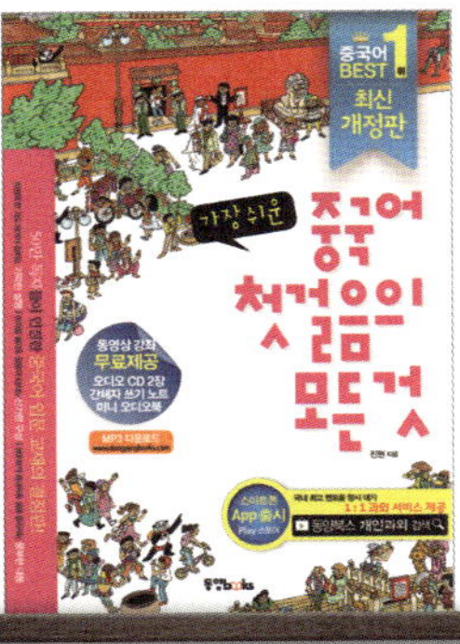

가장 쉬운
중국어 첫걸음의 모든 것
14,500원

동양북스
www.dongyangbooks.com
www.dongyangtv.com
m.dongyangbooks.com

北京大學

新HSK 더 THE 모의고사

북경대학 감수!
5세트 모의고사의 완벽한 해석!
THE 모의고사와 함께라면 5급도 THE는 어렵지 않다!

★ 최신 기출 경향을 반영한 문제로 내 실력을 점검할 수 있는 기회
★ 최신 문제 5세트로 시험 전 최종 실력을 점검할 수 있는 기회
★ 내 실력을 고득점으로 업그레이드 할 수 있는 최고의 기회

북경대학 新HSK THE 모의고사 5세트로
실력은 THE 높이고 합격까지!

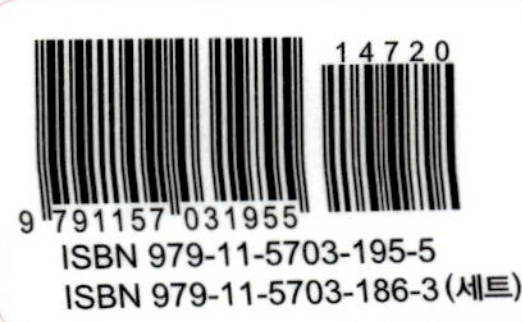

문제집＋해설집＋MP3 CD 1장　값 **18,000**원

9 791157 031955
ISBN 979-11-5703-195-5
ISBN 979-11-5703-186-3 (세트)

北京大學

新 HSK 더 THE 모의고사

5급

북경대학 감수 | 배수진 · 최지은 편저

동양북스　北京大學 出版社　PEKING UNIVERSITY PRESS

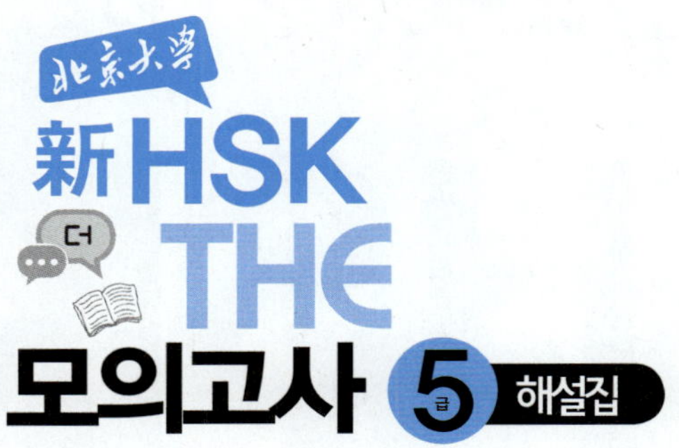

초판 인쇄 | 2016년 9월 1일
초판 발행 | 2016년 9월 5일

편저자 | 배수진, 최지은
발행인 | 김태웅
총 괄 | 권혁주
편집장 | 이경숙
책임편집 | 장아름
디자인 | 차경숙
마케팅 총괄 | 나재승
마케팅 | 서재욱, 김귀찬, 왕성석, 이종민, 조경현
온라인 마케팅 | 김철영, 양윤모, 탁수지
제 작 | 현대순
총 무 | 한경숙, 안서현, 최여진, 강아담
관 리 | 김훈희, 이국희, 김승훈, 이규재

발행처 | 동양북스
등 록 | 제10-806호(1993년 4월 3일)
주 소 | 서울시 마포구 동교로22길 12 (04030)
전 화 | (02)337-1737
팩 스 | (02)334-6624

http://www.dongyangbooks.com
http://www.dongyangTV.com

ISBN 979-11-5703-195-5 14720
ISBN 979-11-5703-186-3 (세트)

이 도서의 국립중앙도서관 출판예정도서목록(CIP)은 서지정보유통지원시스템 홈페이지(http://seoji.go.kr)와
국가자료공동목록시스템(http://www.nl.go.kr/kolisnet)에서 이용하실 수 있습니다.
(CIP제어번호:CIP2016018687)

新汉语水平考试

실전 모의고사 해설

제1회

听力

第 一 部 分

 **1-20**

1

女：这个花瓶非常好看！是哪个朝代的?
男：好像是清代的。但是我不太确定，问问博物馆的解说员吧。

问：他们最可能在哪儿?

A 办公室
B 博物馆
C 植物园
D 花店

여：이 꽃병 정말 예쁘다! 어느 시대 것이니?
남：아마도 청나라 때의 것일걸. 하지만 나도 확실하지 않아. 박물관 내레이터에게 물어보자.

문：그들은 아마도 어디에 있는가?

A 사무실
B 박물관
C 식물원
D 꽃가게

단어 **朝代** cháodài 몡 왕조의 연대, 시대 | **好像** hǎoxiàng 哟 마치 ~과 같다 | **确定** quèdìng 혱 확정적이다, 확고하다 | **解说员** jiěshuōyuán 몡 해설자, 내레이터 ‖ **博物馆** bówùguǎn 몡 박물관 | **植物园** zhíwùyuán 몡 식물원 | **花店** huādiàn 몡 꽃가게

해설 여자의 첫마디에서 '花瓶(꽃병)'을 듣고 꽃가게로 오해하기 쉽다. 하지만 남자가 하는 말에서 '博物馆的解说员(박물관의 내레이터)'을 들으면 장소가 박물관이라는 것을 쉽게 찾을 수 있다. 그러므로 정답은 B이다.

Tip 新HSK 듣기는 질문이 제공되지 않으므로 보기만 보고 어떤 문제일지를 추측해야 한다. 모든 보기의 항목이 장소이기 때문에 장소를 묻는 문제라는 것을 추측할 수 있다.

2

男：你的移动硬盘空间不够，这部电影放不下了。
女：先等一会儿吧，我把里面看完的电影都删掉。

问：移动硬盘怎么了?

A 中病毒了
B 质量很差
C 空间不足
D 被删掉了

남：네 외장하드에 공간이 부족해서 이 영화를 넣을 수가 없어.
여：일단 기다려 봐. 내가 외장하드 안에 다 본 영화를 모두 삭제할게.

문：외장하드는 어떠한가?

A 바이러스에 걸렸다
B 질이 좋지 않다
C 공간이 부족하다
D 삭제되었다

단어 **移动硬盘** yídòng yìngpán 몡 외장하드 | **删掉** shāndiào 됭 삭제하다 ‖ **病毒** bìngdú 몡 바이러스 | **质量** zhìliàng 몡 질, 품질

해설 '移动硬盘(외장하드)'은 출제 확률이 높은 단어이니 꼭 알아두어야 한다. '空间不够(공간이 부족하다)'라는 것은 C의 '空间不足(공간이 부족하다)'와 같은 의미이기 때문에 정답은 C이다.

Tip '放不下'에서 '不下'는 공간이 없어서 할 수 없음을 의미한다. 이렇게 동사 뒤에서 '할 수 없다'라는 의미를 지니는 가능보어의 고정격식을 알아보도록 하자.

不了 : 일반적으로 할 수 없음을 의미함. '너무 많아서 할 수 없다'라는 의미를 지니기도 함

不起 : 경제 상황이 좋지 않아서 할 수 없음을 의미함

不下 : 공간이 없어서 할 수 없음을 의미함

不惯 : 습관이 되지 않아 할 수 없음을 의미함

3

女：晚上有演出，一起去看吧？
男：不好意思，还是你们去吧。我得写实验报告。

问：男的为什么不去看演出？

A 不感兴趣
B 要准备考试
C 要写报告
D 想休息

여: 저녁에 공연이 있는데 같이 가서 볼 거지?
남: 미안해. 너희들끼리 가는 게 좋겠어. 나 실험 보고서 써야 해.

문: 남자는 왜 공연을 보러 가지 못하는가?

A 흥미가 없다
B 시험을 준비해야 한다
C 보고서를 써야 한다
D 쉬고 싶다

 演出 yǎnchū 몡 공연 | 实验 shíyàn 몡 실험 | 报告 bàogào 몡 보고서

해설 대화에 쓰인 '还是'는 '〜하는 편이 더 좋다'라는 의미의 부사이며 남자가 실험 보고서 때문에 갈 수 없다고 했기 때문에 정답은 C이다.

> **Tip** 자주 나오는 '还是'의 의미
> ① 몡 여전히 ② 몡 아직도 ③ 쩹 아니면 ④ 몡 〜하는 편이 더 좋다

4

女：这条围巾手感真好，摸着很柔软。
男：那当然了，这是我在"丝绸之乡"湖州买的围巾。

问：女的觉得围巾怎么样？

A 手感不错
B 有点儿厚
C 样式不错
D 颜色鲜艳

여: 이 스카프 촉감이 정말 좋다. 만져보니 정말 부드러워.
남: 당연하지. 이건 내가 '비단의 고향' 후저우(湖洲)에서 산 스카프야.

문: 여자는 스카프가 어떻다고 생각하는가?

A 촉감이 좋다
B 조금 두껍다
C 디자인이 좋다
D 색이 화려하다

 围巾 wéijīn 몡 스카프 | 手感 shǒugǎn 몡 촉감 | 摸 mō 통 어루만지다, 쓰다듬다 | 柔软 róuruǎn 혱 부드럽고 연하다 | 丝绸之乡 sīchóuzhīxiāng 몡 비단의 고향 | 湖州 Húzhōu 몡 후저우 [저장성에 있는 도시 이름] ‖ 厚 hòu 혱 두껍다 | 鲜艳 xiānyàn 혱 화려하다

해설 '手感真好'는 '촉감이 좋다'는 의미로 A에서 '真好(좋다)' 대신 '不错(좋다)'로 바뀌어 나왔기 때문에 정답은 A이다.

> **Tip** D의 '鲜艳'이라는 단어는 '화려하다'는 의미로 '颜色(색깔)'라는 단어와 자주 상응하여 출제된다.

5

男：这次夏令营活动的主题是什么？
女：农村体验，让学生体验农村生活，培养他们适应环境的能力。

问：这次活动想培养学生哪方面的能力？

A 与人沟通
B 适应环境
C 野外生存
D 独立生活

남: 이번 여름 캠프의 주제가 뭔가요?
여: 농촌 체험이요. 학생들에게 농촌생활을 체험하게 해보고 그들이 환경에 적응하는 능력을 기르도록 해요.

문: 이번 활동은 학생들의 어느 방면 능력을 기르고자 하는가?

A 사람과 소통한다
B 환경에 적응한다
C 야외에서 생존한다
D 독립된 생활을 한다

夏令营 xiàlìngyíng 몡 여름 캠프 | 主题 zhǔtí 몡 주제 | 体验 tǐyàn 통 체험하다 | 培养 péiyǎng 통 배양하다, 기르다 ‖ 沟通 gōutōng 통 소통하다 | 适应 shìyìng 통 적응하다 | 野外 yěwài 몡 야외 | 生存 shēngcún 통 생존하다 | 独立 dúlì 통 독립하다

Tip 자주 나오는 단어 조합

体验…生活 생활을 체험하다　　　培养…能力 능력을 배양하다　　　适应…环境 환경에 적응하다

6

女: 请问，取网上预订的飞机票要带什么证件吗？
男: 带着身份证就行。

问: 取飞机票需要带什么？

A 签证
B 身份证
C 推荐信
D 发票

여: 말씀 좀 여쭐게요. 인터넷에서 예약한 비행기 표를 받으려면 어떤 증명서를 가지고 와야 하나요?
남: 신분증만 가지고 오시면 됩니다.

문: 비행기 표를 받으려면 무엇을 가지고 와야 하는가?

A 비자
B 신분증
C 추천서
D 영수증

단어 取 qǔ 통 가지다, 취하다 | 预订 yùdìng 통 예약하다 | 证件 zhèngjiàn 명 증명서 ∥ 身份证 shēnfènzhèng 명 신분증 | 签证 qiānzhèng 명 비자 | 推荐信 tuījiànxìn 명 추천서 | 发票 fāpiào 명 영수증

해설 비행기 표를 받는 증명서로 신분증이 필요하다고 했기 때문에 정답은 B이다.

7

男: 麻烦您，把这两副象棋分开包装吧。
女: 好的。您先去结账，我就给您包装。

问: 根据对话，下列哪项正确？

A 男的没精神
B 女的输给了男的
C 女的不爱下象棋
D 女的是售货员

남: 실례지만 장기 두 세트를 나누어서 포장해 주세요.
여: 알겠습니다. 먼저 계산하시면 제가 바로 포장해 드릴게요.

문: 대화에 근거하여, 다음 중 옳은 것은?

A 남자는 정신이 없다
B 여자는 남자에게 져줬다
C 여자는 장기 두는 것을 좋아하지 않는다
D 여자는 판매원이다

단어 分开 fēnkāi 통 나누다, 가르다 | 包装 bāozhuāng 통 포장하다 | 结账 jiézhàng 통 계산하다 ∥ 精神 jīngshén 명 정신 | 输 shū 통 지다 | 下象棋 xià xiàngqí 장기를 두다 | 售货员 shòuhuòyuán 명 판매원

해설 A를 제외한 B, C, D가 모두 여자에 관하여 이야기를 하고 있다. 남자가 먼저 계산하면 여자가 포장을 한다고 했기 때문에 여자는 판매원이라는 것을 알 수 있으므로 정답은 D이다.

8

女: 舅舅给你打电话，你怎么没接呀？
男: 对不起，没听见。因为刚才我在开会，手机调成了震动。

问: 男的刚才在做什么？

A 开会
B 电话咨询
C 修理电话
D 交学费

여: 외삼촌이 너에게 전화를 걸었는데 너는 어째서 받지 않았니?
남: 죄송해요. 못 들었어요. 방금 회의를 하고 있어서 휴대전화를 진동으로 바꾸어 놓았거든요.

문: 남자는 방금 무엇을 했는가?

A 회의를 했다
B 전화 상담을 했다
C 전화를 수리했다
D 학비를 냈다

 舅舅 jiùjiu 몡 외삼촌 | 调成 tiáochéng ~로 바꾸다 | 震动 zhèndòng 몡 진동 ‖ 咨询 zīxún 동 자문하다, 상의하다 | 修理 xiūlǐ 동 수리하다 | 交 jiāo 동 제출하다, 내다 | 学费 xuéfèi 몡 학비

 초반에 '打电话(전화를 걸다)', '没接(받지 않는다)'와 같은 표현이 나왔기 때문에 보기에서 전화와 관련된 B나 C를 선택하기가 쉽다. 하지만 남자의 행위에 대해서 묻는 문제이기 때문에 남자의 말까지 집중력 있게 들어야 한다. 남자는 방금 회의를 했다고 했으므로 정답은 A이다.

> **Tip** '调成'에서 '调'는 '바꾸다'라는 의미의 동사이며 뒤에 상태의 변화를 나타내는 결과보어 '成'을 넣어 '~로 바꾸다'라는 뜻이 된다. 그러므로 '调成震动'은 '진동으로 바꾸다'라는 의미이다.

9

女: 听说单位附近新开了一家川菜馆，我们去尝尝。
男: 我最近嗓子疼，不能吃辣椒，改天去吧。

问: 男的怎么了？

A 没有胃口
B 过敏了
C 嗓子难受
D 胃疼

여: 회사 근처에 사천 음식점이 새로 개업했다는데 우리 같이 먹으러 가자.
남: 나 요즘 목이 아파서 고추를 먹을 수 없어. 다른 날 가자.

문: 남자는 어떠한가?

A 식욕이 없다
B 알레르기가 생겼다
C 목이 아프다
D 위가 아프다

 单位 dānwèi 몡 직장, 회사, 단체 | 嗓子 sǎngzi 몡 목 | 辣椒 làjiāo 몡 고추 | 改天 gǎitiān 몡 나중, 다른 날 ‖ 胃口 wèikǒu 몡 식욕 | 过敏 guòmǐn 동 알레르기 반응을 보이다 | 难受 nánshòu 형 아프다, 견딜 수 없다

'最近嗓子疼'은 '요즘 목이 아프다'는 의미이다. 여기서 '疼(아프다)'은 '难受(아프다)'와 상응하기 때문에 정답은 C이다.

> **Tip** '单位'는 '직장', '기관', '단체', '회사', '단위' 라는 의미이다. '公司(회사)'를 대신하는 단어로 많이 출제되고 있다.

10

男: 那个关于新能源开发的纪录片，在哪个频道播？
女: 科学频道。每周六晚上九点开始。

问: 关于那个纪录片，可以知道什么？

A 是关于文化的
B 非常幽默
C 在体育频道播
D 周六晚上播出

남: 신에너지 개발에 관한 그 다큐멘터리가 어느 채널에서 방송하니?
여: 과학 채널에서 매주 토요일 밤 9시에 시작해.

문: 그 다큐멘터리에 관하여, 알 수 있는 것은 무엇인가?

A 문화에 관한 것이다
B 매우 유머러스하다
C 스포츠 채널에서 방송한다
D 토요일 밤에 방송한다

 能源 néngyuán 몡 에너지 | 纪录片 jìlùpiàn 몡 다큐멘터리 | 频道 píndào 몡 채널 | 播 bō 동 방송하다 | 科学 kēxué 몡 과학 ‖ 幽默 yōumò 형 유머러스하다

남자의 '在哪个频道播? (어느 채널에서 방송하는가?)'라는 말에서 '播'는 '广播(방송하다)'의 의미이다. 여자가 신에너지 개발과 관련된 다큐멘터리가 매주 토요일 밤 9시에 방송한다고 했으므로 정답은 D이다.

> **Tip** 텔레비전 프로그램과 관련된 단어
> 新闻 뉴스　　　　　　　　　纪录片 다큐멘터리
> 体育节目 스포츠 프로그램　　娱乐片 예능 프로그램

11

男：逃避不能解决问题，你得勇敢地去面对。

女：你说得对，我会正式面对这个问题的。谢谢！

问：男的建议女的怎么做？

A 勇敢面对问题
B 感谢家人
C 征求别人意见
D 放弃挑战

남：도피하면 문제를 해결할 수 없어. 너는 용감하게 직면해야 해.

여：네 말이 맞아. 나는 정식으로 이 문제에 부딪힐거야. 고마워!

문：남자는 여자가 어떻게 하기를 건의하는가?

A 용감하게 문제에 대면하라
B 가족에게 감사해라
C 다른 사람의 의견을 구하라
D 도전을 포기하라

 逃避 táobì 图 도피하다 | 解决 jiějué 图 해결하다 | 勇敢 yǒnggǎn 图 용감하다 | 面对 miànduì 图 직면하다 ‖ 征求 zhēngqiú 图 묻다, 구하다 | 放弃 fàngqì 图 포기하다 | 挑战 tiǎozhàn 图 도전

해설 '你得勇敢地去面对(너는 용감하게 직면해야 한다)'라고 했으므로 남자가 한 건의는 A의 내용과 같다. 이때 '得'는 '~해야 한다'는 의미의 조동사임을 알아두자. 정답은 A이다.

Tip '问题'와 관련된 좋은 단어 조합
解决…问题 문제를 해결하다　　　面对…问题 문제에 직면하다

12

女：先生，您好。您要办理什么业务？

男：我要开通余额变动短信提醒的功能。

问：男的要办理哪项业务？

A 网上付款
B 贷款
C 短信提醒
D 存款

여：선생님, 안녕하세요. 어떤 업무를 보려고 하십니까?

남：잔고 변동 알림 문자 기능을 개통하려고 합니다.

문：남자는 어떤 업무를 처리하려고 하는가?

A 온라인으로 지불하는 것
B 대출하는 것
C 알림 문자
D 예금하는 것

단어 办理 bànlǐ 图 처리하다 | 业务 yèwù 图 업무 | 开通 kāitōng 图 개통하다 | 余额 yú'é 图 잔고 | 提醒 tíxǐng 图 상기시키다, 일깨우다 | 功能 gōngnéng 图 기능 ‖ 付款 fùkuǎn 图 돈을 지불하다 | 贷款 dàikuǎn 图 대출하다 | 存款 cúnkuǎn 图 예금하다

해설 '开通…功能'은 '~기능을 개통하다'라는 '술어 + 목적어' 구조이다. 질문에서 묻고자 하는 것은 어떤 업무를 처리하려 하는 것인지이기 때문에 '开通(개통하다)'과 '功能(기능)' 사이의 단어에 집중해야 한다. 남자가 말하길 '잔고 변동 알림 문자 기능을 개통하려고 한다'고 했으므로 정답은 C이다.

13

男：我初来此地，对很多情况都不太了解，请您多帮忙。

女：有什么事你尽管说，我一定会尽量帮助你的。

问：女的是什么意思？

A 会尽力帮忙
B 对此地很陌生
C 感到很抱歉
D 没有多余时间

남：제가 이곳에 처음 와서 많은 일에 그다지 익숙하지 않습니다. 많은 도움 부탁드려요.

여：무슨 일이 있으면 얼마든지 말하세요. 제가 반드시 최대한 도와드릴게요.

문：여자의 말은 무슨 뜻인가?

A 온 힘을 다해 돕겠다
B 이곳이 낯설다
C 죄송하다고 생각한다
D 여가 시간이 없다

단어 尽管 jǐnguǎn 图 얼마든지 | 尽量 jǐnliàng 图 가능한 한, 최대 한도로 ‖ 尽力 jìnlì 图 온 힘을 다하다 | 帮忙 bāngmáng 图 돕다 | 陌生 mòshēng 图 생소하다, 낯설다 | 抱歉 bàoqiàn 图 미안해하다 | 多余 duōyú 图 여분의, 나머지의

해설 여자의 첫마디에서 쓰인 '尽管'은 접속사로 쓰였을 때 '虽然(비록 ~일지라도)'과 같이 '비록 ~라 하더라도'라는 의미지만 부사로 쓰일 때는 '얼마든지'라는 뜻이다. 여자가 최대한 돕겠다고 말했기 때문에 정답은 A이다. 또한 대화의 밑줄 친 문장에서 쓰인 '尽量'은 '가능한 한', '최대 한도로'라는 의미의 부사이며 A의 '尽力(온 힘을 다하다)'와 유사하다.

14

女: 你觉得哪张照片拍得最好？我想选一张挂在墙上。
男: 左边这张吧，表情比较自然。

问: 男的为什么选那张照片？

A 风景好看
B 颜色鲜艳
C 画面清晰
D 表情自然

여: 네 생각에 어느 사진이 제일 잘 찍은 것 같니? 나는 한 장 골라서 벽에 걸고 싶어.
남: 왼쪽에 이것이 표정이 자연스러운 편이야.

문: 남자는 왜 그 사진을 골랐는가?

A 풍경이 아름다워서
B 색이 화려해서
C 화면이 선명해서
D 표정이 자연스러워서

단어 选 xuǎn 통 고르다 | 挂 guà 통 걸다 | 墙 qiáng 명 벽 ‖ 风景 fēngjǐng 명 풍경 | 鲜艳 xiānyàn 형 화려하다 | 清晰 qīngxī 형 또렷하다, 선명하다 | 表情 biǎoqíng 명 표정

해설 '自然'은 '자연'이라는 명사의 뜻과 '자연스럽다', '당연하다'라는 뜻의 형용사가 있는데 대화에서는 '자연스럽다'는 뜻이 가장 적절하므로 정답은 D이다.

15

女: 您教我打太极拳，好吗？
男: 好，不过你可不能"三天打鱼，两天晒网"。你一定要坚持到底。

问: 男的是什么意思？

A 要当心身体
B 不要悲观
C 要坚持下去
D 没有风险

여: 나에게 태극권하는 법 좀 알려 줄 수 있겠니?
남: 좋아. 그렇지만 '하다 말다 하면' 안 돼. 반드시 끝까지 버텨야 해.

문: 남자의 말은 무슨 뜻인가?

A 건강에 주의해야 한다
B 비관적이지 말아야 한다
C 끝까지 해야 한다
D 위험성이 없다

단어 三天打鱼，两天晒网 sān tiān dǎyú, liǎng tiān shàiwǎng 성 공부나 일을 꾸준하게 하지 못하다 | 坚持到底 jiānchí dàodǐ 끝까지 버티다 ‖ 当心 dāngxīn 통 주의하다 | 悲观 bēiguān 형 비관하다 | 风险 fēngxiǎn 명 위험

해설 '坚持'는 '고수하다', '견지하다'라는 의미이다. '坚持(고수하다)' 뒤에 현재부터 미래로 지속의 의미를 나타내는 '下去'를 동반하여 '坚持下去'라고 하면 '끝까지 해 나가다'라는 의미가 된다. 또한, '坚持(고수하다)' 뒤에 '끝까지'라는 의미의 '到底'를 붙이면 '끝까지 버티다'라는 의미가 되므로 결국 '坚持下去(끝까지 해 나가다)'와 '坚持到底(끝까지 버티다)'는 유사한 의미가 된다. 그러므로 정답은 C이다.

Tip '三天打鱼，两天晒网'을 직역하면 '3일 동안 물고기를 잡고, 2일 동안 그물을 말린다'라는 의미이다. 다시 말해 물고기를 잡는 일을 꾸준히 하지 못하고 그물 말리는 것을 핑계 삼아 쉰다는 것이다. 그러므로 '작심삼일'이라고 간단히 외워 두면 좋다.

16

男: 真让人意外，你居然选了这所大学。
女: 我对建筑设计很感兴趣，他们的这个专业在全国排名第一。

问: 女的为什么选择那所学校？

A 就业率最高
B 环境优美
C 在全国最好
D 宿舍条件最好

남: 정말 의외야. 네가 뜻밖에도 이 대학교를 선택했구나.
여: 나는 건축 설계에 관심이 많은데 그 학교의 이 전공은 전국에서 1등이야.

문: 여자는 왜 그 대학교를 선택했는가?

A 취업률이 가장 높다
B 환경이 아름답다
C 전국에서 가장 좋다
D 기숙사 조건이 가장 좋다

단어 意外 yìwài 톙 의외의, 뜻밖의 | 居然 jūrán 톙 뜻밖에 | 选 xuǎn 됭 선택하다 | 建筑 jiànzhù 몡 건축 | 设计 shèjì 몡 설계, 디자인 | 专业 zhuānyè 몡 전공 | 排名 páimíng 됭 순위를 매기다 ‖ 就业率 jiùyèlǜ 몡 취업률 | 优美 yōuměi 톙 우아하고 아름답다

해설 '在全国排名第一'를 직역하면 '전국에서 첫 번째로 순위를 매긴다'는 의미로 가장 좋다는 의미이기도 하다. 그러므로 정답은 C이다.

17

男：我和朋友约好了去钓鱼，你也一起去吧。

女：外面太晒了，而且我也对钓鱼没有兴趣。我想在家休息。

问：女的是什么意思？

A 不想去钓鱼
B 要现在出发
C 不想吃海鲜
D 抱怨距离远

남：나는 친구와 낚시 가기로 약속했는데 너도 같이 가자.

여：바깥은 햇볕이 너무 세. 게다가 나는 낚시에 흥미도 없어. 난 집에서 쉬고 싶어.

문：여자의 말은 무슨 뜻인가？

A 낚시하러 가고 싶지 않다
B 지금 출발하려고 한다
C 해산물을 먹고 싶지 않다
D 거리가 멀다고 불평한다

단어 钓鱼 diàoyú 됭 낚시하다 | 晒 shài 됭 햇볕이 내리쬐다 ‖ 海鲜 hǎixiān 몡 해산물 | 抱怨 bàoyuàn 됭 원망하다, 불평하다 | 距离 jùlí 몡 거리

해설 '对 A 没有兴趣'는 'A에 흥미가 없다'이다. 여자는 낚시에 대해 흥미가 없다고 했는데, 다시 말하면 낚시를 하러 가고 싶지 않다는 의미이므로 정답은 A이다.

18

男：听说单位要在春节前，举办一次职业培训？

女：对，还专门邀请几位这方面的专家呢。

问：培训将在什么时候举行？

A 月底
B 春节前
C 实习开始前
D 明年年初

남：회사에서 설 전에 직업 훈련을 한다던데요？
여：맞아요. 또 특별히 이 방면의 전문가 몇 분을 초청한대요.

문：훈련은 언제 실시하는가？

A 월말
B 설 전
C 실습 시작 전
D 내년 초

단어 职业培训 zhíyè péixùn 몡 직업 훈련 | 专门 zhuānmén 뷔 특별히, 일부러 | 邀请 yāoqǐng 됭 초청하다 ‖ 月底 yuèdǐ 몡 월말 | 实习 shíxí 몡 실습, 인턴

해설 '培训'은 '교육', '훈련'이라는 의미이지만 일반적으로 우리가 알고 있는 '教育(교육)'나 '训练(훈련)'과는 다소 다른 의미를 가지고 있다. '培训(훈련)'은 회사 혹은 단체에서 시키는 훈련을 주로 칭하는 단어이며 대화에서는 설 전에 이루어 진다고 했기 때문에 정답은 B이다.

19

女：你还记得你第一次演出时的情景吗？

男：当然记得，当时舞台下坐满了人，我心里紧张得要命。

问：男的第一次演出时心情怎么样？

A 丝毫不担心
B 很得意
C 感到自豪
D 十分紧张

여：너 네가 처음으로 공연했을 때의 광경을 기억하고 있니？

남：당연히 기억하지. 당시에 무대 아래엔 사람들이 가득 앉아 있었고 나는 엄청 긴장했었지.

문：남자는 처음으로 공연했을 때 마음이 어땠는가？

A 조금도 걱정되지 않았다
B 대단히 만족스러웠다
C 스스로 자랑스럽게 느꼈다
D 매우 긴장했다

단어　记得 jìde 동 기억하고 있다　|　情景 qíngjǐng 명 광경, 모습　|　舞台 wǔtái 명 무대　|　要命 yàomìng 부 엄청, 몹시 ‖
丝毫 sīháo 부 조금도　|　得意 déyì 형 대단히 만족하다　|　自豪 zìháo 형 스스로 자랑스럽게 생각하다　|　十分 shífēn
부 매우, 대단히

해설　술어 뒤에 '得要命'이 쓰이면 '매우'라는 의미를 지닌다. 다시 말해 '紧张得要命'은 '非常紧张' 혹은 '十分紧张'과 같이 '매
우 긴장하다'라는 의미가 되는 것이다. 그러므로 정답은 D이다.

Tip　술어 뒤에 '매우'라는 뜻으로 쓰이는 고정 정도보어
술어 + 得要命 / 得要死 / 得不得了 / 得慌 / 极了 / 死了 / 坏了 / 透了

20

男：下午，学校图书馆有一场关于现代文学
　　的讲座，你有没有兴趣？
女：几点开始？我三点还有一节历史课。

问：根据对话，可以知道什么？

A　图书馆下午闭馆
B　女的下午有课
C　男的想学历史
D　讲座没有趣

남: 오후에 학교 도서관에서 현대 문학에 관한 강
　　좌가 있대. 너 흥미 있니?
여: 몇 시에 시작해? 나 세 시에 역사 수업이 있어.

문: 대화에 근거하여, 알 수 있는 것은 무엇인가?

A　도서관이 오후에 폐관한다
B　여자는 오후에 수업이 있다
C　남자는 역사를 배우고 싶다
D　강좌는 재미가 없다

단어　讲座 jiǎngzuò 명 강좌　|　节 jié 양 수업 시간을 세는 양사 ‖ 闭馆 bìguǎn 동 폐관하다

해설　여자가 세 시에 역사 수업이 있다고 했으므로 정답은 B이다.

21

女：你汉语说得真流利！
男：我是华裔啊，我父母都是中国人，但他们很早就移民了。
女：那你的汉语都是父母教的？
男：我的汉语是跟辅导老师学的。

问：根据对话，下列哪项正确？

A 男的很抱歉
B 男的退休了
C 男的汉语不错
D 男的不想做兼职

여: 너는 중국어를 정말 유창하게 하는구나!
남: 난 화교야. 우리 부모님은 모두 중국인이어서. 하지만 일찍 이민 가셨어.
여: 그러면 네 중국어는 모두 부모님이 가르쳐 주신 것이니?
남: 나의 중국어는 과외 선생님에게 배운 거야.

문: 대화에 근거하여, 다음 중 옳은 것은?

A 남자는 매우 미안해한다
B 남자는 퇴직했다
C 남자는 중국어를 잘한다
D 남자는 겸직하고 싶지 않다

단어 流利 liúlì 휑 유창하다 | 华裔 huáyì 명 화교 [외국에서 태어나서 그 나라의 국적을 취득한 화교의 자녀] | 移民 yímín 동 이민하다 | 辅导 fǔdǎo 동 (학습을) 도우며 지도하다 ‖ 抱歉 bàoqiàn 동 미안해하다 | 退休 tuìxiū 동 퇴직하다 | 兼职 jiānzhí 동 겸직하다

해설 '华裔(화교)'란 화교의 자녀이지만 중국의 국적을 갖지 않고 다른 나라에서 사는 사람을 일컫는 말이다. 또한, 여자의 첫 마디에서 쓰인 '流利'는 '막힘이 없다', '유창하다'라는 의미로 결국은 중국어를 잘한다는 의미이기 때문에 정답은 C이다.

22

女：你昨晚去医院了吗？
男：我昨天晚上突然胃疼，就去医院看了急诊。
女：医生怎么说？说是饮食不规律导致的吧？
男：对，让我平时注意按时吃饭。

问：男的昨晚怎么了？

A 着凉了
B 晕倒了
C 胃疼了
D 喝醉了

여: 너 어젯밤에 병원에 갔니?
남: 나 어젯밤에 갑자기 위가 아파서 바로 병원에 가서 응급진료를 받았어.
여: 의사가 뭐라고 해? 음식 먹는 것이 불규칙적이기 때문이라고 하지?
남: 맞아. 평소 제때에 밥을 먹도록 주의하라고 했어.

문: 남자는 어제 저녁에 어떠했는가?

A 감기 걸렸다
B 기절하여 쓰러졌다
C 위가 아팠다
D 취했다

단어 突然 tūrán 휑 갑자기 | 胃 wèi 명 위 | 急诊 jízhěn 명 응급진료 | 规律 guīlǜ 휑 규칙적이다 | 导致 dǎozhì 동 야기하다 | 注意 zhùyì 동 주의하다 | 按时 ànshí 휑 제때에 ‖ 着凉 zháoliáng 동 감기에 걸리다 | 晕倒 yūndǎo 동 기절하여 쓰러지다 | 喝醉 hēzuì 동 취하다

해설 여자의 말에서 쓰인 '规律'는 '규율'이라는 뜻도 있지만 형용사로 쓰일 때에는 '규칙적이다'라는 뜻도 있다. 남자는 어젯밤에 위가 아파서 병원에 갔다고 했으므로 정답은 C이다.

Tip A의 '着凉'은 '감기에 걸리다'라는 의미이다. 그러므로 A가 정답이 되려면 위 대화에는 동의어인 '感冒'가 나올 확률이 높다.

23

女: 听说你在单位的运动会上获得了短跑冠军？
男: 对，我那天状态比平时更好，充分发挥实力了。
女: 恭喜恭喜，有奖品吧？
男: 当然有，是一部数码相机。

问: 冠军的奖品是什么？

A 照相机
B 领带
C 冰箱
D 丝绸围巾

여: 듣자 하니 회사 운동회에서 단거리 경주 우승을 했다면서?
남: 맞아. 그날 상태가 평소보다도 더 좋아서 충분히 실력을 발휘했지.
여: 축하해. 상품 있지?
남: 당연히 있지. 디지털카메라야.

문: 우승 상품은 무엇인가?

A 사진기
B 넥타이
C 냉장고
D 실크 스카프

> **단어** 单位 dānwèi 명 직장, 회사, 단체 | 获得 huòdé 동 얻다 | 短跑 duǎnpǎo 명 단거리 경주 | 冠军 guànjūn 명 우승 | 状态 zhuàngtài 명 상태 | 发挥 fāhuī 동 발휘하다 | 实力 shílì 명 실력 | 恭喜 gōngxǐ 동 축하하다 | 奖品 jiǎngpǐn 명 상품 | 数码相机 shùmǎ xiàngjī 명 디지털카메라 ‖ 领带 lǐngdài 명 넥타이 | 丝绸 sīchóu 명 비단 | 围巾 wéijīn 명 스카프

> **해설** '数码相机'는 新HSK 5급 듣기 영역에서 줄곧 나오던 단어로 '디지털카메라'라는 의미이다. 그렇기 때문에 '数码相机(디지털카메라)'의 동의어로 '사진기'라는 의미의 '照相机'를 고르게 하는 문제가 많으므로 정답은 A이다.

24

男: 好看的纪录片推荐一下。
女: 《微观世界》就挺有意思的。是关于昆虫生活的。
男: 是哪个频道播放的？
女: 科教频道放的，你上网搜一下。

问: 那部纪录片是关于什么的？

A 能源
B 地震
C 昆虫
D 动物

남: 볼만한 다큐멘터리 좀 추천해 줘.
여: 〈미시세계〉가 꽤 재미있어. 곤충 생활에 관한 거야.
남: 어느 채널에서 방송하니?
여: 과학교육 채널에서 방송하는 거야. 인터넷에서 검색해 봐.

문: 그 다큐멘터리는 무엇에 관한 것인가?

A 에너지원
B 지진
C 곤충
D 동물

> **단어** 纪录片 jìlùpiàn 명 다큐멘터리 | 推荐 tuījiàn 동 추천하다 | 微观 wēiguān 명 미시 | 昆虫 kūnchóng 명 곤충 | 频道 píndào 명 채널 | 播放 bōfàng 동 방송하다 | 搜 sōu 동 찾다, 검색하다 ‖ 能源 néngyuán 명 에너지 | 地震 dìzhèn 명 지진

> **해설** 新HSK 5급 듣기 영역에서 나오는 TV 프로그램 중에 가장 많이 출제된 것이 '纪录片(다큐멘터리)'이다. 〈미시세계〉라는 프로그램 이름이 낯설게 느껴져서 당황할 수 있지만 '昆虫(곤충)'이라는 단어가 그대로 들려서 어렵지 않게 풀 수 있다. 정답은 C이다.

25

女：小李，听说你的毕业作品主题是环境保护？

男：对，我的作品所用的材料的大部分都是一些废弃的生活用品。

女：都用了什么东西？

男：塑料袋、旧光盘、和矿泉水瓶什么的。

问：小李的作品是用什么做的？

A 汽车零件
B 玻璃
C 丝绸
D 生活废品

여: 샤오리(小李), 네 졸업 작품 주제가 환경보호라면서?

남: 맞아. 내 작품에서 사용한 재료의 대부분은 폐기된 생활용품이야.

여: 모두 어떤 물건을 사용했니?

남: 비닐봉지, 오래된 CD, 생수병 등등이지.

문: 샤오리의 작품은 무엇을 사용하여 만들었는가?

A 자동차 부품
B 유리
C 비단
D 생활폐품

 主题 zhǔtí 몡 주제 | 材料 cáiliào 몡 재료 | 废弃 fèiqì 동 폐기하다 | 塑料袋 sùliàodài 몡 비닐봉지 | 旧 jiù 형 오래 되다 | 光盘 guāngpán 몡 CD | 矿泉水 kuàngquánshuǐ 몡 생수 ‖ 零件 língjiàn 몡 부속품 | 玻璃 bōli 몡 유리 | 丝绸 sīchóu 몡 비단 | 废品 fèipǐn 몡 폐품

 '废弃'는 '폐기하다'라는 뜻으로 대화의 '废弃的生活用品(폐기된 생활용품)'을 줄여서 쓰면 '生活废品(생활폐품)'이 될 수 있으므로 정답은 D이다.

26

女：你中秋节坐飞机回家吗？

男：往返机票没买到，我打算开车回去。

女：那得很长时间吧？长途驾驶挺辛苦的。

男：需要大概5、6个小时，我和弟弟轮流开车。

问：根据对话，下列哪项正确？

A 女的骑摩托车回去
B 男的想开车回家
C 女的会开车
D 男的买了往返票

여: 너 중추절(中秋节)에 비행기 타고 집에 가니?

남: 왕복 비행기 표를 못 샀어. 나는 운전해서 가려고 해.

여: 그럼 오래 걸리겠구나? 장거리 운전은 고생스러운데.

남: 대략 5, 6시간 걸려. 나와 남동생이 돌아가면서 운전하려고 해.

문: 대화에 근거하여, 다음 중 옳은 것은?

A 여자는 오토바이를 타고 간다
B 남자는 운전해서 집에 가고 싶어한다
C 여자는 운전할 수 있다
D 남자는 왕복표를 샀다

 中秋节 Zhōngqiū Jié 몡 중추절, 추석 | 长途 chángtú 형 장거리의 | 驾驶 jiàshǐ 동 운전하다 | 轮流 lúnliú 동 돌아가면서 하다 ‖ 摩托车 mótuōchē 몡 오토바이 | 往返票 wǎngfǎnpiào 몡 왕복표

 여자의 첫마디에서 '飞机(비행기)'가 들렸기 때문에 D와 혼동할 수 있고, 또한 남자의 말에서 '开车(운전하다)'를 들었더라도 B와 C가 헷갈리는 난이도 있는 문제이다. 운전을 계획하고 있는 사람은 남자이므로 정답은 B이다.

Tip '轮流'는 '돌아가면서 하다'라는 의미의 동사이지만 실제적인 쓰임은 뒤에 동사를 수반하여 '돌아가면서 ~하다'라는 의미로 쓰인다. 그렇기 때문에 대화의 '轮流开车'는 '돌아가면서 운전하다'라고 해석하면 된다.

27

女：这些服装都是今年的新款，您随便看看。
男：这些大部分都是正装，我想买套休闲的。
女：休闲的在后边的货架上，您想要什么颜色的？
男：蓝色的吧。

问：**男的想要哪种衣服？**

A　休闲
B　正装
C　保暖
D　流行

여: 이 옷은 모두 올해 새로운 스타일이에요. 마음대로 살펴보세요.
남: 이것들 대부분은 모두 정장이네요. 저는 캐주얼복을 사고 싶어요.
여: 캐주얼복은 뒤의 상품 진열대 위에 있어요. 당신은 어떤 색깔을 원하나요?
남: 파란색이요.

문: 남자는 어떤 옷을 원하는가?

A　캐주얼 의복
B　정장
C　보온되는 옷
D　유행하는 옷

단어　服装 fúzhuāng 몡 복장, 의복 ｜ 款 kuǎn 몡 양식, 스타일 ｜ 随便 suíbiàn 뷘 마음대로, 편한대로 ｜ 休闲 xiūxián 동 한가롭게 지내다 [休闲服装 캐주얼 의복] ｜ 货架 huòjià 몡 상품 진열대 ‖ 正装 zhèngzhuāng 몡 정장 ｜ 保暖 bǎonuǎn 동 보온하다

해설　'休闲'은 '한가롭게 지내다'라는 뜻이지만 옷 가게에서 '休闲的'를 원했기 때문에 이는 '休闲服装'의 의미인 '캐주얼 의복'을 원한다는 의미이다. 그러므로 정답은 A이다.

28

女：你有没有今天上午讲座的录音？
男：有，班级的网页里都有，你没下载？
女：我已经试了，但网速太慢，下不了。
男：那你用优盘直接从我电脑拷吧。

问：**女的为什么不能下载录音？**

A　优盘已满
B　密码忘了
C　网速太慢
D　鼠标出毛病了

여: 너 오늘 오전 강좌의 녹음 파일 있니?
남: 있어. 학급 인터넷 홈페이지에 다 있는데 다운로드 안 받았어?
여: 이미 해 봤어. 그렇지만 인터넷 속도가 너무 느려서 받을 수가 없었어.
남: 그럼 USB를 써서 직접 내 컴퓨터에서 복사하렴.

문: 여자는 왜 녹음 파일을 다운로드 할 수 없는가?

A　USB가 이미 꽉 찼다
B　비밀번호를 잊어버렸다
C　인터넷 속도가 너무 느리다
D　마우스에 문제가 생겼다

단어　讲座 jiǎngzuò 몡 강좌 ｜ 录音 lùyīn 몡 녹음, 기록된 소리 ｜ 班级 bānjí 몡 반, 학급 ｜ 网页 wǎngyè 몡 인터넷 홈페이지 ｜ 优盘 yōupán 몡 USB ｜ 拷 kǎo 동 복사하다 ‖ 密码 mìmǎ 몡 비밀번호 ｜ 鼠标 shǔbiāo 몡 마우스 ｜ 出毛病 chū máobing 문제가 생기다

해설　컴퓨터 혹은 인터넷과 관련된 어휘는 자주 출제되기 때문에 외워 두는 것이 좋다. '网速'는 '인터넷 속도'라는 뜻이므로 인터넷 속도가 느리다는 C가 정답이다.

29

男：你这是不是在上网络课程？
女：是。我报了一个数学班。
男：在网上听课好吗？
女：挺好的，能反复听。信息也多，<u>还能自由安排学习时间</u>。

问：女的觉得网络课程有什么优点？

A 测验多
B 学习时间灵活
C 能免费听讲
D 学费高

남: 너 이거 인터넷 강의이니?
여: 응. 나는 수학반에 등록했어.
남: 인터넷으로 수업을 듣는 게 좋아?
여: 매우 좋아. 반복해서 들을 수 있어. 정보도 많고 자유롭게 학습 시간도 안배할 수 있어.

문: 여자는 인터넷 강의가 어떤 장점이 있다고 생각하는가?

A 테스트가 많다
B 학습 시간이 융통성 있다
C 무료로 청강할 수 있다
D 학비가 비싸다

단어 网络 wǎngluò 명 인터넷 | 课程 kèchéng 명 교과목 | 报 bào 통 등록하다 | 信息 xìnxī 명 정보 | 安排 ānpái 통 안배하다, 배치하다 ‖ 测验 cèyàn 통 시험, 테스트 | 灵活 línghuó 통 민첩하다, 융통성 있다 | 免费 miǎnfèi 통 무료로 하다

해설 B의 '灵活'는 '민첩하다'라는 의미가 보통 주를 이루지만 때에 따라서 '융통성 있다'라는 의미로도 쓰인다. 특히 시간과 관련되어서 쓰일 때에는 '융통성 있다'는 의미로 더욱 많이 쓰인다. 대화에서 '자유롭게 학습 시간도 안배할 수 있다'라는 것은 결국 시간이 융통성 있다는 의미이기 때문에 정답은 B이다.

30

女：你以前想过自己会获得世界冠军吗？
男：没有。我就是喜欢游泳而已，没抱着一定要赢的念头。
女：那您觉得，<u>以前做运动员和现在做教练有什么不同</u>？
男：肩膀上的担子更重了，我希望能多培养些优秀的运动员。

问：关于男的，可以知道什么？

A 得过长跑冠军
B 现在是教练
C 脚受伤了
D 总是抱着胜利的想法

여: 당신은 이전에 자신이 세계 챔피언을 할 수 있을 거라고 생각한 적이 있나요?
남: 없습니다. 저는 단지 수영을 좋아했을 뿐이에요. 반드시 이겨야만 한다는 생각을 품어본 적이 없죠.
여: <u>그럼 당신은 이전에 운동선수를 했던 것과 현재 코치를 하는 것에 어떤 차이점이 있다고 보시나요?</u>
남: 어깨의 짐이 더욱 무거워졌습니다. 저는 우수한 운동선수를 많이 기르고 싶습니다.

문: 남자에 관하여, 알 수 있는 것은 무엇인가?

A 장거리 경주 챔피언을 한 적이 있다
B 현재 코치이다
C 다리를 다쳤다
D 늘 승리하겠다는 생각을 품고 있다

단어 冠军 guànjūn 명 챔피언 | 而已 éryǐ 조 ~뿐이다 | 抱 bào 통 안다, 품다 | 念头 niàntou 명 생각 | 教练 jiàoliàn 명 코치 | 肩膀 jiānbǎng 명 어깨 | 胆子 dǎnzi 명 짐, 책임 | 培养 péiyǎng 통 배양하다, 기르다 | 优秀 yōuxiù 형 우수하다 ‖ 长跑 chángpǎo 명 장거리 경주 | 受伤 shòushāng 통 부상당하다 | 胜利 shènglì 명 승리

해설 여자의 첫마디를 듣고 A를 고를 확률이 높은 문제이지만 A가 정답이 되지 않는 이유는 대화에서 '世界冠军(세계 챔피언)'이라고 언급만 했지 '长跑冠军(장거리 경주 챔피언)'이라고 구체적으로 밝히지 않았기 때문이다. 또한, 여자가 남자에게 과거에 운동선수를 했을 때와 현재 코치를 할 때의 차이점을 물어보고 있으므로 남자는 현재 코치임을 알 수 있기 때문에 정답은 B이다.

31-33

[31] 有个年轻人一直抱怨自己太穷，总是闷闷不乐。一天，有位老人问他："小伙子，你已经拥有最宝贵的财产了，为什么还不满足呢？"年轻人摇着头说："我身无长物，哪有财产？""如果我给你很多宝物，你愿意把眼睛换给我吗？""不，我不换。没了眼睛我怎么看东西呀？"[32]那把你的双手给我，我赔你一袋黄金啊！""不，我的手也不能换。"老人听后笑着说："有眼睛，你就能欣赏美丽的风景。有双手，你就可以体会劳动的快乐。这些不都是你拥有的宝贵财产吗？"[33]其实，我们每个人都很富有，懂得满足，珍惜自己所拥有的，才能感到快乐。

[31] 한 젊은이가 줄곧 자신이 너무 가난한 것을 원망하여 늘 의기소침해 했다. 어느 날 어떤 노인이 그에게 "젊은이, 자네는 이미 가장 귀중한 재산을 가지고 있는데 왜 아직도 만족하지 못하는 것인가?"하고 물었다. 젊은이는 고개를 저으며 "저는 한 푼도 없는데 어디에 재산이 있다는 거죠?"라고 말했다. "만약 내가 자네에게 많은 보물을 준다면 자네는 나에게 눈과 바꾸어줄 수 있는가?", "아니요. 저는 바꾸지 않을 거예요. 눈이 없다면 저는 어떻게 사물을 보나요?", "[32]그렇다면 자네의 두 손을 나에게 주면 내가 황금 한 보따리로 보상하겠네!", "아니요. 저의 손도 바꿀 수 없어요." 노인이 듣고 나서 웃으며 "눈이 있으니 자네가 아름다운 풍경을 감상할 수 있는 것일세. 두 손이 있으니 자네는 노동의 즐거움을 알 수 있는 거야. 이것들이 다 자네가 가진 소중한 재산 아니겠는가?"라고 말했다. [33]사실 우리 모두는 부유하지만 만족할 줄 알고 자신이 소유한 것을 아낄 줄 알아야 즐거움을 느낄 수 있다.

[단어] 一直 yìzhí 图 계속, 줄곧 | 抱怨 bàoyuàn 图 원망하다 | 穷 qióng 图 가난하다 | 闷闷不乐 mènmèn búlè 图 의기소침하다 | 小伙子 xiǎohuǒzi 图 젊은이 | 拥有 yōngyǒu 图 보유하다, 가지다 | 宝贵 bǎoguì 图 귀중한 | 财产 cáichǎn 图 재산 | 满足 mǎnzú 图 만족하다 | 身无长物 shēnwú chángwù 图 몸에 지닌 것이 별로 없다. 매우 가난하다 | 赔 péi 图 보상하다 | 欣赏 xīnshǎng 图 감상하다 | 劳动 láodòng 图 노동 | 懂得 dǒngde 图 알다, 이해하다

---

31 年轻人为什么总是闷闷不乐？

A 没有人欣赏他
B 身体不舒服
C 常上当受骗
D 觉得自己太穷

젊은이는 왜 늘 의기소침해 있는가?

A 그를 좋아하는 사람이 없어서
B 몸이 아파서
C 자주 사기를 당해서
D 자신이 너무 가난하다고 생각해서

[단어] 上当 shàngdàng 图 속다 | 受骗 shòupiàn 图 사기를 당하다

[해설] '抱怨'은 '원망하다', '불만을 품다'라는 의미이다. 글의 밑줄 친 문장은 '抱怨(원망하다)'이라는 동사 뒤에 '自己太穷(자신이 너무 가난하다)'이라는 주술구가 목적어로 나와서 '자신이 너무 가난한 것을 원망하다'라고 했기 때문에 정답은 D이다.

---

32 那位老人想用什么换年轻人的双手？

A 支票
B 黄金
C 项链
D 耳环

그 노인은 무엇을 이용하여 젊은이의 두 손과 바꾸고 싶었는가?

A 수표
B 황금
C 목걸이
D 귀걸이

[단어] 支票 zhīpiào 图 수표 | 项链 xiàngliàn 图 목걸이 | 耳环 ěrhuán 图 귀걸이

[해설] 글의 밑줄 친 문장에서 쓰인 '赔'는 '보상하다'라는 의미로 노인은 젊은이의 두 손을 원하는 대신 황금 한 보따리로 보상하겠다고 했기 때문에 정답은 B이다.

33 这段话主要想告诉我们什么？　　　이 글이 우리에게 주로 말하고자 하는 것은 무엇인가?

A 要珍惜财产　　　　　A 재산을 귀하게 여겨야 한다
B 要称赞别人　　　　　B 다른 사람을 칭찬해야 한다
C 要懂得满足　　　　　C 만족할 줄 알아야 한다
D 理想应符合实际　　　D 이상은 실제에 부합해야 한다

 珍惜 zhēnxī 통 귀중히 여기다 | 符合 fúhé 통 부합하다 | 实际 shíjì 명 실제

 주제를 물어보는 문제이므로 정답이 글의 마지막 부분에서 나올 확률이 높다. 밑줄 친 문장에서 쓰인 '懂得'는 '알다', '이해하다'라는 뜻이며 '懂得满足'는 '만족할 줄 알다'라는 의미이다. '만족할 줄 알고 자신이 가진 것을 소중히 여겨야 한다'고 했기 때문에 정답은 C이다.

34-36

　　³⁶某大学的研究人员做了一个实验。他们虚构了甲乙两名求职者，并给他们做了两份完全一样的简历，推荐信也大部分都相同。³⁴唯一的区别是，甲的推荐信中多了一句话——"有时候甲比较固执，很难说服他"。研究人员把两人的简历和推荐信发给了一些大公司的人事主管。结果他们选择的都是甲。为什么有缺点的甲反而更受欢迎呢？原来³⁵推荐信中尽管指出了甲的缺点，但也使人事主管们觉得，推荐信中对甲的赞美更为可信。因此，甲更有优势。

　　³⁶모 대학의 연구원이 한 실험을 했다. 그들은 갑과 을이라는 두 명의 구직자를 설정하고, 그들에게 완전히 똑같은 두 개의 이력서와 대부분이 비슷한 추천서도 만들어 주었다. ³⁴유일한 차이는 갑의 추천서 중에는 '어떤 때에 갑은 고집이 있는 편이고 그를 설득하기 힘들 때도 있습니다.'라는 한마디가 더 있다는 것이다. 연구원은 이 두 사람의 이력서와 추천서를 대기업 인사 담당자에게 보냈다. 결과적으로 그들은 모두 갑을 선택했다. 왜 결점이 있는 갑이 오히려 더욱 환영을 받았을까? 알고 보니 ³⁵추천서 가운데 비록 갑의 결점을 지적하긴 했지만 그 점이 오히려 인사 담당자들로 하여금 갑의 칭찬을 더욱 믿을 만하게 만들었다. 그래서 갑이 더욱 우세했다.

 实验 shíyàn 명 실험 | 虚构 xūgòu 통 지어내다 | 求职者 qiúzhízhě 명 구직자 | 简历 jiǎnlì 명 이력서 | 推荐 tuījiàn 통 추천하다 | 唯一 wéiyī 형 유일한 | 区别 qūbié 명 차이 | 固执 gùzhí 형 고집스럽다 | 说服 shuōfú 통 설득하다 | 主管 zhǔguǎn 명 주관자, 담당자 | 选择 xuǎnzé 통 선택하다 | 缺点 quēdiǎn 명 결점 | 尽管 jǐnguǎn 접 비록 ~일지라도 | 可信 kěxìn 형 믿을 만하다 | 优势 yōushì 명 우세

34 两封推荐信有什么不同？　　　두 추천서는 무엇이 다른가？

A 甲的没有推荐人签名　　A 갑의 것은 추천인의 서명이 없다
B 乙的有补充说明　　　　B 을의 것은 보충 설명이 있다
C 甲的指出了缺点　　　　C 갑의 것은 결점을 지적했다
D 乙的设计更细致　　　　D 을의 것은 디자인이 더욱 정교하다

단어 签名 qiānmíng 통 서명하다 | 补充 bǔchōng 통 보충하다 | 设计 shèjì 명 디자인

해설 한 세트의 문제에서 보통 첫 번째 문제의 정답은 글의 앞부분에 나오기 쉬우나 이번에는 순서가 뒤바뀌어 출제되었기 때문에 오답률이 높은 문제이다. 추천서의 다른 점을 물어보는 문제로, 밑줄 친 문장의 '唯一的区别(유일한 차이)'라는 표현을 유념하여 들어야 한다. 이어서 갑의 추천서에는 '어떤 때에 갑은 고집이 있는 편이고 그를 설득하기 힘들 때도 있다'는 결점을 언급했기 때문에 정답은 C이다.

35

主管们为什么选择甲?

A 甲学历更高
B 乙太骄傲
C 甲更认真
D 甲的资料更可信

인사 담당자는 왜 갑을 선택했는가?

A 갑의 학력이 더 높아서
B 을이 너무 거만해서
C 갑이 더욱 성실해서
D 갑의 자료가 더욱 믿을 만해서

단어 骄傲 jiāo'ào 혱 거만하다

해설 갑의 추천서에 언급된 한마디의 지적이 오히려 인사 담당자로 하여금 믿을 만하게 했다고 했으므로 정답은 D이다.

 **Tip** 글에서 쓰인 '更为可信(더욱 믿을 만하게 되다)'이라는 표현에서 '可信'은 '믿을 만하다'라는 뜻이며 이때 '为'는 동사로 '~가 되다', '~로 변화하다'라는 의미를 지닌다.

36

关于那个实验可以知道什么?

A 主观性太强
B 步骤错了
C 结果不可靠
D 求职者不是真实的

그 실험에 관하여 알 수 있는 것은 무엇인가?

A 주관성이 너무 강하다
B 순서가 틀렸다
C 결과가 믿을 만하지 못하다
D 구직자는 진짜가 아니다

단어 步骤 bùzhòu 몡 순서, 절차 ┃ 可靠 kěkào 동 믿을 만하다

해설 보기 중에서 제시된 글의 내용으로 옳은 것을 고르는 문제로 이와 같은 유형은 글의 전반적인 내용을 이해하고 있어야 파악이 가능하다. 밑줄 친 문장에서 쓰인 '虚构'는 '지어내다'라는 의미로 애초에 갑과 을은 연구원이 허구로 지어낸 것이므로 정답은 D이다.

 **37-39**

有个人想学一门手艺，37想来想去觉得雨伞人人都要用，就去学习制作雨伞。学成后，他回了家乡开了一家雨伞店。可是一连几个月都没下雨，雨伞也卖不出去。他一气之下，就将做雨伞的工具都扔掉了。这时他发现，街上很多人在询问，哪儿卖水车。于是，他又去学习制作水车。38可没想到，学成后，接连下了好几场大雨，水车又用不着了。后来，他想：'做雨伞和水车的工具都是铁做的，我何不去学打铁呢？'。只可惜，此时的他，已经没有力气举起打铁的大锤了。39做事的时候常常三心二意的人，什么都得不到。

어떤 사람이 수공 기술을 배우고 싶어서 37이리저리 생각해 보다가 우산은 모든 사람이 사용한다고 생각하여 바로 우산 제작을 배우러 갔다. 배우고 난 후에 그는 고향으로 돌아와 우산 가게를 열었다. 하지만 몇 달 내내 비가 내리지 않아 우산은 팔리지 않았다. 그는 홧김에 우산 만드는 도구를 모두 버렸다. 이때 그는 길에 많은 사람이 어디에서 급수차를 파는지 물어보는 것을 발견했다. 그래서 그는 또 급수차 만드는 것을 배우러 갔다. 38그러나 생각지도 못하게, 배우고 났더니 연이어 큰비가 몇 차례 내려서 급수차도 사용할 수 없게 되었다. 후에 그는 '우산과 급수차를 만드는 도구가 모두 철로 이루어졌는데 나는 어째서 쇠를 단련하는 걸 배우러 가지 않았지?'라고 생각했다. 하지만 아쉽게도 이때 그는 이미 쇠를 두드리는 망치를 들 힘도 없게 되었다. 39일을 할 때 우유부단한 사람은 아무것도 하지 못한다.

단어 手艺 shǒuyì 몡 수공 기술 ┃ 制作 zhìzuò 동 제작하다 ┃ 家乡 jiāxiāng 몡 고향 ┃ 询问 xúnwèn 동 알아보다, 물어보다 ┃ 接连 jiēlián 뷔 연이어 ┃ 工具 gōngjù 몡 도구 ┃ 力气 lìqi 몡 힘 ┃ 打铁 dǎtiě 동 쇠를 두들기다(단련하다) ┃ 大锤 dàchuí 몡 망치, 해머 ┃ 三心二意 sānxīn èryì 솅 우유부단하다

37 那个人最开始学的是哪种手艺? 그 사람이 처음으로 배운 것은 어떤 수공 기술인가?

A 做扇子 　　A 부채 만들기
B 打铁 　　B 쇠 단련하기
C 做伞 　　C 우산 만들기
D 修水车 　　D 급수차 고치기

 扇子 shànzi 명 부채

해설 글에서 언급한 사람이 배운 기술은 많지만, 밑줄 친 문장에서 '制作雨伞(우산 제작)'이라는 표현이 나왔으므로 가장 처음에 배운 것은 '우산 만들기'이므로 정답은 C이다.

38 为什么水车又用不着了? 왜 급수차를 또 사용할 수 없게 되었는가?

A 没有人用雨伞 　　A 아무도 우산을 사용하지 않아서
B 连下了几场大雨 　　B 연달아 비가 몇 차례 내려서
C 水库做好了 　　C 댐을 다 만들어서
D 不太实用 　　D 그다지 실용적이지 않아서

 水库 shuǐkù 명 댐, 저수지

해설 글의 밑줄 친 문장에서 '可没想到(그러나 생각지도 못하게)'라는 표현에 주의해야 한다. 장문 듣기와 같은 경우는 이야기의 연계성에 대해 주의해야 하는데 '可是(그러나)', '但是(그러나)'와 같은 역접 접속사 다음에는 새로운 국면이 나오기 때문이다. 몇 차례의 큰비가 와서 급수차를 쓸 수 없게 되었다고 했으므로 정답은 B이다.

> **Tip** 동사 뒤에 나오는 '着'의 용법
> ① 진행 : 동태조사 '着'의 쓰임으로 '~하고 있다'라는 진행의 뜻을 지니며 [zhe]라고 읽는다.
> 　예 外面下着大雨 바깥에 큰비가 내리고 있다
> ② 목적을 달성하거나 결과를 나타냄 : 동사 뒤에서 결과보어로 쓰였으며 [zháo]라고 읽는다. 동사와 '着'사이에 '不'를 첨가하면 불가능의 의미를 지니기도 한다.
> 　예 猜着了 알아맞히다
> 　　 用不着 사용할 수 없다, 쓸모가 없다

39 这段话主要想告诉我们什么? 이 글이 우리에게 주로 말하고자 하는 것은 무엇인가?

A 要相信自己的判断 　　A 자신의 판단을 믿어야 한다
B 要学会挑战 　　B 도전을 습득해야 한다
C 要遵守规律 　　C 규율을 준수해야 한다
D 不能三心二意 　　D 우유부단하면 안 된다

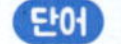 判断 pànduàn 명 판단 | 挑战 tiǎozhàn 명 도전 | 遵守 zūnshǒu 동 준수하다 | 规律 guīlǜ 명 규율

 해설 주제를 묻는 문제의 힌트는 글의 가장 마지막 부분에 나올 확률이 높다. 밑줄 친 문장에서 '三心二意'는 '우유부단하다', '망설이다'라는 의미이다. 우유부단한 사람은 아무것도 할 수 없다고 했기 때문에 정답은 D이다.

"站立式会议"是一种新型的会议方式。它是人们站着开会而不是坐下来的。40 "站立式会议"一方面有效地提高了会议效率，缩短了会议时间，另一方面对人们的身体健康更有利。41进行"站立式会议"要严格控制时间，开会时要直奔主题，避免闲谈，并尽量在十五分钟内得出结论。要是会议时间过长，可能会影响职员的情绪。	'입식회의'는 새로운 형태의 회의 방식이다. 그것은 사람들이 앉지 않고 서서 회의를 하는 것이다. 40'입식회의'는 한편으로는 효과적으로 회의의 효율을 높이고 회의 시간을 줄인다. 다른 한편으로는 사람의 신체 건강에 더욱 유익하다. 41'입식회의'를 진행하는 것은 엄격히 시간을 통제해야 한다. 회의할 때 곧장 주제로 들어가고 잡담은 피해야 한다. 그리고 최대한 15분 이내에 결론을 얻어야 한다. 만약 회의 시간이 길어지면 직원의 기분에 영향을 줄 수 있기 때문이다.

단어 站立 zhànlì 图 서다 | 新型 xīnxíng 图 신형의 | 效率 xiàolǜ 图 효율 | 缩短 suōduǎn 图 단축하다, 줄이다 | 严格 yángé 图 엄격하다 | 控制 kòngzhì 图 통제하다 | 直奔 zhíbèn 图 곧장 달려가다 | 避免 bìmiǎn 图 피하다 | 闲谈 xiántán 图 잡담하다 | 结论 jiélùn 图 결론 | 情绪 qíngxù 图 정서, 기분

---

40 "站立式会议"有什么优点?

A 节省空间
B 效率高
C 费用少
D 场地灵活

'입식회의'는 어떤 장점이 있는가?

A 공간을 절약한다
B 효율이 높다
C 비용이 적다
D 장소가 융통성 있다

단어 节省 jiéshěng 图 아끼다, 절약하다 | 灵活 línghuó 图 융통성 있다

해설 글의 밑줄 친 문장에서 '효과적으로 회의의 효율을 높이다', '회의 시간을 줄이다'라는 것을 입식회의의 좋은 점으로 소개하고 있다. 이는 다시 말해 B의 '效率高(효율이 높다)'와 상통하기 때문에 정답은 B이다.

---

41 "站立式会议"需要注意什么?

A 鼓励员工闲谈
B 做好笔记
C 增加参会人数
D 严格控制时间

'입식회의'에서 주의가 필요한 것은 무엇인가?

A 직원들이 잡담하도록 격려한다
B 필기를 잘 하게 한다
C 회의 참가 인원을 증가시킨다
D 엄격하게 시간을 통제한다

단어 鼓励 gǔlì 图 격려하다 | 笔记 bǐjì 图 필기, 기록

해설 글의 밑줄 친 문장에서 쓰인 '控制…时间'은 '시간을 통제하다'는 의미이다. 시간을 엄격히 통제해서 15분 이내에 결론을 얻어야 한다고 했기 때문에 정답은 D이다.

[43]驾车要尽量避开三个危险时段。一是凌晨1点至3点，这段时间人的血压降低，大脑反应比较迟钝，容易发生交通事故。二是上午11点至下午1点，这时候，人通常会出现短暂的疲劳感，注意力也容易分散。三是下午5点至傍晚7点，[42]黄昏时分，光线由明转暗，容易导致司机判断失误，导致安全事故。

[43]운전할 때에는 되도록 세 개의 위험한 시간대를 피해야 한다. 첫 번째는 새벽 1시부터 3시까지다. 이 시간은 사람의 혈압이 내려가고 대뇌의 반응이 비교적 둔하여 쉽게 교통사고가 날 수 있다. 두 번째는 오전 11시부터 오후 1시까지다. 이때 사람은 보통 순간적인 피로감이 나타날 수 있어서 주의력이 쉽게 분산된다. 세 번째는 오후 5시부터 저녁 무렵의 7시까지다. [42]황혼 무렵 빛이 밝음에서 어둠으로 바뀌므로 운전자가 쉽게 판단 착오를 하게 해서 안전사고까지 야기할 수 있다.

단어 尽量 jǐnliàng 튀 가능한 한, 되도록 | 避 bì 통 피하다 | 凌晨 língchén 명 새벽녘 | 血压 xuèyā 명 혈압 | 降低 jiàngdī 통 내려가다 | 反应 fǎnyìng 명 반응 | 迟钝 chídùn 형 둔하다, 무디다 | 短暂 duǎnzàn 형 (시간이) 짧다 | 疲劳 píláo 형 피로하다 | 分散 fēnsàn 형 분산하다, 흩어지다 | 傍晚 bàngwǎn 명 저녁 무렵 | 黄昏 huánghūn 명 황혼 | 时分 shífèn 명 무렵, 때 | 光线 guāngxiàn 명 광선, 빛 | 导致 dǎozhì 통 야기하다 | 失误 shīwù 명 실수

42

为什么要避免在下午5点至傍晚7点开车？

왜 오후 5시부터 저녁 무렵 7시에 운전하는 것을 피해야 하는가?

A 人的血压降低
B 人容易犯困
C 灰尘增多
D 光线变暗

A 사람의 혈압이 낮아진다
B 사람은 졸리기 쉽다
C 먼지가 많이 증가한다
D 빛이 어둠으로 변한다

단어 犯困 fànkùn 형 졸리다 | 灰尘 huīchén 명 먼지

해설 글의 밑줄 친 문장에서 쓰인 '由明转暗'은 '밝음에서 어둠으로 바뀐다'라는 의미이기 때문에 D의 '光线变暗(빛이 어둠으로 변한다)'과 의미가 같다. 그러므로 정답은 D이다.

Tip '由'의 의미
① ~로부터(=从 / 自 / 打)
　에 光线由明转暗 빛이 밝음에서 어둠으로 바뀐다
② ~가(행위의 주체를 나타냄)
　에 今天的会议由王经理主持 오늘 회의는 왕사장이 주관한다

43

这段话主要谈的是什么？

이 글이 주로 이야기하는 것은 무엇인가?

A 怎样提高驾驶技术
B 酒后开车的危害
C 驾车较危险的时段
D 情绪对驾车的影响

A 어떻게 운전 기술을 향상시킬까
B 음주운전의 해로움
C 운전하기에 비교적 위험한 시간
D 기분이 운전에 주는 영향

단어 驾驶 jiàshǐ 통 운전하다 | 危害 wēihài 명 손상, 손해 | 危险 wēixiǎn 명 위험

해설 일반적으로 주제를 묻는 문제는 글의 마지막 부분에서 힌트를 얻는 경우가 많지만, 때에 따라 주제를 앞부분에서 언급하는 유형도 있다. 밑줄 친 문장에서 '운전할 때에는 되도록 세 개의 위험한 시간대를 피해야 한다'고 했으므로 정답은 C이다.

44-45

小赵是一个刚入职的警察。一天，他在街上巡逻时，看见一个人夹着公文包，跑得很快，险些撞到路人。小赵刚想叫住他，却见他朝自己的方向望了一眼，然后跑得更快了。[45]小赵顿时觉得事情不对，就立刻追上去抓住了那个人。那人吃惊地问："你为什么抓我？"，小赵严肃地回答："你跑什么？"，[44]那人指着刚开走的汽车说："我在赶公司的末班车呀。"

샤오자오(小赵)는 막 입사한 경찰이다. 하루는 그가 길에서 순찰할 때 서류 가방을 끼고 매우 빠르게 뛰는 사람을 보았는데 자칫하면 행인들과 부딪칠 것 같았다. 샤오자오(小赵)가 그를 불러서 멈추게 하고 싶었던 그때, 그가 자신의 방향을 힐끔 보고는 더욱 빨리 달리는 것을 보았다. [45]샤오자오(小赵)는 문득 일이 잘못되었음을 느끼고 즉시 쫓아가 그를 잡았다. 그 사람이 놀라면서 "저를 왜 잡으시나요?"하고 물었다. 샤오자오(小赵)가 엄하게 "뭘 그리 뛰십니까?"하고 대답하자 [44]그 사람은 막 떠난 차를 가리키며 "저는 회사의 막차를 뒤쫓고 있었다고요."라고 말했다.

단어 入职 rùzhí 图 입사하다 | 警察 jǐngchá 몡 경찰 | 巡逻 xúnluó 图 순찰하다 | 夹 jiā 图 겨드랑이에 끼다 | 公文包 gōngwénbāo 몡 서류 가방 | 险些 xiǎnxiē 凰 자칫하면 | 朝 cháo 꽤 ~을 향하여 | 顿时 dùnshí 凰 갑자기, 문득 | 立刻 lìkè 凰 곧, 즉시 | 严肃 yánsù 혱 엄숙하다 | 末班车 mòbānchē 몡 막차

---

44 那个人为什么跑那么快？

A 在追小偷
B 想赶末班车
C 着急去警察局
D 要回去拿钥匙

그 사람은 왜 그렇게 빨리 뛰는가?

A 도둑을 뒤쫓느라
B 막차를 잡고 싶어서
C 급하게 경찰서로 가느라
D 돌아가서 열쇠를 가져오려고

단어 追 zhuī 图 뒤쫓다 | 赶 gǎn 图 뒤쫓다, 따라가다 | 钥匙 yàoshi 몡 열쇠

해설 글의 밑줄 친 문장에서 쓰인 '赶'은 '뒤쫓다', '따라가다', '추적하다'라는 의미로 해석해야 한다. 막차를 뒤쫓고 있었다고 말했기 때문에 정답은 B이다.

---

45 关于小赵，下列哪项正确？

A 担任队长
B 以为那人是坏人
C 没有驾照
D 抓住小偷

샤오자오에 관하여, 다음 중 옳은 것은?

A 팀장을 맡았다
B 그가 나쁜 사람이라고 오해했다
C 운전면허증이 없다
D 도둑을 잡았다

단어 担任 dānrèn 图 담당하다, 맡다 | 队长 duìzhǎng 몡 팀장 | 驾照 jiàzhào 몡 운전면허증 | 抓住 zhuāzhù 图 잡다 | 小偷 xiǎotōu 몡 도둑

해설 맞는 것 혹은 틀린 것을 고르는 문제는 글의 전반적인 이해가 수반되어야 한다. 빨리 뛰던 사람이 샤오자오를 힐끔 보고 더욱 빨리 뛰었기 때문에 샤오자오는 그가 나쁜 사람이라고 생각이 되어 쫓아갔던 것이다. 게다가 글의 밑줄 친 문장에서 샤오자오는 '문득 일이 잘못되었음을 느꼈다'라고 했기 때문에 앞에 뛰어가던 사람에 대해서 부정적으로 오해했음을 추측할 수 있으므로 정답은 B이다.

第 一 部 分

46-48

看篮球本来是充满乐趣的一件事，可是很多球迷却因熬夜看比赛，__46__睡眠不足、眼睛疲劳和饮食不规律。而且，随着赛况的不断变化，球迷们的情绪也会起伏不定，易造成心理上的不适。因此，我们要学做一个健康的球迷：最好不要连续看几场比赛，尽量不要熬夜；尽量抽空儿闭目养神，以__47__眼部疲劳；不要因看比赛而打乱正常的饮食习惯。__48__，我们还应该以平和的心态去看待比赛的输赢，不要过度沉浸于球队的成败之中。

농구를 관람하는 것은 원래 굉장히 재미있는 일이다. 하지만 많은 팬이 밤새워 경기를 관람하기 때문에 수면 부족, 눈의 피로 및 불규칙한 식사 문제를 46가져온다. 또한, 경기 상황의 끊임없는 변화에 따라 팬들의 감정 기복도 안정적이지 않아, 심리적 불안함이 쉽게 조성될 것이다. 따라서 우리는 건강한 팬이 되기 위해 공부해야 한다. 가장 바람직한 것은 몇 개의 경기를 연속적으로 관람하지 말고 되도록 밤을 새우지 않도록 하는 것이다. 눈의 피로를 47완화시키기 위해 가능한 한 시간을 내서 눈을 감고 정신을 가다듬는다. 경기 관람으로 인해 정상적인 식사 습관을 흐트러뜨리지 않도록 해야 한다. 48이 밖에 우리는 차분한 마음으로 경기의 결과를 대하고 팀의 승패에 과도하게 빠져들지 말아야 한다.

단어　篮球 lánqiú 몡 농구 | 熬夜 áoyè 몡 밤새다 | 睡眠 shuìmián 몡 잠자다 | 睡眠不足 shuìmián bùzú 수면 부족 | 疲劳 píláo 톙 피로 | 不断 búduàn 뷔 계속해서, 끊임없이 | 情绪 qíngxù 몡 정서, 기분 | 尽量 jǐnliàng 뷔 가능한 한, 한껏 | 抽 chōu 동 꺼내다 | 闭目养神 bìmù yǎngshén 솅 눈을 감고 정신을 가다듬다 | 打乱 dǎluàn 동 엉망으로 만들다 | 平和 pínghé 톙 평온하다, 차분하다 | 沉浸 chénjìn 동 빠져들다, 잠기다 | 成败 chéngbài 몡 성패, 성공과 실패

46

A 导致	B 反映	A 초래하다	B 반영하다
C 促进	D 抱怨	C 촉진하다	D 원망하다

단어　导致 dǎozhì 동 (어떤 사태를) 야기하다, 초래하다, 가져오다 | 反映 fǎnyìng 동 반영하다 | 促进 cùjìn 동 촉진하다 | 抱怨 bàoyuàn 동 원망하다

해설　빈칸 자리는 동사 자리이므로 뒤에 있는 목적어와의 상응관계를 살펴보아야 한다. 목적어는 '睡眠不足(수면 부족)', '眼睛疲劳(눈의 피로)', '饮食不规律(불규칙한 식사)'이므로 이러한 단어와 가장 어울리는 것은 A이다. 그러므로 정답은 A이다.

> **Tip**　**'导致'와 '引起'의 차이점**
> 导致 : 좋지 않은 상황을 초래할 때 사용함
> 　예 导致失败 실패를 초래하다
> 　　　导致事故 사고를 초래하다
> 引起 : 좋은 상황, 좋지 않은 상황 모두를 초래할 때 사용함
> 　예 引起误会 오해를 초래하다
> 　　　引起关心 관심을 끌다

47

A 吸收	B 缓解	A 흡수하다	B 완화시키다
C 取消	D 诊断	C 취소하다	D 진단하다

단어　吸收 xīshōu 동 흡수하다 | 缓解 huǎnjiě 동 완화시키다, 개선시키다 | 取消 qǔxiāo 동 취소하다 | 诊断 zhěnduàn 동 진단하다

해설　빈칸 자리는 동사 자리이다. 목적어인 '疲劳(피로)'와 연관지어 보면 '완화시키다'라는 의미의 B가 가장 적절하다. 그러므로 정답은 B이다.

48

A 何况	B 除非	A 하물며	B 오직 ~하여야
C 此外	D 因此	C 이 밖에	D 그래서

단어 何况 hékuàng 젭 더군다나, 하물며 | 除非 chúfēi 젭 오직 ~하여야 (비로소) | 此外 cǐwài 몡 이 외에, 이 밖에 | 因此 yīncǐ 젭 이로 인하여, 그래서

해설 빈칸 앞 문장 '경기 관람으로 인해 정상적인 식사 습관을 흐트러뜨리지 않도록 해야 한다'를 빈칸 뒤에 나오는 '우리는 차분한 마음으로 경기의 결과를 대하고'가 보충해 주고 있으므로 C를 쓰는 것이 가장 적절하다. 그러므로 정답은 C이다.

49-52

春秋时期，宋国有一个富人。一天一场大雨把他家的一面墙淋坏了。儿子跟他说：“快把墙修好吧，__49__会有人来家里偷东西的。”隔壁的老人也这么劝他，但富人觉得不要紧，就没有去修。结果当天晚上，__50__。富人因此觉得儿子很聪明，能预想到可能会发生的事，但他怀疑隔壁那个老人就是小偷。儿子和邻居说的话明明是一样的，只是因为亲疏有别，富人对他们的态度就完全__51__。可见，我们对事情的__52__，有时会受个人感情的左右。	춘추시대 송나라에 한 부자가 있었다. 어느 날 폭우로 인해 그의 집 담장 한쪽이 무너졌다. 아들이 그에게 말하기를 “어서 담장을 수리해야 해요. ⁴⁹그렇지 않으면 누군가가 집안에 들어와 물건을 훔쳐 갈 것입니다.”라고 했다. 이웃집의 노인 또한 이렇게 권고했지만, 부자는 절박해 하지 않고 담장을 수리하지 않았다. 그 결과 그날 저녁, ⁵⁰과연 많은 물건을 잃어버렸다. 부자는 발생할 일을 예상한 아들은 똑똑하다고 생각했지만, 옆집의 그 노인은 도둑이라고 의심했다. 아들과 이웃의 말은 명백히 같았으나 오로지 친근하고 소원하다는 차이를 이유로 부자가 그들을 대하는 태도는 완전히 ⁵¹상반됐다. 우리는 때때로 개개인에게 받은 감정에 따라 일에 대해 ⁵²판단하는 것을 알 수 있다.

단어 春秋 Chūnqiū 몡 춘추시대 [중국 역사 중의 한 시기] | 富人 fùrén 몡 부자 | 淋 lín 동 젖다 | 偷 tōu 동 훔치다 | 隔壁 gébì 몡 이웃집, 옆집 | 劝 quàn 동 권고하다, 설득하다 | 预 yù 뷔 미리, 사전에 | 亲疏有别 qīnshū yǒubié 친소의 구별이 있다 | 可见 kějiàn 젭 ~라는 것을 알 수 있다

49

A 因而	B 即使	A 그러므로	B 설령 ~하더라도
C 不然	D 与其	C 그렇지 않으면	D ~하느니

단어 因而 yīn'ér 젭 그러므로 | 即使 jíshǐ 젭 설령 ~하더라도 | 不然 bùrán 젭 그렇지 않으면 | 与其 yǔqí 젭 ~하기보다는, ~하느니 (차라리)

해설 빈칸 앞 문장 '어서 담장을 수리해야 한다'와 뒤 문장 '누군가가 집안에 들어와 물건을 훔쳐 갈 것이다'의 내용이 대조를 이루므로 C를 쓰는 것이 가장 적절하다. 그러므로 정답은 C이다.

📎 Tip D의 '与其'는 '~하기보다는'이라는 의미를 지니며 주로 '不如(~하는 편이 낫다)', '宁可(차라리 ~할지언정)'와 호응한다.

50

A 果然丢失了很多东西	A 과연 많은 물건을 잃어버렸다
B 屋子又开始漏水	B 방에 또 물이 새기 시작했다
C 儿子一整晚都没睡着	C 아들은 저녁 내내 잠을 자지 못했다
D 邻居们都来敲门	D 이웃들이 모두 와서 문을 두드렸다

단어 丢失 diūshī 통 잃어버리다, 분실하다 | 漏水 lòu shuǐ 통 물이 새다 | 敲 qiāo 통 두드리다

해설 글의 앞부분에서 아들이 '누군가가 집안에 들어와 물건을 훔쳐 갈 것이다'라고 말했고, 그 뒤에 '이웃집의 노인 또한 이렇게 권고했다'라고 했다. 그러나 이어서 '但(그러나)', '没去修(수리하지 않았다)'가 포함된 문장이 나오므로 결과는 그날 저녁에 도둑을 맞아 물건을 잃어버렸다는 내용으로 추측할 수 있다. 그러므로 정답은 A이다.

51

| A 固定 | B 相反 | A 고정되다 | B 상반되다 |
| C 乐观 | D 相关 | C 낙관적이다 | D 상관이 있다 |

단어 固定 gùdìng 형 고정되다 | 相反 xiāngfǎn 통 상반되다, 반대되다 | 乐观 lèguān 형 낙관적이다 | 相关 xiāngguān 통 상관이 있다, 서로 관련되다

해설 빈칸 앞 문장에 '친소의 구별이 있다'라는 의미의 '亲属有别'를 언급했고 이 때문에 태도가 완전히 달랐다는 내용으로 이어져야 한다. 그렇기 때문에 문맥상으로 B의 '相反(상반되다)'이 와야 한다. 또한 '相反(상반되다)'은 빈칸 앞의 '完全(완전히)'을 넣어도 호응이 잘 된다는 것도 주의해야 한다. 그러므로 정답은 B이다.

52

| A 感动 | B 判断 | A 감동하다 | B 판단하다 |
| C 促使 | D 计算 | C ~하도록 재촉하다 | D 계산하다 |

단어 感动 gǎndòng 통 감동하다 | 判断 pànduàn 통 판단하다 | 促使 cùshǐ 통 ~하도록 재촉하다 | 计算 jìsuàn 통 계산하다

해설 빈칸 앞에 '对事情(일에 대해)'이 언급되고 빈칸 뒤에는 '有时会受个人感情的左右(때때로 개개인에게 받은 감정에 따라)'라고 했으므로 문맥상 가장 적절한 것은 B이다. 그러므로 정답은 B이다.

53-56

　　街上有两家相邻的——"牛记"和"李记"，它们各有8个座位，生意都很红火。不到半年就李记又开了家分店，而牛记却无力　53　。这是为什么呢？

　　原来，刚煮好的面很　54　，顾客只能慢慢吃，平均每位顾客要15分钟才能吃完一碗面。牛记一直这样经营，但李记店主在听到客人抱怨吃面太花时间后，就　55　做了些改变：把面端给顾客前，先在冰水中放30秒，这样顾客吃起来温度刚好，　56　。因此，李记每小时的客容量就比牛记大了许多。

　　一样的经营条件和环境，在细微之处动一下脑筋，便会得到不同的结果。

　　거리에 '우기'와 '이기' 두 곳의 인접한 국숫집이 있었다. 그곳은 각각 8개의 자리가 있고 장사도 모두 잘되었다. 6개월도 채 되지 않아 이기 국숫집은 분점을 열었지만, 우기 국숫집은 [53]확장할 수 없었다. 어떤 이유일까?

　　알고 보니 막 끓인 면은 [54]몹시 뜨거워서 손님은 천천히 먹을 수밖에 없었고, 손님마다 평균 15분이 지나서야 한 그릇의 면을 다 먹을 수 있었다. 우기 국숫집은 계속 이렇게 운영했지만 이기 국숫집의 점주는 면을 먹는 데 너무 많은 시간을 소비한다는 손님의 불평을 듣고 [55]조금 변화를 주었다. 손님에게 면을 내가기 전에 먼저 얼음물에 30초 담가 놓으면 손님이 먹기에 온도가 딱 알맞아 [56]속도가 자연스럽게 빨라졌다. 이로 인하여 이기 국숫집의 시간당 손님 수용 인원은 우기 국숫집보다 크게 많아지게 되었다.

　　같은 경영 조건과 환경이라도 미세한 곳에 조금만 골똘히 생각한다면 다른 결과를 얻을 수 있을 것이다.

단어 **相邻** xiānglín 통 서로 인접하다 | **生意** shēngyi 명 장사, 영업, 사업 | **红火** hónghuo 형 (생계나 사업 따위가) 왕성하다, 번창하다 | **分店** fēndiàn 명 분점, 지점 | **平均** píngjūn 형 평균의 | **经营** jīngyíng 통 운영하다 | **抱怨** bàoyuàn 통 원망하다 | **细微** xìwēi 형 미세하다

53

A 配合	B 制定
C 扩大	D 缩小

A 협동하다	B 제정하다
C 확대하다	D 축소하다

단어 **配合** pèihé 통 협동하다 | **制定** zhìdìng 통 제정하다 | **扩大** kuòdà 통 확대하다 | **缩小** suōxiǎo 통 축소하다

해설 빈칸 앞 '6개월도 채 되지 않아 이기 국숫집은 분점을 열었다'라는 내용과 이어서 '그러나 우기 국숫집은 ＿＿ 없었다'라고 한 것으로 보아 앞의 내용과 뒤에 내용은 상반됨을 알 수 있다. 즉, 우기 국숫집은 분점을 열 수 없었으므로 '확장할 수 없다'라는 내용이 이어져야 한다. 그러므로 정답은 C이다.

54

A 烫	B 软
C 深	D 嫩

A 몹시 뜨겁다	B 부드럽다
C 깊다	D 연하다

단어 **烫** tàng 형 몹시 뜨겁다 | **软** ruǎn 형 부드럽다 | **深** shēn 형 깊다 | **嫩** nèn 형 연하다

해설 빈칸 앞에서 '막 끓인 면'이라고 한 것으로 보아 '몹시 뜨겁다'는 의미의 A가 정답이다.

55

A 照常	B 再三	A 평소대로 하다	B 재차
C 稍微	D 其实	C 조금	D 사실

단어 照常 zhàocháng 통 평소대로 하다 | 再三 zàisān 부 재차 | 稍微 shāowēi 부 조금 | 其实 qíshí 부 사실

해설 '稍微'는 '조금', '다소'라는 의미의 부사이며 동사 뒤에 '一点(약간)', '一些(조금)', '一下(좀 ~하다)', '一会儿(잠깐)' 등을 잘 수반한다. 빈칸 뒤에 동사인 '做(하다)' 다음에 '一些(조금)'의 줄임 말인 '些'가 있기 때문에 정답은 C이다. 또한 빈칸 뒤에 '변화를 주었다'라는 해석으로 보았을 때에도 문맥상으로 C가 적절하다.

56

A 体重反而增加了	A 체중이 오히려 늘어났다
B 口味也不如从前了	B 맛도 이전만큼 못하다
C 怪不得人越来越多	C 과연 사람이 점점 더 많아졌다
D 速度自然加快了	D 속도가 자연스럽게 빨라졌다

단어 反而 fǎn'ér 부 반대로, 오히려 | 口味 kǒuwèi 명 입맛 | 不如 bùrú 통 ~만 못하다 | 怪不得 guàibude 부 과연, 어쩐지 | 速度 sùdù 명 속도 | 加快 jiākuài 통 속도를 올리다

해설 막 끓인 면이 너무 뜨거워서 먹는 속도가 늦었는데 이기 점주가 방법을 바꿔 '손님에게 면을 내가기 전에 먼저 얼음물에 30초 담가 놓으면 손님이 먹기에 온도가 딱 알맞다'라고 했으므로 먹는 속도가 빨라졌음을 알 수 있다. 그러므로 정답은 D이다.

57-60

从前有一个小伙子，他见什么学什么，但学一样丢一样， __57__ 没有学会任何东西。后来，他竟然怀疑自己走路的姿势有问题。他听说邯郸人走路姿势很美，便去那里学习。

一开始，他整天站在街头， __58__ ，再模仿他们，可总觉得不像，他想最好忘记自己从前走路的方法，这样才能专心学习。但即便如此，他仍然觉得自己没学到位。没多久，钱花光了，他才想起回家，可这时他已经不知道该 __59__ 走路，只好爬回家去了。

后来人们就用"邯郸学步"来比喻一些人一味模仿，不仅没有学到别人的长处，反而 __60__ 了自身的特色。

옛날에 보는 것마다 배우지만 배우는 것이 잃어버리는 것과 같아서 57줄곧 어떠한 것도 배우지 못하는 한 청년이 있었다. 후에 그는 뜻밖에 자신의 걷는 자세에 문제가 있다는 것을 의심하게 되었고, 한단인(邯郸人)의 걷는 자세가 매우 아름답다는 말을 듣고는 바로 그곳에 가서 배웠다.

처음 시작했을 때 그는 온종일 길에 서서 58모든 사람의 걷는 자세를 연구하며 재차 그들을 흉내 냈지만 비슷하지 않다고 생각했다. 그는 자신이 이전까지 걸어왔던 방법을 잊어야 몰두하여 배우기 가장 좋다고 생각했다. 그러나 설령 이렇다고 해도 스스로 여전히 수준에 도달하지 못한다고 여겼다. 얼마 되지 않아 돈을 다 써 버려서 집에 돌아가려 했지만, 이때 그는 이미 59어떻게 걸어야 할지를 몰라서 어쩔 수 없이 기어서 집에 돌아갔다.

'한단학보'는 어떤 사람들이 맹목적으로 모방하려다 다른 사람의 장점도 배우지 못할 뿐만 아니라 도리어 자신의 특색도 60잃어버리는 것을 비유하여 사람들이 사용했다.

단어 从前 cóngqián 명 이전, 옛날 | 竟然 jìngrán 부 뜻밖에도 | 怀疑 huáiyí 통 의심하다, 의심을 품다 | 姿势 zīshì 명 자세, 모양 | 邯郸 Hándān 명 한단 [허베이성에 있는 지명] | 街头 jiētóu 명 길, 길 입구 | 模仿 mófǎng 통 모방하다, 흉내 내다 | 忘记 wàngjì 통 잊어버리다 | 专心 zhuānxīn 형 몰두하다 | 即便如此 jíbiàn rúcǐ 설령 이렇다고 해도 | 仍然 réngrán 부 변함없이 | 邯郸学步 Hándān xuébù 성 한단 사람의 걸음걸이를 흉내 내다, 맹목적으로 다른 사람을 따라 하려다 자신의 본모습도 잃어버리다 | 比喻 bǐyù 통 비유하다 | 长处 chángchu 명 장점 | 反而 fǎn'ér 접 도리어

57

| A 迟早 | B 始终 | A 조만간 | B 줄곧 |
| C 及时 | D 连忙 | C 즉시 | D 얼른 |

단어 迟早 chízǎo 튀 조만간 | 始终 shǐzhōng 튀 줄곧 | 及时 jíshí 튀 즉시 | 连忙 liánmáng 튀 얼른

해설 빈칸 앞뒤 문맥상 '보는 것마다 배우지만 배우는 것이 잃어버리는 것과 같아서 줄곧 어떠한 것도 배우지 못한다'라는 내용이 가장 적절하다. 그러므로 '줄곧'의 뜻을 가진 B가 정답이다.

58

A 思考自己的前途	A 자신의 앞길을 생각하다
B 看了各种各样的造型	B 각양각색의 형상을 보았다
C 研究每个人走路的姿态	C 모든 사람의 걷는 자세를 연구하다
D 热情地向路人问自己的姿势	D 행인에게 열정적으로 자신의 자세를 물어보다

단어 前途 qiántú 몡 전도, 앞길, 전망 | 造型 zàoxíng 몡 이미지, 형상

해설 빈칸 뒤에 '재차 그들을 흉내 냈지만 비슷하지 않다고 생각했다. 그는 자신이 이전까지 걸어왔던 방법을 잊어야 몰두하여 배우기 가장 좋다고 생각했다'에서 알 수 있듯이, 그는 현재 길거리에 서서 사람들의 걷는 자세에 대해 연구하고 있을 거라고 추측할 수 있다. 그러므로 정답은 C이다.

59

| A 如何 | B 各自 | A 어떻게 | B 각자 |
| C 任何 | D 其余 | C 어떠한 | D 나머지 |

단어 如何 rúhé 때 어떻게 | 各自 gèzì 때 각자 | 任何 rènhé 때 어떠한 | 其余 qíyú 때 나머지

해설 빈칸 앞에 '不知道该(할지를 모르다)'라고 했으므로 문맥상 '어떻게 걸어야 할지를 모르다'라는 내용이 이어져야 한다. 그러므로 정답은 A이다.

60

| A 消失 | B 消除 | A 소실되다 | B 없애다 |
| C 耽误 | D 失去 | C 일을 그르치다 | D 잃어버리다 |

단어 消失 xiāoshī 튕 소실되다, 자취를 감추다 | 消除 xiāochú 튕 없애다 | 耽误 dānwu 튕 일을 그르치다, 시간을 허비하다 | 失去 shīqù 튕 잃다, 잃어 버리다

해설 글의 가장 마지막에 쓰인 '特色(특색)'와 호응할 수 있는 동사는 '失去(잃어버리다)'이다. 또한 빈칸 전후는 '다른 사람의 장점도 배우지 못할 뿐만 아니라, 도리어 자신의 특색도 ____ 하다'라는 의미이기 때문에 문맥상 D가 가장 적절하다. 그러므로 정답은 D이다.

Tip '不仅'과 관련된 표현

不仅 A 而且 B   A일 뿐만 아니라 게다가 B하다
不仅 A 还 / 也 B   A일 뿐만 아니라 B도 하다
不仅 A 反而 B   A일 뿐만 아니라 오히려 B하다

61-70

61

教育家指出，让孩子做家务可以锻炼孩子的动作技能，促进其认知能力的发展，增强他们的责任感。家长让孩子在家庭中负起责任很重要，而最好的方式就是让他们承担一部分家务。

A 让孩子做家务很有必要
B 家长要耐心教育孩子
C 孩子很会办事
D 家长要学会称赞孩子

교육가는 아이에게 집안일을 시키면 아이의 행동 능력을 단련시킬 수 있고, 인지 능력 발달 촉진 및 책임감을 높일 수 있다고 지적한다. 부모가 아이에게 가정 속에서 책임을 지게 하는 것은 매우 중요하며, 가장 좋은 방식은 바로 그들에게 집안일 일부를 부담하도록 하는 것이다.

A 아이에게 집안일을 시키는 것은 매우 필요하다
B 부모는 인내심을 갖고 아이를 교육해야 한다
C 아이는 일 처리를 잘한다
D 부모는 아이 칭찬하는 법을 배워야 한다

단어 指出 zhǐchū 동 밝히다, 지적하다 | 家务 jiāwù 명 집안일 | 技能 jìnéng 명 기능, 솜씨 | 促进 cùjìn 동 촉진시키다 | 增强 zēngqiáng 동 증강하다, 높이다 | 责任 zérèn 명 책임 | 负起 fùqǐ 동 책임을 지다 | 承担 chéngdān 동 맡다, 부담하다 ‖ 必要 bìyào 형 필요로 하다 | 耐心 nàixīn 형 참을성이 있다, 인내심이 강하다 | 称赞 chēngzàn 동 칭찬하다

해설 '부모가 아이에게 가정 속에서 책임을 지게 하는 것은 매우 중요하다'라고 했으므로 정답은 A이다.

62

使用电子优惠券，已成为很多年轻人的消费习惯。相对于纸质优惠券，电子优惠券的优点很明显，不但成本低，商家还可以根据用户下载优惠券的情况，分析消费者的消费习惯和兴趣，更准确地把握其需求。

A 电子优惠券不方便
B 优惠券的使用期限很短
C 电子优惠券越来越流行
D 下载电子优惠券有一定风险

전자쿠폰의 사용은 이미 많은 젊은층의 소비 습관이 되었다. 종이쿠폰에 비해서 전자쿠폰의 장점은 확연히 드러난다. 원가가 낮을 뿐만 아니라 판매자 측에서 사용자가 쿠폰을 다운로드한 것을 근거로 소비자의 소비습관과 흥미를 분석하고, 더 나아가 정확하게 그 수요를 파악할 수 있다.

A 전자쿠폰의 사용은 불편하다
B 쿠폰의 사용 기한은 매우 짧다
C 전자쿠폰 사용이 점점 유행하고 있다
D 다운로드 한 전자쿠폰은 상당한 위험이 있다

단어 电子 diànzǐ 명 전자 | 优惠券 yōuhuìquàn 명 할인권, 쿠폰 | 消费 xiāofèi 동 소비하다 | 相对于 xiāngduìyú ~에 비해서 | 纸质 zhǐzhì 명 종이 | 优点 yōudiǎn 명 장점 | 明显 míngxiǎn 형 확연히 드러나다 | 成本 chéngběn 명 원가, 자본금 | 商家 shāngjiā 명 가게, 상점 | 用户 yònghù 명 사용자 | 下载 xiàzài 동 다운로드하다 | 分析 fēnxī 동 분석하다 | 准确 zhǔnquè 형 확실하다, 정확하다 | 把握 bǎwò 동 파악하다, 장악하다 | 需求 xūqiú 명 수요, 필요 ‖ 期限 qīxiàn 명 기한, 시한 | 风险 fēngxiǎn 명 위험, 모험

해설 '이미 많은 젊은층의 소비습관이 되었다'라는 것은 결국 점점 유행하고 있다는 의미가 된다. 따라서 정답은 C이다.

63

有效的沟通不仅要有良好的口才，还要善于倾听。只有听懂对方的意思，才能更好地理解别人，因而进行更有效的沟通。同时具备这两种能力，我们就可以在公众场合自如地与人沟通交流。

A 要重视表达能力
B 沟通需要好口才和理解能力
C 知识越丰富表达能力越好
D 要懂得自己

효과적인 소통은 언변이 좋아야 할 뿐만 아니라 경청도 잘해야 한다. 상대방의 의미를 듣고 알아야만 다른 사람을 더욱 이해할 수 있게 되어 더 효과적인 소통을 진행한다. 동시에 이 두 가지 능력을 갖추게 된다면 우리는 공공장소에서 자유롭게 사람과 소통하고 교류할 수 있다.

A 표현 능력을 중시해야 한다
B 소통은 언변과 이해 능력이 필요하다
C 지식이 풍부할수록 표현 능력이 더 좋아진다
D 자신을 알아야 한다

단어 沟通 gōutōng 통 소통하다, 교류하다 | 口才 kǒucái 명 말솜씨, 언변 | 善于 shànyú 통 ~를 잘하다, ~에 능하다 | 倾听 qīngtīng 통 경청하다 | 具备 jùbèi 통 (물품 등을) 갖추다 ‖ 表达 biǎodá 통 (자신의 사상이나 감정을) 나타내다, 표현하다 | 丰富 fēngfù 형 많다, 풍부하다 | 懂得 dǒngde 통 (뜻 · 방법 등을) 알다, 이해하다

해설 첫 문장에서 '효과적인 소통은 언변이 좋아야 할 뿐 아니라 경청도 잘 해야 한다'라고 했다. 이때 쓰인 '倾听(경청하다)' 대신 B에서 '理解能力(이해 능력)'이라고 바꾸어 나왔기 때문에 정답은 B이다.

64

世界气象组织将每年的3月23日确定为世界气象日，并且每年都会选定一个主题。2014年世界气象日的主题是"天气和气候：青年人的参与"，旨在鼓励青年人关注全球气候变化，并积极参与环保活动。

A 全球气候条件会越来越好
B 世界气象日每年都有一个主题
C 气候变化对老年人的影响更大
D 世界气象组织都是年轻工作人员

세계 기상 기구는 매년 3월 23일을 세계 기상의 날로 제정하고 매년 한가지 주제를 선정한다. 2014년 세계 기상의 날 주제는 '날씨와 기후: 젊은이들의 참여'이며 취지는 젊은이들이 전 세계 기후 변화를 주시하고, 적극적으로 환경보호 활동에 참여하게 격려하는 것이다.

A 전 세계 기후 조건이 점점 좋아질 것이다
B 세계 기상의 날에는 매년 한가지 주제가 있다
C 기후 변화는 노인에게 끼치는 영향이 더 크다
D 세계 기상 기구 직원은 모두 젊은 사람들이다

단어 世界气象组织 shìjiè qìxiàng zǔzhī 명 세계 기상 기구 | 确定 quèdìng 통 확정하다 | 选定 xuǎndìng 통 선정하다 | 主题 zhǔtí 명 주제 | 气候 qìhòu 명 기후 | 旨 zhǐ 명 의도, 취지 | 关注 guānzhù 통 주시하다

해설 '세계 기상 기구는 매년 3월 23일을 세계 기상의 날로 제정하고 매년 한가지 주제를 선정한다'라고 하였으므로 매년 주제가 있다고 한 B가 정답이다.

65

最近研究表明，并非所有的感冒均需服药。普通感冒不需要吃药，多喝水、多休息就可以了。但对于流行性感冒或由其他细菌感染引起的感冒，还是应该及时就医，避免病情加重。

A 发烧是感冒的主要症状
B 生病了要及时治疗
C 感冒很容易发炎
D 普通感冒无需吃药

최근 연구에 의하면 결코 모든 감기에 다 약을 복용할 필요가 없으며, 일반 감기인 경우 약을 먹을 필요 없이 물을 많이 마시고 충분한 휴식을 취하면 된다고 한다. 그러나 유행성 감기 혹은 기타 세균 감염으로 걸리는 감기는 여전히 곧바로 의사의 치료를 받아 증상이 심해지는 것을 피해야 한다.

A 발열은 감기의 주요 증상이다
B 병이 나면 즉시 치료를 해야 한다
C 감기는 매우 쉽게 염증이 생긴다
D 일반 감기는 약을 먹을 필요가 없다

66

正如每个人都有自己的习惯一样，每个地方也都有自己独特的风俗，因此外出旅游时，每到一处，我们都应该"入乡随俗"，遵守当地的风俗习惯。这样不仅能表示对当地人的尊重，也有利于我们了解当地的民风民俗，或许还能从中得到意想不到的收获。

사람마다 자신의 습관을 가지듯 장소마다 고유의 풍속을 지닌다. 그래서 여행할 때 가는 곳마다 우리는 반드시 '로마에 가면 로마법을 따라야' 하며 그 지역의 풍속과 습관을 준수해야 한다. 이렇게 하는 것은 지역 주민에 대한 존중을 표할 수 있을 뿐만 아니라 우리가 그 지역의 민속 풍습을 이해하는 데 도움을 주며, 어쩌면 그 가운데서 예상치 못한 수확을 얻을 수도 있다.

A 出门旅行要考虑周到
B 不要离开家乡
C "入乡随俗"具有全面性
D 旅行中要尊重当地的风俗

A 여행할 때 치밀하게 계획해야 한다
B 고향을 떠나지 말아야 한다
C '로마에 가면 로마법을 따라야 한다'는 전반적인 의미를 가진다
D 여행 중 현지의 풍속을 존중해야 한다

67

毛遂是赵国平原君的手下，但一直没得到重用。后来，秦国攻打赵国时，他主动向平原君推荐自己，请求与他一同前去楚国求救。到了楚国，毛遂又挺身而出，说服了楚王，为赵国搬来救兵，立下了大功。后来人们就用成语"毛遂自荐"比喻自告奋勇，自己推荐自己担任某项工作。

모수(毛遂)는 조나라 평원군(平原君)의 부하였으나 줄곧 중용되지 않았다. 후에 진나라가 조나라를 공격할 때 그는 주동적으로 평원군(平原君)에게 자신을 추천하여 그와 함께 초나라에 구원을 청하러 가기를 요청했다. 초나라에 도착하여 모수(毛遂)는 용감하게 나서서 초나라 왕을 설득하여 조나라를 위해 구원병을 파견하게 하는 큰 공을 세웠다. 후에 사람들은 '모수자천'이라는 성어를 사용하여 자진해서 나서고 스스로를 추천하여 자기가 어떠한 일을 맡는 것에 비유했다.

A 毛遂对国家的贡献很大
B 平原君始终不信任毛遂
C 乐观的态度使毛遂取得了成功
D 毛遂曾经在楚国生活过

A 모수가 국가에 큰 공헌을 하였다
B 평원군은 시종일관 모수를 신임하지 않았다
C 낙관적인 태도로 모수는 성공을 얻었다
D 모수는 일찍이 초나라에 산 적이 있다

[해설] '모수는 용감하게 나서서 초나라 왕을 설득하여 조나라를 위해 구원병을 파견하게 하는 큰 공을 세웠다'고 하였으므로 정답은 A이다.

68

《朝花夕拾》出版于1928年, 是著名思想家, 文学家鲁迅写的一部回忆性散文集。作者以优美的语言、深沉而热烈的感情回忆了自己童年、少年和青年时期的生活片段, 从侧面描绘了中国当时的社会景象, 体现了作者对人生和社会变革的思考。

A 《朝花夕拾》是短篇小说
B 《朝花夕拾》反映了当时的社会状况
C 《朝花夕拾》的语言非常难懂
D 《朝花夕拾》是鲁迅的第一部作品

1928년에 출판된 〈조화석습〉은 저명한 사상가이자 문학가인 루쉰(鲁迅)이 과거를 회상해 쓴 산문집이다. 작가는 아름다운 언어와 침착하면서도 열렬한 감정으로 자신의 어린 시절과 소년, 청년 시기 생활의 일부를 회상하였고 다른 방면으로는 당시 중국의 사회적 상황을 묘사하여 인생과 사회 변혁에 대한 작가의 생각을 구체적으로 드러냈다.

A 〈조화석습〉은 단편 소설이다
B 〈조화석습〉은 당시의 사회적 상황을 반영하였다
C 〈조화석습〉의 언어는 매우 이해하기 어렵다
D 〈조화석습〉 루쉰의 첫 번째 작품이다

[단어] 著名 zhùmíng 형 저명하다. 유명하다 | 鲁迅 Lǔ Xùn 명 루쉰 [중국 현대의 저명한 문학가·사상가·혁명가] | 回忆 huíyì 동 회상하다 | 散文 sǎnwén 명 산문 | 优美 yōuměi 형 아름답다 | 深沉 shēnchén 형 깊다. 침착하다 | 热烈 rèliè 형 열렬하다 | 侧面 cèmiàn 명 옆면, 측면 | 描绘 miáohuì 동 묘사하다 | 景象 jǐngxiàng 명 상황 | 变革 biàngé 명 변혁 ‖ 短篇 duǎnpiān 명 단편 | 反映 fǎnyìng 동 반영하다

[해설] 산문집 〈조화석습〉은 '다른 방면으로는 당시 중국의 사회적 상황을 묘사하고 있다'고 하였으므로 정답은 B이다. '描绘…社会景象(~사회 상황을 묘사하다)'을 기억해 두면 좋다.

69

老师问: "一滴水怎样才能不干?" 学生回答不上来。老师说道: "一滴水, 风可以将它吹干, 太阳可以让它蒸发。要想生存, 只有融入大海。一个人就如一滴水, 要想取得成功, 就要学会与人合作, 就要融入集体。" 这就是我们常说的 "再强大的个人都不如一个团结的集体。"

A 要善于发挥自身优势
B 要懂得与人合作
C 不要轻视个人力量
D 性格是成功的关键

"한 방울의 물은 어떻게 해야지만 마르지 않을까?"라는 선생님의 질문에 학생은 대답하지 못했다. 그러자 선생님이 "한 방울의 물은 바람에 의해 마를 수 있고 태양에 의해 증발할 수 있다. 생존하고 싶다면 오로지 바다로 유입되어야만 한다. 사람도 한 방울의 물과 같다. 성공을 얻고 싶다면 다른 사람과 협력하는 것을 배워야 하고 단체에 잘 어우러져야 한다."고 말씀하셨다. 이는 우리가 항상 말하는 '강력한 능력을 갖고 있는 개인은 단결된 한 집단보다 못하다는 것'이다.

A 자신만의 강점을 잘 발휘해야 한다
B 다른 사람과 협력할 줄 알아야 한다
C 개인의 역량을 무시하지 말아야 한다
D 성격은 성공의 관건이다

[단어] 蒸发 zhēngfā 동 증발하다 | 生存 shēngcún 명 생존 | 合作 hézuò 동 협력하다 | 融入 róngrù 동 융합되다. 유입되다 | 集体 jítǐ 명 집단, 단체 | 团结 tuánjié 동 단결하다 ‖ 善于 shànyú 동 ~에 능숙하다 | 发挥 fāhuī 동 발휘하다 | 优势 yōushì 명 우세 | 懂得 dǒngde 동 알다, 이해하다 | 轻视 qīngshì 동 경시하다. 무시하다 | 关键 guānjiàn 명 관건

[해설] '성공을 얻고 싶다면 다른 사람과 협력하는 것을 배워야 하고 단체에 잘 어우러져야 한다'는 선생님의 말을 통해 B가 답임을 알 수 있다. 그러므로 정답은 B이다.

70

夏季气温高，人体消耗的水分比其他季节要多，需要及时补充。此时我们可以多吃一些瓜类蔬菜或水果，如冬瓜、黄瓜、南瓜和甜瓜等。这些瓜类蔬果的共同特征是含水量都在90％以上，同时，它们还有降低血压、保护血管等作用。

A 夏季人的血压容易降低
B 要注意营养均衡
C 瓜类蔬果成熟期长
D 夏季应多吃含水量大的蔬果

여름에는 기온이 높고 인체에서 소모되는 수분이 다른 계절보다 많아서 곧바로 보충이 필요하다. 이때 우리는 예를 들어 동과, 오이, 호박, 참외 등의 과채류 채소 혹은 과일을 많이 섭취해야 한다. 이런 과채류의 공통적인 특징은 수분 함량이 90% 이상이며, 동시에 그것들은 혈압을 낮추고 혈관을 보호하는 등의 작용을 한다.

A 여름에는 사람의 혈압이 쉽게 떨어진다
B 영양 균형에 주의해야 한다
C 과채류의 성숙기는 길다
D 여름에 수분 함량이 큰 채소와 과일을 많이 먹어야 한다

단어 夏季 xiàjì 몡 하계, 여름 | 消耗 xiāohào 통 소모하다 | 及时 jíshí 뷴 즉시, 곧바로 | 补充 bǔchōng 통 보충하다 | 蔬菜 shūcài 몡 채소 | 特征 tèzhēng 몡 특징 | 含水量 hánshuǐliàng 몡 수분 함량 | 降低 jiàngdī 통 내려가다 | 血压 xuèyā 몡 혈압 | 血管 xuèguǎn 몡 혈관 ‖ 均衡 jūnhéng 몡 균형 | 成熟期 chéngshúqī 몡 성숙기

해설 초반의 내용은 여름에 수분 보충이 제때 필요하다는 것이고 이어서 '이때 우리는 동과, 오이, 호박, 참외 등의 과채류 채소 혹은 과일을 많이 섭취해야 한다. 이런 과채류의 공통적인 특징은 수분 함량이 90% 이상이다'라고 했기 때문에 결국 여름에 과채류를 많이 먹어야 한다는 의미가 된다. 그러므로 정답은 D이다.

71-74

有个小男孩儿，一次不小心踩到香蕉皮滑倒了，摔得浑身是泥。⁷¹多年后，他成了一名研究机械润滑原理的工程师。一天，他在研究润滑油时，突然想起了小时候摔的那一跤，脑子里顿时冒出了一个问题：香蕉皮为什么那么滑呢？

于是，他开始认真研究香蕉皮。透过显微镜，⁷²他发现香蕉皮是由几百个薄层构成的，薄层之间能够相对滑动，摩擦力很小。正是这种结构使香蕉皮十分地滑。

由此他想到，如果将这种结构原理运用到工业润滑方面，一定能解决很多难题。⁷³从那天以后，他刻苦钻研，经过无数次实验，终于发明了二硫化钼润滑脂。这种润滑脂问世不久，便在工业上得到了广泛应用，被誉为"润滑之王"。他将这项发明申请了专利，获得了巨额财富。

走路摔跤本是寻常事，可是有心人却能从中发现问题，并成就一番事业。⁷⁴留心生活中的小事，做个善于发现问题的人，你的世界也许会变得更加完美。

어린 소년이 한 번은 실수로 바나나 껍질을 밟아 미끄러져 온몸이 진흙으로 덮이게 되었다. ⁷¹여러 해가 지난 후, 그는 기계의 윤활 원리를 연구하는 엔지니어가 되었다. 하루는 그가 윤활유를 연구하고 있을 때 갑자기 어렸을 적 넘어졌던 기억이 났고 머릿속에 문득 의문점이 생겼다. '바나나 껍질은 왜 그렇게 미끄러울까?'

그래서 그는 바나나 껍질에 대해 진지하게 연구하기 시작하였다. 현미경을 통해 ⁷²그는 바나나 껍질이 수백 개의 얇은 층으로 구성되어 있고 얇은 층의 사이가 미끄러지며 마찰력이 매우 적어지는데, 바로 이 구조가 바나나 껍질을 굉장히 미끄럽게 만든다는 사실을 발견했다.

그는 만약 이 바나나 껍질 구조의 원리를 공업 윤활 방면에 응용한다면 분명히 많은 난제를 해결할 수 있을 것이라고 생각하였고, ⁷³그때부터 그는 몹시 애를 쓰며 깊이 연구하고, 수도 없이 실험한 결과 마침내 이황화몰리브덴그리스를 발명하였다. 이 그리스(기계의 윤활유)는 세상에 나온 지 얼마 되지 않아 공업용으로 널리 이용하게 되었고 '윤활유의 왕'으로 칭송되었다. 또한 그는 발명 특허를 신청하여 큰 부를 얻었다.

길을 걷다가 넘어지는 것은 원래 평범한 일이지만 뜻이 있는 사람은 그 가운데서 문제를 발견하여 하나의 큰 사업을 이루었다. ⁷⁴생활 속의 사소한 일에 주의를 기울이고 문제를 발견하는 것을 잘한다면 당신의 세상은 아마 더욱더 근사하게 변할 것이다.

단어 | 踩 cǎi 통 밟다 | 香蕉皮 xiāngjiāopí 명 바나나 껍질 | 滑倒 huádǎo 통 미끄러져 넘어지다 | 浑身 húnshēn 명 전신, 온몸 | 泥 ní 명 진흙 | 机械 jīxiè 명 기계 | 工程师 gōngchéngshī 명 엔지니어 | 顿时 dùnshí 부 갑자기, 문득 | 透过 tòuguo 통 투과하다 | 显微镜 xiǎnwēijìng 명 현미경 | 构成 gòuchéng 통 구성하다 | 薄 báo 형 엷다, 얇다 | 滑动 huádòng 통 미끄러지며 움직이다 | 摩擦力 mócālì 명 마찰력 | 运用 yùnyòng 통 활용하다, 응용하다 | 刻苦 kèkǔ 형 몹시 애를 쓰다 | 钻研 zuānyán 통 깊이 연구하다 | 二硫化钼润滑脂 èrliúhuà mù rùnhuázhī 명 이황화몰리브덴그리스 | 问世 wènshì 통 (저작물·발명품 등이) 세상에 나오다 | 广泛 guǎngfàn 형 광범위하다 | 应用 yìngyòng 통 응용하다, 이용하다 | 申请 shēnqǐng 통 신청하다 | 专利 zhuānlì 명 특허, 특허권 | 摔跤 shuāijiāo 통 넘어지다 | 留心 liúxīn 통 주의를 기울이다 | 善于 shànyú 통 ~를 잘하다

71

那个小男孩：

A 运气一直很好
B 后来当了工程师
C 没想到这次试验彻底失败了
D 非常调皮

그 어린 소년은：

A 운이 계속 좋았다
B 후에 엔지니어가 되었다
C 이번 시험에서 철저히 실패할 줄은 예상하지 못했다
D 매우 장난스럽다

단어 | 运气 yùnqi 명 운수 | 彻底 chèdǐ 형 철저하다 | 调皮 tiáopí 형 장난스럽다

해설 첫 번째 문단의 밑줄 친 문장에서 '여러 해가 지난 후, 그는 기계의 윤활 원리를 연구하는 엔지니어가 되었다'라고 했으므로 정답은 B이다.

72 根据第2段，可以知道香蕉皮：

두 번째 문단에 근거하여, 바나나 껍질에 대해 알 수 있는 것은:

A 表面粗糙
B 由许多薄层构成
C 常被用于制造润滑剂
D 结构容易被破坏

A 표면이 까칠까칠하다
B 많은 얇은 층으로 구성되어 있다
C 일반적인 윤활제 제조용으로 쓰이고 있다
D 구조가 쉽게 파괴된다

단어 粗糙 cūcāo 휑 (질감이) 거칠다, 까칠까칠하다 | 润滑剂 rùnhuájì 똉 윤활제 | 破坏 pòhuài 동 분해하다

해설 두 번째 문단의 밑줄 친 문장에서 '그는 바나나 껍질이 수백 개의 얇은 층으로 구성되어 있는 것을 발견했'고 하였으므로 정답은 B이다.

73 关于那项发明，下列哪项正确？

그 발명에 관하여, 다음 중 옳은 것은?

A 应用很广
B 引起了技术革命
C 会污染环境
D 成本较高

A 널리 응용되었다
B 기술 혁명을 불러일으켰다
C 환경을 오염시킬 수 있다
D 원가가 비교적 높다

단어 引起 yǐnqǐ 동 야기하다, 불러 일으키다 | 革命 gémìng 똉 혁명 | 污染 wūrǎn 동 오염시키다 | 成本 chéngběn 똉 원가

해설 세 번째 문단의 밑줄 친 문장에서 '그때부터 그는 몹시 애를 쓰며 깊이 연구하고 수도 없이 실험한 결과 마침내 이황화몰리브덴그리스를 발견하였다. 이 그리스(기계의 윤활유)는 세상에 나온 지 얼마 되지 않아 공업용으로 널리 이용하게 되었고 '윤활유의 왕'으로 칭송되었다'고 하였다. 결국 이 뜻은 A의 널리 응용되었다는 의미와 같으므로 정답은 A이다.

74 上文主要想告诉我们：

위 글이 우리에게 주로 말하고자 하는 것은:

A 具体问题具体分析
B 要留心发现问题
C 要善于利用各种资源
D 看问题要全面

A 구체적인 문제는 구체적으로 분석한다
B 주의를 기울여 문제를 발견해야 한다
C 각종 자원을 이용하는 데 능숙해야 한다
D 전면적으로 문제를 바라본다

단어 具体 jùtǐ 휑 구체적이다 | 分析 fēnxī 동 분석하다 | 资源 zīyuán 똉 자원

해설 주제를 묻는 문제를 풀 때는 먼저 보기를 통해 글의 내용을 짐작한 후 문장 속의 여러 단서를 통해 답을 찾는 것, 혹은 첫 번째와 마지막 문단에서 중심 내용을 찾는 것이 비법이라고 할 수 있다. 마지막 문단의 밑줄 친 문장에서 '생활 속의 사소한 일에 주의를 기울이고 문제를 발견하는 것을 잘한다면 당신의 세상은 아마 더욱더 근사하게 변할 것이다'라고 했으므로 정답은 B이다.

 **75-78**

75有位有名的喜剧明星在从艺初期，常因自己的演技平平而愁得吃不下饭。当时他参加了一个电视剧的演出，剧组有位老喜剧演员表演非常传神，深受观众喜爱。可是，无论他怎么努力，就是演不出人家那么好的效果。这让他十分困惑："自己到底是哪里做得不够呢？"

一天，他和剧组的同事在一家饭店吃饭。老板非常幽默，一边给他们上菜，一边逗他们发笑，大家都笑得直不起腰来。这时，76他突然发现那位老喜剧演员正目不转睛地看着老板，观察老板的一言一行。等老板走后，77老演员又悄悄地模仿起老板刚才那几个生动有趣的动作。看到这儿，他忽然明白了，老演员之所以演得那么好，是因为善于从生活中积累表演素材，而来自生活的，才是最具有感染力的。

78从那以后，他也开始留意生活中有趣的表演素材，并将其和自己的性格融合在一起，逐渐形成了独具特色的表演风格。不久后，他就成为了家喻户晓的喜剧明星。

75한 유명한 희극인은 일을 시작하는 초기에 자신의 연기가 보통이라는 이유로 근심하여 밥도 제대로 먹지 못했다. 당시 그는 한 드라마의 연출로 참여했었다. 그 드라마 팀에는 연기를 매우 생동감 있게 하는 늙은 희극인이 있었는데 관중의 사랑을 많이 받았다. 그러나 어떻게 노력을 하든 그 노배우만큼의 좋은 효과를 연기할 수 없었고, 이것은 그를 굉장히 곤혹스럽게 했다. "도대체 나는 어디가 부족한 걸까?"

하루는 그와 드라마 팀의 동료들이 한 식당에서 밥을 먹게 되었는데, 사장님이 굉장히 유머러스했다. 그들에게 상을 차려주는 와중에도 다들 허리를 못 펼 만큼 웃게 만들었다. 이때 76그는 노배우가 사장님을 **주시하며** 사장님의 말 한마디 몸짓 하나까지 관찰하고 있는 걸 발견했다. 사장님이 가기를 기다렸다가 77노배우는 또 슬그머니 방금 사장님의 생동적이고 재미있는 동작 몇 개를 따라 하기 시작했다. 이것을 보고 그는 노배우의 연기가 그렇게 좋을 수 밖에 없는 이유가 바로 생활 중에 연기 소재들을 쌓아놓는다는 걸 문득 알아차렸다. 그리고 생활에서 나온 것이야 말로 가장 호소력 있는 것이었다.

78그 후로 그 역시 생활 중의 재미있는 연기 소재들에 관심을 기울이기 시작했으며 그것을 자신의 성격과 잘 섞어 점차 독특한 특색을 가진 연기 스타일을 만들었다. 오래되지 않아 그는 누구나 다 아는 희극 스타가 되었다.

단어 喜剧 xǐjù 몡 희극 | 演技 yǎnjì 몡 연기 | 愁 chóu 동 근심하다 | 传神 chuánshén 혱 생동적이다 | 无论 wúlùn 젭 ~을 막론하고 | 困惑 kùnhuò 혱 곤혹스럽다 | 幽默 yōumò 혱 유머러스한 | 逗 dòu 동 우습다, 재미있다 | 目不转睛 mùbù zhuǎnjīng 젱 주시하다, 응시하다 | 一言一行 yìyán yìxíng 젱 일언일행, 하나하나의 말과 행동 | 悄悄 qiāoqiāo 뷔 (소리나 행동을) 은밀히, 몰래 | 模仿 mófǎng 동 모방하다 | 忽然 hūrán 뷔 갑자기 | 积累 jīlěi 동 쌓이다 | 素材 sùcái 몡 (문학·예술의) 소재, 감 | 感染力 gǎnrǎnlì 몡 감화력, 호소력 | 融合 rónghé 동 융합하다 | 逐渐 zhújiàn 뷔 점점, 점차 | 独具 dújù 동 독자적으로 갖추다 | 家喻户晓 jiāyù hùxiǎo 젱 사람마다 모두 알다

75

他刚开始为什么会发愁？

A 没有舞台经验
B 演技不够好
C 记不住台词
D 与同事相处得不好

그는 처음에 왜 근심했는가？

A 무대 경험이 없어서
B 연기가 좋지 않아서
C 대사를 기억하지 못해서
D 동료와 잘 지내지 못해서

단어 发愁 fāchóu 동 근심하다 | 舞台 wǔtái 몡 무대 | 不够 búgòu 혱 부족하다 | 台词 táicí 몡 대사 | 相处 xiāngchǔ 동 함께 지내다

해설 첫 번째 문단의 밑줄 친 문장에서 쓰인 '平平'은 '보통이다', '평범하다'라는 의미로 해석이 된다. '演技平平'은 '연기가 보통이다'라는 의미인데 이 때문에 근심하여 밥도 먹지 못했다는 해석으로 보아 '平平'이 '보통이다'라는 의미를 넘어서 기대치에 미치지 못할 경우에도 쓰인다는 것을 알 수 있다. 그렇기 때문에 '연기가 좋지 않다'라는 의미의 B가 정답이다.

76 第2段中画线词语"目不转睛"形容老演员：

A 观察仔细
B 非常谨慎
C 配合得很好
D 很尊敬那位老戏剧演员

두 번째 문단에 밑줄 친 단어 '주시하다'가 묘사하는 노배우는 :

A 자세히 관찰한다
B 매우 신중하다
C 서로 잘 맞는다
D 그 늙은 희극인을 매우 존경한다

단어 观察 guānchá 용 관찰하다 | 仔细 zǐxì 형 세심하다, 꼼꼼하다 | 谨慎 jǐnshèn 형 (언행이) 신중하다 | 配合 pèihé 용 서로 잘 맞다 | 尊敬 zūnjìng 용 존경하다

해설 '目不转睛'는 '눈 한 번 깜빡이지 않고 보다', '주시하다'라는 의미이다. 하지만 의미를 몰랐다 할지라도 두 번째 문단의 밑줄 친 문장에서 '그는 노배우가 사장님을 주시하며 사장님의 말 한마디 몸짓 하나까지 관찰하고 있는 걸 발견했다'라는 내용으로 미루어 보아 정답은 A이다.

77 那位老演员在饭店是怎么做的？

A 向老板请教厨艺
B 模仿老板的动作
C 请顾客当裁判
D 表演了老板的动作

그 노배우는 식당에 있을 때 어떻게 했는가?

A 사장에게 조리 기술을 가르쳐 달라고 부탁했다
B 사장의 동작을 모방했다
C 고객에게 심판이 되어 달라고 청했다
D 사장님의 동작을 연기했다

단어 厨艺 chúyì 명 조리 기술 | 裁判 cáipàn 명 심판

해설 두 번째 문단의 밑줄 친 문장에서 '노배우는 또 슬그머니 방금 사장님의 생동적이고 재미있는 동작 몇 개를 따라 하기 시작했다'고 했으므로 정답은 B이다.

78 从饭店回来后，他开始：

A 思考人生价值
B 研究电影作品
C 到处演出
D 从生活中学表演

식당에서 돌아온 후, 그가 시작한 것은 :

A 인생 가치를 생각했다
B 영화 작품을 연구했다
C 곳곳에서 공연했다
D 생활에서 연기를 배웠다

단어 价值 jiàzhí 명 가치 | 到处 dàochù 명 도처, 곳곳 | 演出 yǎnchū 용 공연하다

해설 마지막 문단의 밑줄 친 문장에서 '그 후로(식당에서 돌아 온 후) 그 역시 생활 중의 재미있는 연기 소재들에 관심을 기울이기 시작했다'라고 했으므로 정답은 D이다.

79-82

钥匙，家家都有，再平常不过了。然而，有人竟收集了古今中外约两万把钥匙，还建了个人收藏馆——金钥匙博物馆。这个人就是上海钥匙收藏家赵金志。

赵金志从小就与钥匙结下了不解之缘。那时父亲做小生意，收来许多废铜烂铁。[79]他一旦从中发现形态奇特的钥匙，便如获至宝。而且，只要知道哪里有值得收藏的钥匙，他都会千方百计找回来。一次，他得知广东某地有一把"放大镜钥匙"。当时正值台风季节，交通不便，可他还是风雨兼程赶到广东，最终得到了那把钥匙。

[80]经过近半个世纪的搜集，赵金志已拥有150多个国家和地区的1200多种钥匙，总数近两万把。这些钥匙质地各异，包括金、银、铜、铁和玛瑙等多种材质。1997年，金钥匙博物馆新馆落成，不足30平方米的展室内[80]陈列了赵金志多年来倾其心血收藏的珍奇钥匙。

在这些藏品中，有多项世界之最。比如[81]世界上最小的钥匙，它雕刻在一根头发丝上，只有凭借显微镜将其放大100多倍才能看清楚；再比如[82]唐代钥匙"锁寒窗"，因其造型酷似古代的窗格而得名，是中国现存最早的钥匙。这些珍贵的藏品无不令人惊奇。

열쇠는 집집마다 보통 다 있다. 그러나 어떤 사람은 동서고금을 막론하고 약 2만 개의 열쇠를 수집했고 게다가 '금 열쇠 박물관'이라는 개인 박물관을 세웠다. 이 사람은 바로 상하이(上海)의 열쇠 수집가 조금지(赵金志)이다.

조금지(赵金志)는 어렸을 때부터 열쇠와 갈라놓을 수 없는 인연을 맺었다. 그때 아버지께서 고철 더미를 모으는 일을 하셨는데, [79]그는 그중에 독특한 모양의 열쇠를 발견하면 바로 보물을 얻은 것이나 다름없이 여겼다. 게다가 수집할 가치가 될 만한 열쇠가 있는 곳을 알기만 하면 그는 **갖은 방법을 다해서** 찾아왔다. 한 번은 광둥(广东)의 어느 지역에 '확대경 열쇠'가 있다는 것을 알았다. 당시는 마침 태풍이 오는 계절이었고 교통이 불편했지만, 비바람 속에서도 길을 재촉하여 광둥(广东)까지 가서 결국 그 열쇠를 손에 넣었다.

[80]반세기에 가까운 수집을 걸쳐 조금지(赵金志)는 150여 개의 국가와 지역에서 1,200여 종의 열쇠를 소유하게 되었으며 그 수는 총 2만 개에 가깝다. 이 열쇠들의 재질은 각기 다른데, 금, 은, 동, 철, 마노 등의 여러 재질을 포함하고 있다. 1997년 금 열쇠 박물관 신관을 준공한 후, 30㎡에 못 미치는 전람실 안에 [80]조금지(赵金志)가 여러 해 동안 심혈을 기울여 수집해왔던 진기한 열쇠들을 진열해 놓았다.

이 수집품들 중에는 세계 최고의 타이틀을 가지고 있는 것들이 여러 개 있었다. 예를 들어 [81]세계에서 가장 작은열쇠가 있는데 그것은 한 올의 머리카락 위에 조각했으며 현미경으로 그것을 100배 확대해서 봐야만 뚜렷이 보인다. 또한, [82]당대의 '쑤오한촹'이라는 열쇠가 있는데 그형상이 고대의 창문 격식과 매우 닮아서 얻은 이름이며,중국에 현존하는 가장 이른 시기의 열쇠이다. 이 진귀한 수집품들에 놀라지 않을 사람은 없을 것이다.

단어　钥匙 yàoshi 몡 열쇠 | **收集** shōují 됭 수집하다 | **收藏家** shōucángjiā 몡 수집가 | **不解之缘** bùjiě zhīyuán 젱 갈라놓을 수 없는 인연 | **废铜烂铁** fèitóng làntiě 젱 못 쓰게 된 쇠붙이 | **如获至宝** rúhuò zhìbǎo 젱 진귀한 보물을 얻은 것 같다 | **值得** zhídé 됭 ~할 만한 가치가 있다 | **千方百计** qiānfāng bǎijì 젱 갖은 방법을 다 써 보다 | **放大镜** fàngdàjìng 몡 확대경, 돋보기 | **正值** zhèngzhí 됭 마침 ~한 시기이다 | **台风** táifēng 몡 태풍 | **季节** jìjié 몡 계절, 철, 절기 | **风雨兼程** fēngyǔ jiānchéng 비바람 속에서 길을 재촉하다 | **搜集** sōují 됭 수집하다 | **拥有** yōngyǒu 됭 소유하다 | **各异** gèyì 혱 제각기 다르다 | **包括** bāokuò 됭 포함하다 | **陈列** chénliè 됭 진열하다 | **心血** xīnxuè 몡 심혈 | **珍奇** zhēnqí 혱 진기하다 | **雕刻** diāokè 됭 조각하다 | **凭借** píngjiè 게 ~에 의해 | **显微镜** xiǎnwēijìng 몡 현미경 | **造型** zàoxíng 몡 이미지, 형상 | **酷似** kùsì 됭 몹시 닮다, 흡사하다

79

第2段画线词语"千方百计"最可能是什么意思?

A 计算能力非常强
B 想尽一切办法
C 打听消息
D 态度诚恳

두 번째 문단의 밑줄 친 단어 '갖은 방법을 다해서'는 아마도 무슨 뜻인가?

A 계산 능력이 매우 뛰어나다
B 되도록 모든 방법을 생각해 내다
C 소식을 물어보다
D 태도가 진실하다

 단어　想尽 xiǎngjìn 圖 생각할 수 있는 것은 다 생각해 보다 ｜ 打听 dǎting 圖 물어보다 ｜ 诚恳 chéngkěn 圆 진실하다

해설　'千方百计'은 '갖은 방법을 다 써 보다'라는 의미이다. 하지만 의미를 몰랐다 할지라도 두 번째 문단의 밑줄 문장에서 '그는 그중에 독특한 모양의 열쇠를 발견하면 바로 보물을 얻은 것이나 다름없이 여겼다'라는 내용을 미루어 보아 정답은 B 이다.

80

第3段主要谈的是:

A 赵金志的钥匙收藏情况
B 金钥匙博物馆的建成过程
C 钥匙的各种功能
D 钥匙的制作工艺

세 번째 문단에서 주로 이야기하는 것은 :

A 조금지의 열쇠 수집 상황
B 금 열쇠 박물관의 건설 과정
C 열쇠의 각종 기능
D 열쇠의 제작 기술

단어　建成 jiànchéng 圖 건설하다 ｜ 工艺 gōngyì 圆 공예, 가공하는 작업(기술)

해설　세 번째 문단의 밑줄 친 문장에서 '반세기에 가까운 수집을 걸쳐 조금지는 150여 개의 국가와 지역에서 1,200여 종의 열쇠를 소유하게 되었다'라고 한 것과 마지막에 '심혈을 기울여 수집해왔던 진기한 열쇠들을 진열해 놓았다'라고 했으므로 정답은 A이다.

81

关于"世界上最小的钥匙",下列哪项正确?

A 只凭肉眼无法看清
B 做工比较粗糙
C 被折断了
D 已经失传

'세계에서 가장 작은 열쇠'에 관하여, 다음 중 옳은 것은?

A 육안으로만은 정확하게 볼 수 없다
B 기술이 비교적 서투르다
C 부러졌다
D 이미 전해져 내려오지 않는다

단어　肉眼 ròuyǎn 圆 육안 ｜ 无法 wúfǎ 圖 방법이 없다 ｜ 粗糙 cūcāo 圆 서투르다, 조잡하다 ｜ 折断 zhéduàn 圖 부러뜨리다 ｜ 失传 shīchuán 圖 전해 내려오지 않다

해설　마지막 문단의 밑줄 친 문장에서 '세계에서 가장 작은 열쇠가 있는데 그것은 한 올의 머리카락 위에 조각했으며 현미경으로 그것을 100배 확대해서 봐야만 뚜렷이 보인다'라고 했으므로 정답은 A이다.

82

根据上文,可以知道:

A 赵金志只收藏中国钥匙
B 家人不同意赵金志搞收藏
C "锁寒窗"得名于形状
D 金钥匙博物馆规模很大

위의 글에 근거하여, 알 수 있는 것은 :

A 조금지는 중국 열쇠만 수집한다
B 가족들은 조금지가 수집하는 것을 동의하지 않는다
C '쑤오한촹'은 형상에서 이름을 얻었다
D 금 열쇠 박물관의 규모는 매우 크다

단어　搞 gǎo 圖 하다 ｜ 得名 démíng 圖 이름을 얻다 ｜ 形状 xíngzhuàng 圆 형상

해설　마지막 문단의 밑줄 친 문장에서 '당대의 '쑤오한촹'이라는 열쇠가 있는데 그 형상이 고대의 창문 격식과 매우 닮아서 얻은 이름이며, 중국에 현존하는 가장 이른 시기의 열쇠이다'라고 했으므로 정답은 C이다.

 **83-86**

某公司新建了一个商场，并打算将楼里30多个黄金铺位一一拍卖。

9点半，最好的铺位首先开始拍卖，起价是30万元。拍卖师话音刚落，[83]一位中年人便举手叫价："80万！"顿时，整个拍卖现场鸦雀无声，大家都吃惊地看着这位中年人，拍卖师在拍卖席上大声喊："有没有超过80万的？80万第一次！80万第二次！好，成交！"就这样，最好的铺位被中年人拍走了。

[84]第二个摊位稍微逊色些，但起价也是30万。这时，拍卖现场的气氛变得火热起来。拍卖师一说出价格，便有人举手示意40万，有人高喊50万，竞争相当激烈。[84]最后，它以100万的价格成交。

才一个上午，30多个铺位就被拍卖一空，最差的铺位也拍出了35万元。有心人不难发现，整场拍卖会，第一个竞拍者其实是最大的赢家。

后来，这位竞拍者说："凭我的经验，如果按常规方式竞拍，这个铺位最后一定会超过100万。拍卖场如战场，[85]稍有迟疑，就会错失良机。所以拍卖师一出价，我就直接把价格抛到了自己的理想价位上，让其他人措手不及。当时我心里也很紧张，怕有人继续抬价，[86]幸好他们都还没做好思想准备，我这才成功拿下了这个铺位。"

모 회사에서 상가를 새로 지었는데 건물 안 30여 개의 황금 점포를 일일이 경매하기로 했다.

9시 반에 가장 좋은 점포가 먼저 경매되기 시작했는데 최저 가격이 30만 위안이었다. 진행자의 목소리가 막 줄어들기 시작할 때쯤 [83]한 중년이 손을 들며 가격을 외쳤다. "80만!" 갑자기 모든 경매 현장이 고요해졌고 모두 놀라며 이 중년을 바라보았다. 진행자가 경매석에서 큰 소리로 외쳤다. "80만을 넘는 분 계십니까? 80만 첫 번째! 80만 두 번째! 좋아요. 거래되었습니다!" 이렇게 가장 좋은 점포는 중년에게 경매되었다.

[84]두 번째 점포는 조금 뒤떨어졌어도 최저 가격은 30만 위안이었다. 이때 경매 현장의 분위기가 뜨겁게 변했다. 진행자가 가격을 말하자마자 어떤 사람은 손을 들어 40만 위안을 표시하고, 어떤 사람은 50만 위안이라고 고함을 지르며 경쟁이 상당히 치열했다. [84]최후에 그것은 100만 위안의 가격으로 거래되었다.

겨우 오전밖에 되지 않았는데 30개의 점포가 다 경매되어 텅 비었고 가장 형편없는 점포도 35만 위안에 경매되었다. 세심한 사람은 어렵지 않게 발견했을 것이다. 모든 경매장에서 처음으로 경매한 사람이 사실은 가장 큰 승리자였다는 것을 말이다.

후에 이 경매자는 말했다. "저의 경험에 따르면 만약 일반적인 방식에 따라 경매를 했다면 이 점포는 마지막에 분명히 100만을 넘었을 것입니다. 경매장은 전쟁터와 같아요. [85]조금만 망설여도 바로 좋은 기회를 놓쳐 버리죠. 그래서 진행자가 처음 가격을 말했을 때 저는 바로 가격을 저의 이상적인 가격 수준으로 던져두고 다른 사람이 손 쓸 수 없도록 했습니다. 당시에 저의 마음도 긴장이 되었어요. 어떤 사람이 계속 가격을 올릴까 봐 걱정이 되었죠. [86]다행히도 그들은 모두 아직 마음의 준비가 되지않았고 저는 이렇게 성공적으로 이 점포를 얻을 수 있었습니다."

단어 铺位 pùwèi 몡 점포 │ 拍卖 pāimài 동 경매하다 │ 拍卖师 pāimàishī 몡 경매를 진행하는 사람 │ 叫价 jiàojià 동 (경매에서) 가격을 부르다 │ 顿时 dùnshí 뷔 갑자기, 문득 │ 鸦雀无声 yāquè wúshēng 솅 매우 고요하다, 쥐 죽은 듯이 조용하다 │ 吃惊 chījīng 동 놀라다 │ 超过 chāoguò 동 초과하다, 넘다 │ 成交 chéngjiāo 동 거래가 성립되다 │ 稍微 shāowēi 뷔 조금, 약간, 다소 │ 逊色 xùnsè 동 뒤떨어지다, 차이가 나다 │ 气氛 qìfēn 몡 분위기 │ 竞拍 jìngpāi 동 경매하다 │ 常规 chángguī 혱 일반적인 │ 战场 zhànchǎng 몡 전쟁터 │ 迟疑 chíyí 혱 망설이다 │ 错失良机 cuòshī liángjī 좋은 기회를 놓치다 │ 抛 pāo 동 던지다 │ 措手不及 cuòshǒu bùjí 솅 미처 손쓸 새가 없다 │ 抬价 táijià 동 가격을 올리다 │ 幸好 xìnghǎo 뷔 다행히

83 中年人出价后，其他竞拍者：　　중년이 가격을 말한 후, 다른 경매자는 :

A 纷纷退场　　　　　　　　　　　A 잇달아 퇴장했다
B 很吃惊　　　　　　　　　　　　B 매우 놀랐다
C 都想拦住他　　　　　　　　　　C 모두 그를 막고 싶었다
D 很无奈　　　　　　　　　　　　D 어찌 해 볼 도리가 없었다

단어 纷纷 fēnfēn 閉 잇달아 | 退场 tuìchǎng 통 퇴장하다 | 拦住 lánzhù 통 꽉 막다, 차단하다 | 无奈 wúnài 통 어찌 해 볼 도리가 없다

해설 두 번째 문단의 밑줄 친 문장에서 쓰인 '吃惊'은 '놀라다'라는 뜻으로 중년이 손을 들며 가격을 외쳤을 때 '모두 놀라며 이 중년을 바라보았다'고 했으므로 정답은 B이다.

84 关于第二个铺位，下列哪项正确?　　두 번째 점포에 관하여, 다음 중 옳은 것은?

A 最后拍到了100万元　　　　　　A 최후에 100만 위안에 낙찰되었다
B 起价比第一个高　　　　　　　　B 최저 가격이 첫 번째 것보다 높다
C 地理位置最好　　　　　　　　　C 지리적 위치가 가장 좋다
D 还没装修　　　　　　　　　　　D 아직 꾸미지 않았다

단어 起价 qǐjià 명 최저 가격 | 装修 zhuāngxiū 통 (가옥을) 장식하고 꾸미다

해설 세 번째 문단에서 '두 번째 점포'에 관해 언급되어 있고, 밑줄 친 문장에서 '최후에 그것은 100만 위안의 가격으로 거래되었다'고 했으므로 정답은 A이다.

85 根据最后一段，可以知道：　　가장 마지막 문단에서 근거하여, 알 수 있는 것은 :

A 中年人缺乏拍卖经验　　　　　　A 중년은 경매 경험이 부족하다
B 目标不要定得太高　　　　　　　B 목표를 너무 높게 잡으면 안 된다
C 把握机会很重要　　　　　　　　C 기회를 잡는 것은 매우 중요하다
D 中年人十分后悔　　　　　　　　D 중년은 매우 후회했다

단어 缺乏 quēfá 통 결핍되다, 모자라다 | 把握 bǎwò 통 파악하다, 잡다 | 后悔 hòuhuǐ 통 후회하다

해설 마지막 문단의 밑줄 친 문장에서 경매자가 '조금만 망설여도 바로 좋은 기회를 놓쳐 버린다'라고 했으므로 정답은 C이다.

86 最适合做上文标题的是：　　위 글의 제목으로 가장 적절한 것은 :

A 拍卖场上的智慧　　　　　　　　A 경매장의 지혜
B 狡猾的拍卖公司　　　　　　　　B 교활한 경매 회사
C 拍卖师的一天　　　　　　　　　C 경매자의 하루
D 黄金铺位的秘密　　　　　　　　D 황금 점포의 비밀

단어 智慧 zhìhuì 명 지혜 | 狡猾 jiǎohuá 형 교활하다 | 秘密 mìmì 명 비밀

해설 전반적으로 경매장에 관한 이야기를 하고 있다. 처음으로 경매한 사람이 가장 큰 승리자였고, 마지막 문단의 밑줄 친 문장에서 '다행히도 그들은 모두 아직 마음의 준비가 되지 않았고 나는 이렇게 성공적으로 이 점포를 얻을 수 있었다'라는 내용으로 미루어 보아 정답은 A이다.

明代医药学家李时珍，早在青年时期就已远近闻名了。一天傍晚，他外出看病回来，刚要休息，渔民老庞匆匆跑来请他去救妻子一命。李时珍不顾劳累，马上背起药箱赶到庞家。原来老庞的妻子早上感到不舒服，老庞就找医生开了个药方，又到药铺抓了药，不料妻子服药后，却躺在床上不省人事了。

87李时珍看了药方，觉得没问题。他又让老庞取来药罐，拿着药方——核对煮过的草药。突然，他发现药中并没有方子上开的"漏篮子"，却多了一种叫"虎掌"的药，而虎掌有剧毒，吃了必然会出事。

听说是药铺配错了药，88老庞气得要去找药铺老板算账。李时珍拉住他，劝道："这件事不能全怪药铺，因为医书《日华本草》上说'漏篮子又名虎掌'，他们大概是因为这样才抓错了药。"

88这件事给李时珍的触动很大，他已经多次发现草药书中的错误，88, 89也听说过医生或药铺因依照书中的错误记载抓药而致人丧命的事情。这天晚上，他翻来覆去睡不着，89想到旧"本草"已几百年没修订了，再继续用下去，不知道还会有多少这样的事情发生。于是，他立誓要重修旧"本草"，纠正古代医书中的各种错误，补充民间现存的医学精华，造福后人。经过27年的不断努力，90他终于编写完成了药学巨著——《本草纲目》。

명대의 의약학자 이시진(李时珍)은 일찍이 청년 시절부터 이미 널리 유명하였다. 어느 날 저녁 무렵에 그가 밖에서 진찰을 하고 돌아와 막 휴식을 취하려고 하는데 어민 라오팡(老庞)이 급히 뛰어와 아내를 목숨을 구해 달라고 청했다. 이시진(李时珍)은 피곤을 무릅쓰고 바로 약 상자를 짊어진 후 그의 집으로 쫓아갔다. 알고 보니 라오팡(老庞)의 아내는 아침에 몸이 안 좋다는 걸 느꼈고, 라오팡(老庞)은 의사를 찾아가서 처방전을 받아 또 한약방에 가서 약을 지은 것이다. 그런데 생각지도 못하게 아내가 약을 복용하고 나서는 침대에 누워 인사불성이 된 것이다.

87이시진(李时珍)은 처방전을 봤지만 아무 문제가 없었다. 그는 또 라오팡(老庞)에게 약단지를 가져오게 해서 처방전을 들고 달인 약초와 대조해 보았다. 갑자기 그는 달여진 약에는 처방전에 있는 '로우란즈'가 없고 '후장'이라는 약이 많이 더해졌다는 걸 발견했다. 후장이라는 약에는 맹독이 들어 있어 먹으면 분명 큰일이 나게 되어 있었다.

한약방에서 약을 잘못 지었던 것임을 듣고 88라오팡(老庞)은 화가 나 한약방의 사장을 찾아가서 끝장을보려고 했으나 이시진(李时珍)은 그를 붙잡고 "이 일은한약방에만 책임을 물을 일이 아니네. 의술서〈일화본초〉에서 말하길 '로우란즈가 후장이라고도 불린다'고 하였으니 말일세. 그들은 아마 이 때문에 약을 잘못 지었을게야."라고 말했다.

88이 일이 이시진(李时珍)에게 일으킨 변화는 매우 컸다. 그는 이미 약초 책의 오류를 여러 번 발견했으며, 88, 89의사나 한약방에서 책에 기재된 오류를 따라 약을 지어 주어 사람이 목숨을 잃는 일을 들어본 적이 있기 때문이다. 이날 밤에 그는 뒤척이며 잠을 이루지 못했다. 89오래된 '본초'가 이미 몇백 년 동안 수정되지 않았으며, 재차 계속해서 사용한다면 이런 일이 얼마나 더 일어나게될지 모르기 때문이다. 그래서 그는 오래된 '본초'를 새롭게 수정하기로 맹세하고 고대 의술서 중의 각종 오류를 교정하여 민간에 존재하는 의학을 정교하게 보충함으로 후세를 위해 힘썼다. 27년의 부단한 노력을 통해 90그는 마침내 약학계의 대작인 〈본초강목〉을 완성했다.

단어　闻名 wénmíng 형 유명하다 | 渔民 yúmín 명 어민 | 劳累 láolèi 형 피로하다 | 开药方 kāiyàofāng 동 처방전을 쓰다 | 药铺 yàopù 명 한약방 | 不料 búliào 부 뜻밖에 | 服药 fúyào 동 약을 먹다 | 不省人事 bùxǐng rénshì 성 인사불성이 되다 | 药方 yàofāng 명 처방전 | 罐 guàn 명 단지 | 核对 héduì 동 대조 확인하다 | 剧毒 jùdú 명 맹독 | 触动 chùdòng 동 (감정 변화·추억 등을) 불러일으키다 | 依照 yīzhào 개 ~에 따라 | 记载 jìzǎi 동 기재하다 | 抓药 zhuāyào (한약방에서) 약을 짓다 | 丧命 sàngmìng 동 목숨을 잃다 | 翻来覆去 fānlái fùqù 성 이리저리 뒤척이다 | 修订 xiūdìng 동 수정하다 | 纠正 jiūzhèng 동 (사상·잘못을) 교정하다, 고치다 | 现存 xiàncún 동 현존하다 | 精华 jīnghuá 명 정화, 정수 | 造福 zàofú 동 행복하게 하다 | 巨著 jùzhù 명 대작, 거작

87

李时珍是怎样发现药有问题的?

A 亲自尝一尝
B 询问其他大夫
C 检查煮过的草药
D 翻看医书

이시진은 약에 문제가 있는지 어떻게 발견했는가?

A 직접 먹어보고
B 다른 의사에게 자문을 구해서
C 달였던 약을 검사해서
D 의술서를 펼쳐보고

 亲自 qīnzì 🖪 직접, 친히 | 询问 xúnwèn 🗟 알아보다, 의견을 구하다 | 翻看 fānkàn 🗟 (책이나 문서 따위를) 펼쳐 보다

해설 두 번째 문단의 밑줄 친 문장에서 '처방전을 봤지만 아무 문제가 없었다. 그는 또 라오팡에게 약단지를 가져오게 해서 처방전을 들고 달인 약초와 대조해 보았다'고 했으므로 정답은 C이다.

88

李时珍为什么说责任不全在药铺?

A 老庞煮药的方法好
B 老庞的妻子对草药过敏
C 医生开的药量太大
D 药铺可能受医书的误导

이시진은 왜 한약방에 모든 책임이 있지 않다고 하였는가?

A 라오팡이 달였던 방법이 좋아서
B 라오팡의 아내가 약에 이상 반응을 나타낸 거라서
C 의사가 처방한 약의 양이 너무 많아서
D 한약방에서 의술서의 내용에 오도된 것일 수 있어서

단어 责任 zérèn 🖪 책임 | 过敏 guòmǐn 🗟 (약물이나 외부 자극에) 이상 반응을 나타내다 | 误导 wùdǎo 🗟 잘못 이끌다, 오도하다

해설 세 번째 문단의 밑줄 친 문장에서 '라오팡은 화가 나 한약방의 사장을 찾아가서 끝장을 보려고 했으나 이시진은 그를 붙잡고 "이 일은 한약방에만 책임을 물을 일이 아니다"라고 말한 것과 네 번째 문단의 밑줄 친 문장에서 '이 일이 이시진에게 일으킨 변화는 매우 컸다. 그는 이미 약초 책의 오류를 여러 번 발견했으며, 의사나 한약방에서 책에 기재된 오류를 따라 약을 지어 주어 사람이 목숨을 잃는 일을 들어본 적이 있기 때문이다'고 했으므로 정답은 D이다.

89

第4段中画线句子说明李时珍:

A 为自己的未来担心
B 怀疑自己医术不精
C 心情很不平静
D 经常开夜车

네 번째 문단의 밑줄 친 문장에서 설명하는 이시진은:

A 자신의 미래를 위해 근심했다
B 자신의 의술이 탁월하지 못하다고 의심했다
C 마음이 평온하지 못했다
D 자주 밤을 새웠다

단어 怀疑 huáiyí 🗟 의심하다, 추측하다 | 平静 píngjìng 🗟 고요하다, 평온하다 | 开夜车 kāi yèchē 밤을 꼬박 새우다

해설 밑줄 친 '他翻来覆去睡不着(그는 뒤척이며 잠을 이루지 못했다)'의 앞 문장에 '의사나 한약방에서 책에 기재된 오류를 따라 약을 지어 주어 사람이 목숨을 잃는 일을 들어본 적이 있기 때문이다'와 뒤 문장에서 '오래된 '본초'가 이미 몇백 년 동안 수정되지 않았으며, 재차 계속해서 사용한다면 이런 일이 얼마나 더 일어나게 될지 모르기 때문이다'고 했으므로 이시진 자신의 미래에 대한 걱정이나 잘못으로 인한 것이 아니므로 A와 B는 답에서 제외된다. 또한 '자주 밤을 새웠다'라는 내용도 없으므로 D도 제외된다. 그러므로 정답은 C이다.

90

上文主要讲的是:

A 李时珍学医的理由
B 《本草纲目》的由来
C 李时珍年轻时的小事
D 草药学产生的背景

위 글에서 주로 이야기하는 것은:

A 이시진이 의학을 공부하는 이유
B 〈본초강목〉의 유래
C 이시진이 젊었을 때의 에피소드
D 약초학이 생겨난 배경

 理由 lǐyóu 🖪 이유, 까닭 | 由来 yóulái 🖪 유래

해설 주제를 묻는 문제를 풀 때는 먼저 보기를 통해 글의 내용을 짐작한 후 문장 속의 여러 단서를 통해 답을 찾는 것, 혹은 첫 번째와 마지막 문단에서 중심 내용을 찾는 것이 비법이라고 할 수 있다. 마지막 문단의 밑줄 친 문장에서 '그는 마침내 약학계의 대작인 〈본초강목〉을 완성했다'고 했으므로 정답은 B이다.

三 书 写

第 一 部 分

91-98

91

安排　顺序　把　我　好了

정답 我把顺序安排好了。　　나는 순서를 다 안배했다.

단어 安排 ānpái 图 안배하다, 배치하다 | 顺序 shùnxù 图 순서 | 把 bǎ 께 ~를

해설 '부사 + 조동사 + 개사 + 명사'가 순서대로 술어 앞에서 술어를 꾸며 주는 부사어가 된다. '把'는 '~를'이라는 뜻이지만 품사는 개사이므로 명사와 함께 '安排(안배하다)'라는 술어 앞에서 부사어로 쓰인다. 또한 '好了'는 보어로 술어 뒤에 쓰인다.

我　　把 顺序　　安排　好了。
주어　부사어(개사 + 명사)　술어　보어

92

我现在　答案　不能　给你明确的

정답 我现在不能给你明确的答案。　　나는 지금 너에게 명확한 답을 줄 수 없다.

단어 答案 dá'àn 图 답안 | 能 néng 图 ~할 수 있다 | 给 gěi 图 주다 | 明确 míngquè 图 명확하다

해설 '给(주다)'가 술어로 쓰일 때에는 이중목적어를 갖는다. 이 문장에서 '给(주다)'에 대한 목적어는 '你(너)'라는 사람목적어와 '明确的答案(명확한 답)'이라는 사물목적어가 쓰여 이중목적어를 이루었다. 또한 '现在(지금)'는 시간명사이기 때문에 주어 앞뒤에 모두 올 수 있다.

我　　现在　　不能　　给　　你　　明确的　答案。
주어　부사어　부사어　술어　목적어1　관형어　목적어2

93

研究　理论　进行了　他对这项

정답 他对这项理论进行了研究。　　그는 이 이론에 대해 연구를 진행했다.

단어 研究 yánjiū 图 연구 | 理论 lǐlùn 图 이론 | 进行 jìnxíng 图 진행하다 | 项 xiàng 图 항목, 조항

해설 '对'는 '~에 대해서'라는 뜻의 개사이므로 '부사 + 조동사 + 개사 + 명사 + 술어'의 공식에 의해 '进行(진행하다)'이라는 술어 앞에 온다.

他　　对这项理论　　进行了　研究。
주어　부사어(개사 + 명사)　술어　목적어

94

很　特色小吃　独特　当地的

정답 当地的特色小吃很独特。　　현지의 특색 간식은 매우 독특하다.

단어 特色 tèsè 图 특색 | 小吃 xiǎochī 图 간식, 스낵 | 独特 dútè 图 독특하다 | 当地 dāngdì 图 현지

해설 형용사가 술어가 될 때에는 두 가지의 특징을 갖는다. 첫 번째는 '매우'라는 의미의 '很', '非常'과 같은 정도부사의 수식을 받는다는 것이고, 두 번째는 목적어를 갖지 않는다는 것이다. 이 문장에서는 '独特(독특하다)'라는 형용사가 술어이므로 목적어를 갖지 않고 나머지 제시어는 모두 술어 앞에 위치하게 된다.

当地的　特色小吃　很　独特。
관형어　　주어　　정도부사　술어

95

方案　　被总经理　　这项　　否定了

정답　这项方案被总经理否定了。　　　　이 방안은 사장님에 의해 부결되었다.

단어　方案 fāng'àn 몡 방안 ｜ 被 bèi 깨 ～에게 ～를 당하다 ｜ 总经理 zǒngjīnglǐ 몡 최고 경영자, 최고 책임자 ｜ 项 xiàng 몡 항목, 조항 ｜ 否定 fǒudìng 통 부정하다

해설　'项'은 '항목', '조항'을 세는 양사이기에 '方案(방안)' 앞에 오게 된다. '被'는 '～에게 ～를 당하다'라는 의미를 가진 개사이므로 '부사 + 조동사 + 개사 + 명사 + 술어'의 공식에 의해 '否定(부정하다)'이라는 술어 앞에 위치하게 된다. '否定'은 '부정하다'라는 뜻이지만 피동의 '被'가 붙으면 '부정당하다'라는 의미가 된다.

这项　　方案　被总经理　否定了。
관형어　주어　　부사어　　술어

96

大家　　积极心态　　很佩服　　他的　　让

정답　他的积极心态让大家很佩服。　　　　그의 적극적인 태도는 모두를 감탄시켰다.

단어　积极 jījí 톙 적극적이다 ｜ 心态 xīntài 몡 심리 상태 ｜ 佩服 pèifú 톙 감탄하다, 탄복하다 ｜ 让 ràng 통 ～하게 하다

해설　'让'은 '～하게 하다'라는 의미의 동사이다. '让'이 '～하게 하다'라는 의미로 쓰일 때 '让(～하게 하다)'은 첫 번째 술어로 쓰이며 뒤에 새로운 술어를 동반한다. '佩服'는 '감탄하다'라는 형용사이므로 두 번째 술어로 쓰였다.

他的　积极心态　让　　大家　　很　　佩服。
관형어　주어　　술어　목적어
　　　　　　　　　　　주어　부사어　술어

97

运动设施　　新增了　　我们健身房里　　许多

정답　我们健身房里新增了许多运动设施。　　　우리 헬스클럽에는 많은 운동 시설이 새로 늘었다.

단어　设施 shèshī 몡 시설 ｜ 增 zēng 통 늘다, 증가하다 ｜ 健身房 jiànshēnfáng 몡 헬스클럽 ｜ 许多 xǔduō 톙 매우 많다

해설　'增'은 '증가하다'라는 동사이며 문장 안에서 술어로 쓰였다. 헬스클럽 안에 운동 시설이 생긴 것이므로 주어는 '健身房(헬스클럽)', 목적어는 '运动设施(운동 시설)'이다. '许多'는 '매우 많다'라는 형용사로 목적어 앞의 관형어로 쓰였다.

我们健身房里　新增了　许多　运动设施。
　　주어　　　　술어　관형어　목적어

98

中国传统建筑　　为主　　木材　　以

정답　中国传统建筑以木材为主。　　　　중국 전통 건축물은 목재를 위주로 한다.

단어　传统 chuántǒng 몡 전통 ｜ 建筑 jiànzhù 몡 건축물 ｜ 以…为… yǐ…wéi… ～을 ～으로 삼다 ｜ 木材 mùcái 몡 목재

해설　'以 A 为主'는 'A를 위주로 하다'라는 의미이므로 '以木材为主'는 '목재를 위주로 하다'라는 의미이다.

中国传统建筑　以木材　为主。
　　주어　　　부사어　술어

第 二 部 分

99

家乡、离开、偶尔、熟悉、想念

> 时间飞快，一转眼离开家乡已经十年了。由于整天忙于工作，却难得有机会回去看看。也不知现在家乡变化如何。工作之余偶尔会回想儿时美好的往事，那一幕幕熟悉的画面却依旧历历在目。真的想念家乡的一切。

시간이 매우 빨리 흘러 눈 깜짝할 새에 고향을 떠난 지 벌써 10년이 되었다. 온종일 일하느라 바빠서 돌아가 볼 기회를 얻기가 쉽지 않았다. 현재 고향이 어떻게 변화했는지도 모른다. 일 외의 여가 시간에 때때로 어릴 적 아름다웠던 지난 일들을 회상하는데, 그 하나하나 익숙했던 화면이 여전히 눈에 선하다. 정말 고향의 모든 것이 그립다.

단어 家乡 jiāxiāng 몡 고향 | 离开 líkāi 동 떠나다, 벗어나다 | 偶尔 ǒu'ěr 뷔 때때로 | 熟悉 shúxī 혱 익숙하다 | 想念 xiǎngniàn 동 그리워하다 ‖ 一转眼 yìzhuǎnyǎn 몡 눈 깜짝할 사이 | 整天 zhěngtiān 몡 (온)종일 | 如何 rúhé 때 어떻게 | 依旧 yījiù 뷔 여전히 | 历历在目 lìlì zàimù 셩 지나간 일들이 눈에 선하다

100

> 在人生的旅途中，每个人都会遇到不同的困境。在这个时候朋友会给我们带来很大帮助：一句话、一个建议或者一个拥抱都能给予莫大的安慰。但同时我们也应该用真心去对待一个朋友。真正的朋友是沙漠中的绿洲。

인생의 여정에서 누구나 다 다른 곤경에 처할 것이다. 이때 친구는 나에게 많은 도움을 가져다줄 것이다. 말 한마디, 제안 하나 또는 포옹 하나 모두 큰 위안을 가져다줄 수 있다. 그러나 동시에 우리 역시 반드시 친구를 진심으로 대해야 한다. 진정한 친구는 사막의 오아시스와 같다.

단어 旅途 lǚtú 몡 여정 | 遇到 yùdào 동 마주치다, 봉착하다 | 困境 kùnjìng 몡 곤경 | 拥抱 yōngbào 몡 포옹 | 给予 jǐyǔ 동 주다 | 安慰 ānwèi 혱 위로가 되다 | 对待 duìdài 동 대하다

新汉语水平考试

실전 모의고사 해설

제2회

一　听　力

第　一　部　分

1

男：天气预报说明天还要降温。
女：对，据说有股冷空气正从北方过来。

问：天气预报说明天天气会怎么样?

A　有雷阵雨
B　持续晴天
C　降温
D　有大雾

남: 일기 예보에서 내일 기온이 더 떨어진대.
여: 맞아. 차가운 공기가 북쪽에서 오고 있대.

문: 일기 예보에서 내일 날씨가 어떻다고 말하는가?

A　천둥 번개를 동반한 소나기가 온다
B　맑은 날씨가 지속된다
C　기온이 떨어진다
D　안개가 낀다

단어　天气预报 tiānqì yùbào 몡 일기 예보 | 降温 jiàngwēn 동 기온이 떨어지다 ‖ 雷阵雨 léizhènyǔ 몡 천둥과 번개를 동반한 소나기 | 持续 chíxù 동 지속하다 | 晴天 qíngtiān 몡 맑은 날씨 | 雾 wù 몡 안개

해설　'降温'은 '기온이 떨어지다'라는 의미로 '降'이 들어가는 단어의 대부분이 '내리다', '낮추다'라고 쓰인다는 것을 알아야 한다. 新HSK 5급 듣기의 정답은 그대로 들려주는 경우가 많으며 대화에서 '내일 기온이 더 떨어진다'라고 했으므로 정답은 C이다.

2

男：我们昨天买的那本小说，描写的都是普通老百姓的日常生活，挺真实的。
女：是的，感觉里面的故事好像就发生在身边，很熟悉。

问：他们买的小说有什么特点?

A　没逻辑性
B　观点鲜明
C　语言优美
D　内容真实

남: 우리가 어제 산 그 소설에서 묘사된 것이 모두 일반 사람들의 일상생활이라서 정말 진짜 같아.
여: 맞아. 안에 있는 이야기가 마치 곁에서 일어난 일 같아서 정말 익숙해.

문: 그가 산 소설은 무슨 특징이 있는가?

A　논리성이 없다
B　관점이 분명하다
C　언어가 아름답다
D　내용이 진실하다

단어　描写 miáoxiě 동 묘사하다 | 普通 pǔtōng 혱 일반적이다 | 老百姓 lǎobǎixìng 몡 백성, 일반 국민 | 真实 zhēnshí 혱 진실하다 | 熟悉 shúxī 혱 익숙하다 ‖ 逻辑 luójí 몡 논리 | 观点 guāndiǎn 몡 관점 | 鲜明 xiānmíng 혱 분명하다, 선명하다 | 优美 yōuměi 혱 우아하고 아름답다

해설　新HSK 5급 듣기 영역을 전략적으로 공략하기 위해서는 보기를 먼저 읽어야 한다. 대화의 '挺真实的(정말 진짜 같다)'와 의미가 통하는 D가 정답이다.

3

女：听李总说今年公司的利润不错。
男：是，今年市场规模扩大了，再加上钢铁
　　等原料的价格下降，利润也就提高了。

问：男的认为利润提高的原因是什么？

A　引进了人才
B　生产效率降低了
C　原材料价格下降了
D　更新了管理制度

여：이 사장님이 올해 회사의 이윤이 좋다고 하시
　　네요.
남：맞아요. 올해 시장 규모가 확대되고 게다가 강
　　철 등의 원료 가격이 내려갔어요. 이윤 또한 올
　　라갔고요.

문：남자는 이윤이 오른 원인이 무엇이라고 여기는가?

A　인재를 끌어들였다
B　생산 효율이 낮아졌다
C　원자재 가격이 내려갔다
D　관리 제도를 갱신했다

단어　利润 lìrùn 몡 이윤 | 规模 guīmó 몡 규모 | 扩大 kuòdà 통 넓히다 | 下降 xiàjiàng 통 내리다, 떨어지다 | 提高 tígāo 통 향상시키다, 높이다 ‖ 引进 yǐnjìn 통 도입하다, 끌어들이다 | 生产 shēngchǎn 몡 생산 | 效率 xiàolǜ 몡 능률, 효율 | 降低 jiàngdī 통 내려가다 | 原材料 yuáncáiliào 몡 원자재 | 更新 gēngxīn 통 갱신하다 | 制度 zhìdù 몡 규칙, 제도

해설　C의 '原材料'는 '원자재'라는 의미이며 줄여서 쓰면 '原料(원료)'라고 할 수 있다. 대화에서 '강철 등의 원료 가격이 내려갔다'라고 했기 때문에 정답은 C이다. 또한 '下降(내리다)'이라는 표현에서 '降'이라는 단어가 '내리다'라는 의미임을 알아야 한다.

4

男：听说这期节目的嘉宾是著名的心内科专
　　家。
女：是吗？那我得让我舅舅看看，他心脏不
　　太好。

问：女的想让谁看节目？

A　舅舅
B　姑姑
C　外婆
D　外公

남：듣자 하니 이번 프로그램의 게스트가 유명한
　　심장내과 전문가라고 해.
여：그래? 그러면 우리 외삼촌에게 좀 보시라고 해
　　야겠어. 그는 심장이 그다지 좋지 않거든.

문：여자는 누구에게 프로그램을 보여주고 싶어 하
　　는가？

A　외삼촌
B　고모
C　외할머니
D　외할아버지

단어　节目 jiémù 몡 프로그램 | 嘉宾 jiābīn 몡 (방송) 게스트 | 著名 zhùmíng 혱 저명하다, 유명하다 | 专家 zhuānjiā 몡 전문가 | 舅舅 jiùjiu 몡 외삼촌 | 心脏 xīnzàng 몡 심장 ‖ 姑姑 gūgu 몡 고모 | 外婆 wàipó 몡 외할머니 | 外公 wàigōng 몡 외할아버지

해설　보기 중에 대화에서 언급된 단어는 '舅舅(외삼촌)'뿐이다. '舅舅'는 '외삼촌'이므로 정답은 A이다.

5

男：儿童节，我们送女儿什么礼物好呢？
女：象棋吧。那天她在姥姥家玩儿，回来就
　　吵着要我买一副呢。

问：他们打算送女儿什么？

A　象棋
B　西装
C　数码相机
D　玩具车

남：어린이날에 우리는 딸에게 어떤 선물을 해줄
　　까요？
여：장기요. 외할머니 댁에서 놀았던 그날 돌아와
　　서 나에게 하나 사달라고 칭얼거렸어요.

문：그들은 딸에게 무엇을 선물할 계획인가？

A　장기
B　양복
C　디지털카메라
D　장난감 차

단어　儿童节 Értóng Jié 몡 어린이날 | 象棋 xiàngqí 몡 장기 | 吵 chǎo 혱 시끄럽다 ‖ 西装 xīzhuāng 몡 양복 | 数码相机 shùmǎxiàngjī 몡 디지털카메라 | 玩具 wánjù 몡 장난감

 '象棋'는 '장기'라는 의미로 新HSK 5급 듣기와 독해 영역에서 자주 출제되는 단어이다. 대화에서 '象棋吧(장기요)'라고 언급되어 정답을 A로 체크할 수 있지만 너무 짧기 때문에 듣기가 힘들 수도 있다. 그렇기 때문에 장기를 세는 양사 '副'를 이용해서 추측하는 것도 좋은 방법이다. 정답은 A이다.

> **Tip** '象棋' 관련 표현
> 一副象棋 장기 하나　　　　　　　下象棋 장기를 두다

6

女: 新产品月底就要投入市场了，宣传工作就交给你们部门了。
男: 好的。宣传方案我们会尽快做好的。

问: 男的负责哪方面的工作?

A 新产品开发
B 宣传
C 咨询
D 售后服务

여: 신제품이 월말에 시장에 투입되어서 홍보 업무를 모두 당신들 부서에 보냈습니다.
남: 알겠어요. 우리가 되도록 빨리 홍보 방안을 짜 놓을게요.

문: 남자는 어느 방면의 일을 맡았는가?

A 신상품 개발
B 홍보
C 자문
D 애프터서비스

단어 产品 chǎnpǐn 몡 생산품, 제품 | 月底 yuèdǐ 몡 월말 | 投入 tóurù 통 투자하다, 투입하다 | 宣传 xuānchuán 몡 홍보 | 部门 bùmén 몡 부서 | 方案 fāng'àn 몡 방안 | 尽快 jǐnkuài 児 되도록 빨리 ‖ 开发 kāifā 몡 개발 | 咨询 zīxún 통 자문하다

 '宣传(홍보)'은 新HSK 5급 듣기에서 매월 출제되는 단어이다. 대화에서 '宣传工作(홍보 업무)'와 '宣传方案(홍보 방안)'이 나왔기 때문에 정답은 B이다.

7

女: 你看，从这儿能看到山下整个村庄。
男: 是，薄薄的雾气让村子看上去像仙境一样。真美!

问: 根据对话，下列哪项正确?

A 他们在钓鱼
B 雾气很美
C 村庄在山顶上
D 男的在讲神话故事

여: 봐. 여기에서부터 산 아래의 모든 마을을 볼 수 있어.
남: 맞아. 희미한 안개가 마을을 마치 선경처럼 보이게 해. 정말 아름다워!

문: 대화에 근거하여, 다음 중 옳은 것은?

A 그들은 낚시를 하고 있다
B 안개가 매우 아름답다
C 마을이 산꼭대기 위에 있다
D 남자는 신화 이야기를 하고 있다

단어 村庄 cūnzhuāng 몡 마을 | 薄 báo 혱 옅다, 얇다 | 雾气 wùqì 몡 안개 | 仙境 xiānjìng 몡 선경 [경치가 신비스러운 곳] ‖ 钓鱼 diàoyú 통 낚시하다 | 山顶 shāndǐng 몡 산꼭대기 | 神话 shénhuà 몡 신화

 대화의 가장 마지막에 쓰인 '真美(정말 아름답다)'와 가장 유사한 것은 B이다. 남자가 언급한 '仙境(선경)'은 신선이 사는 것처럼 신비하고 그윽한 경치를 일컫는 말이다. 안개가 선경처럼 보이게 하는 것이므로 안개가 아름답다는 표현의 B가 정답이다.

> **Tip** 像 A 一样　마치 A와 같다

8

女：我不小心把一份重要文件给删了，能恢复吗？
男：不用担心，我帮你下载一个恢复数据的软件。

问：根据对话，下列哪项正确？

A 电脑中病毒了
B 鼠标坏了
C 女的误删了文件
D 男的没找到软件

여 : 내가 부주의해서 중요한 문서를 지워버렸어. 복구할 수 있을까?
남 : 걱정할 필요 없어. 내가 데이터를 복구하는 소프트웨어를 다운로드 받아 줄게.

문 : 대화에 근거하여, 다음 중 옳은 것은?

A 컴퓨터가 바이러스에 걸렸다
B 마우스가 망가졌다
C 여자가 실수로 문서를 지워버렸다
D 남자는 소프트웨어를 찾지 못했다

단어 小心 xiǎoxīn 휑 조심스럽다, 신중하다 | 文件 wénjiàn 몡 문서, 서류 | 删 shān 동 삭제하다 | 恢复 huīfù 동 회복하다 | 数据 shùjù 몡 데이터 | 软件 ruǎnjiàn 몡 소프트웨어 ‖ 中病毒 zhòng bìngdú 바이러스에 걸리다 | 鼠标 shǔbiāo 몡 마우스 | 误 wù 휑 틀리다, 잘못되다

해설 新HSK 5급 듣기 영역에서 빠지지 않고 나오는 문제 유형이 컴퓨터 관련 문제이다. 여자의 첫마디에서 '내가 부주의해서 중요한 문서를 지워버렸다'라는 것으로 보아 여자가 문서를 지웠음을 알 수 있다. 그러므로 정답은 C이다.

9

男：国庆节，你有什么打算？
女：去趟杭州，我本科时最好的朋友在那儿举办婚礼。

问：女的去杭州做什么？

A 招待客人
B 参加夏令营活动
C 参加婚礼
D 签订合同

남 : 국경절(国庆节)에 너는 어떤 계획이 있니?
여 : 항저우(杭州)에 가. 내가 대학교 다닐 때 가장 친했던 친구가 그곳에서 결혼식을 하거든.

문 : 여자는 항저우에 가서 무엇을 하는가?

A 손님을 대접한다
B 여름 캠프 활동에 참가한다
C 결혼식에 참석한다
D 계약을 체결한다

단어 趟 tàng 양 차례, 번 [왕래 횟수를 세는 양사] | 本科 běnkē 몡 (대학교) 학부 | 举办 jǔbàn 동 거행하다 ‖ 招待 zhāodài 동 접대하다, 대접하다 | 夏令营 xiàlìngyíng 몡 여름 캠프 | 签订 qiāndìng 동 체결하다 | 合同 hétong 몡 계약서

해설 '举办'은 '举行'과 동의어로 '개최하다', '거행하다'라는 의미를 가지고 있다. 대화의 '举办婚礼'는 '결혼식을 거행하다'라는 의미이므로 정답은 C이다.

Tip '夏令营活动(여름 캠프 활동)'은 줄여서 쓰면 '夏令营(여름 캠프)'이라고도 쓸 수 있다. '夏令营(여름 캠프)'과 '活动(활동)'을 붙여서 쓰는 문제가 新HSK 5급 쓰기 1부분에서도 출제된 적이 있으니 이 또한 알아 두어야 한다.

10

男：小王怎么了？听他说话的语气好像不太高兴。
女：他申请的研究项目没被批准，所以情绪有点儿低落。

问：小王为什么情绪不好？

A 项目没通过
B 被经理批评了
C 没被录取了
D 失业了

남 : 샤오왕(小王) 무슨 일 있어? 그의 말투를 들으니 그다지 기쁜 것 같지 않아.
여 : 그가 신청했던 연구 프로젝트가 허가되지 않았거든. 그래서 기분이 조금 가라앉았을 거야.

문 : 샤오왕은 왜 기분이 좋지 않은가?

A 프로젝트가 통과되지 못했다
B 사장님에게 질책을 받았다
C 채용되지 못했다
D 일자리를 잃었다

단어 语气 yǔqì 몡 어투, 말투 | 申请 shēnqǐng 동 신청하다 | 项目 xiàngmù 몡 프로젝트 | 批准 pīzhǔn 동 허가하다 | 情绪 qíngxù 몡 정서, 기분 | 低落 dīluò 동 떨어지다 ‖ 通过 tōngguò 동 통과하다 | 批评 pīpíng 동 비판하다, 질책하다 | 录取 lùqǔ 동 채용하다, 고용하다 | 失业 shīyè 동 직업을 잃다, 일을 잃다

 '项目'는 '항목'이라는 의미이지만 新HSK 5급 듣기 영역에서는 '프로젝트'라고 해석이 될 경우가 더 많으며 대화에서 쓰인 '批准'은 '허가하다'라는 의미이다. 프로젝트가 허가 받지 못했다는 것은 다시 말해 통과되지 못했다는 의미이므로 정답은 A이다.

11

女: 这块地毯没什么特别的呀，可是太贵了！

男: 这可是纯手工制作的，而且使用的材料也很高档。

问: 那块地毯为什么贵?

A 保暖效果不错
B 是进口的
C 非常柔软
D 是手工制作的

여: 이 카펫은 특별한 것도 없는데 너무 비싸!

남: 이건 순전히 수공예로 만들어진 거야. 게다가 사용한 재료도 아주 고급이야.

문: 그 카펫은 왜 비싼가?

A 보온 효과가 아주 좋다
B 수입품이다
C 매우 부드럽다
D 수공예로 만들어진 것이다

단어 地毯 dìtǎn 명 양탄자, 카펫 | 纯 chún 부 완전히, 순전히 | 手工 shǒugōng 명 수공, 손으로 하는 일 | 制作 zhìzuò 동 제작하다 | 材料 cáiliào 명 재료 | 高档 gāodàng 형 고급의 ‖ 保暖 bǎonuǎn 동 보온하다 | 进口 jìnkǒu 동 수입하다 | 柔软 róuruǎn 형 부드럽다

해설 '手工制作' 자체가 '수공 제작'이라는 의미이지만 '纯手工制作'라고 해도 '순전히 수공 제작'이라는 의미가 되어 동의어가 될 수 있다. 또한, '可是'는 '그러나'라는 뜻이 아니라 '可'가 강조의 용법으로 쓰인 것이다. 그러므로 정답은 D이다.

12

女: 你确定要做新能源方面的论文了?

男: 确定了，这将是我今后研究的主要方向。

问: 论文是关于哪方面的?

A 绿色食品
B 新能源
C 疾病防治
D 环境污染

여: 너는 신에너지원 방면의 논문을 쓰기로 결정했니?

남: 결정했어. 이게 내가 앞으로 연구할 주요 방향이야.

문: 논문은 어느 방면에 관한 것인가?

A 무공해 식품
B 신에너지원
C 질병 예방 치료
D 환경 오염

단어 确定 quèdìng 동 확정하다, 결정을 내리다 | 能源 néngyuán 명 에너지, 에너지원 | 论文 lùnwén 명 논문 ‖ 疾病 jíbìng 명 질병 | 防治 fángzhì 명 예방 치료 | 污染 wūrǎn 명 오염

해설 '能源'은 '에너지원'이라는 뜻이다. '너는 신에너지원 방면의 논문을 쓰기로 결정했니?'라고 했기 때문에 보기를 미리 보고 문제를 풀었다면 정답을 쉽게 체크할 수 있을 것이다. 정답은 B이다.

 Tip **에너지 관련 표현**

水能 수력 에너지   电能 전력 에너지
热能 열 에너지   太阳能 태양 에너지

13

女：昨晚的决赛真激烈，为了拿冠军，双方
　　真是拼劲了全力。
男：是啊！我还真没想到，你也是个球迷。

问：关于女的可以知道什么？

A　是业余选手
B　担任裁判
C　不懂比赛规则
D　是个球迷

여：어제 저녁의 결승전이 정말 치열했어. 우승을
　　하기 위해 두 팀 모두 전력을 다 했어.
남：맞아! 나는 정말 생각지도 못했는데 너도 축구
　　팬이구나.

문：여자에 관하여 알 수 있는 것은 무엇인가?

A　아마추어 선수이다
B　심판을 맡았다
C　경기 규칙을 이해하지 못한다
D　축구팬이다

단어　决赛 juésài 몡 결승 ｜ 激烈 jīliè 혱 치열하다 ｜ 拼 pīn 됭 필사적으로 하다 ｜ 劲 jìn 몡 힘 ｜ 业余选手 yèyú
xuǎnshǒu 몡 아마추어 선수 ｜ 担任 dānrèn 됭 맡다, 담당하다 ｜ 裁判 cáipàn 몡 심판 ｜ 懂 dǒng 됭 알다, 이해하다
｜ 规则 guīzé 몡 규칙 ｜ 球迷 qiúmí 몡 축구팬

해설　어떠한 명사 뒤에 '迷'를 붙이면 '팬', '마니아'라는 의미가 된다. '球迷' 자체는 구기 종목의 팬을 의미하지만 대체적으로
'축구팬'을 의미할 때 많이 쓰인다. 대화에서는 '생각지도 못하다'라는 표현의 '没想到'를 써서 '나는 정말 생각지도 못했는
데 너도 축구팬이구나'라고 했으므로 여자가 축구팬임을 알 수 있다. 그러므로 정답은 D이다.

14

男：这个装修方案您还满意吗？
女：其他都不错，就是阳台的门，我想换成
　　玻璃的推拉门。

问：女的对哪儿的设计不满意？

A　厨房的墙面
B　客厅的大小
C　阳台的门
D　卧室的窗帘

남：당신은 이 인테리어 방안이 마음에 드시나요？
여：다른 것은 다 괜찮아요. 단지 베란다의 문을
　　유리로 된 미닫이문으로 바꿨으면 좋겠어요.

문：여자는 어디의 설계에 불만인가？

A　주방의 벽
B　거실의 크기
C　베란다의 문
D　침실의 커튼

단어　装修 zhuāngxiū 몡 인테리어 ｜ 阳台 yángtái 몡 발코니, 베란다 ｜ 玻璃 bōli 몡 유리 ｜ 推拉门 tuīlāmén 몡 미닫이문
‖ 厨房 chúfáng 몡 주방 ｜ 墙 qiáng 몡 벽 ｜ 客厅 kètīng 몡 거실, 객실 ｜ 卧室 wòshì 몡 침실 ｜ 窗帘 chuānglián
몡 커튼

해설　'就是'는 '단지'라는 의미이며 '只是(단지)'와 상응하는 단어이다. 앞에서는 칭찬을 하고 '단지 ～인 것이 불만이다'라는 식
의 내용은 新HSK 5급에서 자주 출제되는 스토리 라인이기 때문에 '就是(단지)'라는 단어에 주의해야 한다. 베란다 문에
대한 불만을 말하고 있기 때문에 정답은 C이다.

15

男：你去医院了吗？医生怎么说？
女：说我的肩膀不太好，是长期使用电脑导
　　致的，让我平时注意调整坐姿。

问：大夫建议女的怎么做？

A　调整坐姿
B　少熬夜
C　多吃蔬菜
D　加强锻炼

남：너 병원에 갔었어？ 의사가 뭐라고 해？
여：내 어깨가 그다지 좋지 않대. 오랜 시간 컴퓨
　　터를 사용해서 발생한 거라던데, 나한테 평소
　　앉은 자세 교정에 주의하래.

문：의사는 여자에게 어떻게 하라고 건의하는가？

A　앉는 자세를 교정하라
B　밤을 적게 새라
C　채소를 많이 먹어라
D　운동을 강화해라

단어　肩膀 jiānbǎng 몡 어깨 ｜ 导致 dǎozhì 됭 야기하다 ｜ 调整 tiáozhěng 됭 조정하다 ｜ 坐姿 zuòzī 몡 앉은 자세 ‖ 熬
夜 áoyè 됭 밤새다 ｜ 蔬菜 shūcài 몡 채소 ｜ 加强 jiāqiáng 됭 강화하다

해설　'调整'은 '조정하다', '조절하다'라는 의미이며 대화에서 '调整坐姿(앉은 자세를 교정하다)'라고 했기 때문에 정답은 A이다.

16

女: 这里的空气真湿润，感觉皮肤都比以前光滑了。
男: 可是有一点不好，就是衣服很难晾干。

问: 他们觉得那里怎么样？

A 没地方晒衣服
B 空气湿润
C 护肤品太贵
D 生活舒适

여: 여기 공기가 정말 습하네. 피부가 이전보다 매끌매끌한 것 같아.
남: 그렇지만 한가지가 나쁜 게 옷이 잘 마르지 않아.

문: 그들은 그곳이 어떻다고 생각하는가?

A 옷을 햇볕에 말릴 곳이 없다
B 공기가 습하다
C 피부 보호용 화장품이 너무 비싸다
D 생활이 편안하다

단어 皮肤 pífū 몡 피부 | 光滑 guānghuá 톙 매끌매끌하다, 반질반질하다 | 晾干 liànggān 통 그늘이나 바람에 말리다 ‖ 晒 shài 통 햇볕을 쬐다, 햇볕에 말리다 | 空气 kōngqì 몡 공기 | 湿润 shīrùn 톙 축축하다, 습하다 | 护肤品 hùfūpǐn 몡 피부 보호용 화장품

해설 新HSK 5급 듣기의 대화 영역에서는 첫마디부터 정답이 언급이 되는 경우가 많다. 또한 첫마디에서 정답이 나왔을 경우 뒷부분에서 정답을 언급하지 않는 경우가 많기 때문에 처음에 반드시 주의해야 한다. 첫 번째 문장에서 쓰인 '湿润'은 '습하다'라는 의미이기 때문에 정답은 B이다.

17

男: 这部电子书能下载吗？
女: 不能直接下，不过进入阅读模式后，你可以复制文字。

问: 男的想要做什么？

A 改变字体
B 下载电子书
C 上传电影
D 制作字幕

남: 이 전자 도서는 다운로드할 수 있나요?
여: 직접 받으실 수는 없어요. 하지만 읽기 양식에 들어가시면 글 복사가 가능해요.

문: 남자는 무엇을 하고 싶은가?

A 글자체를 바꾼다
B 전자 도서를 다운로드한다
C 영화를 업로드한다
D 자막을 제작한다

단어 下载 xiàzài 통 다운로드하다 | 直接 zhíjiē 톙 직접적인 | 模式 móshì 몡 모식, 양식, 모델 | 复制 fùzhì 통 복제하다 ‖ 上传 shàngchuán 통 업로드하다 | 制作 zhìzuò 통 제작하다 | 字幕 zìmù 몡 자막

해설 '下载(다운로드하다)'는 컴퓨터와 스마트폰이 발달한 현시점에서 반드시 외워 두어야 할 필수 단어이다. '이 전자 도서는 다운로드 할 수 있는가?'라고 했기 때문에 정답은 B이다.

18

女: 爸爸您小心点，台阶上有水，很滑。
男: 好的。我去花草市场逛一逛，你和你奶奶说一声。

问: 女的提醒爸爸什么？

A 不要慌张
B 别太节省
C 当心着凉
D 台阶很滑

여: 아빠, 조심하세요. 계단에 물이 있어서 미끄러워요.
남: 알았다. 나는 화초 시장에 좀 다녀올테니 할머니께 말씀드리거라.

문: 여자는 아버지에게 무엇을 알려 드리는가?

A 당황하지 말아라
B 너무 절약하지 말아라
C 감기를 조심해라
D 계단이 미끄럽다

단어 小心 xiǎoxīn 图 조심하다 | 台阶 táijiē 圀 계단 | 滑 huá 瓠 미끄럽다 ‖ 慌张 huāngzhāng 圀 당황하다 | 节省 jiéshěng 图 아끼다, 절약하다 | 当心 dāngxīn 图 조심하다 | 着凉 zháoliáng 图 감기에 걸리다

해설 질문에 나온 '提醒'은 '일깨우다', '상기시키다'라는 뜻이다. 여자가 계단 위에 물이 있다고 남자에게 알려 주었으므로 정답은 D이다.

Tip '当心(조심하다)'은 '小心(조심하다)', '着凉(감기에 걸리다)'은 '感冒(감기에 걸리다)'의 동의어라는 것을 알아두면 좋다.

19

男: 手机都充了一夜了，怎么还是没电?
女: 充电器没插好，你看这里都松了。

问: 手机为什么没电?

A 停电了
B 电池没安好
C 插座坏了
D 充电器没插好

남: 휴대전화를 밤새 충전했는데 어째서 배터리가 없는 거지?
여: 충전기가 잘 끼워지지 않았어. 봐. 여기가 전부 느슨해졌어.

문: 휴대전화는 왜 배터리가 없는가?

A 정전되었다
B 배터리가 설치되지 않았다
C 콘센트가 망가졌다
D 충전기가 잘 끼워지지 않았다

단어 充 chōng 图 충전하다 | 插 chā 图 끼우다, 꽂다 ‖ 停电 tíngdiàn 图 정전되다 | 插座 chāzuò 圀 콘센트 | 充电器 chōngdiànqì 圀 충전기

해설 '插座'는 '콘센트'라는 명사이지만 '插'는 '꽂다', '끼우다'라는 동사이다. '충전기가 잘 끼워지지 않았다'고 했기 때문에 정답은 D이다.

20

男: 你觉得自己应聘编辑的优势是什么?
女: 我在杂志社实习过，有经验，我做事也比较细心，适合做文字方面的工作。

问: 女的认为自己的优势在哪儿?

A 有相关经验
B 有美术功底
C 演讲水平高
D 普通话好

남: 당신은 본인이 지원한 편집 부분에 대해 우수한 점이 무엇이라고 생각합니까?
여: 저는 잡지사에서 인턴을 한 적이 있어서 경험이 있습니다. 일을 할 때에도 세심한 편이어서 문자 방면의 일을 하기에 적합합니다.

문: 여자는 자신의 강점이 어디에 있다고 여기는가?

A 관련 경험이 있다
B 미술에 기초가 있다
C 강연 수준이 높다
D 표준어를 잘한다

단어 应聘 yìngpìn 图 지원하다 | 编辑 biānjí 圀 편집, 편집자 | 优势 yōushì 圀 우세 | 实习 shíxí 图 실습하다, 인턴하다 | 经验 jīngyàn 圀 경험 | 细心 xìxīn 瓠 세심하다 | 适合 shìhé 적합하다 ‖ 相关 xiāngguān 图 상관이 있다 | 功底 gōngdǐ 圀 기초, 기본 | 演讲 yǎnjiǎng 圀 강연, 연설, 웅변 | 普通话 pǔtōnghuà 圀 현대 중국 표준어

해설 '实习' 자체는 '실습하다'라는 뜻이지만 대부분의 新HSK 5급 문제에서는 '(회사에서) 인턴을 하다'라고 쓰이는 경우가 많다. '나는 잡지사에서 인턴을 한 적이 있어서 경험이 있다'라고 했기 때문에 정답은 A이다.

<h1 style="text-align:center">第 二 部 分</h1>

21-30

21

男：这个公寓有120多平米吧?
女：差不多，我当初就是因为它面积大才租的。
男：你们几个人合住，相处得怎么样?
女：四个，关系很密切。

问：女的觉得那个公寓怎么样?

A 配套设施完善
B 交通方便
C 租金贵
D 面积很大

남: 이 아파트는 120㎡이죠?
여: 비슷해요. 저는 애초에 그곳의 면적이 컸기 때문에 계약한 거예요.
남: 당신들은 몇 명이 같이 살고, 사이가 어때요?
여: 4명이고, 사이가 가까워요.

문: 여자는 그 아파트가 어떻다고 생각하는가?

A 부대시설이 완벽하다
B 교통이 편리하다
C 임대료가 비싸다
D 면적이 매우 크다

단어 当初 dāngchū 몡 당초, 애초 | 面积 miànjī 몡 면적 | 密切 mìqiè 톙 밀접하다 ‖ 配套设施 pèitào shèshī 몡 보조 설비, 부대시설 | 完善 wánshàn 톙 완벽하다 | 租金 zūjīn 몡 임대료

해설 '租'는 '(돈을 내고) 빌리다' 혹은 '(돈을 받고) 빌려주다'라는 의미를 가지고 있다. 대화에서 밑줄 친 문장은 '나는 애초에 그 곳의 면적이 컸기 때문에 임차한 것이다'라고 했으므로 '계약하다'라는 의미로 보아도 무방하다. 여자가 집을 계약한 이유 는 면적이 컸기 때문이라고 말해서 정답은 D이다.

22

男：这些手工艺品都是你收藏的?
女：是的，大部分是从小商品批发市场买来的。
男：这个小鸟模型做工真精细，跟真的似的。
女：对，它翅膀上的羽毛据说是一根一根粘上去的。

问：男的觉得那个小鸟模型怎么样?

A 很高档
B 像真的
C 很结实
D 很鲜艳

남: 이 수공예품들은 모두 네가 소장하고 있는 것이니?
여: 응. 대부분은 소상품 도매시장에서 사온 거야.
남: 이 작은 새 모형은 솜씨가 정말 섬세해서 진짜 같아.
여: 맞아. 그 날개의 깃털을 하나하나 붙였다고 해.

문: 남자는 그 작은 새 모형이 어떻다고 생각하는가?

A 매우 고급스럽다
B 진짜 같다
C 매우 튼튼하다
D 매우 화려하다

단어 收藏 shōucáng 툉 소장하다 | 批发 pīfā 몡 도매 | 模型 móxíng 몡 모형 | 精细 jīngxì 톙 정교하다, 섬세하다 | 似的 shìde 죄 ~와 같다 | 翅膀 chìbǎng 몡 날개 | 羽毛 yǔmáo 몡 깃털 | 据说 jùshuō 툉 말하는 바에 의하면 ~라 한 다 | 粘 zhān 툉 붙이다 ‖ 高档 gāodàng 톙 고급의 | 结实 jiēshi 톙 튼튼하다 | 鲜艳 xiānyàn 톙 화려하다

해설 '跟 A 似的'는 'A와 같다'라는 의미이다. '跟真的似的(진짜 같다)'라고 말했기 때문에 정답은 B이다.

23

女：你有昨天讲座的录音吗？
男：有，班级的公共邮箱里就有，你还没下载？
女：我刚试了，但网速太慢，下不了。
男：那你用移动硬盘直接从我这儿拷吧。

问：女的为什么不能下载录音？

A 键盘坏了
B 密码忘了
C 网速太慢
D 硬盘已满

여: 너 어제 강좌의 녹음 파일 있니？
남: 있어. 학급 공공 메일함에 있어. 너 아직 다운로드 하지 않았니？
여: 방금 해봤는데 인터넷 속도가 너무 느려서 받을 수가 없어.
남: 그럼 외장하드를 써서 직접 내 것에서 복사하렴.

문: 여자는 왜 녹음 파일을 다운로드 할 수 없는가？

A 키보드가 망가졌다
B 비밀번호를 잊어버렸다
C 인터넷 속도가 너무 느리다
D 하드디스크가 이미 꽉 찼다

단어 讲座 jiǎngzuò 명 강좌 | 录音 lùyīn 명 녹음, 기록된 소리 | 邮箱 yóuxiāng 명 우체통, 메일함 | 下载 xiàzài 동 다운로드하다 | 移动硬盘 yídòng yìngpán 명 외장하드 | 直接 zhíjiē 형 직접적인 | 拷 kǎo 동 복사하다 ‖ 键盘 jiànpán 명 키보드 | 密码 mìmǎ 명 비밀번호 | 硬盘 yìngpán 명 하드디스크

해설 남자의 말에서 쓰인 '邮箱'은 본디 '우편함', '우체통'이라는 의미였으나 이제는 '메일', '메일 계정'으로 더욱 많이 쓰이는 표현이다. 어제 강좌의 녹음 파일이 학급 공공 메일함에 있지만 여자는 인터넷의 속도 때문에 다운로드할 수 없다고 했으므로 정답은 C이다.

Tip 술어 뒤에 쓰이는 '할 수 없다' 시리즈
동사 + 不了 : 동작을 할 수 없다.
　예 下不了 다운로드 받을 수 없다
　　 受不了 견딜 수 없다
동사 + 不下 : 동작을 (장소가 없어서) 할 수 없다.
　예 放不下 (음원이나 영화 등을 기기에) 넣을 수 없다
　　 坐不下 (자리가 없어서) 앉을 수 없다
동사 + 不起 : 동작을 (돈이 없어서) 할 수 없다.
　예 买不起 (돈이 없어서) 살 수 없다
동사 + 不惯 : 동작을 (습관이 되지 않아서) 할 수 없다.
　예 吃不惯 (습관이 되지 않아서) 먹을 수 없다

24

男：你们家乡办婚礼时有什么特别的风俗吗？
女：很多呀，比如说，姑娘出嫁前一晚，家里的长辈会帮她梳头发，边梳边说一些祝福的话。
男：这有什么特殊的含义吗？
女：就是希望她的结婚生活顺顺利利。

问：他们在谈什么？

A 民间传说
B 婚礼风俗
C 饮食习惯
D 家乡特产

남: 너희 고향에는 결혼식을 할 때 어떤 특별한 풍속이 있니？
여: 매우 많아. 예를 들어 여자가 시집가기 전날 밤에 집안의 어르신이 그녀의 머리를 빗어 주시는데 머리를 빗으며 축복의 말을 해 주시는 거야.
남: 어떤 특별한 함의가 있는 거니？
여: 그녀의 결혼 생활이 순조롭기를 바라는 거야.

문: 그들은 무엇을 이야기하고 있는가？

A 민간 전설
B 결혼식 풍속
C 음식 습관
D 고향 특산품

단어 风俗 fēngsú 명 풍속 | 姑娘 gūniang 명 아가씨 | 出嫁 chūjià 동 시집가다 | 长辈 zhǎngbèi 명 집안 어른, 손윗사람 | 梳头发 shū tóufa 머리를 빗다 | 祝福 zhùfú 동 축복하다 | 特殊 tèshū 형 특수하다 | 含义 hányì 명 함의, 내포된 뜻 | 顺利 shùnlì 형 순조롭다 ‖ 传说 chuánshuō 명 전설 | 饮食 yǐnshí 명 음식 | 特产 tèchǎn 명 특산품

해설 '办婚礼'라는 것은 '결혼식을 하다'라는 뜻이며 '举办婚礼(결혼식을 거행하다)'의 축약형이라고 볼 수 있다. '너의 고향에는 결혼식을 할 때 어떤 특별한 풍속이 있는가?'라고 물어봤으므로 정답은 B이다.

25

女：你怎么突然想买钢琴了？
男：是给我女儿的，她想要学。
女：我知道一家乐器店，那儿的小钢琴质量不错，价格也合理。
男：太好了，你把它的具体地址告诉我吧。

问：男的想知道哪儿的地址？

A 乐器店
B 操场
C 维修店
D 幼儿园

여: 너는 어째서 갑자기 피아노 살 생각을 했니?
남: 내 딸에게 주려고 해. 딸이 배우고 싶어 하거든.
여: 내가 악기상점을 한군데 아는데, 그곳의 피아노 질이 괜찮아. 가격도 합리적이야.
남: 잘됐다. 그곳의 자세한 주소를 나에게 알려 줘.

문: 남자는 어디의 주소를 알고 싶어 하는가?

A 악기상점
B 운동장
C 수리점
D 유치원

단어 钢琴 gāngqín 뗑 피아노 | 乐器 yuèqì 뗑 악기 | 合理 hélǐ 헝 합리적이다 | 具体 jùtǐ 헝 구체적이다 | 地址 dìzhǐ 뗑 주소 ‖ 操场 cāochǎng 뗑 운동장 | 幼儿园 yòu'éryuán 뗑 유치원

해설 '钢琴'은 '피아노'라는 뜻으로 악기의 일종이다. 또한 대화에서 '乐器店(악기상점)'이라는 단어도 언급이 되었으므로 남자가 찾는 곳은 A라는 것을 알 수 있다. 그러므로 정답은 A이다.

26

男：我今天碰到李老师了，就是咱们高中的数学老师。
女：是吗？好多年没见她了。她现在怎么样？
男：她已经退休了，看上去身体不错，精神也很好。
女：改天我们一起去看看她吧。

问：关于李老师，可以知道什么？

A 换公寓了
B 退休了
C 是地理老师
D 没做完手术

남: 나 오늘 이 선생님과 우연히 마주쳤어. 우리 고등학교 수학선생님 말이야.
여: 그래? 정말 오랫동안 못 뵈었네. 지금 어떠시니?
남: 그녀는 이미 퇴직하셨어. 건강도 아주 좋아 보이시고 기력도 좋아 보이셔.
여: 나중에 우리 같이 뵈러 가자.

문: 이 선생님에 관하여, 알 수 있는 것은 무엇인가?

A 다른 아파트로 갔다
B 퇴직하였다
C 지리선생님이다
D 수술을 다 하지 못했다

단어 碰 pèng 뚱 (우연히) 마주치다 | 退休 tuìxiū 뚱 퇴직하다 | 精神 jīngshén 뗑 정신 | 改天 gǎitiān 뗑 다음 날, 나중 ‖ 地理 dìlǐ 뗑 지리 | 手术 shǒushù 뗑 수술

해설 A의 '换公寓(다른 아파트로 가다)'라는 표현은 언급조차 되지 않았고 대화에서 '数学老师(수학선생님)'라고 했기 때문에 C도 오답이다. 남자가 '그녀는 이미 퇴직했다'라고 대답했으므로 정답은 B이다.

27

男: 您这次设计的服装作品跟之前有很大的不同。
女: 是的，我这次选择了更为大胆的色彩搭配。
男: 您为什么要做出这样的改变呢？
女: 我想挑战自己，尝试新的风格。

问: 女的为什么要改变作品风格？

A 市场推广需要
B 是顾客要求的
C 想挑战自己
D 不愿追随时尚

남: 당신이 이번에 디자인한 의상 작품이 이전과는 매우 다르네요.
여: 맞아요. 이번에는 더욱 대담한 색깔 배합을 선택했습니다.
남: 당신은 왜 이러한 변화를 하려고 하는 건가요?
여: 저는 자신에게 도전하고 싶어서 새로운 스타일을 시도해 보았어요.

문: 여자는 왜 작품의 스타일을 바꾸려고 하는가?

A 시장 보급이 필요해서
B 고객이 요구한 것이라서
C 자신에게 도전하고 싶어서
D 유행을 뒤쫓는 것을 원치 않아서

단어 设计 shèjì 통 설계하다, 디자인하다 | 选择 xuǎnzé 통 선택하다 | 大胆 dàdǎn 형 대담하다 | 色彩 sècǎi 명 색채, 색깔 | 搭配 dāpèi 통 배합하다, 조합하다 | 挑战 tiǎozhàn 통 도전하다 | 尝试 chángshì 통 시도해 보다 | 风格 fēnggé 명 스타일, 풍격 ‖ 推广 tuīguǎng 통 널리 보급하다 | 追随 zhuīsuí 통 뒤쫓다 | 时尚 shíshàng 명 유행

해설 작품의 스타일을 바꾼 이유에 대해서 물어보자 여자는 '나는 자신에게 도전하고 싶어서 새로운 스타일을 시도해 보았다'라고 했다. '想挑战自己(자신에게 도전하고 싶다)'라는 표현이 그대로 쓰인 C가 정답이다. 또한 의류나 디자이너 관련된 표현에서 '유행'이라는 단어가 많이 나오는데 D의 '时尚(유행)'이라는 단어 말고도 '流行(유행)', '时髦(유행)' 등도 동의어로 나올 수 있다는 것을 알아야 한다.

28

女: 您好，我想问一下，能带小狗上飞机吗？
男: 宠物不能直接带上飞机，您需要办理托运。
女: 那托运手续怎么办？
男: 需要提供宠物健康证明，您得带宠物去检查一下。

问: 女的在咨询什么问题？

A 宠物托运
B 包裹邮寄
C 航班信息
D 网络购票

여: 안녕하세요. 말씀 좀 여쭐게요. 강아지를 데리고 비행기를 탈 수 있나요？
남: 애완동물은 바로 비행기를 탈 수 없습니다. 운송 위탁 처리가 필요해요.
여: 운송 위탁 수속은 어떻게 하나요？
남: 애완동물 건강증명서 제출이 필요해요. 애완동물을 데리고 가서 검사를 해 보셔야 합니다.

문: 여자는 무슨 문제를 물어보고 있는가？

A 애완동물 운송 위탁
B 소포 우편 배송
C 운항 정보
D 인터넷 예매

단어 宠物 chǒngwù 명 애완동물 | 托运 tuōyùn 통 운송을 위탁하다 | 手续 shǒuxù 명 수속, 절차 | 提供 tígōng 통 제공하다 | 证明 zhèngmíng 통 증명하다 | 检查 jiǎnchá 통 검사하다 ‖ 包裹 bāoguǒ 명 소포 | 邮寄 yóujì 명 우송 | 航班 hángbān 명 운항

해설 여자가 강아지를 데리고 비행기를 탈 수 있냐고 물어봤고, 남자가 '办理托运(운송 위탁 처리)'이 필요하다고 했기 때문에 정답은 A이다.

29

男：请问，现在能预订晚上的座位吗？
女：可以，您贵姓？几位？
男：我姓王，两位，大概7点半到。麻烦给我留个靠窗的位置。
女：好，我们最晚给您保留到8点。请尽早过来。

问：男的在做什么？

A 看急诊
B 预订座位
C 组织聚会
D 开发票

남: 실례합니다. 지금 저녁 좌석을 예약할 수 있을까요?
여: 할 수 있습니다. 성함이 어떻게 되시나요? 몇 분이시죠?
남: 저는 왕 씨이고 두 명입니다. 대략 7시 반에 도착할 거예요. 죄송하지만 창가 쪽 자리로 남겨 주세요.
여: 알겠습니다. 저희가 최대한 8시까지 남겨 둘게요. 되도록 일찍 와 주세요.

문: 남자는 무엇을 하고 있는가?

A 응급 진료를 한다
B 자리를 예약한다
C 모임을 마련한다
D 영수증을 발행한다

단어 预订 yùdìng 图 예약하다 | 保留 bǎoliú 图 남겨 두다 | 尽早 jǐnzǎo 图 되도록 일찍 ‖ 急诊 jízhěn 图 응급 진료 | 组织 zǔzhī 图 조직하다, 결성하다 | 聚会 jùhuì 图 모임 | 开发票 kāi fāpiào 영수증을 발행하다

해설 '预订'은 '예약하다'라는 의미의 동사이며 대화에서는 '预订晚上的座位(저녁 좌석을 예약하다)'라고 표현했다. 그러므로 정답은 B이다.

30

女：厨房有根水管漏水了。
男：赶紧给物业公司打个电话，让他们派人来修。
女：打过了，他们说维修师傅一个半小时后才能到。
男：这么久，那你把工具箱拿来，我先看看吧。

问：男的是什么意思？

A 再打电话催一下
B 让物业赔偿
C 自己试着修
D 损失太大

여: 주방의 수도관에서 물이 새네요.
남: 어서 관리회사에 전화를 걸어, 와서 고치게 해요.
여: 걸었어요. 그들이 말하길 수리기사님이 한 시간 반 후에야 도착하실 수 있대요.
남: 그렇게나 오래 걸리다니. 그러면 공구함을 가지고 오세요. 제가 먼저 좀 볼게요.

문: 남자의 말은 무슨 뜻인가?

A 다시 전화를 걸어서 재촉한다
B 관리회사가 배상하게 한다
C 자신이 시험 삼아 고쳐 본다
D 손실이 너무 크다

단어 漏水 lòushuǐ 图 물이 새다 | 赶紧 gǎnjǐn 图 서둘러 | 维修 wéixiū 图 수리하다, 보수하다 ‖ 催 cuī 图 재촉하다 | 赔偿 péicháng 图 배상하다 | 试着 shìzhe 图 한번 시도해 보다 | 损失 sǔnshī 图 손실

해설 이번 문제는 동의어 문제이다. C에서 나온 '试着修'라는 표현은 '시험 삼아 고쳐 보다'라는 의미이다. 이 표현이 대화에서 직접적으로 나온 것은 아니지만 남자의 마지막 말에서 '내가 먼저 좀 보겠다'라고 한 것을 보아 남자가 먼저 시도하려 하고 있음을 알 수 있다. 그러므로 정답은 C이다.

 **31-33**

两个孩子不小心碰到桌子，大哭起来。31第一位母亲立即伸手打桌子，然后哄孩子说："乖，别哭。"第二位母亲则启发孩子："32人会撞上桌子，一般有三个原因，一是跑得太快，二是不注意看路，三是在想别的事情。你刚才是因为什么呢？"桌子不会主动撞人，伸手打桌子，就等于告诉孩子那不是你的错。在这种教育方式下长大的孩子，容易推卸责任。而33第二位母亲则是在教育孩子，出错了应该先从自身找原因，要敢于承担责任，不要一味地指责别人。

두 아이가 조심하지 못하고 책상에 부딪쳐 크게 울기 시작했다. 31첫 번째 어머니는 바로 손을 뻗어 책상을 때렸고 그러고 나서 아이를 달래며 "착하지. 울지 마"라고 말했다. 두 번째 어머니는 오히려 아이에게 "32사람이 책상에 부딪치는 것은 보통 세 가지 원인이 있어. 첫 번째는 너무 빨리 달려서이고, 두 번째는 길을 주의 깊게 보지 않아서이고, 세 번째는 다른 일을 생각하고 있어서야. 너는 방금 무엇 때문에 그런 거니?"라고 일깨워 주었다. 책상은 자발적으로 사람에게 돌진할 수 없다. 손을 뻗어 책상을 때리는 것은 아이에게 그것은 너의 잘못이 아니라고 말하는 것과 같다. 이러한 교육 방식 하에 자란 아이는 쉽게 책임을 회피할 수 있다. 그러나 33두 번째 어머니는 잘못을 하면 먼저 자신으로부터 원인을 찾아야 하고 용감하게 책임을 져야 하며 단순히 다른 사람을 책망해선 안 된다고 가르치고 있는 것이다.

단어 碰到 pèngdào 동 부딪치다 | 立即 lìjí 부 즉시 | 伸手 shēnshǒu 동 손을 내밀다 | 乖 guāi 형 얌전하다, 말을 잘 듣다 | 撞上 zhuàngshàng 동 우연히 부딪치다 | 主动 zhǔdòng 형 자발적인 | 推卸责任 tuīxiè zérèn 책임을 회피하다 | 承担 chéngdān 동 맡다, 책임지다 | 责任 zérèn 명 책임 | 一味 yíwèi 부 단순히 | 指责 zhǐzé 동 책망하다

---

31 孩子碰到桌子后，第一位母亲做了什么？

A 伸手打桌子
B 批评孩子
C 搬走桌子
D 看孩子是否受伤

아이가 책상에 부딪친 후, 첫 번째 어머니는 무엇을 했는가?

A 손을 뻗어 책상을 때렸다
B 아이를 나무랐다
C 책상을 옮겼다
D 아이가 다쳤는지 보았다

단어 是否 shìfǒu 부 ~인지 아닌지 | 受伤 shòushāng 동 부상을 당하다

해설 첫 번째 어머니에 대해서 묻고 있는 문제로 글의 밑줄 친 문장에서 쓰인 '손을 뻗어 책상을 때리다'라는 '伸手打桌子'가 그대로 언급된 A가 정답이다.

---

32 第二位母亲是怎么做的？

A 劝告孩子要坚强
B 给孩子讲故事
C 让孩子把桌子擦干净
D 帮孩子分析原因

두 번째 어머니는 어떻게 하는가?

A 아이에게 강해져야 한다고 충고한다
B 아이에게 이야기를 해 준다
C 아이에게 책상을 깨끗하게 닦게 한다
D 아이에게 원인을 분석해 준다

단어 劝告 quàngào 동 충고하다 | 坚强 jiānqiáng 형 굳세다 | 擦 cā 동 닦다 | 分析 fēnxī 동 분석하다

해설 첫 번째 어머니와는 달리 두 번째 어머니는 사람이 책상에 부딪칠 때 그 원인으로 세 가지가 있다고 말하며, 그 세 가지 원인에 대해서 분석을 하고 있으므로 정답은 D이다.

33 第二位母亲实际上是教育孩子要怎么样?

A 乐观面对困难
B 勇敢地承担责任
C 独立思考
D 虚心学习

두 번째 어머니는 실제적으로 아이가 어떻게 해야 한다고 가르치는가?

A 낙관적으로 어려움에 맞선다
B 용감하게 책임을 진다
C 독립적으로 사고한다
D 겸허히 배운다

 乐观 lèguān 혱 낙관적이다 | 勇敢 yǒnggǎn 혱 용감하다 | 虚心 xūxīn 혱 겸손하다

 한 세트의 마지막 문제는 글의 가장 후반부에 정답의 근거가 나올 가능성이 많다. 글의 마지막에 밑줄 친 '문장에서 '잘못을 하면 먼저 자신으로부터 원인을 찾아야 하고 용감하게 책임을 져야 한다'고 했으므로 정답은 B이다. 이때, '承担责任'은 '책임을 지다'라는 뜻이고 자주 출제되는 표현이기 때문에 외워두는 것이 좋다.

 **34-36**

某公司招聘时，只问了应聘者一个问题：" ³⁴你怎么看待加班？"最后，一位年轻人脱颖而出。他的回答是这样的： "首先， ³⁵如果是工作需要，我会主动加班。因为公司的利益就是我的利益。其次，我会考虑如何提高我的工作能力，尽可能减少不必要的加班。最后，如果我经常被领导要求加班，那说明这是我个人的问题。"后来，有人问面试官，面试中有很多比他更优秀的人，为什么最后却决定录用他呢？面试官笑着说： "不错，的确还有比他更优秀的， ³⁶但是这么多人中，懂得自我批评，不找借口，而主动从自身找原因的人，只有他一个。"

어떤 회사에서 채용을 할 때 지원자에게 " ³⁴당신은 야근을 어떻게 생각하나요?"라는 한 문제만을 물어봤다. 마지막에 한 젊은이가 두각을 드러냈다. 그의 대답은 이러했다. "먼저, ³⁵만약 일이 필요한 것이라면 저는 자발적으로 야근을 할 것입니다. 왜냐하면 회사의 이익이 바로 저의 이익이기 때문이죠. 그다음 저는 어떻게 저의 업무 능력을 향상시킬지를 고려하여 되도록 불필요한 야근을 줄이도록 할 것입니다. 마지막으로 만약 사장님께서 늘 제가 야근하기를 요구하신다면 이것은 제 개인의 문제라는 것을 입증하는 겁니다." 후에 어떤 사람이 면접관에게 면접 중에 그보다 더 우수한 사람도 많았는데 왜 마지막에 그를 채용하기로 결정했냐고 물었다. 면접관이 웃으며 말하길 "맞아요. 확실히 그보다 더 우수한 사람이 있었어요. ³⁶하지만 그렇게 많은 사람 중 자신을 비평할 줄 알고 핑계를 대지 않으며, 주동적으로 자신에게서 원인을 찾는 사람은 오직 그 한 사람뿐이었습니다."라고 했다.

 招聘 zhāopìn 통 채용하다 | 应聘 yìngpìn 통 지원하다 | 看待 kàndài 통 대하다, 취급하다 | 脱颖而出 tuōyǐng érchū 셩 자기의 재능을 전부 드러내다 | 利益 lìyì 명 이익 | 考虑 kǎolù 통 고려하다 | 领导 lǐngdǎo 명 지도자, 리더, 대표 | 优秀 yōuxiù 혱 우수하다 | 录用 lùyòng 통 채용하다 | 的确 díquè 뷔 확실히 | 批评 pīpíng 통 비판하다 | 借口 jièkǒu 명 구실, 핑계

34 那家公司问应聘者的问题是什么?

A 面对困境有什么要求
B 如何看待加班
C 有无工作经历
D 怎样处理与同事的关系

그 회사가 지원자에게 질문한 것은 무엇인가?

A 어려움에 처할 때 어떤 요구가 있는가
B 야근에 대해 어떻게 생각하는가
C 업무 경험이 있는가
D 동료와의 관계를 어떻게 해결할 것인가

 困境 kùnjìng 명 곤경 | 经历 jīnglì 명 경험

해설 글의 밑줄 친 문장 중에 회사가 지원자에게 한 질문에서 '看待'는 '대하다', '취급하다'라는 의미이기 때문에 '생각하다'라는 뜻으로 의역이 가능하다. 회사에서 물어본 것은 야근에 대한 본인의 생각이었으므로 정답은 B이다.

35

下列哪项是那个年轻人的观点?

A 公司应多为员工着想
B 公司利益就是自己利益
C 员工必须有自尊心
D 诚信是企业的生命

다음 중 어느 것이 그 젊은이의 관점인가?

A 회사는 직원을 위해 많이 생각해야 한다
B 회사의 이익이 바로 자신의 이익이다
C 직원은 반드시 자존심이 있어야 한다
D 성실함은 기업의 생명이다

단어 观点 guāndiǎn 명 관점 | 着想 zhuóxiǎng 동 생각하다, 고려하다 | 诚信 chéngxìn 명 성실 | 企业 qǐyè 명 기업

해설 어떠한 주장에 있어서 그 근거를 이야기할 때 '第一(첫 번째)', '第二(두 번째)', '第三(세 번째)'라는 표현을 써도 되지만 '首先(우선)', '其次(그다음)', '最后(마지막)'라고도 표현할 수 있다. 글의 밑줄 친 문장에서 젊은이는 첫 번째 관점으로 '만약 일이 필요한 것이라면 나는 자발적으로 야근을 할 것이다. 왜냐하면 회사의 이익이 바로 나의 이익이기 때문이다'라고 했기 때문에 정답은 B이다.

36

面试官觉得那个年轻人的优势在哪儿?

A 能承受压力
B 为人大方
C 具有创新精神
D 懂得从自身找原因

면접관은 그 젊은이의 강점이 어디에 있다고 생각하는가?

A 스트레스를 견딜 수 있다
B 됨됨이가 대범하다
C 창조 정신을 가지고 있다
D 자신으로부터 원인을 찾아 이해한다

단어 优势 yōushì 명 우세 | 承受 chéngshòu 동 견뎌 내다 | 懂得 dǒngde 동 알다, 이해하다

해설 마지막 문제이기 때문에 글의 후반부에서 정답의 근거를 찾을 수 있다. 밑줄 친 문장에서 면접관의 대답으로 보아 정답은 D이다.

37-39

[37]雄孔雀的尾巴张开时，就像一把大扇子。特别漂亮！所以它们都非常爱惜自己的尾巴。当它们想要休息时，总是先选好位置放好尾巴，然后才安心休息。孔雀警惕性高，人不易接近。[38]但每逢暴雨天，孔雀担心被雨水淋湿后走动会把尾巴弄脏，就一动不动地趴在原地。即使人们走到它们的面前，它们也仍然不动。唯恐损坏了自己漂亮的尾巴。这时，它们很容易被人抓到。[39]有时候，我们太关注自己的优点，反而容易被敌人利用。

[37]수컷 공작이 꼬리를 펼칠 때는 마치 큰 부채처럼 정말 예쁘다! 그래서 그것들은 자신의 꼬리를 굉장히 아낀다. 공작들이 쉬려고 할 때 늘 먼저 자신의 꼬리를 둘 자리를 선택하여 꼬리를 두고 나서야 마음 놓고 쉰다. 공작은 경계심이 강해서 사람이 가까이 접근하기가 쉽지 않다. [38]그러나 폭우가 내리는 날마다 공작은 빗물에 젖은 후에 움직이면 꼬리가 더러워질까 걱정하여 원래 있던 자리에 꼼짝 않고 엎드려 있다. 설령 사람들이 그것들의 앞까지 걸어온다 하더라도 여전히 움직이지 않는다. 다만 자신의 예쁜 꼬리가 손상될까 봐 걱정할 뿐이다. 이때 공작들은 사람에게 잡히기 쉽다. [39]가끔 우리는 자신의 장점에 너무 신경을 쓰느라 오히려 적에게 쉽게 이용될 수 있다.

단어 雄 xióng **형** 수컷의 | 孔雀 kǒngquè **명** 공작 | 张开 zhāngkāi **동** 펼치다 | 扇子 shànzi **명** 부채 | 爱惜 àixī **동** 아끼다 | 尾巴 wěiba **명** 꼬리 | 警惕 jǐngtì **동** 경계하다 | 接近 jiējìn **동** 접근하다, 가까이하다 | 逢 féng **동** 마주치다, 만나다 | 暴 bào **형** 갑작스럽고 맹렬한, 급격한 | 淋湿 línshī **동** 흠뻑 젖다 | 弄脏 nòngzāng **동** 더럽히다 | 趴 pā **동** 엎드리다 | 原地 yuándì **명** 제자리 | 唯恐 wéikǒng **동** 다만 ~가 걱정이다 | 损坏 sǔnhuài **동** 손상시키다 | 敌人 dírén **명** 적 | 利用 lìyòng **동** 이용하다

37

关于孔雀，可以知道什么?

A 很挑剔
B 特别懒
C 喜欢潮湿的环境
D 尾巴很漂亮

공작에 관하여, 알 수 있는 것은 무엇인가?

A 매우 까다롭다
B 특히 게으르다
C 습한 환경을 좋아한다
D 꼬리가 매우 예쁘다

단어 挑剔 tiāotī **형** 까다롭다 | 懒 lǎn **형** 게으르다 | 潮湿 cháoshī **형** 축축하다, 습하다

해설 밑줄 친 문장에서 쓰인 '扇子'는 '부채'라는 의미이고 부채의 양사로 '把'를 쓴다는 것을 외워 두면 좋다. 꼬리가 부채와 같이 예쁘다고 했기 때문에 정답은 D이다.

38

孔雀一般在什么天气下容易被抓?

A 天气转暖时
B 刮大风时
C 暴雨天
D 雾天

공작은 보통 어떤 날씨에 쉽게 잡히는가?

A 날씨가 따뜻해 질 때
B 강한 바람이 많이 불 때
C 폭우가 내리는 날
D 안개가 끼는 날

단어 转暖 zhuǎnnuǎn **동** 따뜻해지다

해설 글에서 날씨와 관련된 표현은 밑줄 친 문장의 '暴雨(폭우)'밖에 나오지 않았다. 공작은 꼬리를 소중히 여기기 때문에 비가 오는 날에는 꼬리가 더러워질까 두려워 움직이지 않으므로, 비 오는 날에 비교적 공작을 잡기가 쉽다. 그러므로 정답은 C이다.

39

这段话主要想告诉我们什么?

A 做选择时要谨慎
B 要赞美别人
C 不要过于关注优点
D 不要轻视他人

이 글이 우리에게 주로 말하고자 하는 것은 무엇인가?

A 선택을 할 때는 신중해야 한다
B 다른 사람을 칭찬해야 한다
C 과도하게 장점에 관심을 가지면 안 된다
D 타인을 경시하면 안 된다

단어 谨慎 jǐnshèn **형** 신중하다 | 轻视 qīngshì **동** 경시하다, 무시하다

해설 新HSK 5급 듣기 2부분에서는 앞에 스토리를 전개하고 가장 마지막에 주제를 언급한다. 본 문제는 주제를 묻는 문제이므로 그 근거를 글의 마지막 부분에서 찾아볼 수 있다. 마지막에 밑줄 친 문장에서 '가끔 우리는 자신의 장점에 너무 신경을 쓰느라 오히려 적에게 쉽게 이용될 수 있다'라는 내용은 C의 '과도하게 장점에 관심을 가지면 안 된다'와 가장 유사하다. 그러므로 정답은 C이다.

在图书馆看书，一方面，可以尽量减少外界对我们的干扰，[40]使我们的精力更集中。另一方面，我们看到他人努力学习的样子，往往能激发自身的竞争意识，也会不自觉地开始努力。心理学家将这种现象称为"社会助长效应"。[41]实验证明，在竞争的气氛中，任务执行的效率会比较高。因此，想要消除杂念，提高学习效率，去图书馆是一个好办法。

도서관에서 책을 보면 한편으로는 최대한 외부에서 우리에게 방해하는 것을 줄일 수 있고 [40]정신을 더욱 집중할 수 있다. 다른 한편으로 우리는 타인이 공부하는 모습을 보면서 종종 자신의 경쟁의식을 불러일으킬 수 있어 자기도 모르게 열심히 할 수 있다. 심리학자는 이러한 현상을 '사회 조장 효과'라고 부른다. [41]경쟁의 분위기 속에서 임무 집행의 효과가 비교적 높아질 수 있다는 것을 실험으로 증명했다. 그러므로 잡념을 없애고 공부 효율을 높이고 싶다면 도서관에 가는 것도 하나의 좋은 방법이다.

단어 干扰 gānrǎo 통 방해하다 | 精力 jīnglì 명 정신과 체력 | 集中 jízhōng 통 집중하다 | 激发 jīfā 통 불러일으키다 | 竞争 jìngzhēng 명 경쟁 | 意识 yìshí 명 의식 | 助长 zhùzhǎng 통 조장하다, 키우다 | 效应 xiàoyìng 명 효과와 반응 | 证明 zhèngmíng 통 증명하다 | 气氛 qìfēn 명 분위기 | 任务 rènwu 명 임무 | 执行 zhíxíng 통 집행하다, 수행하다 | 消除 xiāochú 통 없애다, 해소하다 | 杂念 zániàn 명 잡념

40 根据这段话，在图书馆看书有什么优点？

A 便于闲聊
B 方便查找资料
C 注意力容易集中
D 环境舒适

이 글에 근거하여, 도서관에서 책을 보는 것은 어떤 장점이 있는가?

A 잡담하기 쉽다
B 자료를 찾기에 편리하다
C 주의력을 집중하기 쉽다
D 환경이 쾌적하다

단어 闲聊 xiánliáo 통 잡담하다 | 查找 cházhǎo 통 찾다

해설 도서관에서 책을 보면 방해받지 않고 더욱 정신을 집중할 수 있다고 했기 때문에 정답은 C이다.

41 人们在竞争的环境中做事会怎么样？

A 效率更高
B 感到不安
C 变得骄傲
D 更爱思考

사람들이 경쟁적인 환경에서 일을 하면 어떻게 될 수 있는가?

A 능률이 더욱 높아진다
B 불안을 느낀다
C 거만해진다
D 생각하는 것을 더욱 좋아하게 된다

단어 骄傲 jiāo'ào 형 거만하다

해설 글에서 밑줄 친 문장의 '实验证明(실험으로 증명하다)'과 같은 표현 뒤에서 정답이 나올 확률이 높다. '경쟁의 분위기 속에서 임무 집행의 효과가 비교적 높아질 수 있다'고 했기 때문에 정답은 A이다.

泥浆足球，是一项在泥浆场地中进行的足球比赛。42每队派出6人参赛，其中必须有一名女球员。出场前还很整洁的球员，结束比赛后，一个个都变成了泥人。在泥泞中踢球，小腿的肌肉很容易变得酸痛无力。因此，这项比赛更看重耐力，球员得坚持到底。43由于比赛规则简单，没有越位、罚球线等规定的限制。这项运动，现已成为人们释放压力展现自我的一种方式。

진흙 축구는 진흙이 있는 운동장에서 진행하는 축구 경기이다. 42모든 팀에서 6명을 내보내어 경기에 참가하는데 그 중에는 반드시 여자 선수가 한 명 있어야 한다. 경기를 나가기 전에는 아주 깨끗했던 선수들이 경기가 끝난 후에는 한 명 한 명 모두 흙 인형으로 변한다. 진흙 밭에서 축구를 하면 종아리의 근육이 쉽게 아파서 힘이 없어지게 된다. 이로 인해 이 경기는 인내력을 더욱 중시하며 선수는 끝까지 버텨야 한다. 43경기 규칙이 간단하기 때문에 오프사이드와 파울 라인 등의 규정 제한이 없다. 이 운동은 현재 이미 사람들이 스트레스를 풀고 자아를 드러내는 일종의 방식이 되었다.

단어 泥浆 níjiāng 몡 진흙 | 整洁 zhěngjié 혱 단정하고 깨끗하다 | 结束 jiéshù 동 끝나다, 마치다 | 泥泞 nínìng 몡 진창, 진흙밭 | 肌肉 jīròu 몡 근육 | 酸痛 suāntòng 혱 (몸이) 시큰시큰 쑤시고 아프다 | 耐力 nàilì 몡 인내력 | 坚持到底 jiānchí dàodǐ 끝까지 버티다 | 罚球线 fáqiúxiàn 몡 파울 라인 | 限制 xiànzhì 동 제한하다 | 释放 shìfàng 동 석방하다, 방출하다 | 展现 zhǎnxiàn 동 드러내다

---

42 泥浆足球赛，对球员有什么特别的要求?

진흙 축구 경기는 선수에 대해 어떤 특별한 요구가 있는가?

A 每队须有一名女性
B 年龄不得超过30岁
C 球技要好
D 须穿新衣服

A 모든 팀에 여자가 한 명 있어야 한다
B 연령은 30살을 넘어서는 안 된다
C 축구 기술이 좋아야 한다
D 반드시 새 옷을 입어야 한다

단어 球技 qiújì 몡 공을 다루는 기술

해설 팀원 6명 중 반드시 여자 선수가 있어야 한다고 했으므로 정답은 A이다.

---

43 关于泥浆足球赛，下列哪项正确?

진흙 축구 경기에 관하여, 다음 중 옳은 것은?

A 输赢偶然性强
B 允许违规
C 规则简单
D 已经推广了

A 승패는 우연성이 강하다
B 규칙 위반을 허락한다
C 규칙이 간단하다
D 이미 널리 보급되었다

단어 规则 guīzé 몡 규칙, 규정, 법규 | 推广 tuīguǎng 동 보급하다

해설 글의 밑줄 친 문장에서 '경기 규칙이 간단하기 때문에 오프사이드와 파울 라인 등의 규정 제한이 없다'고 했으므로 정답은 C이다.

44-45

有位画家很有天赋，但没什么名气。好不容易参加了画展，他的作品却无人过问。一位画商朋友认定他很有才华，就专门跑到画展上，装作很惊喜的样子，对别人说："⁴⁴很多人都让我帮忙找这位画家的画儿，没想到竟然在这里找到了。"画商就用这个办法不断给画家做宣传。⁴⁵就这样，这位画家逐渐被人们所熟知，变得有名了。

어떤 화가가 매우 타고난 자질이 있었는데 별다른 명성은 없었다. 가까스로 전시회에 참가했지만, 그의 작품은 관심받지 못했다. 화상 친구 한 명이 그가 재능이 있다는 것을 인정하여, 일부러 전시회에 달려가 놀라는 척을 하며 다른 사람에게 "⁴⁴많은 사람이 모두 저에게 이 화가의 작품을 찾아달라고 부탁했는데 뜻밖에도 여기에서 찾았네요."라고 말했다. 화상은 이 방법으로 끊임없이 이 화가를 홍보해 주었다. ⁴⁵이렇게 이 화가는 점점 더 사람들에게 알려져 유명해졌다.

단어 画展 huàzhǎn 명 회화 전람회 | 认定 rèndìng 동 인정하다 | 才华 cáihuá 명 재능, 재주 | 惊喜 jīngxǐ 동 놀라고 기뻐하다 | 样子 yàngzi 명 모습, 태도 | 没想到 méixiǎngdào 뜻밖에도 | 竟然 jìngrán 부 뜻밖에 | 不断 búduàn 부 끊임없이 | 宣传 xuānchuán 동 홍보하다 | 逐渐 zhújiàn 부 점점 | 熟知 shúzhī 동 숙지하다, 익히 알다

44 画商在画展上说了什么？

A 那些画儿很便宜
B 许多人要买画家的画儿
C 画家得过大奖
D 画家的水平很高

화상은 전시회에서 뭐라고 말을 했는가?

A 그 그림은 매우 저렴하다
B 많은 사람이 화가의 그림을 사려고 한다
C 화가가 대상을 받은 적이 있다
D 화가의 수준이 매우 높다

단어 大奖 dàjiǎng 명 대상

해설 글의 밑줄 친 문장에서 화상은 일부러 홍보를 위해 '많은 사람이 모두 나에게 이 화가의 작품을 찾아달라고 부탁했다'라고 하며 작품이 매우 인기가 있음을 나타냈기 때문에 정답은 B이다.

45 那位画家后来怎么样了？

A 画风变了
B 出名了
C 开始谦虚了
D 比以前更认真了

그 화가는 후에 어떻게 되었는가?

A 화풍이 변했다
B 유명해졌다
C 겸손해지기 시작했다
D 이전보다 더 열심히 했다

단어 画风 huàfēng 명 화풍 | 谦虚 qiānxū 동 겸손하다 | 认真 rènzhēn 형 진지하다, 성실하다

해설 화상의 홍보로 인해 사람들이 점점 더 그 화가를 알게 되었으므로 정답은 B이다.

第 一 部 分

 **46-48**

<table>
<tr><td>

　　从前，某地红薯很贵，有个人因为种了许多红薯而大赚了一笔。那些没种红薯的人很是后悔，他们暗下　46　，第二年一定要改种红薯。可是，由于第二年种红薯的人太多，大家都　47　惨重。但是第一年种红薯的那个人却赚了很多钱。原来，他料到第二年会有很多人种红薯，于是他就专门卖红薯秧苗给别人。

　　人与人的不同就在于此，有的人只能看到眼前　48　，人云亦云；有的人却能把眼光放得长远，把握先机。

</td><td>

　　옛날에 어느 지역의 고구마가 매우 비쌌다. 어떤 사람이 고구마를 많이 심어 큰돈을 벌었기 때문이다. 고구마를 심지 않은 사람들은 매우 후회를 했고, 그들은 다음 해에 반드시 고구마를 심겠다고 암암리에 46결심했다. 그러나 다음 해에 고구마를 심은 사람이 너무 많아서 모두 47손해가 막심했다. 하지만 첫해에 고구마를 심은 그 사람은 오히려 돈을 많이 벌었다. 알고 보니 그는 다음 해에 많은 사람이 고구마 심을 것을 짐작하여 일부러 고구마 모종을 다른 사람에게 팔았다.

　　사람과 사람의 차이점은 바로 여기에 있다. 어떤 사람은 단지 눈앞의 48이익을 볼 수 있을 뿐이고 주관이 없다. 어떤 사람은 오히려 시선을 멀리 둘 수 있어서 기선을 장악한다.

</td></tr>
</table>

단어 　**红薯** hóngshǔ 몡 고구마 | **种** zhòng 동 심다 | **赚** zhuàn 동 (돈을) 벌다 | **后悔** hòuhuǐ 동 후회하다 | **暗** àn 분 암암리 | **惨重** cǎnzhòng 혱 막심하다, (손해가) 크다 | **料到** liàodào 동 예상하다, 짐작하다 | **专门** zhuānmén 혱 전문적이다 | **秧苗** yāngmiáo 몡 새싹 | **眼前** yǎnqián 몡 눈앞 | **人云亦云** rényún yìyún 성 주관이 없다 | **眼光** yǎnguāng 몡 시선, 눈길 | **把握** bǎwò 동 장악하다, 잡다 | **先机** xiānjī 몡 기선

46

A 决心	B 信心	A 결심	B 확신
C 感觉	D 梦想	C 감각	D 꿈

단어 　**决心** juéxīn 몡 결심 | **信心** xìnxīn 몡 확신 | **感觉** gǎnjué 몡 감각 | **梦想** mèngxiǎng 몡 꿈

해설 　명사 어휘를 물어보는 문제로 명사 어휘는 문장 안에서 주어 혹은 목적어로 쓰인다. 그러므로 술어와 함께 살펴보아야 하는데 빈칸 자리 앞의 술어는 '下'가 나왔으므로 '下'와 호응관계를 이루는 표현을 써 주어야 한다. 이때 '下'와 어울리는 단어는 '决心(결심)'뿐이며 '下决心'은 '결심을 하다'라는 뜻이다. 그러므로 정답은 A이다.

> **Tip** '下'를 술어로 받는 술목구조
> 下决心 결심을 하다　　　　　下功夫 공을 들이다　　　　　下象棋 장기를 두다

47

A 受伤	B 伤害	A 부상	B 손상
C 损失	D 威胁	C 손해	D 위협

단어 　**受伤** shòushāng 몡 부상 | **伤害** shānghài 몡 손상 | **损失** sǔnshī 몡 손해 | **威胁** wēixié 몡 위협

해설 　보기는 모두 동사 어휘이지만 동사 어휘는 명사 어휘로 해석이 될 수 있음을 알아야 한다. 빈칸 뒤의 술어로 '惨重(막심하다)'이라는 표현이 나왔고 앞의 내용이 '红薯(고구마)'라는 작물과 관련이 있기 때문에 '손해가 막심하다'라고 해서 '损失惨重'이 가장 적절하다. 그러므로 정답은 C이다.

48

A 用途	B 待遇	A 용도	B 대우
C 利益	D 权力	C 이익	D 권력

단어 用途 yòngtú 몡 용도 | 待遇 dàiyù 몡 (급료·보수·권리·지위 등의) 대우, 대접 | 利益 lìyì 몡 이익 | 权力 quánlì 몡 권력

해설 빈칸은 명사 자리로 빈칸 앞에 위치한 '眼前(눈앞)'이라는 표현과 상응해야만 정답이 될 수 있다. '눈앞의 용도'나 '눈앞의 대우'는 말이 안 되지만 '눈앞의 이익'은 말이 되기 때문에 정답은 C이다.

49-52

有位少年向陶渊明请教读书的方法，希望自己也能　49　像他那样家喻户晓的大诗人。

陶渊明带着少年来到稻田间，指着一颗秧苗说："你仔细看，它是不是在长高？"少年蹲在秧苗旁仔细　50　，过了好半天也不见秧苗往上长，就对陶渊明说："它没长高啊。"

陶渊明问："真的没长吗？那矮小的幼苗是怎么长到现在这么高的呢？"

少年低头不语，陶渊明进一步引导说："其实，它　51　都在生长，只是我们看不到而已。读书也是一样，　52　，并不容易察觉到，但只要勤学不辍，就会积少成多。"

어떤 소년이 자신도 도연명(陶渊明)처럼 누구나 다 아는 시인[49]이 되고 싶어서 그에게 공부하는 방법에 대해 가르침을 청했다.

도연명(陶渊明)은 그 소년을 데리고 논 사이에 도착해서 벼 모종을 가리키며 "자세히 보아라. 그것이 자라고 있니?"라고 말했다. 소년은 벼 모종 옆에 웅크리고 앉아 자세히 [50]관찰했지만, 반나절이 지나도 모종이 위로 자라는 것을 보지 못해서, 도연명(陶渊明)에게 "모종이 자라지 않아요"라고 말했다.

도연명(陶渊明)이 "진짜 자라지 않느냐? 그렇다면 그 작고 왜소한 새싹이 어떻게 해서 지금 이렇게까지 커졌지?"라고 물었다.

소년은 머리를 숙이고 아무 말이 없었다. 도연명(陶渊明)은 더 나아가 인도하며 "사실 우리가 못 볼 뿐이지 그것은 [51]늘 자라고 있단다. 공부하는 것도 똑같다. [52]지식은 천천히 쌓여 알아차리기 어렵지만, 그만두지 않고 부지런히 공부하기만 하면 티끌 모아 태산일 것이다."라고 말했다.

단어 陶渊明 Táo Yuānmíng 몡 도연명 [중국 동진(東晉) 때의 저명한 시인] | 请教 qǐngjiào 됭 가르침을 청하다 | 家喻户晓 jiāyù hùxiǎo 셩 사람마다 모두 알다 | 稻田 dàotián 몡 논 | 秧苗 yāngmiáo 몡 새싹, 벼의 모종 | 仔细 zǐxì 혱 자세하다, 세심하다 | 蹲 dūn 됭 웅크려 앉다 | 低头不语 dītóu bùyǔ 머리를 숙이고 말을 하지 않다 | 引导 yǐndǎo 됭 인도하다 | 察觉 chájué 됭 발견하다 | 勤学 qínxué 됭 부지런히 공부하다 | 不辍 bùchuò 됭 그만두지 않다

49

A 成为	B 参考	A ～이 되다	B 참고하다
C 沟通	D 考虑	C 소통하다	D 고려하다

단어 成为 chéngwéi 됭 ～이 되다 | 参考 cānkǎo 됭 참고하다 | 沟通 gōutōng 됭 소통하다 | 考虑 kǎolǜ 됭 고려하다

해설 빈칸 자리 앞에는 '也(～도)'라는 부사와 '能(～할 수 있다)'이라는 조동사가 위치하여 있으므로 빈칸 자리는 동사 어휘 자리라는 것을 알 수 있다. 동사 어휘를 묻는 문제는 목적어와 함께 보았을 때 정답이 쉽게 찾아지는데, 이 문장에서 목적어는 '诗人(시인)'이다. 이것과 어울리는 동사는 A뿐이므로 정답은 A이다.

50

A 搜索	B 彻底	A 검색하다	B 철저하다
C 模仿	D 观察	C 모방하다	D 관찰하다

단어 搜索 sōusuǒ 동 검색하다 | 彻底 chèdǐ 형 철저하다 | 模仿 mófǎng 동 모방하다 | 观察 guānchá 동 관찰하다

해설 빈칸 앞에는 '仔细(자세하다)'라는 단어가 들어가 있다. 이 문장은 소년이 벼를 바라보며 벼가 자라고 있는지를 자세히 관찰하는 내용이기 때문에 정답은 D라고 볼 수 있다. 또한 '仔细观察(자세하게 관찰하다)'는 정답으로 자주 나오는 표현이기 때문에 외워 두는 것이 좋다. 정답은 D이다.

51

A 曾经	B 反复	A 일찍이	B 반복적으로
C 已经	D 时刻	C 이미	D 늘

단어 曾经 céngjīng 부 일찍이 | 反复 fǎnfù 형 반복적으로 | 已经 yǐjing 부 이미 | 时刻 shíkè 부 늘, 시시각각, 언제나

해설 A는 '일찍이 ~했다' 혹은 '일찍이 ~한 적이 있다'의 용법으로 쓰이므로 동사 뒤에 '了'나 '过'가 들어가야 한다. C 또한 '이미 ~했다'라는 구조로 '了'가 수반되어야 한다. 하지만 현재 빈칸과 관련된 문장은 그렇지 않으며, 빈칸 뒤에 '都(모두)'가 나왔다는 것에 중점을 두어야 한다. '都(모두)'는 앞에 복수형의 내용이 나와야 수반될 수 있는 부사로 보기 중에서 복수형의 느낌을 가지고 있는 것은 '늘'이라는 뜻의 D뿐이다. 그러므로 정답은 D이다.

52

A 知识是慢慢积累的	A 지식은 천천히 쌓인다
B 肯定要结合实践	B 반드시 실천이 결합되어야 한다
C 急于速成是不可取的	C 빨리 이루려고 서둘러 하려 하면 얻을 수 없다
D 不免会遇到困难	D 어려움에 맞닥뜨리는 것을 피하지 않는다

단어 积累 jīlěi 동 쌓이다 | 实践 shíjiàn 명 실천 | 急于 jíyú 동 서둘러 ~하려 하다 | 遇到 yùdào 동 마주치다, 맞닥뜨리다

해설 도연명이 소년을 데리고 가서 벼를 관찰하게 한 이유에 대해서 생각해 보아야 한다. 벼는 천천히 자라기 때문에 그 성장이 눈에 빨리 보이지 않는다. 도연명은 공부 또한 이와 같은 이치임을 알려 주기 위해 소년을 데리고 간 것으로, '지식은 천천히 쌓인다'는 A가 정답이다.

53-56

熊猫的学名其实是"猫熊"，意思是"像猫一样的熊"，也就是说它 _53_ 上类似于熊，而外貌却像猫。严格地说，"熊猫"是一种错误的称呼。那么这一错误的称呼是怎么来的呢？原来，早年间重庆市北碚博物馆 _54_ 展出过"猫熊"的标本，它的说明牌自左向右横写着"猫熊"两个字。可是，当时报刊的横标题都是自右向左认读的，所以记者们便在 _55_ 中把"猫熊"误写成了"熊猫"。

这一称呼经媒体广泛传播后，被人们熟知。人们说惯了，也就很难再纠正过来了。于是，_56_ ，称"猫熊"为"熊猫"了。

판다의 학명은 사실 '고양이곰'이다. 의미상으로는 '고양이 같은 곰'이다. 다시 말하자면 그것은 53본질상으로 곰과 유사하며 외모는 고양이와 닮았다는 것이다. 엄격히 말하자면 '곰고양이'는 잘못된 칭호이다. 그럼 이렇게 잘못된 칭호는 어떻게 나온 것일까? 원래 오래전 충칭시(重庆市)의 베이베이(北碚) 박물관에서 54일찍이 '고양이곰'의 표본을 전시한 적이 있다. 그것의 설명 팻말에는 왼쪽에서 오른쪽으로 '고양이곰' 두 글자가 가로로 쓰여져 있었다. 하지만 당시 신문의 가로로 된 제목은 오른쪽에서 왼쪽으로 읽는 것이어서 기자들은 55보도에다 '고양이곰'을 '곰고양이'라고 잘못 썼다.

이 칭호는 매체를 통해 광범위하게 퍼져 나간 후 사람들에게 익숙히 알려지게 되었다. 사람들은 습관이 되어 고치기가 어려워졌고, 그래서 56모두 잘못인 줄 알면서도 그대로 밀고 나가서 '고양이곰'을 '곰고양이'라고 불렀다.

단어 熊猫 xióngmāo 명 판다 | 类似 lèisì 동 유사하다 | 外貌 wàimào 명 외모 | 称呼 chēnghu 명 호칭 | 展出 zhǎnchū 동 전시하다, 진열하다 | 标本 biāoběn 명 표본 | 横写 héngxiě 동 가로로 쓰다 | 报刊 bàokān 명 신문·잡지 등의 간행물 | 标题 biāotí 명 제목 | 认读 rèndú 동 읽다 | 经 jīng 동 통하다 | 媒体 méitǐ 명 대중 매체 | 广泛 guǎngfàn 형 광범위하다 | 传播 chuánbō 동 전파하다, 널리 퍼뜨리다 | 熟知 shúzhī 동 숙지하다 | 纠正 jiūzhèng 동 교정하다, 고치다

53

| A 本质 | B 规范 | A 본질 | B 규범 |
| C 规则 | D 趋势 | C 규칙 | D 추세 |

단어 本质 běnzhì 명 본질 | 规范 guīfàn 명 규범 | 规则 guīzé 명 규칙 | 趋势 qūshì 명 추세

해설 판다의 이름이 본디 '고양이 같은 곰'이었다는 이야기를 하면서 빈칸이 나오고 있다. 이것은 본질은 곰과 같지만 생김새는 고양이 같다는 의미로 보기의 명사 중 가장 적절한 것은 A이다. 그러므로 정답은 A이다.

54

| A 迟早 | B 照常 | A 조만간 | B 평소와 같다 |
| C 如果 | D 曾经 | C 만약 | D 일찍이 |

단어 迟早 chízǎo 부 조만간 | 照常 zhàocháng 동 평소와 같다 | 如果 rúguǒ 접 만약 | 曾经 céngjīng 부 일찍이, 이전에

해설 빈칸 뒤에는 '展出(전시하다)'라는 동사가 나왔기 때문에 빈칸 자리는 부사 자리임을 알 수 있다. 동사 뒤에 '过'를 수반할 수 있는 부사는 '曾经(일찍이)'뿐이다. '曾经(일찍이)'은 뒤에 '了' 혹은 '过'를 수반하여 '일찍이 ~했다' 혹은 '일찍이 ~한 적이 있다'라는 의미를 지니므로 정답은 D이다.

55

| A 预报 | B 报道 | A 예보하다 | B 보도하다 |
| C 辅导 | D 报到 | C 도우며 지도하다 | D 도착하였음을 알리다 |

단어 预报 yùbào 동 예보하다 | 报道 bàodào 동 보도하다 | 辅导 fǔdǎo 동 (학습을) 도우며 지도하다 | 报到 bàodào 동 도착하였음을 알리다

해설 A의 '预报(예보하다)'에서 '预'는 '예측하다'라는 의미를 담고 있고, '天气预报(일기 예보)'의 형태로 많이 쓰인다. 하지만 글에서는 '报刊(간행물)'과 '记者(기자)'라는 단어가 나왔기 때문에 이를 종합하여 가장 어울리는 것은 B뿐이다. 그러므로 정답은 B이다.

56

A 记者们十分惊慌
B 大家就将错就错
C 人们就改正过来
D 动物学家不愿承认自己错了

A 기자들은 매우 놀라 허둥댔다
B 모두 잘못인 줄 알면서도 그대로 밀고 나갔다
C 사람들은 잘못을 고쳤다
D 동물학자는 자기가 잘못했다고 인정하는 것을 원하지 않았다

惊慌 jīnghuāng 〔형〕 놀라 허둥지둥하다 | 将错就错 jiāngcuò jiùcuò 〔성〕 잘못인 줄 알면서도 그대로 밀고 나가다 | 改正 gǎizhèng 〔동〕 개정하다 | 承认 chéngrèn 〔동〕 승인하다, 인정하다

B의 '将错就错'는 '잘못인 줄 알면서도 그대로 밀고 나가다'라는 의미이다. 빈칸에 단어가 아닌 문장을 넣는 문제는 접속사 구조 혹은 해석을 보아야 한다. 빈칸 앞에서는 잘못된 칭호가 이미 익숙해져서 바꾸는 것이 힘들다는 내용이 나왔고 빈칸 뒤에서는 '猫熊(고양이곰)'이 '熊猫(곰고양이)'가 되었다는 내용이 나왔다. 그럼 그 중간에서는 '모두 잘못인 줄 알면서도 그대로 밀고 나가다'라는 표현이 들어가는 것이 문맥상 가장 적절하므로 정답은 B이다.

57-60

心理学研究表明，对自己说一些暗示性的话语，有利于更好地完成任务。不同的任务，可能需要不同的暗示语。对一些要求精细操作的任务，应用比较 _57_ 的暗示语，比如打高尔夫球时，可以告诉自己"手抬高一点儿""放慢一些"等；而对于那些要求有耐力和韧性的任务，如长跑、竞走等，说一些积极性的暗示语，效果会更好，如对自己说" _58_ ""我一定能做到的"等。

专家指出，语言暗示其实是一种"自我话疗"，它可以帮助人们 _59_ 心态，让人更自信、注意力更集中，从而激发出人的潜能，当你心情不好或工作 _60_ 不高时，不妨也试着对自己说几句话吧。

심리학 연구에서 표명하길 자신에게 암시성의 말을 하면 임무를 완성하는 데에 더욱 유리하다고 한다. 임무마다 다른 암시어가 필요할 것이다. 정교하고 섬세한 조작이 요구되는 임무들에는 비교적 57구체적인 암시어를 이용한다. 예를 들어 골프를 칠 때 자신에게 '손을 좀 더 높이 들어.', '속도를 좀 낮춰.' 등을 말할 수 있다. 그리고 예를 들어 장거리 경주나 경보 등의 인내력과 강인함이 요구되는 그런 임무들에 대해서는 적극적인 암시어들을 말하는 것이 효과가 더욱 좋다. 자신에게 '58다시 계속 열심히 하면 이길 거야.', '나는 반드시 할 수 있어.' 등처럼 말이다.

전문가는 언어 암시가 사실 일종의 '혼잣말 치료'라고 지적한다. 그것은 사람들의 심리 상태를 59조절하는 데에 도움을 줄 수 있고 더욱 자신있게 하며 주의력을 더 집중시킨다. 그리하여 사람의 잠재력을 불러일으키는 것이다. 당신의 기분이 나쁘거나 업무의 60효율이 높지 않을 때 자신에게 몇 마디 말을 해 보는 것도 무방할 것이다.

暗示 ànshì 〔동〕 암시하다 | 话语 huàyǔ 〔명〕 말 | 有利于 yǒulìyú ~에 유리하다 | 任务 rènwu 〔명〕 임무 | 需要 xūyào 〔동〕 필요하다 | 精细 jīngxì 〔형〕 정교하고 섬세하다 | 操作 cāozuò 〔명〕 조작 | 高尔夫球 gāo'ěrfūqiú 〔명〕 골프 | 抬 tái 〔동〕 들어 올리다 | 放慢 fàngmàn 〔동〕 속도를 줄이다, 늦추다 | 耐力 nàilì 〔명〕 인내력 | 韧性 rènxìng 〔명〕 강인성 | 长跑 chángpǎo 〔명〕 장거리 경주 | 竞走 jìngzǒu 〔명〕 경보 | 积极性 jījíxìng 〔명〕 적극성 | 指出 zhǐchū 〔동〕 지적하다 | 激发 jīfā 〔동〕 (감정을) 불러일으키다 | 潜能 qiánnéng 〔명〕 잠재력 | 不妨 bùfáng 〔부〕 무방하다

57

| A 彻底 | B 具体 | A 철저히 하다 | B 구체적이다 |
| C 个别 | D 被动 | C 개별적인 | D 피동적이다 |

단어 彻底 chèdǐ 혱 철저히 하다 | 具体 jùtǐ 혱 구체적이다 | 个别 gèbié 혱 개개의, 개별적인 | 被动 bèidòng 혱 피동적이다

해설 빈칸에는 '暗示语(암시어)'를 꾸며 주는 형용사를 써야 한다. 비교적 섬세한 조작이 필요한 임무에 대한 예시로 골프가 나왔는데 '손을 좀 더 높이 들어', '속도를 좀 낮춰' 등의 표현은 구체적인 암시어라고 보아야 적절하다. 그러므로 정답은 B이다.

58

A 要是输了怎么办	A 만약에 지면 어떡하지
B 这段路太难了	B 이 길은 너무 어려워
C 别再勉强自己了	C 더 이상 억지로 하지 마
D 再坚持一下就赢了	D 다시 계속 열심히 하면 이길 거야

단어 输 shū 통 패하다, 지다 | 勉强 miǎnqiǎng 혱 억지로 ~하다 | 坚持 jiānchí 통 견지하다, 고수하다 | 赢 yíng 통 이기다

해설 빈칸 앞부분에서 '积极性的暗示语(적극적인 암시어)'가 나왔다. '积极'는 '적극적이다'라는 뜻도 가지고 있지만 '긍정적이다'라는 뜻도 가지고 있다. 보기 중에서 긍정적인 어기를 가지고 있는 것은 D뿐이다. 그러므로 정답은 D이다.

59

| A 训练 | B 调整 | A 훈련하다 | B 조절하다 |
| C 看病 | D 诊断 | C 진찰하다 | D 진단하다 |

단어 训练 xùnliàn 통 훈련하다 | 调整 tiáozhěng 통 조절하다 | 看病 kànbìng 통 진찰하다 | 诊断 zhěnduàn 통 진단하다

해설 빈칸은 동사 어휘를 넣는 문제로 목적어 자리에 '心态(심리 상태)'라는 단어가 나왔다. 이것과 가장 어울리는 단어는 B이다. '심리 상태를 조절하다'가 우리나라식 표현으로 많이 쓰지 않는 표현이지만 의역한다면 '마인드 컨트롤하다' 정도의 의미가 된다. 그러므로 정답은 B이다.

60

| A 步骤 | B 性质 | A 절차 | B 성질 |
| C 效率 | D 程度 | C 효율 | D 정도 |

단어 步骤 bùzhòu 몡 절차 | 性质 xìngzhì 몡 성질, 성분 | 效率 xiàolǜ 통 효율, 능률 | 程度 chéngdù 몡 정도

해설 빈칸 자리는 명사 어휘를 넣는 문제로 앞에 '工作(업무)'가 들어갔기 때문에 '업무~'라는 결합명사가 되어야 한다. 또한 문장의 술어로 '不高(높지 않다)'가 나왔기 때문에 이 두 가지 조건을 다 갖추어 가장 어울리는 것은 C뿐이다. 그러므로 정답은 C이다.

61-70

61

　　不少人都喜欢喝下午茶，下午茶对补充人体能量大有好处。随着现代社会生活节奏加快，上班族的午餐经常吃得太少或者过于仓促，而一份营养均衡的下午茶，不但能赶走瞌睡，还有助于恢复体力。

A 喝下午茶会加重消化负担
B 午餐要注意营养均衡
C 喝下午茶有助于补充能量
D 中午不宜吃得过饱

　　많은 사람이 오후에 차 마시는 것을 좋아하는데, 오후의 차는 인체 에너지를 보충하는 데 많은 이점이 있다. 현대 사회의 생활 리듬이 빨라진 데에 따라 샐러리맨들은 점심을 너무 적게 먹거나 지나치게 촉박해졌다. 그러나 영양이 고른 오후의 차는 졸음을 쫓을 수 있을 뿐만 아니라 체력을 회복하는 데도 도움을 준다.

A 오후에 차를 마시는 것은 소화 부담을 가중시킬 수 있다
B 점심은 영양 균형에 주의해야 한다
C 오후에 차를 마시면 열량 보충에 도움이 된다
D 정오에 과식하는 것은 적당하지 않다

단어 能量 néngliàng 몡 에너지 | 节奏 jiézòu 몡 리듬 | 仓促 cāngcù 혱 촉박하다 | 均衡 jūnhéng 혱 균형이 잡히다 | 瞌睡 kēshuì 동 졸리다 | 恢复 huīfù 동 회복하다 ‖ 负担 fùdān 몡 부담 | 不宜 bùyí 동 적당하지 않다

해설 新HSK 5급 독해 2부분의 초반 문제들은 지문의 가장 앞부분 혹은 가장 뒷부분에서 정답이 나올 확률이 높다. 초반에서 '오후의 차는 인체 에너지를 보충하는데 많은 이점이 있다'라는 내용이 C의 '补充能量(열량을 보충하다)'과 상응하기 때문에 정답은 C이다.

62

　　人生像一杯咖啡一样，苦中带着甜，甜中透着苦。糖是甜的，咖啡是苦的，这是无法改变的，但是我们可以通过改变它们的用量，来调好我们的 "人生咖啡"，让它散发出属于自己的味道。

A 要学会缓解自己的压力
B 喝咖啡有助于提神
C 很容易做出改变
D 要把握好自己的人生

　　인생은 한 잔의 커피와 같아서 쓰면서도 달고, 달면서도 쓴맛이 스며들어 있다. 설탕은 달고 커피는 쓴 것이다. 이것은 바꿀 수 없지만 우리는 그 용량을 바꾸는 것을 통해 우리의 '인생 커피'를 만들 수 있고 그것으로 하여금 자신만의 향을 발산시킬 수 있다.

A 자신의 스트레스를 완화시키는 것을 습득해야 한다
B 커피를 마시면 정신을 차리는 데 도움이 된다
C 매우 쉽게 바꿀 수 있다
D 자신의 인생을 잘 장악해야 한다

단어 咖啡 kāfēi 몡 커피 | 散发 sànfā 동 발산하다 | 属于 shǔyú 동 ~에 속하다 | 味道 wèidao 몡 맛, 정취 ‖ 缓解 huǎnjiě 동 완화되다 | 提神 tíshén 동 정신을 차리게 하다

해설 '인생은 한 잔의 커피와 같다'라는 내용을 통해 이 글의 주제는 커피가 아니라 인생이라는 것을 알 수 있다. 또한 보기에서 인생에 대해 언급한 것은 D뿐이다. 그러므로 정답은 D이다.

63

人与人之间的关系就像花朵，不悉心照顾就会慢慢枯萎。与朋友保持长久关系的基本原则，就是不要失去联络。有时候，超过半年不与某个朋友联系，就有可能失去这段友谊。同时要谨记，不要等到需要帮助时才想起朋友。

A　养花有很多讲究
B　要与朋友保持联系
C　跟朋友相处要诚恳坦率
D　要尽量帮助身边的朋友

사람과 사람 사이의 관계는 꽃과 같아서 온 마음을 다하여 돌보지 않으면 차츰 시들 것이다. 친구와 오랜 관계를 유지하는 기본 원칙은 연락을 끊으면 안 된다는 것이다. 어떤 경우에 반년 이상 어느 친구와 연락하지 않으면 우정을 잃어버릴 수 있다. 동시에 도움이 필요할 때가 되어서야 친구를 떠올리면 안 된다는 것을 새겨두어야 한다.

A　꽃을 기르는 것에는 유의해야 할 것이 많다
B　친구와 연락을 유지해야 한다
C　친구와 지낼 때 진실되고 솔직해야 한다
D　최대한 주변의 친구를 도와줘야 한다

단어 悉心 xīxīn 阅 온 마음으로 | 枯萎 kūwěi 图 (꽃이) 시들다 | 联络 liánluò 图 연락하다 | 谨记 jǐnjì 图 새겨 두다 ∥ 讲究 jiǎngjiu 图 유의할 만한 법칙(방법) | 诚恳 chéngkěn 图 진실하다 | 坦率 tǎnshuài 图 솔직하다

해설 B의 '保持联系'는 '연락을 유지하다'라는 의미로, 지문의 '保持关系(관계를 유지하다)' 정도의 개념으로 이해하면 된다. '친구와 오랜 관계를 유지하는 기본 원칙은 연락을 끊으면 안 된다는 것이다'라고 했기 때문에 B가 정답이다.

64

活字印刷术是宋朝一个叫毕昇的普通老百姓发明的。这一发明用可以移动的胶泥字块儿代替传统的手工抄写，大大地节省了人们的时间和精力，为知识和文化的传播与交流创造了条件，称得上是人类历史上最伟大的发明之一。

A　活字印刷术已经失传
B　活字印刷术成本较高
C　活字印刷术提高了印刷效率
D　活字印刷术是现代最伟大的发明

활자 인쇄술은 송나라의 필승(毕昇)이라는 일반 백성이 발명한 것이다. 이 발명은 움직일 수 있는 점토 글자를 사용하여 전통적인 수공 필사를 대체한 것이다. 사람들의 시간과 힘을 크게 절약하였고, 지식과 문화의 전파와 교류 창조의 조건을 만들었기에 인류 역사상 제일 위대한 발명 중 하나라고 불릴 만하다.

A　활자 인쇄술은 이미 전해져 내려오지 않는다
B　활자 인쇄술의 원가는 비교적 높다
C　활자 인쇄술은 인쇄 효율을 높였다
D　활자 인쇄술은 현대의 제일 위대한 발명이다

단어 活字印刷 huózì yìnshuā 阅 활자 인쇄 | 代替 dàitì 图 대체하다 | 节省 jiéshěng 图 절약하다 | 传播 chuánbō 图 전파하다 ∥ 失传 shīchuán 图 전해 내려오지 않다 | 成本 chéngběn 阅 원가

해설 '节省'은 '절약하다'라는 의미로 '节省精力(힘을 절약하다)'와 '节省时间(시간을 절약하다)'이라는 표현은 결국 효율을 높인다는 의미와 상통한다. 그렇기 때문에 '提高效率(효율을 높이다)'라는 표현이 쓰인 C가 정답이다.

65

俗话说：“送人玫瑰，手留余香。”在帮助别人的过程中，我们可以从精神上获得收获，如境界的提升、心态的改善、助人的快乐等等。这些收获虽然不那么“实惠”，却能让我们长期甚至终身受益，而这是金钱买不来的。

A 帮助别人能使自己获益
B 付出不见得有收获
C 物质是精神的基础
D 良好的人际关系非常重要

속담에 '다른 사람에게 장미를 주면 손에는 향이 남는다'고 했다. 다른 사람을 도와주는 과정에서 우리는 경지가 높아지고, 심리 상태가 개선되며, 남을 돕는 즐거움 등의 정신적인 수확을 얻을 수 있다. 이런 수확은 비록 '실익'은 아니지만, 장기적으로, 심지어 평생의 이익을 얻을 수도 있다. 또한, 이 것은 돈으로 살 수 없는 것이다.

A 다른 사람을 도와주면 자신의 이익을 얻을 수 있다
B 지불하는 것이 반드시 소득이 있는 것은 아니다
C 물질은 정신의 기초이다
D 양호한 인간관계는 매우 중요하다

단어 **俗话** súhuà 몡 속담 | **收获** shōuhuò 몡 수확, 성과 | **境界** jìngjiè 몡 경지 | **实惠** shíhuì 몡 실익 | **终身** zhōngshēn 몡 평생 ‖ **良好** liánghǎo 혱 양호하다 | **人际关系** rénjì guānxì 몡 인간관계

해설 성어나 속담에 대해 언급이 된 경우, 이어서 그 의미를 풀어서 설명해 준다. 이 지문 역시 첫 번째 줄에서 속담이 나오고 이어서 '帮助别人的过程中(다른 사람을 도와주는 과정에서)'이라고 속담에 대해 설명하고 있다. '帮助别人(다른 사람을 도와주다)'이 직접적으로 쓰인 A가 정답이다.

66

“中国历史文化名街”评选推介活动日前已连续举办5届，活动参照历史要素、文化要素、保存状况、经济文化活力、社会知名度、保护与管理这6大标准，已先后评选出50条历史文化名街和街区，有力地提升了社会对历史文化街区保护的关注程度。

A 保护状况是评选的首要标准
B 该活动主要宣传胡同文化
C 该活动有利于保护历史文化名街
D 参选的文化街均有50多年的历史

'중국 역사 문화 거리'를 선정하여 소개하는 활동이 며칠 전 연속적으로 5회가 개최되었다. 활동은 역사 요소, 문화 요소, 보존 상태, 경제 문화 활력, 사회 지명도, 보호와 관리 이 6대 기준을 참조한 활동이다. 이미 잇따라 50개의 역사 문화 거리와 구역을 선정하였고, 역사 문화 거리와 구역의 보호에 대한 사회의 관심 정도를 크게 높였다.

A 보존 상태는 선정의 가장 중요한 기준이다
B 이 활동은 주로 골목 문화를 홍보한다
C 이 활동은 역사 문화 거리를 보호하는 데 도움이 된다
D 후보 문화 거리는 모두 50여 년의 역사를 가지고 있다

단어 **评选** píngxuǎn 동 선정하다 | **推介** tuījiè 동 소개하다 | **参照** cānzhào 동 참조하다 | **知名度** zhīmíngdù 몡 지명도 | **提升** tíshēng 동 높이다 | **关注** guānzhù 동 관심을 가지다 ‖ **胡同** hútòng 몡 골목

해설 '提升…关注程度'는 '~관심 정도를 높이다'라는 의미이다. '역사 문화 거리와 구역의 보호에 대한 사회의 관심 정도를 크게 높였다'라고 했기 때문에 정답은 C이다.

67

长江江豚是全球唯一的江豚淡水品种，主要分布于长江中下游及附近湖区。它们已经在地球上生存了2500万年，被称作"长江生态的活化石"和"水中大熊猫"。长江江豚是目前长江仅存的大型哺乳类动物，现仅剩1000多头。保护长江江豚，已经刻不容缓。

A 长江江豚是种很古老的动物
B 长江江豚目前严重缺少食物
C 长江江豚无法在浅水中生活
D 长江江豚外形与大熊猫很像

창장(长江)의 상괭이는 전 세계 유일한 민물 상괭이 품종으로 주로 창장(长江) 중하류 지역에서 호수 인근 구역에 이르러 분포해 있다. 그것들은 이미 지구상에서 2,500만 년을 생존해서 '창장(长江) 생태의 살아있는 화석'과 '물속의 판다'라고 불린다. 창장(长江)의 상괭이는 현재 창장(长江)에 존재하는 유일한 대형 포유류로 지금은 1,000여 마리만 남아 있다. 창장(长江)의 상괭이를 보호하는 것은 이미 잠시도 늦출 수 없다.

A 창장의 상괭이는 아주 오래된 동물이다
B 창장의 상괭이는 현재 먹이가 심각하게 모자라다
C 창장의 상괭이는 얕은 물에서 생활할 수 없다
D 창장의 상괭이는 외형이 판다와 매우 비슷하다

단어 江豚 jiāngtún 몡 상괭이 | 淡水 dànshuǐ 몡 담수, 민물 | 分布 fēnbù 동 분포하다 | 哺乳 bǔrǔ 몡 포유 | 刻不容缓 kèbù rónghuǎn 셍 일각도 지체할 수 없다

해설 상괭이가 2,500만 년을 생존했다고 했기 때문에 그만큼 오래 되었음을 알 수 있다. 그러므로 정답은 A이다.

68

《白鹿原》是中国著名作家陈忠实的代表作。这部近50万字的长篇小说以陕西关中平原上的白鹿村为背景，细致地讲述了白、鹿两大家族之间发生的故事。全书有着厚重的史诗风格和真实感，自出版以来，深受读者的赞赏和欢迎，还曾多次被改编成电影、话剧等。

A 《白鹿原》是短篇小说
B 《白鹿原》是陈忠实的最后一部作品
C 《白鹿原》受到了广泛好评
D 《白鹿原》描写了长江两岸人民的生活

〈백록원〉은 중국의 유명한 작가 진충실(陈忠实)의 대표작이다. 이것은 50만 자에 가까운 장편 소설로서 산시(陕西) 관중(关中) 평원의 백록촌(白鹿村)이 배경이 되어 백, 록 두 집안 사이에 발생한 이야기를 정교하게 서술하였다. 전권에 풍성한 사시적 풍격과 진실함이 있고, 출판 이래 독자의 칭찬과 환영을 깊이 받으며 이미 여러 번 영화나 연극 등으로 각색되었다.

A 〈백록원〉은 단편 소설이다
B 〈백록원〉은 진충실의 가장 마지막 작품이다
C 〈백록원〉은 폭넓은 호평을 받았다
D 〈백록원〉은 창장 연안의 국민의 생활을 묘사했다

단어 代表作 dàibiǎozuò 몡 대표작 | 长篇 chángpiān 몡 장편 | 讲述 jiǎngshù 동 서술하다 | 厚重 hòuzhòng 혱 풍성하다 | 赞赏 zànshǎng 동 친창하며 높이 평가하다

해설 초반에 '50만 자에 가까운 장편 소설'이라고 했기 때문에 A는 오답이다. 또한, 진충실의 마지막 작품이 아니라 대표작이라고 했고 창장이 배경이 아니라 산시 관중 평원이 배경이기 때문에 B와 D도 오답이다. 지문의 마지막에 여러 차례 각색되었다는 내용은 사랑을 많이 받았다는 증거이므로 정답은 C이다.

69

做事太在乎别人的评价，只会让自己放不开手脚，犹豫不决，最终失去个性，失去自我。很多时候，相信并坚持自己的选择，才是我们正确的道路。所以，别人怎么看并不重要，重要的是做真实的自己，做自己认为正确的事。

일을 할 때 다른 사람의 평가를 너무 신경 쓰다 보면 자기의 손발이 묶이고 결단을 내리지 못해 망설이게 될 뿐이며, 결국은 개성과 자아를 잃게 된다. 상당 기간 자신의 선택을 믿고 유지해 나가는 것이 비로소 우리의 올바른 길이다. 그러므로 다른 사람이 어떻게 보든 결코 중요하지 않다. 중요한 것은 진실한 자신이고 자신이 올바르다고 생각하는 일을 하는 것이다.

A 要积极乐观
B 要坚持自己的选择
C 要善于听取他人意见
D 要勇于承认自己的错误

A 적극적이고 낙관적이어야 한다
B 자신의 선택을 유지해 나가야 한다
C 타인의 의견을 귀담아 들어야 한다
D 용감하게 자신의 잘못을 인정해야 한다

단어 **在乎** zàihu 〔동〕 마음에 두다 | **犹豫不决** yóuyù bùjué 〔성〕 결단을 내리지 못하고 머뭇거리다 ǀǀ **积极** jījí 〔형〕 적극적이다 | **坚持** jiānchí 〔동〕 견지하다, 유지하다 | **听取** tīngqǔ 〔동〕 귀담아 듣다 | **承认** chéngrèn 〔동〕 인정하다

해설 '坚持'는 '견지하다', '유지하다'라는 사전적 의미를 가지고 있으나 실제로 해석이 될 때에는 '노력하다', '노력을 유지해 나가다'라는 의미가 더욱 적절하다. '坚持自己的选择'는 결국 '자신의 선택을 (열심히) 유지해 나간다'라는 뉘앙스가 되는 것이다. 또한 이 표현이 그대로 쓰인 B가 정답이다.

70

词，是诗的一种别体。宋代时，词的创作进入繁荣阶段，出现了大批成就突出的词人，并形成了各种风格、流派，名篇佳作很多，《全宋词》共收录词作近两万首。后人认为词代表了宋代文学的最高成就，将它与唐代诗歌并列，因此有"唐诗宋词"的说法。

사(词)는 일종의 시(诗)의 별체이다. 송대 사(词)의 창작은 번영 단계에 접어들어 대량의 성과가 돋보이는 사인이 출현했고 각종 작풍과 유파, 유명한 가작이 많이 형성되었다. 〈전송사〉에는 모두 2만 개에 가까운 작품이 수록되어 있다. 후손들은 사(词)가 송대 문학의 제일 높은 성과를 대표하는 것으로 여겨 그것을 당대 시가(诗歌)와 나란히 놓는다. 이 때문에 '당시송사'라는 표현이 있는 것이다.

A 宋词的派别比较单一
B 唐诗不如宋词影响大
C 宋代是词的繁荣时期
D 宋词流传下来的极少

A 송사의 파별은 비교적 단일하다
B 당시는 송사만큼 영향이 크지 않다
C 송대는 사의 번영 시기이다
D 송사는 전해진 것이 극히 적다

단어 **别体** biétǐ 〔명〕 별체 | **繁荣** fánróng 〔형〕 번영하다 | **成就** chéngjiù 〔명〕 성취, 성과 | **收录** shōulù 〔동〕 수록하다 ǀǀ **派别** pàibié 〔명〕 파별 | **影响** yǐngxiǎng 〔명〕 영향 | **流传** liúchuán 〔동〕 대대로 전해 내려오다

해설 新HSK 5급 독해 2부분에서 중국의 문화나 문학을 물어볼 때에는 자세한 세부 사항보다는 굵직하고 중점적인 내용을 묻는 문제가 많다. 그러므로 '唐诗宋词(당시송사)'라는 문학적 배경을 알고 있을 필요가 있다. 이는 '당나라에는 시, 송나라에는 사가 유명하다는 의미이다. 또한 송대 사의 창작은 번영 단계에 접어들었다'라고 했기 때문에 정답은 C이다.

第 三 部 分

71-74

71他从小兴趣就特别广泛。

他乐感很好，在一次学校的新年音乐会上，他和同学们表演的小提琴二重奏很受欢迎。朋友们都说，要是他专攻小提琴，一定会成为一名出色的小提琴手。

他还是全校的游泳冠军，曾作为运动员代表参加了西南地区的游泳比赛，并获得了第三名。队友们说，如果他接受专业的体育训练，也许能站在高高的领奖台，赢得鲜花和掌声。

从农学院毕业后，他带着青春朝气进了一所学校，走上了讲台。72学生们说，他讲课生动、透彻，听他的课是种享受，他将来肯定是一位桃李满天下的优秀老师。

73这时他却开始犹豫了，不知道自己今后努力的方向到底在哪儿。直到有一天，他看见一位果农拿着剪刀，将一串串小花连着枝条一块儿剪掉。他不解地问："为什么把这些花都剪掉？多可惜呀！""花长得太密，是很难结果的。"果农的话一下子点醒了他：花太密了难结果，74人生的目标太多了，同样难以实现啊！

74从此，他立志做个伟大的农民，并将如何提高水稻产量作为自己的研究课题。他就是世界"杂交水稻之父"、首届中国国家最高科学技术奖获得者——袁隆平。

71그는 어렸을 때부터 취미가 매우 광범위했다.

그는 음감이 매우 좋았는데, 한 번은 학교의 신년 음악회에서 그와 친구들이 공연한 바이올린 2중주가 매우 인기 있었다. 친구들은 그가 만약에 바이올린을 전공한다면 분명 훌륭한 바이올린 연주자가 될 거라고 말했다.

그는 또 전교의 수영 챔피언인데, 일찍이 운동선수 대표로 서남 지역의 수영 대회에 참가해 3등을 했다. 멤버들은 만약 그가 전문적인 체육 훈련을 받으면 아마도 높은 시상대에 올라 꽃과 박수 소리를 받을 수 있을 거라고 말했다.

농업 대학을 졸업한 후 그는 청춘의 패기를 안고 학교에 들어가 강단에 섰다. 72학생들은 그의 강의가 생동감이 있고 투철하다며, 그의 강의를 듣는 것은 즐거움이고 앞으로 틀림없이 문하생이 천하에 가득한 우수한 선생이 될 것이라고 말했다.

73이때 그는 오히려 자신이 앞으로 노력해야 할 방향이 도대체 어디인지 몰라서 망설이기 시작했다. 어느 날 가위를 들고 줄줄이 작은 꽃과 이어진 가지를 함께 잘라내는 과농을 보았다. 그는 이해할 수 없어서 물어보았다. "왜 이 꽃들을 다 잘라내는 겁니까? 너무 아깝네요!", "꽃이 오밀조밀하게 자라면 열매를 맺기 어려워요." 과농의 말이 문득 그를 깨닫게 했다. '꽃은 너무 오밀조밀하면 열매를 맺기 어렵고, 74인생의 목표가 너무 많으면 마찬가지로 실현하기 어려운 거구나!'

74그로부터 그는 위대한 농민이 되기로 결심했고 벼의 생산량을 어떻게 높일지를 자신의 연구 과제로 삼았다. 그는 바로 세계 '벼 교배의 아버지'이며, 제1회 중국 국가 최고 과학 기술상 수상자인 원융평(袁隆平)이다.

단어 兴趣 xìngqù 명 흥미, 취미 | 广泛 guǎngfàn 형 광범위하다 | 表演 biǎoyǎn 동 공연하다 | 小提琴 xiǎotíqín 명 바이올린 | 专攻 zhuāngōng 동 전공하다 | 出色 chūsè 형 대단히 뛰어나다 | 冠军 guànjūn 명 챔피언 | 作为 zuòwéi 동 ~의 신분으로서 | 训练 xùnliàn 명 훈련 | 领奖台 lǐngjiǎngtái 명 시상대 | 赢得 yíngdé 동 얻다 | 掌声 zhǎngshēng 명 박수 소리 | 朝气 zhāoqì 명 패기 | 讲台 jiǎngtái 명 교단, 강단 | 生动 shēngdòng 형 생동감 있다 | 透彻 tòuchè 형 투철하다 | 享受 xiǎngshòu 명 향수, 즐김 | 桃李满天下 táolǐ mǎn tiānxià 성 문하생이 천하에 가득하다 | 犹豫 yóuyù 형 주저하다, 망설이다 | 剪刀 jiǎndāo 명 가위 | 枝条 zhītiáo 명 나뭇가지 | 一下子 yíxiàzi 부 단시간에, 갑자기 | 醒 xǐng 동 일깨우다 | 难以 nányǐ 부 ~하기 어렵다 | 立志 lìzhì 동 뜻을 세우다 | 伟大 wěidà 형 위대하다 | 水稻 shuǐdào 명 벼 | 课题 kètí 명 과제 | 杂交 zájiāo 동 교배하다 | 届 jiè 양 회 [정기적인 회의 또는 졸업년차 따위에 쓰임]

71 关于他，下列哪项正确?

A 爱好很多
B 很自豪
C 好奇心一直很强
D 最后成了小提琴手

그에 관하여, 다음 중 옳은 것은?

A 취미가 매우 많다
B 스스로 매우 자랑스럽게 여긴다
C 호기심이 줄곧 대단히 강했다
D 마지막에 바이올린 연주자가 되었다

단어 自豪 zìháo ⑱ 스스로 자랑스럽게 여기다 | 好奇心 hàoqíxīn ⑲ 호기심

해설 新HSK 5급 독해 3부분 한 세트의 첫 번째 문제는 첫 번째 문단에서 정답이 나올 가능성이 많다. 밑줄 친 문장에서 '他从小兴趣就特别广泛'이라고 했는데 이때의 '兴趣'는 '흥미'라는 의미도 되지만 '취미'라는 의미도 된다. 이 문장은 '그는 어렸을 때부터 취미가 매우 광범위했다'라는 뜻이기 때문에 정답은 A이다.

72 学生们觉得他：

A 很单纯
B 喜欢提问
C 善于交际
D 讲课生动

학생들이 느끼기에 그는：

A 매우 단순하다
B 질문하기를 좋아한다
C 교제에 능숙하다
D 강의가 생동감이 있다

단어 单纯 dānchún ⑱ 단순하다 | 提问 tíwèn ⑧ 질문하다 | 善于 shànyú ⑱ ~에 능숙하다 | 交际 jiāojì ⑧ 교제하다

해설 네 번째 문단에서는 그가 농업학교를 졸업하고 선생님이 되는 과정에 대해서 서술했다. 밑줄 친 문장에서 '학생들은 그의 강의가 생동감이 있고 투철하다고 말했다'라고 했으므로 정답은 D이다.

73 根据第5段，他为什么会犹豫：

A 取得了研究成果
B 人生目标不明确
C 自己的想法被否定了
D 被取消参赛资格了

다섯 번째 문단에 근거하여, 그는 왜 주저하는가：

A 연구 성과를 얻었다
B 인생의 목표가 명확하지 않다
C 자신의 생각이 거절되었다
D 시합에 참가하는 자격이 취소되었다

단어 取得 qǔdé ⑧ 얻다 | 目标 mùbiāo ⑲ 목표 | 资格 zīgé ⑲ 자격

해설 다섯 번째 문단의 밑줄 친 문장에서 쓰인 '犹豫'는 '망설이다'라는 뜻으로 '이때 그는 오히려 자신이 앞으로 노력해야 할 방향이 도대체 어디인지 몰라서 망설이기 시작했다'라고 했기 때문에 B가 정답이다.

74 上文主要想告诉我们：

A 要勇于承担责任
B 兴趣是从小培养
C 专注才能成功
D 机会无处不在

위 글이 우리에게 주로 말하고자 하는 것은：

A 용감하게 책임을 져야 한다
B 취미는 어렸을 때부터 양성된다
C 집중해야 비로소 성공한다
D 기회는 어디에나 있다

단어 承担 chéngdān ⑧ 책임지다 | 责任 zérèn ⑲ 책임 | 培养 péiyǎng ⑧ 양성하다, 기르다 | 专注 zhuānzhù ⑧ 집중하다 | 机会 jīhuì ⑲ 기회 | 无处不在 wúchù búzài 어디에나 있다

해설 하나의 큰 열매를 얻기 위하여 오밀조밀하게 있는 꽃들을 자르는 과농을 보며 원용평은 인생의 목표 또한 하나에 집중되어야 한다는 것을 깨달았다. C의 '专注'라는 단어는 '집중하다', '집중'이라는 의미이며 '집중해야 비로소 성공한다'라는 의미이기 때문에 정답은 C이다.

75-78

小镇南面有一片光秃秃的荒山。一个农夫赶着羊群路过这里，76他想：如果把这片荒山全种上橡树，那该多好啊！经过再三考虑，他决定付诸行动，把这个想法变成现实。

但是，他却遭到了家人的强烈反对。妻子说："75你知道那片荒山多大吗？起码有6000亩！就凭你一个人，恐怕好几辈子都种不完。"他却说："只要我坚持去做，总有一天会种完的。"

见他如此执着，家人也就不再阻拦了。从26岁开始，他就一边牧羊，一边实施着自己的**伟大计划**。每天出门前，他都会带上100粒橡树种子，到了山上，他先将羊群安顿好，然后把这些种子一粒一粒地种下去，浇水、施肥……

就这样，日复一日，一晃30年过去了，曾经的荒山如今已变成了一片绿色的海洋。

很多人看来完全不可能完成的事，他却做到了。很多时候，我们会被一些看似艰巨的任务吓倒，不敢动手一试。其实，成功的秘诀很简单，77就是勇敢地迈出第一步，然后每天都完成一个小目标，并长久地坚持下去。

작은 마을의 남쪽에 벌거벗은 황폐한 산이 있었다. 한 농부가 양떼를 몰고 이곳을 지나가다가 '76만약 이 황폐한 산에 전부 상수리나무를 심으면 얼마나 좋을까!'하고 생각했다. 재차 고심한 끝에 그는 행동으로 실행하여 이러한 생각을 현실로 옮기자고 결심했다.

하지만 그는 가족들의 강렬한 반대에 부딪혔다. 아내가 "75당신은 그 황폐한 산이 얼마나 큰지 알아요? 적어도 6,000묘예요! 아마 당신 혼자 힘으로는 몇 평생을 바쳐도 완성하지 못할 거예요."라고 말하자, 그는 오히려 "내가 끝까지 해 나간다면 언젠가는 다 심을 수 있을 거야."라고 말했다.

이처럼 고집스러운 그를 보며 가족들도 더 이상 막지 않았다. 26세에 시작해서 양을 몰면서 자신의 **위대한 계획**을 실시해 나갔다. 매일 집을 나서기 전에 그는 100개의 상수리나무 종자를 들고 산에 도착해서는 먼저 양떼를 정착시키고, 다음에 이 종자들을 한 알 한 알씩 심어 나가며 물과 비료를 주었다.

이렇게 매일매일이 어느덧 30년이 흘렀고 예전의 황폐한 산이 지금은 이미 녹색의 바다로 변했다.

많은 사람이 완성할 수 없을 것이라 여겼던 일이었는데 그는 해냈다. 상당 기간 우리는 어렵고 힘들어 보이는 임무에 놀라 감히 시작하지 못했다. 사실 성공의 비결은 매우 간단하다. 77바로 용감하게 한발 내딛는 것이고, 그 다음에 매일 작은 목표를 이루며 오랫동안 유지해 나가는 것이다.

단어 小镇 xiǎozhèn 명 작은 마을, 소도시 | 荒山 huāngshān 명 황폐한 산 | 橡树 xiàngshù 명 상수리나무 | 经过 jīngguò 동 거치다, 통과하다 | 再三 zàisān 부 재차 | 付诸 fùzhū 동 ~에 내맡기다 | 遭到 zāodào 동 부닥치다 | 强烈 qiángliè 형 강렬하다 | 起码 qǐmǎ 부 최소한의, 적어도 | 一辈子 yíbèizi 명 한평생, 일생 | 执着 zhízhuó 형 고집스럽다 | 阻拦 zǔlán 동 막다 | 牧羊 mùyáng 동 양을 치다 | 实施 shíshī 동 실시하다 | 安顿 āndùn 동 적절히 배치하다 | 浇水 jiāoshuǐ 동 물을 뿌리다, 끼얹다 | 施肥 shīféi 동 비료를 주다 | 日复一日 rìfù yírì 매일매일 | 一晃 yíhuàng 부 어느덧 | 看似 kànsì 동 보기에 마치 | 艰巨 jiānjù 형 어렵고 힘들다 | 吓倒 xiàdǎo 동 놀라 뒤로 물러서다 | 动手 dòngshǒu 동 시작하다, 착수하다 | 秘诀 mìjué 명 비결 | 迈出 màichū 동 내딛다

75

家人之所以反对，是因为担心他：

A　伤害自尊心
B　无法单独完成
C　遭人议论
D　浪费钱和精力

가족이 반대한 이유는, 그의 무엇이 걱정되어서인가：

A　자존심을 상하게 해서
B　혼자서 완성할 수 없어서
C　다른 사람의 의견이어서
D　돈과 힘을 낭비해서

단어 自尊心 zìzūnxīn 명 자존심 | 单独 dāndú 부 단독으로, 혼자서 | 精力 jīnglì 명 정력

해설 황폐한 산을 상수리나무 숲으로 만들겠다는 그의 계획에 대해서 부인이 했던 말에 집중해야 한다. 두 번째 문단의 밑줄 친 문장에서 '당신은 그 황폐한 산이 얼마나 큰지 아는가? 적어도 6,000묘이다! 아마 당신 혼자 힘으로는 몇 평생을 바쳐도 완성하지 못할 것이다'라고 했고, 이때의 '辈子'는 '평생'이며 '几辈子'는 '몇 평생'이라는 의미로 오랜 시간을 의미한다는 것을 알아야 한다. 몇 평생이 지나도 혼자서는 못할 것이라고 했기 때문에 정답은 B이다.

76

第3段中画线词语"伟大计划"指的是：

A 在荒山上种满树
B 推广自己的种树经验
C 把荒山变成农场
D 凭种树致富

세 번째 문단에서 밑줄 친 '위대한 계획'이 가리키는 것은 :

A 황폐한 산에 나무를 가득 심는 것
B 자신의 나무 심는 경험을 널리 보급하는 것
C 황폐한 산을 농장으로 바꾸는 것
D 나무를 심어 부자가 되는 것

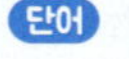 推广 tuīguǎng 통 널리 보급하다 | 凭 píng 통 의지하다, 기대다 | 致富 zhìfù 통 부자가 되다

해설 세 번째 문단의 '伟大计划(위대한 계획)'이라는 것은 첫 번째 문단에서 이미 언급이 되었다. 첫 번째 문단의 밑줄 친 문장에서 '만약 이 황폐한 산에 상수리나무를 심으면 얼마나 좋을까'하고 생각했다'라는 것을 보아 그의 계획은 A라는 것을 알수 있다. 그러므로 정답은 A이다.

77

根据上文，他是怎样获得成功的？

A 追求细节的完美
B 引进了先进设备
C 全镇村民一起做
D 每天完成一个小目标

위 글에 근거하여, 그는 어떻게 성공을 하였는가?

A 사소한 부분에 완벽함을 추구하여서
B 선진 기술을 도입하여서
C 동네의 모든 주민이 같이 일하여서
D 매일 작은 목표를 완성하여서

단어 追求 zhuīqiú 통 추구하다 | 引进 yǐnjìn 통 도입하다

해설 그의 성공 비결에 대해 언급이 된 문단은 맨 마지막 문단이다. 밑줄 친 문장에서 '바로 용감하게 한발 내딛는 것이고, 그다음에 매일 작은 목표를 이루며 오랫동안 유지해 나가는 것이다'라고 했으므로 D가 정답이다.

78

最适合做上文标题的是：

A 大自然的魅力
B 农夫的梦想
C 农夫的命运
D 一粒神奇的种子

위 글의 제목으로 가장 적절한 것은 :

A 대자연의 매력
B 농부의 꿈
C 농부의 운명
D 신기한 종자

단어 魅力 mèilì 명 매력 | 命运 mìngyùn 명 운명 | 神奇 shénqí 형 신기하다

해설 황폐한 산을 상수리나무 숲으로 만들고 싶어 했던 농부의 꿈과 실현 과정에 대해서 서술한 글이므로 정답은 B이다.

去年夏天，家里来了一个会制作笛子的木匠，在我家干了半个月的活儿。一天，我到山上砍了根竹子，⁷⁹请他帮我做一支笛子。他苦笑道："不是每根竹子都能做成笛子的。"我觉得他是在骗我，我找的那根竹子粗细适宜，厚薄均匀，质感光滑，竹节也不明显，⁸⁰是我千挑万选才相中的，为什么不能做成笛子呢？

他解释说："这是今年的竹子，就算做成了笛子，也经不起吹奏。"我更加困惑了：今年的竹子怎么了？难道非要放旧了再拿来做？东西不就是越新鲜越好吗？他看出了我的困惑，接着讲道："你不知道，凡是用来做笛子的竹子都需要经历寒冬。因为竹子在春夏长得太散漫，只有到了冬天，气温骤冷，天天'风刀霜剑严相逼'，它的质地才会改变，做成笛子吹起来才不会走调。⁸¹而当年生的竹子，没有经过霜冻雪侵，虽然看起来长得不错，可是用来制作笛子的话，不但音色会差许多，而且还会出现小裂痕，虫子也很喜欢蛀这样的竹子。"

⁸²其实，人生就好比是这根用来做笛子的竹子，只有历经了风霜雨雪、千锤百炼，才能奏出动人的曲子。

작년 여름, 집에 피리를 제작할 수 있는 한 목공이 와서 반년 동안 우리 집에서 일을 했다. 어느 날 내가 산에 가서 대나무를 해왔는데 ⁷⁹그에게 피리 한 대 만드는 걸 도와달라고 했다. 그는 쓴웃음을 지으며 "모든 대나무가 다 피리가 될 수 있는 것은 아닙니다."라고 말했다. 나는 그가 나를 속인다고 생각했다. 내가 찾은 그 대나무는 굵기가 알맞고 두께가 고르며 질감이 매끌매끌하고 대나무 마디도 뚜렷하지 않아, ⁸⁰여러 번 골라서 겨우 마음에 들었는데 왜 피리가 될 수 없다고 하는 걸까?

그는 "이건 올해의 대나무라 설령 피리가 되었다고 해도 연주할 수 없어요."라고 설명했다. 나는 더욱더 어리둥절했다. '올해의 대나무가 어때서? 설마 낡은 걸 다시 가지고 와서 만드는 걸까? 물건은 신선하면 신선할수록 좋은 게 아닌가?' 그는 나의 혼란스러움을 알아채고 이어서 설명해 주었다. "대체로 피리로 사용되는 것은 추운 겨울을 겪어야 한다는 걸 모르는군요. 왜냐하면 대나무는 봄, 여름에 너무 산만하게 자랍니다. 겨울이 되어야 기온이 급랭되고 날마다 '찬바람이 살을 에는 듯한 위협을 겪어야'만 대나무의 재질이 변하며 피리가 되어 불어도 비로소 음이 나가지 않는답니다. ⁸¹그러나 그해 태생의 대나무는 서리나 눈을 겪지 않아서 비록 보기에는 생김새가 괜찮아 보일지라도 피리 제작에 사용해 보면 음색이 아주 나쁠 뿐만 아니라 작은 균열이 나타날 수도 있습니다. 벌레도 이러한 대나무를 좀먹기 좋아하지요."

⁸²사실 인생은 마치 피리를 만드는 데 사용하는 대나무와 같다. 고난과 수많은 검증을 거쳐야만 감동적인 곡을 연주할 수 있다.

단어 笛子 dízi 명 피리 | 木匠 mùjiang 명 목수 | 砍 kǎn 동 (도끼 등으로) 찍다 | 苦笑 kǔxiào 동 쓴웃음을 짓다 | 骗 piàn 동 속이다 | 粗细 cūxì 명 굵기 | 适宜 shìyí 형 알맞다 | 厚薄 hòubó 명 두께 | 均匀 jūnyún 형 균등하다 | 光滑 guānghuá 형 매끌매끌하다 | 相中 xiāngzhòng 동 마음에 들다 | 就算 jiùsuàn 접 설령 ~하더라도 | 经不起 jīngbuqǐ 동 감당할 수 없다 | 吹奏 chuīzòu 동 악기를 연주하다 | 困惑 kùnhuò 동 곤혹하다, 어리둥절하다 | 难道 nándào 부 설마 ~란 말인가 | 凡是 fánshì 부 무릇, 대체로 | 经历 jīnglì 동 몸소 겪다 | 散漫 sǎnmàn 동 흩어지다, 산만하다 | 骤冷 zhòulěng 동 급랭 | 风刀霜剑 fēngdāo shuāngjiàn 성 찬 바람에 살을 에다, 환경이 열악하다 | 走调 zǒudiào 동 가락이 빗나가다, 곡조가 맞지 않다 | 霜冻 shuāngdòng 명 서리 | 音色 yīnsè 명 음색 | 裂痕 lièhén 명 균열 | 风霜雨雪 fēngshuāng yǔxuě 바람과 서리와 비와 눈 | 千锤百炼 qiānchuí bǎiliàn 성 수많은 단련과 검증을 거치다 | 动人 dòngrén 동 감동적이다

79

作者请木匠帮什么忙?

A 做笛子
B 种竹子
C 教他吹笛子
D 辨别竹子的好坏

저자는 목공에게 무엇을 도와달라고 하는가?

A 피리 만드는 것
B 대나무를 심는 것
C 그에게 피리 부는 것을 가르치는 것
D 대나무의 좋고 나쁨을 판별하는 것

단어 吹 chuī 동 바람을 불다, (악기 등을) 불다 | 辨别 biànbié 동 판별하다

해설 '木匠'은 '목공', '목수'라는 의미이다. 첫 번째 문단의 밑줄 친 문장에서 '그에게 피리 한 대 만드는 걸 도와달라고 했다'라고 했고 여기서 말하는 '그'는 '목공'이다. 목공에게 피리 만드는 것을 부탁했으므로 정답은 A이다.

80 作者为什么觉得木匠在骗他?

A 他认为自己找的竹子很好
B 木匠态度不好
C 木匠技术太差
D 他见木匠答应了别人的请求

저자는 왜 목공이 자기를 속인다고 생각하는가?

A 그는 자신이 찾은 대나무가 좋은 것이라고 여기기 때문에
B 목공의 태도가 안 좋기 때문에
C 목공의 기술이 너무 떨어지기 때문에
D 그는 목공이 다른 사람의 부탁을 들어주는 것을 봤기 때문에

 请求 qǐngqiú 몡 부탁

 질문에 언급된 '骗'은 '속이다'라는 뜻으로 이 단어는 첫 번째 문단에서 쓰였다. 그리고 문장에서 쓰인 '千挑万选才相中'의 '相中'은 '마음에 들다'라는 뜻이며, 이 문장을 직역하면 '천 번 고르고 만 번 선택해서 겨우 마음에 들다'라는 의미가 된다. 겨우 마음에 들었는데 왜 피리가 될 수 없는지에 대해 저자는 의문을 품고 있기 때문에 정답은 A이다.

81 经历过寒冬的竹子:

A 少有裂痕
B 不够粗壮
C 表面更光滑
D 不适合做建筑材料

추운 겨울을 겪은 대나무는 :

A 균열이 적다
B 굵고 단단하지 않다
C 표면이 더 매끌매끌하다
D 건축 재료로 알맞지 않다

单어 粗壮 cūzhuàng 혱 굵고 단단하다 | 表面 biǎomiàn 몡 표면, 외관 | 建筑 jiànzhù 동 건축하다

해설 추운 겨울을 겪은 대나무는 피리로 만들었을 때 음색이 엇나가지 않지만 그해에 막 태어난 대나무는 음색도 떨어지고 작은 균열이 생길 수 있다고 했으므로 정답은 A이다.

82 上文主要想告诉我们什么?

A 要把握机会
B 苦难会使人成长
C 不要轻易否定他人
D 要保持乐观的心态

위 글이 우리에게 주로 말하고자 하는 것은 무엇인가?

A 기회를 잡아야 한다
B 고난은 사람을 성장시킬 수 있다
C 경솔하게 타인을 부정하지 마라
D 낙관적인 심리 상태를 유지해야 한다

单어 把握 bǎwò 동 잡다 | 机会 jīhuì 몡 기회 | 苦难 kǔnàn 몡 고난 | 轻易 qīngyì 혱 제멋대로이다, 경솔하다 | 否定 fǒudìng 동 부정하다 | 保持 bǎochí 동 유지하다 | 心态 xīntài 몡 심리 상태

해설 겨울의 추운 바람을 겪은 대나무가 비로소 피리가 될 수 있다는 이야기를 인생에 비유한 글이기 때문에 B가 정답이다.

83-86

明朝初年，政府直接从当时的最高学府——太学中选拔人才做官。[83]为了能让他们尽快熟悉国家政务，政府要求这些太学生先抄写公文。

一天，明太祖朱元璋突然想去看看那些太学的高才生。[84]这一看，却让他眉头紧锁。原来这些太学生自恃才高，根本没有把抄写公文放在眼里，只顾玩耍，公文抄得一塌糊涂。

看着那些被寄予厚望的太学生如此糟糕的工作状态，朱元璋十分不悦。他刚要发火，却忽然发现有一个人与众不同。那人一直埋头抄写，对身旁的一切听而不闻，视而不见。朱元璋很好奇，悄悄走过去，站在他背后观看。只见他写的字笔画方正，十分工整。[85]朱元璋心里对他大为赞赏，便记住了这个年轻学子的名字。

三年的公文抄写期满，有关部门向皇帝请示，将这些太学生派往各部试用。朱元璋表示同意，[86]然后在名单中勾选了一个人，说此人不必试用，可直接任命为户部四川司主，这个人就是夏原吉。

只被皇帝看了一眼，就实现了"鲤鱼跳龙门"的梦想，有人说夏原吉实在是太幸运了。其实并不尽然，夏原吉从小就养成了做事谨慎认真的好习惯，无论做什么，都一丝不苟，从不敷衍了事，这才是他后来仕途一路顺畅的真正原因。

명조 초기에 정부는 직접 당시 최고 학부인 태학에서 인재를 선발해 관직에 올렸다. [83]그들이 되도록 빨리 국가의 정무를 숙지할 수 있도록 하기 위해 정부는 태학생들이 공문을 필사하도록 했다.

어느 날 명 태조 주원장(朱元璋)은 갑자기 태학의 우등생들을 보러 가고 싶었는데, [84]보자마자 그의 미간을 잔뜩 찌푸리게 했다. 알고 보니 이 태학생들은 자신의 재주가 높은 것에 교만하게 굴었고, 공문을 필사하는 것은 아예 안중에 두지도 않고 그저 장난만 치며 필사하는 것을 엉망진창으로 했던 것이다.

큰 기대를 걸었던 태학생들의 이처럼 엉망인 근무 상태를 보고 주원장(朱元璋)은 굉장히 불쾌하였다. 그는 화를 내려다가 돌연 남다른 사람을 발견했다. 그 사람은 필사에 몰두하느라 주변에 전혀 관심이 없었고 시선도 두지 않았다. 주원장(朱元璋)은 호기심에 몰래 그의 뒤에 가 서서 보았다. 그가 쓰는 글자의 필획은 반듯했고 매우 깔끔했다. [85]주원장(朱元璋)은 속으로 그를 크게 칭찬하고 싶어 이 젊은 학자의 이름을 기억해 두었다.

3년의 공문 필사 기간이 다 됐고, 관계 부처에서는 황제에게 이 태학생들을 각 부처로 보내어 시험 삼아 써보기를 바랐다. 주원장은 동의했고 [86]명단에서 한 사람을 뽑아 시험 삼아 써볼 필요 없이 곧바로 사천사주로 임명했는데, 그가 바로 하원길(夏原吉)이다.

단지 황제의 눈에 들었을 뿐인데 '잉어가 용문을 뛰어넘는' 꿈을 실현한 것이다. 어떤 사람은 하원길(夏原吉)이 정말 운이 좋다고 하지만 사실 모든 것이 다 그렇지는 않다. 하원길(夏原吉)은 어렸을 때부터 일을 할 때 신중하고 열심히 하는 좋은 습관을 길러 왔고, 무엇을 하든 조금도 소홀히 하지 않고 무성의하게 하는 일이 없었다. 이것이 그가 후에 순탄하게 벼슬길에 오른 진정한 이유이다.

단어 学府 xuéfǔ 몡 학부 | 选拔 xuǎnbá 동 선발하다 | 做官 zuòguān 동 관직에 오르다 | 抄写 chāoxiě 동 필사하다 | 眉头紧锁 méitóu jǐnsuǒ 미간을 잔뜩 찌푸리다 | 只顾 zhǐgù 부 오로지, 그저 | 玩耍 wánshuǎ 동 놀다, 장난치다 | 一塌糊涂 yìtā hútú 셩 엉망진창이다 | 寄予 jìyǔ 동 (희망을) 걸다 | 悦 yuè 혱 즐겁다 | 与众不同 yǔzhòng bùtóng 셩 남다르다 | 埋头 máitóu 동 몰두하다 | 听而不闻 tīng'ér bùwén 셩 전혀 관심이 없다 | 视而不见 shì'ér bújiàn 셩 관심이 없다, 주의하지 않다 | 悄悄 qiāoqiāo 부 은밀히 | 赞赏 zànshǎng 동 칭찬하여 높이 평가하다 | 鲤鱼跳龙门 lǐyú tiào lóngmén 셩 잉어가 용문을 뛰어넘다, 어려운 관문을 넘어 출세하다 | 并不尽然 bìngbú jìnrán 셩 모든 것이 다 그렇지는 않다 | 谨慎 jǐnshèn 혱 신중하다 | 一丝不苟 yìsī bùgǒu 셩 조금도 소홀히 하지 않다 | 敷衍 fūyan 동 무성의하게 하다 | 仕途 shìtú 몡 벼슬길 | 顺畅 shùnchàng 혱 순조롭다

83 政府为什么让太学生抄写公文? | 정부는 태학생들에게 왜 공문을 필사하게 하는가?

A 减轻政府工作人员的压力	A 정부에서 일하는 사람의 스트레스를 덜어주려고
B 希望他们提出有用的意见	B 그들이 유용한 의견을 내주길 희망해서
C 让他们熟悉国家事务	C 그들로 하여금 국가 사무에 익숙하게 하려고
D 提高他们的写作能力	D 그들의 글짓기 능력을 높이려고

단어 减轻 jiǎnqīng 통 경감하다 | 提出 tíchū 통 제기하다 | 熟悉 shúxī 통 익숙하다

해설 첫 번째 문단에서 태학생들에게 공문을 필사하게 한 원인이 언급되었다. 밑줄 친 문장에서 '그들이 되도록 빨리 국가의 정무를 숙지할 수 있도록 하기 위해 정부는 태학생들이 공문을 필사하도록 했다'라고 했으므로 국가 사무를 익숙하게 한다는 C가 정답이다.

84 朱元璋看到那些太学生的工作状态时，感到: | 주원장이 태학생들의 일하는 모습을 보고, 느끼기에 :

A 很生气	A 매우 화가 났다
B 很不耐烦	B 매우 귀찮았다
C 特别惭愧	C 너무 부끄러웠다
D 很有耐心	D 인내심이 많았다

단어 不耐烦 búnàifán 형 귀찮다 | 惭愧 cánkuì 형 부끄럽다

해설 두 번째 문단에 주원장이 태학생들을 보러 가는 이야기가 나오는데, 밑줄 친 문장에서 '眉头紧锁'라는 표현이 나왔다. 이는 '미간을 잔뜩 찌푸리다'라는 뜻으로 보기에서 이것과 의미가 가장 가까운 것은 A이다. 그러므로 정답은 A이다.

85 根据第4段，可以知道什么? | 네 번째 문단에 근거하여, 알 수 있는 것은 무엇인가?

A 太学生们都很能干	A 태학생들은 모두 매우 유능하다
B 夏原吉被吓了一跳	B 하원길은 깜짝 놀랐다
C 老师推荐了夏原吉	C 선생님이 하원길을 추천했다
D 皇帝很欣赏夏原吉	D 황제는 하원길이 매우 마음에 들었다

단어 推荐 tuījiàn 통 추천하다 | 欣赏 xīnshǎng 통 마음에 들다

해설 다른 태학생들과 달리 공문 필사를 매우 잘 이행하고 있던 한 사람이 세 번째 문단에서부터 언급이 된다. 세 번째 문단의 밑줄 친 문장에 따르면 '주원장은 속으로 그를 크게 칭찬하고 싶어 이 젊은 학자의 이름을 기억해 두었다'라고 했다. 여기에서는 그의 이름이 언급되지 않지만, 네 번째 문단으로 넘어가면 그의 이름이 하원길이라고 밝혀지기 때문에 정답은 D이다.

86 第5段中的"鲤鱼跳龙门"指的是: | 다섯 번째 문단에서 '잉어가 용문을 뛰어넘다'가 가리키는 것은 :

A 一夜暴富	A 하루 아침에 벼락부자가 되다
B 获得了自由	B 자유를 얻다
C 做了大官	C 큰 관직에 오르다
D 提前毕业	D 졸업을 앞당기다

단어 暴富 bàofù 통 벼락부자가 되다

해설 '鲤鱼跳龙门'은 '잉어가 용문을 뛰어넘다'라는 의미로 '출세하다'라는 뜻을 내포하고 있다. 명나라 시절의 출세는 관직에 오르는 것으로 C의 '做了大官(큰 관직에 오르다)'이라는 표현이 답으로 가장 적절하다. 그러므로 정답은 C이다.

87-90

中国有句俗语叫"一寸光阴一寸金"，意思是说时间贵如黄金，要好好儿珍惜。[87]有人觉得这种说法很奇怪，时间怎么能讲尺寸呢？

其实，古人的确曾用"尺"测量过时间的长短，[88]他们通过观察阳光下竹竿影子的长短来推算时间。但这个方法在晚上或者阴雨天就没办法测量了，所以渐渐就被淘汰了。后来，人们又发明了铜壶滴漏。铜壶滴漏一般由两个或两个以上的铜壶组成，安放在台阶或架子上，铜壶均有小孔滴水。人们在最上面的铜壶里盛满水，水从几个壶中依次滴下来，最后滴入最底层的水壶。[89]这个水壶中间插着一支标有刻度的箭，这些刻度就代表一天一夜。箭随着水量的增加而逐渐上升，刻度就会一点点显示出来。人们就通过观测箭上显示的刻度来计算时间。"一刻千金""刻不容缓"的"刻"就是从这里来的。

现在我们是用钟表来计算时间，即把一天一夜分成24个小时，每小时分为60分钟，每分钟分为60秒，于是又有"争分夺秒""分秒必争"之类的说法。

중국에 '시간은 금이다'라는 속담이 있는데, 그 뜻은 시간은 금같이 귀중하여 진귀하게 여겨 아껴야 한다는 것이다. [87]어떤 사람은 이러한 말을 매우 이상하게 여긴다. 시간을 어떻게 사이즈로 말할 수 있단 말인가?

사실 옛날 사람들은 확실히 '자'로 시간의 장단을 측량했는데, [88]그들은 태양을 관찰해 대나무 그림자의 장단을 가지고 시간을 추산했다. 하지만 이 방법은 밤 혹은 흐리고 비가 오는 날에는 측량할 수 없었기에 점차 도태되었다. 후에 사람들은 또 물시계를 발명했다. 물시계는 보통 두 개 혹은 두 개 이상의 구리 주전자로 구성되는데 층계나 선반 위에 설치하였고, 구리 주전자에는 모두 물이 떨어지는 작은 구멍이 있었다. 사람들은 제일 윗부분의 구리 주전자에 물을 가득 담고, 몇 개의 주전자에서 차례대로 물을 한 방울씩 떨어뜨려 마지막엔 제일 아래층 물 주전자에 떨어지게 했다. [89]이 물 주전자 중간에 눈금이 찍힌 화살을 끼워놓는데 이러한 눈금은 하루를 대표했다. 화살은 물 양의 증가에 따라 점차 상승했고 눈금은 조금씩 표시되었다. 사람들은 화살에 표시된 눈금을 관측하여 시간을 계산하였다. '일각도 천금과 같다.', '일각도 지체할 수 없다.'의 '각'이 여기서 나온 것이다.

지금 우리는 시계를 사용해 시간을 계산한다. 즉 하루를 24시간으로 나누면 매시간은 60분이고 매분은 60초여서 '일분일초도 소홀히 하지 않다.', '분초를 다투다.'라는 말 또한 있는 것이다.

단어 俗语 súyǔ 몡 속어, 속담 | 一寸光阴一寸金 yí cùn guāngyīn yí cùn jīn 셍 시간은 금이다 | 珍惜 zhēnxī 통 진귀하게 여겨 아끼다 | 尺寸 chǐcun 몡 사이즈 | 推算 tuīsuàn 통 추산하다 | 测量 cèliáng 몡 측량 | 渐渐 jiànjiàn 뷔 점점 | 淘汰 táotài 통 도태하다 | 铜壶滴漏 tónghú dīlòu 몡 물시계 | 组成 zǔchéng 통 짜다, 구성하다 | 台阶 táijiē 몡 층계 | 依次 yīcì 뷔 차례대로 | 水壶 shuǐhú 몡 (물) 주전자 | 插 chā 통 끼우다 | 刻度 kèdù 몡 눈금 | 箭 jiàn 몡 화살 | 逐渐 zhújiàn 뷔 점점 | 一刻千金 yíkè qiānjīn 셍 짧은 시간도 천금과 같이 귀하다 | 刻不容缓 kèbù rónghuǎn 셍 일각도 지체할 수 없다, 잠시도 늦출 수 없다 | 钟表 zhōngbiǎo 몡 시계 | 争分夺秒 zhēngfēn duómiǎo 셍 일분일초도 소홀히 하지 않다 | 分秒必争 fēnmiǎo bìzhēng 셍 분초를 다투다

87 | 根据第1段，人们对什么感到奇怪？ | 첫 번째 문단에 근거하여, 사람들은 무엇에 대해 이상하다고 느끼는가?

A 时间可以卖
B 时间和黄金一样珍贵
C 时间能用尺子量
D 时差的存在

A 시간은 팔 수 있다
B 시간과 황금은 똑같이 진귀하다
C 시간은 자로 측정할 수 있다
D 시차의 존재

단어 珍贵 zhēnguì 혱 진귀하다 | 存在 cúnzài 몡 존재

해설 첫 번째 문단의 밑줄 친 문장에서 쓰인 '尺寸'은 '사이즈'이며 이때의 '尺'은 '尺子(자)'에서 온 것이다. 결국 사이즈는 자로 재는 것이기 때문에 '시간을 어떻게 사이즈로 말할 수 있단 말인가'라는 내용으로 보아 정답은 C이다.

用竹竿影子推算时间的缺点在于：

A 一定要有阳光
B 空气要湿润
C 受地势影响较大
D 测量不准确

대나무 그림자를 이용해 시간을 미루어 짐작하는 것의 단점은 어디에 있는가 :

A 반드시 햇빛이 있어야 한다
B 공기가 습해야 한다
C 지세의 영향을 크게 받는다
D 측량이 정확하지 않다

단어 缺点 quēdiǎn 명 단점

해설 두 번째 문단에서 대나무 그림자를 이용해 시간을 추측하는 방법에 대한 소개가 나와 있다. 밑줄 친 문장에서 '하지만 이 방법은 밤 혹은 흐리고 비가 오는 날에는 측량할 수 없다'라는 내용에 주의해야 한다. 밤과 흐리고 비오는 날은 태양이 없는 날이므로 정답은 A이다.

89

关于最底层的水壶，下列哪项正确?

A 水流的速度越来越快
B 水位会逐渐上升
C 一壶水可以滴一个晚上
D 箭上只有两个刻度

가장 아래층의 물 주전자에 관하여, 다음 중 옳은 것은?

A 물이 흐르는 속도가 갈수록 빨라진다
B 수위가 점차 상승할 것이다
C 한 주전자의 물로 하룻밤 동안 떨어뜨릴 수 있다
D 화살 위에는 두 개의 눈금만 있다

단어 上升 shàngshēng 동 상승하다

해설 두 번째 문단에서 '铜壶滴漏(물시계)'라는 발명품에 대해 설명을 하고 있다. 이 발명품은 층계마다 구리로 된 물 주전자를 놓고 점차 물방울을 떨어뜨려 가장 마지막 층에 남아있는 주전자의 물의 양을 재는 물시계의 일종이다. 물의 높이를 측정할 수 있는 화살에 대해서 '화살은 물 양의 증가에 따라 점차 상승한다'라고 했기 때문에 정답은 B이다.

90

上文主要介绍的是：

A 计时方法
B 怎样合理分配时间
C 如何制作钟表
D 俗语故事

위 글이 주로 소개하는 것은 :

A 시간을 계산하는 방법
B 어떻게 시간을 합리적으로 분배하는가
C 어떻게 시계를 제작하는가
D 옛날 속담 이야기

단어 分配 fēnpèi 동 분배하다

해설 글에서는 대나무 그림자로 시간을 재는 법과 물시계를 예로 들면서 옛 사람들이 어떻게 시간을 측정했는지에 대해서 서술하고 있다. 그러므로 정답은 A이다.

三 书 写

第 一 部 分

91

把	程序	他	安装	好了

정답 他把程序安装好了。　　　그는 프로그램을 다 설치했다.

단어 把 bǎ 〴 ~를 │ 程序 chéngxù 〴 프로그램, 순서 │ 安装 ānzhuāng 〴 설치하다

해설 술어 앞에 올 수 있는 부사어는 '부사 + 조동사 + 개사 + 명사'의 순서대로 온다. '把'는 '~를'이라는 뜻이지만 품사는 개사이므로 명사와 함께 '安装(설치하다)'이라는 술어 앞에 와야 한다.

他　　把程序　　安装　好了。
주어　부사어(개사 + 명사)　술어　보어

92

在不断	原材料的	上涨	价钱

정답 原材料的价钱在不断上涨。　　　원자재의 가격은 계속해서 오르고 있다.

단어 不断 búduàn 〴 계속해서 │ 原材料 yuáncáiliào 〴 원자재 │ 上涨 shàngzhǎng 〴 오르다 │ 价钱 jiàqián 〴 가격

해설 '上涨'은 '오르다'라는 의미의 동사로 문장 안에서는 술어의 역할을 하고 있다. '在'는 동사, 개사, 부사 등 여러 품사를 가지고 있지만, 이 문장에서는 '~하고 있다'라는 뜻의 부사적 역할을 하고 있다.

原材料的　价钱　在不断　上涨。
관형어　주어　부사어　술어

93

从	辞职了	那家	他已经	公司

정답 他已经从那家公司辞职了。　　　그는 이미 그 회사를 사직했다.

단어 从 cóng 〴 ~부터 │ 辞职 cízhí 〴 사직하다 │ 家 jiā 〴 집·점포·공장 등을 세는 단위 │ 已经 yǐjing 〴 이미

해설 술어 앞에 올 수 있는 부사어는 '부사 + 조동사 + 개사 + 명사'의 순으로 온다. '사직하다'라는 의미의 '辞职' 앞에 오는 부사어로는 우선 부사인 '已经(이미)', 개사인 '从(~부터)', 명사인 '公司(회사)'가 된다.

他　　已经从那家公司　辞职了。
주어　　부사어　　　술어

94

我	实验报告的	发愁	正在为	事情

정답 我正在为实验报告的事情发愁。　　　나는 실험보고서 일 때문에 걱정하고 있다.

단어 实验 shíyàn 〴 실험 │ 报告 bàogào 〴 보고, 보고서 │ 发愁 fāchóu 〴 걱정하다, 근심하다 │ 正在 zhèngzài 〴 지금 ~하고 있다 │ 为 wèi 〴 ~때문에

해설 '正在'은 '지금 ~하고 있다'라는 진행의 뜻을 가진 부사이며 '为'는 '~ 때문에'라는 의미의 개사이다. 또한 '为 A 发愁'는 'A 때문에 걱정하다'라는 의미이기 때문에 구문으로 외워 두면 좋다.

我　　正在为实验报告的事情　发愁。
주어　　　부사어　　　　술어

95

顾客的　　已经注册　　成功了　　账户

정답 顾客的账户已经注册成功了。　　고객의 계좌는 이미 성공적으로 등록되었다.

단어 顾客 gùkè 몡 고객 | 已经 yǐjing 閉 이미 | 注册 zhùcè 동 등록하다 | 账户 zhànghù 몡 계좌

해설 '注册'는 '등록하다'라는 의미의 동사이며 문장 안에서 술어로 쓰였다. 또한 '成功了(성공적이다)'는 술어인 '注册(등록하다)' 뒤에 보어로 쓰였음을 알 수 있다.

顾客的　账户　已经　注册　成功了。
관형어　주어　부사어　술어　보어

96

表现　　得　　大方　　十分　　她

정답 她表现得十分大方。　　그녀는 매우 대범하게 표현한다.

단어 表现 biǎoxiàn 동 표현하다 | 大方 dàfang 혱 대범하다 | 十分 shífēn 閉 매우

해설 정도보어를 만드는 구조조사 '得'는 술어 뒤에 쓰여서 '술어 + 得 + 형용사구'의 구조를 만든다. 동사 '表现(표현하다)' 뒤에 '得'가 붙어서 이어서 형용사구인 '十分大方(매우 대범하다)'을 가져온다. 이때의 '表现'은 '표현하다', '어필하다'라는 뜻이며 '表现得十分大方'은 '매우 대범하게 표현하다'라는 의미가 된다.

她　表现　得 十分大方。
주어　술어　　정도보어

97

门口　　有一个　　老师家　　小池塘

정답 老师家门口有一个小池塘。　　선생님 집 입구에는 하나의 작은 연못이 있다.

단어 门口 ménkǒu 몡 입구 | 池塘 chítáng 몡 연못

해설 술어 '有(있다)'는 '장소 + 有 + 불특정 사람, 사물' 순서로 올 수 있다. 그러므로 주어 자리에는 '老师家门口(선생님 집 입구)'라는 구체적 장소가 오고 목적어 자리에는 '一个小池塘(하나의 작은 연못)'이라는 불특정 명사가 와야 한다.

老师家门口　有　一个小　池塘。
주어　　술어　관형어　목적어

98

又　　调整　　做了　　利率　　银行对

정답 银行对利率又做了调整。　　은행은 이율에 대하여 또 조정을 했다.

단어 又 yòu 閉 또 | 调整 tiáozhěng 몡 조정 | 利率 lìlǜ 몡 이율 | 银行 yínháng 몡 은행

해설 '调整'은 '조정하다'라는 동사의 뜻이 있지만 '조정'이라는 명사의 뜻도 있다. 명사의 뜻으로 쓰일 때에는 '做调整'이라고 해야 '조정을 하다'라는 술목구조가 된다. '又(또)'는 부사, '对(~에 대하여)'는 개사, '利率(이율)'는 명사이므로 '又(또)'가 '对(~에 대하여)' 앞에 나와야 할 것 같지만, 예외적으로 '对(~에 대하여)'는 부사와 조동사 앞에 올 수 있는 개사이며 '又(또)' 또한 술어 바로 앞에서 술어를 수식해 준다.

银行　对利率又　做了　调整。
주어　부사어　술어　목적어

第 二 部 分

99-100

99　兼职、用功、差距、坚持、满意

모범답안

越来越多的大学生做起了**兼职**，课余时间被充分的利用起来了，学习方面，也意识到其重要性。**用功**成了每个大学生的理念，他们努力缩减彼此的**差距**，相信那一份份**坚持**会使每一个大学生在大学生涯收获**满意**的成果。

점점 더 많은 대학생이 아르바이트를 하기 시작했고, 수업 외의 시간이 충분히 이용되고 있으며 공부 방면에 있어서도 그 중요성을 의식하게 되었다. 열심히 하는 것은 모든 대학생의 이념이 되었고 그들은 열심히 노력하여 양쪽의 차이를 줄이고 있다. 하나하나 열심히 하면 모든 대학생이 대학 생활의 끝에 만족스러운 성과를 얻게 될 것이라고 믿는다.

단어　**兼职** jiānzhí 몡 겸직, 아르바이트 | **用功** yònggōng 혱 열심이다 | **差距** chājù 몡 차이 | **坚持** jiānchí 동 견지하다, 유지하다 | **满意** mǎnyì 혱 만족하다 ‖ **意识** yìshí 동 의식하다 | **理念** lǐniàn 몡 이념

100

모범답안

爱子教子是每一个父母的责任和义务，但并不是轻而易举的。孩子的一声啼哭，是否碎了父母的心？也许适度地疼爱孩子才是更好的教育，要让孩子懂得：勇敢、礼让、团结、勤奋等，父母亦应该做出表率并以身作则。

자녀를 사랑하고 가르치는 것은 모든 부모의 책임과 의무이다. 하지만 결코 수월한 것이 아니다. 아이의 울음소리가 부모의 마음을 아프게 하는가? 어쩌면 아이를 적당하게 사랑하는 것이야말로 더욱 좋은 교육일지도 모른다. 아이에게 용감, 예양, 단결, 근면 등을 알게 해야 하고 부모 역시 본보기로 솔선수범해야 한다.

단어　**责任** zérèn 몡 책임 | **义务** yìwù 몡 의무 | **轻而易举** qīng'éryìjǔ 셩 매우 수월하다 | **碎** suì 동 부서지다 | **礼让** lǐràng 몡 예양 | **团结** tuánjié 몡 단결 | **勤奋** qínfèn 혱 근면하다

新汉语水平考试

실전 모의고사 해설

제3회

听 力

第 一 部 分

1

女：你看看外面起雾了，<u>不知道我们的飞机会不会延误</u>。
男：别担心，这雾不算大。现在还没听说有航班被推迟。

问：女的担心什么？

A 行李超重
B 赶不上末班车
C 航班延误
D 网络不通

여：밖에 안개가 낀 것 좀 봐. <u>우리 비행기가 지체될지도 모르겠어</u>.
남：걱정 마. 안개가 심한 편은 아니야. 운항이 지연되었다는 걸 아직 듣지 못했어.

문：여자는 무엇을 걱정하는가?

A 짐이 중량 초과되는 것
B 막차를 탈 수 없는 것
C 운항이 지연되는 것
D 인터넷이 되지 않는 것

단어 起雾 qǐwù 통 안개가 끼다 | 延误 yánwù 통 지체하다 | 航班 hángbān 명 운항, 항공 | 推迟 tuīchí 통 늦추다, 지연시키다 ‖ 超重 chāozhòng 통 중량을 초과하다 | 赶 gǎn 통 뒤쫓다, 따라가다 | 末班车 mòbānchē 명 막차

해설 여자가 '우리 비행기가 지체될지도 모르겠다'라고 한 것으로 보아 비행기 운항이 지연될까 걱정한다는 것을 알 수 있으므로 정답은 C이다. 대화에서는 '飞机(비행기)'라고 언급했지만 보기에서는 '航班(운항)'으로 바꾸어 출제되는 경우가 많으니 주의하도록 하자.

2

女：下一场比赛你们的对手都是体育大学的？
男：对，<u>他们实力挺强的</u>，我们在加紧训练呢。

问：男的觉得对手怎么样？

A 训练很刻苦
B 有合作精神
C 很有实力
D 挺诚恳的

여：다음 번 경기에서 너희의 라이벌은 모두 체육대학 학생이니?
남：맞아. <u>그들의 실력은 정말 강해서 우리는 훈련에 박차를 가하고 있어</u>.

문：남자는 라이벌이 어떻다고 생각하는가?

A 훈련에 매우 힘쓴다
B 협력 정신이 있다
C 매우 실력이 있다
D 매우 진실하다

단어 对手 duìshǒu 명 적수, 라이벌 | 加紧 jiājǐn 통 박차를 가하다, 바짝 힘을 내다 | 训练 xùnliàn 통 훈련하다 ‖ 刻苦 kèkǔ 형 노고를 아끼지 않다, 몹시 애를 쓰다 | 合作 hézuò 명 협력 | 诚恳 chéngkěn 통 진실하다

해설 남자는 자신의 라이벌에 대해 '그들의 실력은 정말 강하다'라고 했다. 그리고 C에서 '有(가지고 있다)' 앞에 '很(매우)'을 붙여 '很有'라고 했는데, 이는 '많이 가지고 있다'라는 의미로 직역이 되기 때문에 '很有实力'는 '실력을 많이 가지고 있다', '매우 실력이 있다'라는 의미로 보아도 무방하다. 그러므로 정답은 C이다.

3

女：参会的专家都到了，我们开始吧。
男：播放设备突然出了点儿问题，还在调试，稍等几分钟。

问：会议为什么还不能开始？

A 嘉宾不太多
B 主持人没到
C 会议室停电了
D 设备出毛病了

여: 회의에 참석하는 전문가가 모두 도착했어요. 우리 시작합시다.
남: 방송 설비에 갑자기 문제가 좀 생겼어요. 지금 조정하고 있으니 몇 분만 잠시 기다려 주세요.

문: 회의는 왜 아직 시작할 수 없는가?

A 손님이 많지 않아서
B 사회자가 오지 않아서
C 회의실이 정전되어서
D 설비에 문제가 생겨서

단어 ▶ **专家** zhuānjiā 명 전문가 | **播放** bōfàng 동 방송하다 | **设备** shèbèi 명 설비, 시설 | **调试** tiáoshì 동 (설비·기기 등을) 테스트하여 조정하다, 시운전하다 | **稍** shāo 부 조금 ‖ **嘉宾** jiābīn 명 귀빈, 내빈 | **主持** zhǔchí 동 사회보다 | **停电** tíngdiàn 동 정전되다 | **出毛病** chū máobing 고장이 나다, 문제가 생기다

해설 ▶ D의 '出毛病'은 '문제가 생기다', '고장이 나다'라는 의미로 대화의 '出问题(문제가 생기다)'와 같은 뜻이다. 남자가 방송 설비에 문제가 생겼다고 했으므로 정답은 D이다.

4

女：我要出差几天，你能帮我照顾一下我的小猫吗？
男：真不好意思，我对动物皮毛过敏，一碰到就打喷嚏。

问：关于男的可以知道什么？

A 最近着凉了
B 想买只宠物
C 被兔子咬伤
D 对皮毛过敏

여: 내가 며칠 출장을 가려고 하는데 너가 내 고양이를 좀 봐 줄 수 있겠니?
남: 정말 미안해. 나는 동물 털에 알레르기가 있어서 닿기만 하면 바로 재채기를 해.

문: 남자에 관하여 알 수 있는 것은 무엇인가?

A 최근 감기에 걸렸다
B 애완동물을 사고 싶다
C 토끼에게 물려서 다쳤다
D 털에 알레르기가 있다

단어 ▶ **出差** chūchāi 동 출장 가다 | **皮毛** pímáo 명 피부와 모발 | **过敏** guòmǐn 형 알레르기 반응을 보이다, 과민하다 | **碰** pèng 동 부딪치다, 마주치다 | **打喷嚏** dǎ pēntì 재채기 하다 ‖ **着凉** zháoliáng 동 감기에 걸리다 | **宠物** chǒngwù 명 애완동물 | **兔子** tùzi 명 토끼 | **咬伤** yǎoshāng 동 물려서 다치다

해설 ▶ '过敏'은 '과민하다' 또는 '알레르기 반응을 보이다'라는 의미이다. 만약 'A에 알레르기가 있다'라는 형식으로 글을 쓰고 싶다면 '对 A 过敏'이라고 써야 한다. 남자가 '나는 동물 털에 알레르기가 있다'라고 했기 때문에 정답은 D이다.

5

女：你见小张了吗？主任有事要我转告他。
男：我才在门口碰见他了，我让他去印刷厂拿宣传册。

问：小张最可能去哪儿了？

A 报社
B 博物馆
C 印刷厂
D 公安局

여: 당신 샤오장(小张) 봤어요? 주임님이 일이 있으셔서 내가 그에게 말을 전해야 해요.
남: 방금 입구에서 그를 마주쳤어요. 제가 그한테 인쇄 공장에 가서 팜플렛을 가져오라고 했어요.

문: 샤오장은 아마도 어디에 갈 것인가?

A 신문사
B 박물관
C 인쇄 공장
D 경찰서

단어 ▶ **转告** zhuǎngào 동 말을 전하다 | **碰见** pèngjiàn 동 (우연히) 마주치다 | **印刷厂** yìnshuāchǎng 명 인쇄 공장 | **宣传册** xuānchuáncè 명 팜플렛 ‖ **公安局** gōng'ānjú 명 공안국, 경찰국

해설 ▶ 新HSK 5급 듣기 영역에는 시험지에 질문이 제공되지 않기 때문에 보기를 보고 질문을 추측해야 한다. 본 문제의 보기는 모두 장소이기 때문에 장소를 묻는 질문이라고 추측할 수 있어야 한다. '내가 그한테 인쇄 공장에 가서 팜플렛을 가져오라고 했다'라고 했기 때문에 샤오장이 가야 할 곳은 인쇄 공장이라는 것을 알 수 있다. 그러므로 정답은 C이다.

6

女：这组家具不错，跟我家的装修风格挺像
的。

男：的确是，而且这个书柜很结实，正好可
以把我的书都装下。

问：男的认为书柜怎么样？

A 很实用
B 很时尚
C 很高档
D 很结实

여: 이 가구 괜찮다. 우리 집 인테리어 스타일과
매우 비슷해.

남: 정말 그렇네. 게다가 이 책꽂이는 정말 튼튼
해. 내 책을 놓기에 딱 좋겠다.

문: 남자는 책꽂이가 어떻다고 여기는가?

A 매우 실용적이다
B 매우 유행하는 것이다
C 매우 고급스럽다
D 매우 튼튼하다

단어 家具 jiājù 몡 가구 | 装修 zhuāngxiū 몡 인테리어 | 风格 fēnggé 몡 스타일 | 的确 díquè 뷔 확실히, 정말 | 书柜 shūguì 몡 책장, 책꽂이 | 结实 jiēshi 혱 튼튼하다 | 装 zhuāng 동 설치하다, 싣다, 담다 ‖ 时尚 shíshàng 혱 유행이다 | 高档 gāodàng 혱 고급의

해설 대화에서 쓰인 '装修'는 '장식하고 꾸미다'라는 의미의 동사이지만 新HSK 5급 듣기에서는 '인테리어하다' 혹은 '인테리어' 로 해석되는 문제가 비교적 많은 편이다. 남자가 한 말인 '的确是'에 '的确'는 '정말'이라는 의미의 부사이므로 '정말 그렇 다'라고 해석하면 된다. 밑줄 친 문장에서 '게다가 이 책꽂이는 정말 튼튼하다'라고 했기 때문에 정답은 D이다.

7

女：医生，我姑姑现在情况怎么样？
男：手术很顺利，病情基本稳定了。不过还
要留院再观察几天。

问：姑姑怎么了？

A 病情减轻了
B 做了手术
C 胃疼
D 情绪很激动

여: 의사 선생님, 저희 고모의 현재 상황이 어떠한
가요?

남: 수술은 매우 순조로웠습니다. 병세가 거의 안
정되었어요. 그러나 조금 더 병원에 남아서 며
칠 살펴보아야 해요.

문: 고모는 어떠한가?

A 병세가 누그러졌다
B 수술을 했다
C 위가 아프다
D 마음이 매우 흥분된다

단어 姑姑 gūgu 몡 고모 | 手术 shǒushù 몡 수술 | 顺利 shùnlì 혱 순조롭다 | 病情 bìngqíng 몡 병세 | 基本 jīběn 뷔 거의 | 稳定 wěndìng 혱 안정되다 | 观察 guānchá 동 관찰하다 ‖ 减轻 jiǎnqīng 동 경감하다, 감소하다 | 情绪 qíngxù 몡 정서, 마음 | 激动 jīdòng 동 흥분하다, 감동하다

해설 여자의 '내 고모의 현재 상황이 어떠한가?'라는 말을 통해 현재 주제가 고모의 상황이라는 것을 알 수 있고, 남자의 대답 을 통해 고모가 수술을 마친 상태라고 볼 수 있다. 그러므로 정답은 B이다. 남자의 '病情基本稳定了(병세가 거의 안정되었 다)'라는 표현을 듣고 정답이 A라고 혼동할 수 있으나, 며칠 더 살펴보아야 한다고 덧붙였으므로 A는 완전한 답이 아니다.

8

男：咱们实验室的那几台设备太旧了。
女：你说得对，应该跟王经理申请换几台新
的。

问：关于设备，下列哪项正确？

A 太旧了
B 从未出过毛病
C 很费电
D 操作复杂

남: 우리 실험실에 설비 몇 대가 너무 오래되었어.
여: 네 말이 맞아. 왕 사장님께 몇 대를 새 것으로
바꿔 달라고 신청해야겠어.

문: 시설에 관하여, 다음 중 옳은 것은?

A 너무 오래되었다
B 여태껏 고장 난 적이 없다
C 전력을 많이 소비한다
D 조작이 복잡하다

단어 设备 shèbèi 몡 설비, 시설 | 旧 jiù 혱 오래되다 | 申请 shēnqǐng 동 신청하다 ‖ 出毛病 chū máobing 고장이 나다, 문제가 생기다 | 费电 fèidiàn 동 전력을 소비하다(낭비하다) | 操作 cāozuò 몡 조작

해설 시설, 기계 등을 세는 양사는 '台'이다. '우리 실험실에 설비 몇 대가 너무 오래되었다'라고 남자가 말했으므로 정답은 A이다.

Tip **'久'와 '旧'의 비교**
'久'와 '旧'는 모두 '오래되다'라는 의미를 지니고 있다. 하지만 '久'는 시간이 오래됨을 의미하고 '旧'는 물건, 시설 등이 오래되어 낡았음을 의미하는 경우가 많다.

9

男：小刘，有把握拿下这个项目吗?
女：我也不敢保证，尽我最大努力吧，争取谈成。

问：女的是什么意思?

A 资金紧张
B 不用调整方案
C 会尽全力去谈
D 会议马上开始

남: 샤오리우(小刘), 이 프로젝트를 따낼 자신 있어요?
여: 저도 감히 장담은 못하지만, 최대한 노력해서 협의를 성사시킬게요.

문: 여자의 말은 무슨 뜻인가?

A 자금이 빠듯하다
B 방안을 조정할 필요가 없다
C 최선을 다해 협의할 것이다
D 회의가 곧 시작한다

단어 把握 bǎwò 몡 자신감 ㅣ 项目 xiàngmù 몡 항목, 프로젝트 ㅣ 保证 bǎozhèng 통 보증하다, 확실히 책임지다 ㅣ 尽 jìn 통 다 쓰다, 온 힘을 다해 해내다 ㅣ 争取 zhēngqǔ 통 쟁취하다 ‖ 资金 zījīn 몡 자금 ㅣ 调整 tiáozhěng 통 조정하다, 조절하다

해설 대화에서 쓰인 '项目'는 '항목'이라는 뜻이지만 新HSK 5급 듣기 영역에서는 '프로젝트'라는 의미로 많이 쓰인다. 여자의 마지막 말에서 최선을 다해 협의하겠다는 의지가 보이므로 정답은 C이다.

Tip **'把握'의 쓰임**
동사로 쓰일 때 : 잡다, 장악하다, 파악하다
예 把握时机　기회를 잡다(=把握机会)
　把握核心　핵심을 파악하다

10

女：我怎么又输了? 咱们再下一盘。
男：你下象棋可不是我的对手，不管再下几盘结果都一样。

问：男的是什么意思?

A 男的不够用功
B 女的赢不了他
C 他最近比较忙
D 他想教女的

여: 내가 어째서 또 졌지? 우리 한 번 더 두자.
남: 너는 장기 두는 것에 있어서 내 라이벌이 되지 못해. 몇 번 더 둔다고 해도 결과는 다 똑같아.

문: 남자의 말은 무슨 뜻인가?

A 남자는 노력이 부족하다
B 여자는 그를 이길 수 없다
C 그는 최근 바쁜 편이다
D 그는 여자를 가르치고 싶다

단어 输 shū 통 지다, 패하다 ㅣ 盘 pán 양 판 [장기나 바둑의 시합을 세는 단위] ㅣ 象棋 xiàngqí 몡 장기 ㅣ 对手 duìshǒu 몡 적수, 라이벌 ㅣ 不管 bùguǎn 젭 ~을 막론하고 ‖ 用功 yònggōng 몡 노력 ㅣ 赢 yíng 통 이기다

해설 동사 뒤에 '不了'를 붙이면 '~할 수 없다'라는 의미가 된다. 그러므로 B의 '赢不了'는 '이길 수 없다'라고 해석해야 한다. 남자가 '너는 장기 두는 것에 있어서 내 라이벌이 되지 못한다'라고 했기 때문에 이는 곧 여자가 남자를 이길 수 없음을 의미한다. 그러므로 정답은 B이다.

Tip **'下'를 술어로 삼는 목적어**
下象棋　장기를 두다　　下决心　결심을 하다　　下功夫　공을 들이다

11

女：展会现在急需人手，能从你们部门借个
人过来帮忙吗？

男：可以，新来的实习生小张真不错，头脑
灵活，人也勤奋，让他过去吧。

问：男的觉得小张怎么样？

A 热情大方
B 头脑灵活
C 非常谦虚
D 特别细心

여: 전람회에 현재 일손이 급히 필요해요. 당신 부
서에서 몇 명 데려와서 돕게 할 수 있나요?

남: 그래요. 새로 온 인턴 샤오장(小张)이 정말 괜
찮아요. 두뇌도 영민하고 사람도 부지런해요.
그한테 가라고 할게요.

문: 남자는 샤오장이 어떻다고 생각하는가?

A 열정적이고 대범하다
B 두뇌가 영민하다
C 매우 겸손하다
D 특히 세심하다

단어 部门 bùmén 명 부서 | 帮忙 bāngmáng 동 돕다 | 实习 shíxí 동 실습하다, 인턴하다 | 灵活 línghuó 형 영민하다 |
勤奋 qínfèn 형 부지런하다 ‖ 热情 rèqíng 형 열정적이다, 친절하다 | 谦虚 qiānxū 형 겸손하다 | 细心 xìxīn 형 세심
하다

해설 '灵活'는 본래 '민첩하다'라는 의미이지만 '头脑(두뇌)'와 함께 쓰일 때에는 '영민하다'라고 해석해도 무방하다. 남자가 '头
脑灵活(두뇌가 영민하다)'라고 직접적으로 언급했으므로 정답은 B이다.

12

男：明晚的开幕式你能来吗？

女：不好意思，我去不了，单位让我明天去
外地采访。

问：女的为什么不能参加开幕式？

A 单位有宴会
B 要参加面试
C 要照顾孩子
D 要去外地采访

남: 너 내일 저녁 개막식에 올 수 있니？

여: 미안해. 나는 갈 수 없어. 회사에서 나보고 내
일 외지로 취재 나가라고 하거든.

문: 여자는 왜 개막식에 참가할 수 없는가?

A 회사에 연회가 있다
B 면접에 참가해야 한다
C 아이를 돌봐야 한다
D 외지로 취재 나가야 한다

단어 开幕式 kāimùshì 명 개막식 | 单位 dānwèi 명 회사, 기관, 단체 | 采访 cǎifǎng 동 인터뷰하다, 취재하다 ‖ 宴会
yànhuì 명 연회 | 照顾 zhàogù 동 돌보다

해설 여자는 '去(가다)' 뒤에 '不了(~할 수 없다)'를 써서 '갈 수 없다'는 의사를 표명했다. 특히 新HSK 5급 듣기 영역에서는 '회
사'를 '公司' 보다는 '单位(회사)'로 많이 출제하고 있다. 여자가 '회사에서 나보고 내일 외지로 취재 나가라고 한다'고 했기
때문에 정답은 D이다.

13

女：这里风景真美！找人帮我们照个合影？

男：好啊！前面有个小姑娘，就找她吧。

问：他们想找人做什么？

A 换零钱
B 打听路线
C 帮忙照相
D 询问价格

여: 이곳은 풍경이 정말 아름답다! 우리 단체 사진
찍어줄 사람을 찾아볼까?

남: 좋아! 앞에 꼬마 아가씨가 한 명 있네. 그녀에
게 부탁하자.

문: 그들은 사람을 찾아서 무엇을 하고자 하는가?

A 잔돈을 바꾼다
B 길을 물어본다
C 사진 찍는 것을 도와달라고 한다
D 가격을 물어본다

단어 合影 héyǐng 명 단체 사진 | 姑娘 gūniáng 명 아가씨 ‖ 零钱 língqián 명 잔돈 | 打听 dǎting 동 물어보다 | 帮
忙 bāngmáng 동 돕다 | 询问 xúnwèn 동 물어보다, 의견을 구하다

해설 '合影'이라는 단어에 주목할 필요가 있다. '合影'은 '단체 사진'이라는 의미이므로 '사진'인 '照相'과 상통한다. 그러므로 정
답은 C이다. 이렇게 '合影(단체 사진)'을 '照相(사진)' 혹은 '照片(사진)'으로 바꾸어 출제하는 경향이 늘어나고 있기 때문에
외워 둘 필요가 있다.

14

女：我的电脑开机太慢了，是不是得重新安装一下系统？

男：不用，是自动启动的程序太多了，关几个就行了。

问：男的建议女的怎么做？

A 删除垃圾文件
B 关闭一些程序
C 升级系统
D 查杀病毒

여：내 컴퓨터 부팅이 너무 느린데, 시스템을 다시 설치해야 하는 거야?

남：그럴 필요 없어. 자동으로 작동되는 프로그램이 너무 많아서 그런 거야. 몇 개만 끄면 돼.

문：남자는 여자에게 어떻게 하기를 건의하는가?

A 필요 없는 문서를 삭제한다
B 프로그램들을 끈다
C 시스템을 업그레이드한다
D 바이러스를 찾아서 제거한다

단어 安装 ānzhuāng 통 설치하다 | 系统 xìtǒng 명 시스템 | 启动 qǐdòng 통 작동하다 ‖ 删除 shānchú 통 삭제하다 | 垃圾 lājī 명 쓰레기 | 关闭 guānbì 통 끄다, 닫다 | 程序 chéngxù 명 프로그램, 순서 | 升级 shēngjí 통 업그레이드하다 | 病毒 bìngdú 명 바이러스

해설 대화에서 쓰인 '程序'는 다의어로 '순서'라는 뜻도 있지만 컴퓨터와 관련하여 '프로그램'이라는 뜻도 지니고 있다. 그러므로 '自动启动的程序太多了'는 '자동으로 작동되는 프로그램이 너무 많다'고 해석해야 하며, 이어서 남자가 '몇 개만 끄면 된다'라고 했기 때문에 정답은 B이다.

15

男：这条围巾真不错，多少钱？

女：不好意思。这是非卖品，您可以用购物卡的积分兑换。

问：关于那条围巾，下列哪项正确？

A 很厚
B 不太实用
C 是非卖品
D 不能手洗

남：이 머플러 정말 괜찮네요. 얼마예요？

여：죄송합니다. 이건 비매품이에요. 구매 카드의 누적 점수를 사용해 바꿀 수 있어요.

문：그 머플러에 관하여, 다음 중 옳은 것은？

A 매우 두껍다
B 그다지 실용적이지 않다
C 비매품이다
D 손으로 빨면 안 된다

단어 围巾 wéijīn 명 머플러 | 非卖品 fēimàipǐn 명 비매품 | 购物 gòuwù 통 구입하다 | 卡 kǎ 명 카드 | 积分 jīfēn 명 누계 점수, 적립 점수 | 兑换 duìhuàn 통 현금으로 바꾸다

해설 '非卖品'은 '비매품'이라는 뜻이다. 대화에서 그 머플러는 파는 것이 아니라 카드의 누적 점수를 머플러로 교환할 수 있다고 했고, C에서 '非卖品(비매품)'이라는 단어를 직접적으로 언급했기 때문에 정답은 C이다.

16

女：那个项目谈得怎么样了？什么时候能签合同？

男：谈判已经到最后一个阶段了，不出意外的话明天就能签。

问：关于那个项目，下列哪项正确？

A 还没签合同
B 资金不够
C 存在很大风险
D 宣传做不好

여：그 프로젝트는 이야기가 어떻게 되었나요？ 언제 계약을 체결할 수 있어요？

남：협상은 이미 마지막 단계에 도달했고, 별일이 없다면 내일 바로 체결할 수 있을 거예요.

문：그 프로젝트에 관하여, 다음 중 옳은 것은？

A 아직 계약을 체결하지 않았다
B 자금이 부족하다
C 매우 큰 위험이 존재한다
D 홍보가 잘 되지 않았다

단어 项目 xiàngmù 명 프로젝트, 항목, 과제 | 谈判 tánpàn 명 담판 | 阶段 jiēduàn 명 단계 | 意外 yìwài 명 의외의 | 签 qiān 통 서명하다 ‖ 合同 hétong 명 계약서 | 资金 zījīn 명 자금 | 存在 cúnzài 통 존재하다 | 风险 fēngxiǎn 명 위험, 모험 | 宣传 xuānchuán 명 홍보

 여자의 말에서 쓰인 '签合同'의 '签'은 '서명하다'라는 의미이고 '合同'은 '계약서'라는 의미이기 때문에 '签合同'은 '계약서에 사인하다' 즉, '계약을 체결하다'라는 의미이다. 그렇기 때문에 때에 따라서는 '签'이라는 동사 자체가 '체결하다'라는 뉘앙스가 될 수 있다. 그리고 '的话'는 '～라면'이라는 뜻이기 때문에 대화의 밑줄 친 문장은 '별 일이 없다면 내일 바로 체결할 수 있을 것이다'라는 의미가 된다. 다시 말해 별 일이 생기지 않으면 계약을 체결할 것이기 때문에 아직은 계약하지 않았음을 알 수 있다. 그러므로 정답은 A이다.

17

男: 您看看，您的车停歪了，后面的车进出不太方便。
女: 对不起，我刚学会开车，还不太熟练，我再重新停一下。

问: 女的要做什么?

A 修车
B 考驾照
C 找车库
D 重新停车

남: 당신 좀 보세요. 당신의 차가 삐뚤게 주차되어서 뒤 차의 출입이 편리하지 않아요.
여: 미안해요. 제가 이제 막 운전을 배워서 아직 능숙하지 않네요. 다시 주차할게요.

문: 여자는 무엇을 하려고 하는가?

A 차를 수리한다
B 운전면허 시험을 본다
C 차고를 찾는다
D 다시 주차한다

 歪 wāi 톙 삐뚤다 | 熟练 shúliàn 톙 능숙하다 | 重新 chóngxīn 분 다시 | 停 tíng 통 정지하다, 세우다 ‖ 驾照 jiàzhào 톙 운전면허증 | 车库 chēkù 톙 차고

 대화에서 쓰인 '停歪'는 '세우다'라는 의미의 동사인 '停' 뒤에 '삐뚤다'라는 뜻의 '歪'가 붙어 '삐뚤게 주차하다'라고 해석된다. 여자가 마지막에 '내가 다시 주차하겠다'라고 했기 때문에 정답은 D이다.

18

女: 这个小区后面有个医院，附近还有大型超市，而且出门走几分钟就是地铁站。
男: 地理位置是不错，可惜价格有点儿高，我再考虑一下。

问: 男的觉得那个小区怎么样?

A 位置好
B 租金较低
C 设施不全
D 交通不便

여: 이 주택 단지의 뒤에는 병원이 있고 근처에는 대형 슈퍼마켓이 있습니다. 게다가 문밖을 나서서 몇 분 걸으면 바로 지하철 역이에요.
남: 지리적 위치는 좋지만 아쉽게도 가격이 좀 비싸네요. 더 고려해 볼게요.

문: 남자는 그 주택 단지가 어떻다고 생각하는가?

A 위치가 좋다
B 임대료가 낮은 편이다
C 시설이 완전하지 않다
D 교통이 불편하다

 小区 xiǎoqū 톙 주택 단지 | 大型 dàxíng 톙 대형의 | 位置 wèizhi 톙 위치 | 可惜 kěxī 톙 아깝다, 아쉽다 ‖ 租金 zūjīn 톙 임대료 | 设施 shèshī 톙 시설

 대화에서 쓰인 '小区'는 '주택 단지'라는 의미로 주변에 슈퍼마켓과 지하철이 있다고 했다. 이어서 남자가 '지리적 위치가 좋다'라고 말했기 때문에 정답은 A이다.

19

女: 多吃点儿蔬菜，这样营养才能均衡。
男: 好，您别给我夹菜，您也多吃点儿。

问: 女的希望男的怎么做?

A 少吃油炸食品
B 多吃蔬菜
C 爱惜粮食
D 学炒菜

여: 채소를 많이 드세요. 이렇게 해야만 영양의 균형이 맞아요.
남: 알겠어요. 저에게 음식을 집어주지 마시고 당신도 많이 드세요.

문: 여자는 남자가 어떻게 하기를 바라는가?

A 튀긴 음식을 적게 먹는다
B 채소를 많이 먹는다
C 식량을 소중히 여긴다
D 볶음 요리를 배운다

단어 蔬菜 shūcài 몡 채소 | 营养 yíngyǎng 몡 영양 | 均衡 jūnhéng 톙 균형이 잡히다 | 夹菜 jiācài 동 음식을 집다 ‖ 油炸 yóuzhá 동 기름에 튀기다 | 爱惜 àixī 동 아끼다, 사랑하다 | 粮食 liángshi 몡 식량, 양식

해설 대화에서 쓰인 '多'는 '많다'라는 의미의 형용사도 되지만 '많이'라는 부사적 용법도 있다. '채소를 많이 먹어라'라고 여자가 처음에 언급했으므로 정답은 B이다.

20

女: 你大学毕业后直接读研究生的吗?
男: 不是。我先在法院工作了一年，然后才考研的。

问: 关于男的，下列哪项正确?

A 在法院工作过
B 现在是律师
C 博士毕业了
D 想去经商

여: 너는 대학교를 졸업하고 바로 대학원에 들어간 거야?
남: 아니. 나는 먼저 법원에서 1년 일을 하고, 그 다음에 대학원 시험을 본 거야.

문: 남자에 관하여, 다음 중 옳은 것은?

A 법원에서 일한 적이 있다
B 현재 변호사이다
C 박사 과정을 졸업했다
D 장사하고 싶다

단어 毕业 bìyè 동 졸업하다 | 直接 zhíjiē 톙 직접적인 | 读 dú 동 공부하다, 학교를 다니다 | 研究生 yánjiūshēng 몡 대학원생 | 然后 ránhòu 젭 그런 후에 | 考研 kǎoyán 동 대학원 시험을 보다 ‖ 律师 lùshī 몡 변호사 | 博士 bóshì 몡 박사(학위) | 经商 jīngshāng 동 장사하다

해설 여자가 '너는 대학교를 졸업하고 바로 대학원에 들어간 거야?'라고 묻자 남자는 아니라고 대답했기 때문에 일단 박사과정을 졸업했다는 C는 오답임을 알 수 있다. 이어서 남자가 '나는 먼저 법원에서 1년 일을 했다'라고 했기 때문에 법원에서 일한 적이 있다는 A가 정답이다.

第 二 部 分

21

男：你怎么了？胃口不好？
女：不是，这家饭店的菜太咸了，我有些吃不惯。
男：是吗？我觉得还行。看来你口味比较清淡。
女：对。我从小跟着奶奶生活。她做菜很清淡。

问：女的觉得那儿的菜怎么样？

A 不太新鲜
B 种类多
C 太咸了
D 辣椒太多

남: 너 왜 그러니? 식욕이 없어?
여: 아니. 이 식당의 음식이 너무 짜. 나는 습관이 되지 않아 못 먹겠어.
남: 그래? 나는 그럭저럭 괜찮은 것 같은데, 보아하니 네 입맛이 비교적 싱거운 편이구나.
여: 맞아. 나는 어릴 적부터 할머니와 함께 생활했는데, 할머니가 해 주신 음식은 싱거웠어.

문: 여자는 그곳의 음식이 어떻다고 생각하는가?

A 그다지 신선하지 않다
B 종류가 많다
C 너무 짜다
D 고추가 너무 많다

단어 胃口 wèikǒu 몡 식욕 | 咸 xián 휑 짜다 | 口味 kǒuwèi 몡 입맛, 취향 | 清淡 qīngdàn 휑 담백하다 ‖ 新鲜 xīnxiān 휑 신선하다 | 种类 zhǒnglèi 몡 종류 | 辣椒 làjiāo 몡 고추

해설 동사 뒤에 '不惯'을 쓰면 '습관이 되지 않아 ~하지 못하다'라는 의미이다. 그러므로 '吃不惯'은 '습관이 되지 않아 먹지 못하다'라는 의미가 된다. 여자는 이 음식점의 음식이 너무 짜서 못 먹겠다고 했기 때문에 정답은 C이다.

22

男：你去过内蒙古大草原吗？
女：我倒是很想去，可惜一直没时间。
男：那，国庆节咱们一起去吧。我教你骑马。
女：太好了！我还没骑过马呢，肯定很刺激！

问：他们国庆节打算做什么？

A 练习射击
B 参加婚礼
C 去草原骑马
D 去海边玩儿

남: 너 네이멍구(内蒙古) 대초원에 가본 적 있니?
여: 나는 정말 가고 싶었는데, 아쉽게도 계속 시간이 없었어.
남: 그럼 우리 국경절(国庆节)에 같이 가자. 내가 너한테 말 타는 걸 가르쳐 줄게.
여: 잘됐다! 난 아직 말을 타본 적이 없어. 틀림없이 짜릿할 거야!

문: 그들은 국경절에 무엇을 할 계획인가?

A 사격을 연습한다
B 결혼식에 참석한다
C 초원에 가서 말을 탄다
D 해변에 가서 논다

단어 内蒙古 Nèiměnggǔ 몡 네이멍구 자치구 | 倒 dào 휜 오히려, 도리어 | 可惜 kěxī 휑 아쉽다, 섭섭하다 | 国庆节 Guóqìng Jié 몡 국경절 | 肯定 kěndìng 휜 확실히 | 刺激 cìjī 동 자극하다, 흥분시키다 ‖ 射击 shèjī 몡 사격

해설 '骑'는 '타다'라는 뜻으로 두 다리를 벌려서 탈 때 쓸 수 있는 표현이다. 남자와 여자는 내몽고 대초원에 가기로 약속을 하고, 남자가 '내가 너한테 말 타는 걸 가르쳐 주겠다'라고 했기 때문에 정답은 C이다.

23

女：你参加过哪些社会实践活动?
男：我曾在郊区一所小学当过老师。
女：能谈谈你的收获吗?
男：在这个过程中，我认识到了自己的价值，更有自信了。

问：男的当志愿者有什么收获?

A 会做家务了
B 更自信了
C 变勇敢了
D 明白了很多道理

여: 당신은 어떤 사회 실천 활동에 참가해 보았나요?
남: 저는 일찍이 교외의 한 초등학교에서 선생님을 한 적이 있어요.
여: 당신의 수확에 대해 말해 줄 수 있나요?
남: 이 과정에서 저는 제 가치를 알았고 더욱 자신감이 생겼습니다.

문: 남자는 자원봉사자가 되고 어떤 수확이 있었는가?

A 집안일을 할 수 있게 되었다
B 더 자신감이 생겼다
C 용감하게 변했다
D 많은 이치를 알게 되었다

단어 实践 shíjiàn 몡 실천 | 价值 jiàzhí 몡 가치 ‖ 家务 jiāwù 몡 집안일 | 勇敢 yǒnggǎn 혱 용감하다 | 道理 dàolǐ 몡 도리, 이치

해설 '在…中'은 '~중에서'라는 뜻으로 '이 과정에서 나는 내 가치를 알았고 더욱 자신감이 생겼다'라고 했다. 그러므로 정답은 B이다.

24

女：您好! 这里是南方航空公司。
男：你好! 我想订北京到上海的往返机票。
女：好的，请说一下具体的出发日期。
男：7月4号从北京出发，7号从上海返回。

问：男的正在做什么?

A 预定机票
B 申请退货
C 浏览网页
D 签收包裹

여: 안녕하세요! 이곳은 남방항공입니다.
남: 안녕하세요! 저는 베이징(北京)에서 상하이(上海)로 가는 왕복 비행기 표를 예약하고 싶어요.
여: 알겠습니다. 당신의 구체적인 출발 일정을 말해 주세요.
남: 7월 4일 베이징(北京)에서 출발하여 7일에 상하이(上海)에서 돌아옵니다.

문: 남자는 무엇을 하고 있는가?

A 비행기 표를 예약한다
B 반품을 신청한다
C 인터넷 홈페이지를 둘러본다
D 소포 수령 사인을 한다

단어 航空 hángkōng 몡 항공 | 往返 wǎngfǎn 동 왕복하다 | 返回 fǎnhuí 동 (원래의 곳으로) 되돌아가다 ‖ 预定 yùdìng 동 예약하다 | 申请 shēnqǐng 동 신청하다 | 退货 tuìhuò 동 반품하다 | 浏览 liúlǎn 동 대강 둘러보다 | 网页 wǎngyè 몡 인터넷 홈페이지 | 签收 qiānshōu 동 수령했음을 서명하다 | 包裹 bāoguǒ 몡 소포

해설 A에서 쓰인 '预定'은 본래 '예정하다'라는 의미가 있으나 '예약하다'라는 의미의 '预订'과도 같은 뜻으로 쓸 수 있다. 대화에서 '나는 베이징에서 상하이로 가는 왕복 비행기 표를 예약하고 싶다'라고 했으며, 이때의 '订'은 '预订(예약하다)'의 '订'이라고 볼 수 있다. 그러므로 정답은 A이다.

Tip　往返机票　왕복 비행기 표　　　　　　单程机票　편도 비행기 표

25

女：这款电视现在买有优惠吗?
男：有，家电类商品消费满五百送一百元代
　　金券，还可参与抽奖。
女：那能送货上门吗?
男：可以，购买后两天内给您送到家。

问：关于那款电视，可以知道什么?

A 需自己安装
B 是抽奖得的
C 可送货到家
D 可优惠300元

여: 이 텔레비전은 지금 사면 혜택이 있나요?
남: 있습니다. 가전 제품류의 상품은 500위안 이
　　상 사시면 100위안 상품권을 드려요. 그리고
　　추첨에 참여하실 수 있습니다.
여: 그러면 상품을 집까지 배달해 줄 수 있나요?
남: 됩니다. 구매 후 이틀 이내에 집까지 보내 드려요.

문: 그 텔레비전에 관하여, 알 수 있는 것은 무엇인가?

A 스스로 설치해야 한다
B 추첨해서 받은 것이다
C 상품이 집까지 배달된다
D 300위안을 할인 받을 수 있다

단어 优惠 yōuhuì 형 특혜의 | 消费 xiāofèi 동 소비하다 | 代金券 dàijīnquàn 명 상품권 | 抽奖 chōujiǎng 동 추첨하다 ‖ 安装 ānzhuāng 동 설치하다

해설 '送上门'은 '(상품을) 집까지 배달하다'라는 뜻이다. 대화에서는 '送货上门(상품을 집까지 배달하다)'이라고 나왔으므로 정답은 C이다.

26

男：喂，请问是张女士吗?
女：是，您哪位?
男：我是顺风快递的，麻烦您到公寓一层大
　　厅来取个包裹。
女：好，您等一下，我马上下来。

问：男的让女的做什么?

A 取包裹
B 寄文件
C 交房租
D 去健身房

남: 여보세요. 실례지만 장 여사님이십니까?
여: 맞아요. 누구시죠?
남: 저는 순풍 택배에서 왔습니다. 죄송하지만 아
　　파트 1층 로비로 오셔서 소포를 가져가셔야 해
　　요.
여: 알겠습니다. 잠시만 기다리세요. 제가 금방 내
　　려갈게요.

문: 남자는 여자에게 무엇을 하라고 하는가?

A 소포를 가져가라고
B 문서를 부치라고
C 집세를 내라고
D 헬스클럽에 가라고

단어 快递 kuàidì 명 특급우편, 택배 | 大厅 dàtīng 명 로비 | 取 qǔ 동 가지다, 취하다 | 包裹 bāoguǒ 명 소포 ‖ 寄 jì 동 부치다 | 房租 fángzū 명 집세 | 健身房 jiànshēnfáng 명 헬스클럽

해설 A의 '取包裹'는 '소포를 취하다'라는 의미로 대화에서 남자가 '미안하지만 아파트 1층 로비로 와서 소포를 가져가야 한다'라고 했기 때문에 정답은 A이다. '取(취하다)'라는 동사 뒤에 '个'가 왔는데, 이때의 '个'는 부드러운 어기를 강조할 뿐이므로 해석에 직접적인 영향을 주지 않는다.

27

男：您一直在杂志社工作吗?
女：对，我从事编辑工作已经10多年了。
男：看来您很热爱这份工作啊。
女：是的，我觉得这份工作很有意义，我会
　　一直做下去的。

问：女的怎样看待自己的工作?

A 专业性强
B 风险很高
C 前途光明
D 很有意义

남：당신은 계속 잡지사에서 일을 했나요?
여：네. 저는 편집 일에 종사한 지 벌써 10년이 넘
　　었어요.
남：보아하니 당신은 이 일을 정말 사랑하는 것 같
　　군요.
여：맞아요. 저는 이 일이 매우 가치있다고 생각해
　　서 계속해서 해 나갈 겁니다.

문: 여자는 자신의 일을 어떻게 보는가?

A 전문성이 강하다
B 위험이 높다
C 전망이 밝다
D 매우 가치가 있다

 **단어**　从事 cóngshì 통 종사하다 | 编辑 biānjí 명 편집 | 热爱 rè'ài 통 뜨겁게 사랑하다 ‖ 专业性 zhuānyèxìng 명 전문성
| 风险 fēngxiǎn 명 위험 | 前途 qiántú 명 앞날, 장래, 전망

해설　여자는 '나는 이 일이 매우 가치있다고 생각한다'라고 했다. 이때의 '很有意义(매우 가치가 있다)'가 직접적으로 언급된 D
가 정답이다.

> **Tip** 방향보어 '下来'와 '下去'
> 下来 : 과거부터 지금까지 '해 오다'
> 　예 坚持下来 열심히 해 오다, 고수해 오다
> 　　　传下来 전해져 내려오다
> 下去 : 지금부터 미래까지 '해 나가다'
> 　예 坚持下去 앞으로 열심히 하다
> 　　　做下去 해 나가다

28

女：这次宣传册的设计经理很满意。
男：那可以印刷了吗?
女：先等等，有几个文字还要调整一下。
男：好的，等确定了我就联系印刷厂。

问：关于宣传册，下列哪项正确?

A 色彩单调
B 图案抽象
C 少印了几页
D 还需调整

여：사장님께서 이번 홍보 책자의 디자인에 매우
　　만족하세요.
남：그럼 인쇄를 해도 될까요?
여：좀 기다려 보세요. 몇 글자가 조정이 좀 필요해
　　요.
남：알겠습니다. 확정이 되길 기다린 후에 바로 인
　　쇄 공장에 연락할게요.

문: 홍보 책자에 관하여, 다음 중 옳은 것은?

A 색채가 단조롭다
B 도안이 추상적이다
C 인쇄가 몇 페이지 덜 되었다
D 아직 조정이 필요하다

단어　宣传 xuānchuán 명 홍보 | 册 cè 명 책자 | 印刷 yìnshuā 통 인쇄하다 | 调整 tiáozhěng 통 조정하다, 조절하다 | 确
定 quèdìng 통 확정하다 | 印刷厂 yìnshuāchǎng 명 인쇄 공장 ‖ 色彩 sècǎi 명 색채 | 单调 dāndiào 형 단조롭다 |
图案 tú'àn 명 도안 | 抽象 chōuxiàng 형 추상적이다 | 页 yè 명 페이지

해설　'调整'은 '조정' 혹은 '조정하다'라는 의미이다. '몇 글자가 조정이 좀 필요하다'라고 했으므로 정답은 D이다.

29

男：您今天的表演简直太棒了！
女：谢谢你的称赞。
男：我能不能跟您合影留念？
女：当然可以。

问：男的为什么称赞女的？

A 演讲很成功
B 表演很精彩
C 赢了比赛
D 实习结束了

남: 당신의 오늘 연기는 그야말로 최고였어요!
여: 칭찬 감사합니다.
남: 당신과 함께 기념사진을 찍어도 될까요?
여: 당연히 되지요.

문: 남자는 왜 여자를 칭찬하는가?

A 연설이 매우 성공적이어서
B 연기가 매우 훌륭해서
C 경기에서 이겨서
D 인턴이 끝나서

단어 简直 jiǎnzhí 🕮 그야말로 | 称赞 chēngzàn 🕮 칭찬 | 合影 héyǐng 🕮 함께 사진 찍다 | 留念 liúniàn 🕮 기념으로 남기다 ‖ 演讲 yǎnjiǎng 🕮 강연, 연설 | 精彩 jīngcǎi 🕮 뛰어나다, 훌륭하다 | 实习 shíxí 🕮 실습하다, 인턴하다 | 结束 jiéshù 🕮 끝나다

해설 B의 '精彩'는 '훌륭하다'라는 뜻으로 일반적으로 영화, 연극, 경기 등이 훌륭할 때 많이 쓰인다. 남자가 '당신의 오늘 연기는 그야말로 최고였대'라고 했기 때문에, 이는 '연기가 매우 훌륭하다'는 B의 '表演很精彩'와 같은 의미이다. 그러므로 정답은 B이다.

30

男：你头发怎么湿了？外面没下雨呀！
女：和儿子玩儿水枪了。
男：赶紧用吹风机吹一下吧，不然容易感冒。
女：不要紧，我用毛巾擦擦就好了。

问：男的建议女的怎么做？

A 玩儿个游戏
B 吹干头发
C 戴上帽子
D 洗澡

남: 당신 머리가 왜 젖었어요? 바깥에 비도 내리지 않는데요!
여: 아들과 물총을 가지고 놀았어요.
남: 빨리 헤어드라이어로 말리세요. 그렇지 않으면 감기 걸리기 쉬워요.
여: 괜찮아요. 수건으로 닦으면 돼요.

문: 남자는 여자에게 어떻게 하라고 건의하는가?

A 게임을 해라
B 머리카락을 말려라
C 모자를 써라
D 목욕을 해라

단어 湿 shī 🕮 적시다 | 水枪 shuǐqiāng 🕮 물총 | 赶紧 gǎnjǐn 🕮 서둘러, 재빨리 | 吹风机 chuīfēngjī 🕮 헤어드라이어 | 不然 bùrán 🕮 그렇지 않으면 | 擦 cā 🕮 닦다 ‖ 游戏 yóuxì 🕮 게임 | 吹干 chuīgān 🕮 바람에 마르다 | 戴 dài 🕮 착용하다 | 帽子 màozi 🕮 모자 | 洗澡 xǐzǎo 🕮 목욕하다

해설 '吹'는 본래 '불다'라는 뜻으로 '吹干'을 직역하면 '바람에 마르다'라는 의미가 된다. 그래서 B의 '吹干头发'는 '머리카락을 말리다'라는 뜻이 된다. 대화의 밑줄 친 문장에서 남자는 '빨리 헤어드라이어로 말려라'라고 했기 때문에 정답은 B이다.

 *31-32*

³¹有一天，一个小男孩儿想把一盆花搬到院子里，可是那盆花太重，他怎么也搬不起来。父亲见了，在旁边鼓励他：“只要你全力以赴，就一定能搬起来。”但是小男孩儿使了很大劲儿，也没把花盆搬起来。他对父亲说：“我已经用尽全力了。”父亲摇了摇头，说：“³²你没有，因为我就站在你旁边，你却没有向我求助。全力以赴是想尽所有办法，用尽所有可用资源。”

³¹어느 날 한 남자아이가 화분에 심은 꽃을 정원에 옮기고 싶어 했다. 하지만 그 화분은 너무 무거워서 그는 어떻게 해도 옮길 수가 없었다. 아버지가 보고 옆에서 "네가 최선을 다한다면 반드시 옮길 수 있어."라며 그를 격려했다. 하지만 남자아이는 온 힘을 써도 화분을 옮기지 못했다. 그는 아버지에게 "저는 이미 온 힘을 다 썼어요."라고 말했다. 아버지가 고개를 가로저으면서 "³²너는 안 했어. 왜냐하면 내가 네 옆에 서 있을 때, 너는 나에게 도움을 청하지 않았거든. 최선을 다한다는 것은 최대한 모든 방법을 생각해서 최대한 모든 자원을 사용하는 거란다."라고 말했다.

단어 搬 bān 통 옮기다, 운반하다 | 院子 yuànzi 명 뜰, 정원 | 旁边 pángbiān 명 옆 | 鼓励 gǔlì 통 격려하다 | 全力以赴 quánlì yǐfù 성 전력 투구하다, 최선을 다하다 | 劲儿 jìnr 명 힘 | 尽全力 jìn quánlì 전력을 다하다 | 摇头 yáotóu 통 고개를 가로젓다 | 站 zhàn 통 서다 | 求助 qiúzhù 통 도움을 청하다 | 资源 zīyuán 명 자원

---

31 小男孩儿在做什么?

A 画画儿
B 浇花
C 搬花盆
D 买花生

남자아이는 무엇을 하고 있는가?

A 그림을 그린다
B 꽃에 물을 준다
C 화분을 옮긴다
D 땅콩을 산다

단어 浇 jiāo 통 물을 주다, 물을 대다 | 花盆 huāpén 명 화분

해설 글의 밑줄 친 문장에서 쓰인 '一盆花'에서 '盆'은 화분을 세는 양사이므로 '화분에 심은 꽃'이라고 해석할 수 있다. '한 남자아이가 화분에 심은 꽃을 정원에 옮기고 싶어 했다'라고 했는데, 이것은 다시 말해 C의 '搬花盆(화분을 옮기다)'과 같은 의미이므로 정답은 C이다.

---

32 父亲认为小男孩儿应该怎么做?

A 集中精力
B 再次尝试
C 使用工具
D 向他求助

아버지는 남자아이가 어떻게 해야 한다고 여기는가?

A 정신과 체력을 집중한다
B 다시 시도한다
C 도구를 사용한다
D 그에게 도움을 요청한다

단어 尝试 chángshì 통 시도해 보다

해설 글의 밑줄 친 문장에서 쓰인 '向 A 求助'는 'A에게 도움을 요청하다'라는 의미이다. 아버지는 남자아이에게 '왜냐하면 내가 네 옆에 서 있을 때, 너는 나에게 도움을 청하지 않았다'라고 하면서, 남자아이가 응당 아버지에게 도움을 요청했어야 한다고 생각하기 때문에 정답은 D이다.

有个人开了一家旅店，为了吸引顾客，他把旅店布置得很好，并竭尽全力为客人们提供优质的服务，收费也很公道。³³但不知为何，前来住店的人还是很少，他非常苦恼，于是向一位朋友求助。朋友说："我有个主意，你把旅店的名字改成'五个铃铛'，然后在门口挂上六个铃铛。""³⁴这样做太奇怪了，能有用吗？""你试试就知道了。"朋友微笑着说。所以他只好照办。³⁵结果，很多路过旅店的人都会走进店里，给他指出这个错误。而当人们走进旅店时，就会被里面的设施和服务吸引，就会留下来歇息，这样就给店主带来了成功。

어떤 사람이 여관을 하나 열고는 손님을 끌어모으기 위해서 여관의 진열을 예쁘게 했다. 게다가 고객을 위해 최선을 다해 양질의 서비스를 제공하고 공평하게 비용을 받았다. ³³하지만 무엇 때문인지 몰라도 여관에 오는 사람은 여전히 적었다. 그는 너무 고민이 되어서 친구에게 도움을 청했다. 친구가 말하길 "나에게 생각이 있어. 너는 여관의 이름을 '방울 다섯 개'로 바꿔. 그런 다음에 문 앞에 방울 여섯 개를 걸어 놓으렴."이라고 했다. "³⁴이건 너무 이상한데 쓸모가 있을까?", "한번 시도해 보면 바로 알게 될 거야."라고 친구는 웃으면서 말했다. 어찌할 도리가 없이 그는 그대로 했다. ³⁵결과적으로 여관을 지나가는 많은 사람이 여관 안으로 들어와서 그에게 이 문제를 지적했다. 그리고 사람들이 여관에 들어올 때 곧바로 안의 시설과 서비스에 매료되도록 하여, 남아서 숙박할 수 있도록 했고 이렇게 여관 주인에게 큰 성공을 가져다주었다.

단어 　旅店 lǚdiàn 똉 여관 ｜ 吸引 xīyǐn 똉 끌어당기다 ｜ 布置 bùzhì 똉 진열하다, 배치하다 ｜ 收费 shōufèi 똉 비용을 받다 ｜ 公道 gōngdao 똉 공평하다 ｜ 苦恼 kǔnǎo 똉 고민하다 ｜ 铃铛 língdang 똉 방울 ｜ 照办 zhàobàn 똉 (규정·지시·부탁대로) 그대로 처리하다 ｜ 路过 lùguò 똉 지나다, 통과하다 ｜ 设施 shèshī 똉 시설 ｜ 歇息 xiēxi 똉 숙박하다

33 　店主为什么很苦恼？　　　　　　　　　여관 주인은 왜 몹시 고민하는가？

A 竞争激烈　　　　　　　　　　　A 경쟁이 치열해서
B 装修费用太高　　　　　　　　　B 인테리어 비용이 너무 비싸서
C 生意不太好　　　　　　　　　　C 장사가 잘되지 않아서
D 人手不够　　　　　　　　　　　D 일손이 부족해서

단어 　激烈 jīliè 똉 치열하다 ｜ 装修 zhuāngxiū 똉 인테리어

해설 　글의 밑줄 친 문장에서 쓰인 '不知为何'는 '무엇 때문인지 모르게'라는 의미이다. 그가 운영하는 여관은 장사가 잘되지 않아서 고민이었고, 이는 C의 '生意不太好(장사가 잘되지 않는다)'라는 의미와 같으므로 정답은 C이다.

34 　店主觉得朋友的建议怎么样？　　　　　여관 주인은 친구의 건의가 어떻다고 생각하는가？

A 不合理　　　　　　　　　　　　A 합리적이지 않다
B 很奇怪　　　　　　　　　　　　B 매우 이상하다
C 太抽象　　　　　　　　　　　　C 너무 추상적이다
D 不值得做　　　　　　　　　　　D 할 가치가 없다

단어 　抽象 chōuxiàng 똉 추상적이다 ｜ 值得 zhídé 똉 ～할 만하다, ～할 만한 가치가 있다

해설 　장사가 잘되지 않는 여관 운영 때문에 고민하자 친구가 여관 이름을 '방울 다섯 개'로 바꾸고 문 앞에 방울을 여섯 개를 걸어 놓으라고 제안했다. 하지만 밑줄 친 문장에서 여관 주인이 '이건 너무 이상한데 쓸모가 있을까?'라고 대답했기에 여관 주인은 친구의 건의를 이상하게 여겼음을 알 수 있다. 그러므로 정답은 B이다.

35

后来很多人走进店里是要做什么?

A 指出错误
B 打听路线
C 询问价格
D 买铃铛

후에 많은 사람이 여관에 들어와서 무엇을 하려고 했는가?

A 잘못을 지적한다
B 길을 물어본다
C 가격을 물어본다
D 방울을 산다

단어 询问 xúnwèn 图 물어보다

해설 여관 이름을 '방울 다섯 개'로 지어 놓고 방울 여섯 개를 걸어 놓았으므로, 사람들이 이 잘못을 지적하러 여관에 들어와서 묵고 갔음을 알 수 있다. A의 '指出…错误'는 '~잘못을 지적하다'라는 의미이므로 정답은 A이다.

36-38

钱钟书是中国非常著名的作家。高中毕业的那年,他报考了清华大学。入学考试时,他的语文和外语都答得非常好,³⁶但数学试卷却让他觉得像天书一样。他只好随便做了几道就交卷了。成绩出来了,³⁷钱钟书的数学只考了15分。按照学校的规定,只要有一门课不及格,就不能被录取。他的数学那么差,本来是一点儿希望都没有。但当时的校长罗家伦看到钱钟书的语文和外语成绩,都是满分,³⁸就决定打破学校常规,破格录取了他。正是罗家伦的这次破例,成就了钱钟书这位学贯中西的学者。

전종서(钱钟书)는 중국에서 매우 유명한 작가이다. 고등학교를 졸업하던 그해에 그는 칭화(清华)대학교에 응시했다. 입학시험 때 어문과 외국어는 모두 잘 보았으나 ³⁶수학 시험지는 그에게 마치 알 수 없는 문자 같았다. 그는 어쩔 수 없이 아무렇게나 몇 문제를 풀고 바로 답안지를 제출했다. 성적이 나왔는데 ³⁷전종서(钱钟书)의 수학 점수는 15점밖에 되지 않았다. 학교의 규정에 따라 한 과목이라도 불합격한다면 합격시킬 수 없었다. 그의 수학 실력은 너무 떨어져서 원래대로라면 조금의 희망도 없었다. 하지만 당시의 교장인 나가륜(罗家伦)이 전종서(钱钟书)의 어문과 외국어 성적을 보니 모두 만점이어서, ³⁸학교의 관례를 깨고 파격적으로 그를 합격시키기로 결정했다. 바로 나가륜(罗家伦)이 이번에 관례를 깨뜨린 것이 전종서(钱钟书)를 동서양에 통달한 작가로 만들었다.

단어 报考 bàokǎo 图 응시하다 | 入学 rùxué 图 입학하다 | 试卷 shìjuàn 图 시험지 | 天书 tiānshū 图 난해한 글, 알기 힘든 문자 | 成绩 chéngjì 图 성적 | 规定 guīdìng 图 규정 | 及格 jígé 图 합격하다 | 校长 xiàozhǎng 图 교장 | 满分 mǎnfēn 图 만점 | 打破 dǎpò 图 깨다 | 常规 chángguī 图 관례 | 录取 lùqǔ 图 합격시키다, 뽑다 | 破例 pòlì 图 관례를 깨다

36

这段话中"像天书一样"想说明什么?

A 看不懂
B 文字大
C 意义不大
D 以前做过

이 글에서 '마치 알 수 없는 문자 같았다'는 무엇을 말하고자 하는가?

A 알아볼 수 없다
B 글자가 크다
C 의미가 크지 않다
D 이전에 한 적이 있다

해설 질문이 '像天书一样(마치 알 수 없는 문자 같았다)'의 의미를 물어보는 것이기 때문에, 여기서 말하는 '天书'에 대한 의미 파악을 해야 한다. '天书'는 '알 수 없는 문자'라는 의미를 가지고 있으며 '像天书一样'은 '마치 알 수 없는 문자 같았다'라는 뜻이다. 글에서는 수학 시험지가 알 수 없는 문자 같다고 했기 때문에 A의 '看不懂(알아볼 수 없다)'과 의미가 통한다. 그러므로 정답은 A이다.

37 关于钱钟书的成绩下列哪项正确?

A 数学不及格
B 科学满分
C 总分最高
D 语文零分

전종서의 성적에 관하여 다음 중 옳은 것은?

A 수학이 불합격이다
B 과학이 만점이다
C 총점이 제일 높다
D 어문이 0점이다

단어 总分 zǒngfēn 명 총점

해설 전종서의 수학 점수는 15점이고, 글의 밑줄 친 문장에서 '학교의 규정에 따라 한 과목이라도 불합격한다면 합격시킬 수 없었다'라고 했기 때문에 수학은 불합격이라는 것을 알 수 있다. 그러므로 정답은 A이다.

38 校长是怎么做的?

A 推荐他出国留学
B 让他重新考一次
C 聘请他做教授
D 录取了他

교장은 어떻게 했는가?

A 그에게 유학을 추천했다
B 그에게 시험을 다시 보게 했다
C 그를 교수로 초빙했다
D 그를 합격시켰다

단어 推荐 tuījiàn 통 추천하다 | 聘请 pìnqǐng 통 초빙하다, 모시다 | 教授 jiàoshòu 명 교수

해설 글의 밑줄 친 문장에서 쓰인 '打破…常规'는 '~의 관례를 깨다'라는 의미이다. '학교의 관례를 깨고 파격적으로 그를 합격시키기로 결정했다'라는 내용을 보아 교장은 전종서의 수학 점수가 불합격임에도 불구하고 합격을 시켰다는 것을 알 수 있다. 그러므로 정답은 D이다.

39-41

朋友养了盆芦荟，出差前请我帮忙照看。早上我把芦荟放在窗台上就出门了。谁知中午刮起了大风。³⁹等我回家时，很多芦荟叶子都被折断了，地上到处是残叶。我心疼极了，担心它会枯萎。可没想到，第二天叶子竟然自己愈合了，只留下一些褐色的伤口。后来朋友告诉我，⁴⁰芦荟是一种坚强的植物，它非常耐旱，只要根还活着，很长时间浇一次水也能活。就算叶子被折断，也能自己愈合。人生难免遭遇坎坷与磨难，⁴¹我们应当像芦荟那样学会坚强自己，即使跌倒受伤，也要勇敢地爬起来。

친구가 알로에 화분을 길렀는데 출장 전에 나에게 화분을 돌봐 달라고 부탁했다. 아침에 나는 알로에를 창가에 놓고 집을 나섰는데, 낮에 큰 바람이 불 줄 누가 알았겠는가. ³⁹집에 돌아오니 많던 알로에 잎이 모두 부러져서 바닥에는 곳곳에 시든 잎이었다. 나는 마음이 너무 아팠고 그것이 시들어 버릴까 봐 걱정이 되었다. 하지만 생각지도 못하게 이튿날 잎이 뜻밖에 스스로 아물어, 갈색의 상처만이 남았다. 후에 친구가 나에게 알려 주길, ⁴⁰알로에는 강한 식물이고 가뭄에도 잘 견뎌서 뿌리만 살아 있다면 오랫동안 물을 한 번만 주어도 살 수 있다고 했다. 설령 잎이 잘려 나가더라도 스스로 치유할 수 있다. 인생은 굴곡과 고난을 피하기 어렵지만 ⁴¹우리는 반드시 알로에처럼 자신을 강하게 하는 것을 습득해야 한다. 상처를입어 좌절하더라도 용감하게 일어나야 한다.

단어 芦荟 lúhuì 명 알로에 | 叶子 yèzi 명 잎 | 折断 zhéduàn 통 절단하다, 부러뜨리다 | 枯萎 kūwěi 통 시들다 | 竟然 jìngrán 분 뜻밖에도 | 愈合 yùhé 통 상처가 아물다 | 褐色 hèsè 명 갈색 | 伤口 shāngkǒu 명 상처 | 坚强 jiānqiáng 형 굳세다, 완강하다 | 耐旱 nàihàn 형 가뭄에 견디다 | 浇 jiāo 통 물을 주다, 물을 뿌리다 | 难免 nánmiǎn 형 피하기 어렵다 | 遭遇 zāoyù 통 조우하다 | 坎坷 kǎnkě 형 울퉁불퉁하다 | 磨难 mónàn 명 고난, 어려움 | 跌倒 diēdǎo 통 좌절하다

39 说话人回家后发现芦荟怎么了?

A 开花了
B 花被虫子咬了
C 很多叶子断了
D 根烂了

화자가 집에 돌아온 후 알로에가 어떻게 된 것을 발견했는가?

A 꽃이 피었다
B 꽃에 벌레가 먹었다
C 많은 잎이 부러졌다
D 뿌리가 썩었다

 虫子 chóngzi 명 벌레 | 咬 yǎo 동 물다, 떼어 먹다 | 烂 làn 형 썩다

해설 글의 밑줄 친 문장에서 쓰인 '折断'은 '절단하다'라는 의미이며 '断'으로 줄여서 쓸 수 있다. '많던 알로에 잎이 모두 부러졌다'라고 했기 때문에 정답은 C이다.

40 关于芦荟,下列哪项正确?

A 能检测空气质量
B 会散发香气
C 无需勤浇水
D 不喜欢阳光

알로에에 관하여, 다음 중 옳은 것은?

A 공기의 질을 검사할 수 있다
B 향기를 낸다
C 자주 물을 줄 필요가 없다
D 햇빛을 싫어한다

단어 检测 jiǎncè 동 검사하다, 측정하다 | 散发 sànfā 동 발산하다

해설 C의 '无需勤浇水'에서 '勤'은 '부지런하다'라는 의미이므로 '부지런히 물을 줄 필요가 없다' 혹은 '자주 물을 줄 필요가 없다'라고 해석이 된다. 글의 밑줄 친 문장에서 '알로에는 강한 식물이고 가뭄에도 잘 견뎌서 뿌리만 살아 있다면 오랫동안 물을 한 번만 주어도 살 수 있다'라고 했기 때문에 정답은 C이다.

41 这段话主要想告诉我们什么?

A 要勇于承担责任
B 做事不要犹豫
C 要发挥自身优势
D 要学会坚强

이 글이 우리에게 주로 말하고자 하는 것은 무엇인가?

A 용감하게 책임을 져야 한다
B 일을 할 때 머뭇거리지 말아야 한다
C 자신의 강점을 발휘해야 한다
D 강해지는 것을 습득해야 한다

단어 承担 chéngdān 동 담당하다, 맡다 | 责任 zérèn 명 책임 | 犹豫 yóuyù 형 머뭇거리다 | 发挥 fāhuī 동 발휘하다 | 优势 yōushì 명 우세

해설 초반에는 알로에에 대해서 이야기하는 듯하나 진짜 주제는 가장 마지막에 언급하고 있다. 밑줄 친 문장에서 '우리는 반드시 알로에처럼 자신을 강하게 하는 것을 습득해야 한다. 상처를 입어 좌절하더라도 용감하게 일어나야 한다'라고 했기 때문에 주제는 D라는 것을 알 수 있다. 그러므로 정답은 D이다.

⁴²现在，自动门的种类越来越多，构造也越来越简单。目前大部分的自动门都是地毯式自动门。这种门通常门前会有一块儿地毯，地毯下面有一条电线与电源相接。⁴³当人站在地毯上时，地毯上的重量增加，电源就会被接通，门就打开了；人进去后，地毯上的重量减轻，电源就会自动断开，几秒钟后，门就关上了。

⁴²요즘 자동문의 종류가 점점 많아지고 구조도 점점 간단해지고 있다. 현재 대부분의 자동문은 카펫식 자동문이다. 이런 종류의 문은 보통 문 앞에 카펫이 있을 것이다. 카펫 밑에는 전선과 전원을 연결한 선이 있다. ⁴³사람이 카펫 위에 서 있을 때 카펫 위의 무게가 증가하여 전원이 연결되고 문이 바로 열린다. 사람이 들어간 후에 카펫 위의 무게가 줄면 전원이 자동으로 끊겨 몇 초 후에 문이 곧 닫히는 것이다.

단어 种类 zhǒnglèi 몡 종류 | 构造 gòuzào 몡 구조 | 简单 jiǎndān 톙 간단하다 | 目前 mùqián 몡 지금, 현재 | 地毯 dìtǎn 몡 카펫 | 电线 diànxiàn 몡 전선 | 电源 diànyuán 몡 전원 | 相接 xiāngjiē 동 접하다, 연결되다 | 重量 zhòngliàng 몡 중량, 무게 | 增加 zēngjiā 동 증가하다 | 接通 jiētōng 동 연결되다 | 打开 dǎkāi 동 열다 | 减轻 jiǎnqīng 동 경감하다, 줄다 | 断开 duànkāi 동 끊다 | 秒 miǎo 양 초

42 关于自动门，下列哪项正确?　　자동문에 관하여, 다음 중 옳은 것은?

A 功能多样　　　　　　　　　　A 기능이 많다
B 设计独特　　　　　　　　　　B 디자인이 독특하다
C 种类繁多　　　　　　　　　　C 종류가 많다
D 无需电源　　　　　　　　　　D 전원이 필요 없다

단어 繁多 fánduō 톙 많다

해설 글의 밑줄 친 문장에서 '요즘 자동문의 종류가 점점 많아지고 구조도 점점 간단해지고 있다'라고 했기 때문에 정답은 C이다.

43 地毯式自动门通过什么来控制门的开关?　　카펫식 자동문은 무엇을 통해 문의 개폐를 제어하는가?

A 人与门距离的远近　　　　　　A 사람과 문 사이 간격의 거리
B 地毯上重量的变化　　　　　　B 카펫 위 무게의 변화
C 光线的明暗　　　　　　　　　C 빛의 명암
D 声音的大小　　　　　　　　　D 목소리의 크기

단어 控制 kòngzhì 동 통제하다

해설 글에서 카펫식 자동문의 원리에 대한 설명으로 카펫 위 무게의 증감에 따라 문의 개폐가 이루어 진다고 했으므로 정답은 B이다.

农夫买了一只羊准备牵回家，可不管他怎么使劲儿拉，羊始终都不肯往前走。[44]卖羊的人笑着说："你拿一把青草在它前面晃一晃，它就会走了。"于是，农夫找了一把青草在羊面前晃了晃，羊果然跟着也走了，就这样不用生拉硬拽、农夫轻轻松松把羊牵回了家。[45]生活中解决问题的方法有很多，有时并不需要硬碰硬用一把草就可以解决问题，何必费那么大的力气呢？

농부가 양을 한 마리 사서 끌고 집에 돌아갈 준비를 하는데, 아무리 힘껏 끌어도 양은 줄곧 앞으로 나가려 하지 않았다. [44]양을 파는 사람이 웃으며 "풀 한 줌을 가지고 양 앞에서 흔들어 보세요. 그럼 갈 거예요."라고 말했다. 그래서 농부는 풀 한 줌을 가져다 양의 앞에서 흔들었더니 과연 따라 걸었다. 이렇게 해서 억지로 할 필요 없이 농부는 가뿐하게 양을 끌고 집에 왔다. [45]생활에서 문제를 해결하는 방법은 많다. 경우에 따라서는 딱딱하고강경할 필요 없이 풀 한 줌으로 문제를 해결할 수 있는데구태여 그렇게 큰 힘을 쓸 필요가 있겠는가?

단어 **牵** qiān 통 잡아 끌다, 끌다 | **不管** bùguǎn 접 ～을 막론하고 | **使劲儿** shǐjìnr 통 힘을 쓰다 | **拉** lā 통 끌다 | **始终** shǐzhōng 뷰 줄곧 | **晃** huàng 통 흔들다 | **生拉硬拽** shēnglā yìngzhuài 성 억지로 끌어다 맞추다 | **硬碰硬** yìngpèngyìng 딱딱한 물건과 딱딱한 물건이 부딪치다, 강경한 태도로 강경한 태도에 대항하다 | **力气** lìqi 명 힘

44

卖羊的人建议农夫怎么做?

A 让羊先熟悉主人
B 让羊吃饱
C 用草引羊走
D 轻轻拍打羊

양을 파는 사람은 농부에게 어떻게 하는 것을 건의하는가?

A 양이 우선 주인에게 익숙하도록 한다
B 양을 배불리 먹인다
C 풀로 양이 걷도록 유인한다
D 가볍게 양을 두드린다

단어 **建议** jiànyì 통 건의하다 | **熟悉** shúxī 형 익숙하다 | **引** yǐn 통 이끌다, 유인하다 | **拍打** pāida 통 가볍게 두드리다

해설 농부가 양을 샀는데 움직이지 않자 양을 파는 사람이 요령을 알려 주었다. 글의 밑줄 친 문장에서 '풀 한 줌을 가지고 양의 앞에서 흔들어 보아라. 그럼 갈 것이다'라고 했고, 이는 다시 말해 눈앞의 풀을 따라 양이 걷는다는 것을 의미한다. 그러므로 정답은 C이다.

45

这段话主要想告诉我们什么?

A 要从整体上把握事物
B 不要逃避问题
C 处理问题不要"硬碰硬"
D 要争做"领头羊"

이 글이 우리에게 주로 말하고자 하는 것은 무엇인가?

A 전체적으로 사물을 파악해야 한다
B 문제로부터 도피하지 말아야 한다
C 문제를 해결할 때 딱딱하게 굴지 말아야 한다
D '리더'가 되기 위해서 경쟁해야 한다

단어 **整体** zhěngtǐ 명 전부, 전체, 총체 | **把握** bǎwò 통 파악하다, 잡다 | **逃避** táobì 통 도피하다 | **领头羊** lǐngtóuyáng 명 리더, 지도자, 선도자

해설 글의 밑줄 친 문장과 C에 쓰인 '硬碰硬'은 '강경한 태도로 강경한 태도에 대항하다'라는 의미이다. 글에서는 인생사를 양을 끄는 것에 비유하며, 풀로 유인하여 가뿐하게 일을 해결할 수 있으니 때에 따라서 강경한 태도보다 부드러운 태도가 필요하다고 이야기하고 있으므로 정답은 C이다.

第 一 部 分

46-48

冬天，许多湖泊和河流都会结冰，但海水却极少结冰，这是为什么呢？原来，一般情况下，水在零度就会结冰，但如果水里溶入了一些其他 __46__，例如盐，那么它结冰的温度就会降到零度以下。由于海水里面 __47__ 不少盐分，所以海水结冰的温度要比一般的淡水低，在冬天也就不太容易结冰了。 __48__，海水的流动性很强，这也使得海水不易结冰。

겨울에는 많은 호수와 하천이 모두 결빙되지만, 해수는 결빙이 극히 적다. 이것은 왜 그럴까? 원래 일반적인 상황에서 물은 0도에서 결빙된다. 하지만 만약 물 안에 소금과 같은 조금의 기타 46물질이 녹아 들어가면 그것의 결빙의 온도는 0도 이하로 떨어지게 된다. 해수 안에는 적지 않은 염분이 47함유되어 있기 때문에, 해수의 결빙 온도는 일반적인 담수보다 낮아 겨울에도 쉽게 결빙되지 않는다. 48그 밖에 해수의 유동성은 매우 강한데, 이것도 해수가 쉽게 결빙되지 않게 한다.

단어　湖泊 húpō 명 호수 | 河流 héliú 명 강, 하천 | 结冰 jiébīng 통 결빙하다 | 溶入 róngrù 통 녹아 들어가다 | 例如 lìrú 통 예를 들다 | 盐 yán 명 소금 | 温度 wēndù 명 온도 | 降 jiàng 통 내리다, 낮추다 | 由于 yóuyú 접 ~때문에 | 盐分 yánfèn 명 염분 | 淡水 dànshuǐ 명 담수, 민물 | 低 dī 형 낮다 | 流动 liúdòng 통 (기체나 액체가) 흐르다, 유동하다 | 使得 shǐde 통 ~하게 하다 | 不易 bùyì 통 쉽지 않다

46　A 事物　　　B 物质　　　　　A 사물　　　　　B 물질
　　　C 资料　　　D 资源　　　　　C 자료　　　　　D 자원

단어　事物 shìwù 명 사물 | 物质 wùzhì 명 물질 | 资料 zīliào 명 자료 | 资源 zīyuán 명 자원

해설　빈칸은 명사 자리이다. 명사는 보통 주어 혹은 목적어가 되기 때문에 술어와의 관계에 주의할 필요가 있다. 빈칸 앞 문장에 나오는 '如果水里溶入(만약 물 안에 녹아 들어가다)'에서 술어는 '溶入(녹아 들어가다)'이기 때문에 이것과 가장 어울리는 것은 B이다. 그러므로 정답은 B이다.

47　A 具有　　　B 结合　　　　　A 있다　　　　　B 결합하다
　　　C 含有　　　D 集合　　　　　C 함유하다　　　D 모으다

단어　具有 jùyǒu 통 있다, 가지다 | 结合 jiéhé 통 결합하다, 결부하다 | 含有 hányǒu 통 함유하다 | 集合 jíhé 통 집합하다, 모으다

해설　빈칸은 동사 자리로 '含有(함유하다)'라는 동사는 성분과 관련된 명사를 목적어로 취한다. 빈칸 뒤의 목적어는 '盐分(염분)'이기 때문에 동사로 가장 적절한 것은 C이다. 그러므로 정답은 C이다.

Tip　'含有'와 관련된 표현
含有水分　수분을 함유하다　　　　含有盐分　염분을 함유하다

48　A 一再　　　B 总共　　　　　A 반복해서　　　B 모두
　　　C 至少　　　D 另外　　　　　C 적어도　　　　D 그 밖에

단어　一再 yízài 부 거듭, 반복해서 | 总共 zǒnggòng 부 모두, 합쳐서 | 至少 zhìshǎo 부 적어도, 최소한 | 另外 lìngwài 부 그 밖에

해설　빈칸 앞 문장은 '해수의 결빙 온도는 일반적인 담수보다 낮아 겨울에도 쉽게 결빙되지 않는다'이다. 그 뒤에 나오는 '해수의 유동성은 매우 강한데, 이것도 해수가 쉽게 결빙되지 않게 한다'가 앞 문장을 보충해 주고 있으므로 D를 쓰는 것이 가장 적절하다. 그러므로 정답은 D이다.

49-52

著名画家张大千曾画过一幅《柳绿鸣蝉图》，画儿上有一只蝉，趴在柳枝上，头朝下，尾朝上。齐白石看到后说："错了！蝉在柳枝上，头极少朝下。"张大千得知后，__49__，心中却不服气。

几年后，张大千外出写生。那时正值盛夏，林子里蝉声此起彼伏。他想起齐白石的话，就跑去观察。树上趴着很多蝉，几乎都是头朝上。张大千不禁对齐白石充满了敬佩，但还是不明白其中的__50__。

后来，他专门向齐白石请教这个问题。齐白石说："蝉头大身小，趴在树上，头朝上重心才__51__，何况柳枝又细又软，蝉如果头朝下，肯定会掉下来。我们画画儿，必须__52__观察了再画。"张大千恍然大悟，对齐白石佩服得五体投地。

유명한 화가 장대천(张大千)은 일찍이 〈유록명선도〉를 그렸는데, 그림 속 한 마리의 매미가 버드나무 가지에 엎드려 머리는 아래를 향하고 꼬리는 위를 향해 있었다. 제백석(齐白石)이 보고 말하길 "틀렸어! 매미가 버드나무 가지에서 머리를 아래로 향하는 일은 극히 적어."라고 했다. 장대천(张大千)은 알고 나서 49입으로는 비록 아무 말 없었지만, 마음속으로는 승복하지 않았다.

몇 년 뒤, 장대천(张大千)은 밖으로 나가 사생을 했다. 그때는 마침 한여름이었는데 숲에 매미 소리가 여기저기서 끊임없이 들렸다. 그는 제백석(齐白石)의 말이 떠올라 달려가 관찰했다. 나무에 엎드려 있는 많은 매미는 거의 다 머리가 위로 향해 있었다. 장대천(张大千)은 제백석(齐白石)에 대해 절로 탄복하였지만, 그 속의 50이치는 아직 이해하지 못했다.

후에 그는 특별히 제백석(齐白石)에게 이 문제에 대해 가르침을 청했다. 제백석(齐白石)은 "매미는 머리가 크고 몸이 작아 나무 위에 엎드려 머리를 위로 향해야 중심이 비로소 51안정되는데, 하물며 버드나무 가지는 가늘고 부드러워 매미가 만약 머리를 아래로 향하면 분명 아래로 떨어질 것이야. 우리는 그림을 그릴 때 반드시 52꼼꼼하게 관찰하고 다시 그려야 하네."라고 했다. 장대천(张大千)은 문득 모든 것을 깨닫고 제백석(齐白石)에게 대단히 감복하였다.

단어 著名 zhùmíng 혱 저명하다, 유명하다 | 蝉 chán 몡 매미 | 朝 cháo 꺤 ~을 향하여 | 不服气 bù fúqì 통 승복하지 않다, 불만이 가라앉지 않다 | 正值 zhèngzhí 통 마침 ~한 시기이다 | 盛夏 shèngxià 몡 한여름 | 此起彼伏 cǐqǐ bǐfú 솅 여기저기서 끊임없이 일이 일어나다 | 不禁 bùjīn 뮈 참지 못하고, 자기도 모르게, 절로 | 敬佩 jìngpèi 통 탄복하다 | 请教 qǐngjiào 통 가르침을 청하다 | 何况 hékuàng 젭 더군다나, 하물며 | 细 xì 혱 가늘다 | 软 ruǎn 혱 부드럽다 | 恍然大悟 huǎngrán dàwù 솅 문득 모든 것을 깨치다 | 五体投地 wǔtǐ tóudì 솅 오체투지, 대단히 감복하다

49

A 就和齐白石吵了起来
B 变得更有信心了
C 嘴上虽没说什么
D 却没办法改变了

A 제백석과 말다툼하기 시작했다
B 더 확신을 갖게 되었다
C 입으로는 비록 아무 말이 없었다
D 고칠 방법이 없다

단어 吵 chǎo 통 말다툼하다

해설 빈칸 자리에 단어가 아닌 구가 올 경우에는 접속사의 호응관계 또는 문맥의 흐름에 집중해야 한다. 빈칸 뒤의 '心中却不服气(마음속으로는 승복하지 않았다)'에서 '却(~지만)'는 '但是(그러나)'와 의미가 비슷하다. 그렇기 때문에 '비록 ~하지만, 그러나'의 의미인 '虽(然)…但(是)' 또는 '虽(然)…却' 구문에 의해 정답은 C가 된다. 해석도 '입으로는 비록 아무 말 없었지만, 마음속으로는 승복하지 않았다'라고 해야 가장 자연스럽다.

50	A 道理	B 核心	A 이치	B 핵심
	C 传说	D 细节	C 전설	D 자세한 사정

단어 道理 dàolǐ 〈명〉 도리, 이치 | 核心 héxīn 〈명〉 핵심 | 传说 chuánshuō 〈명〉 전설 | 细节 xìjié 〈명〉 자세한 사정

해설 빈칸 앞부분의 내용을 살펴보면 '그는 제백석의 말이 떠올라 달려가 관찰했다. 나무에 엎드려 있는 많은 매미는 거의 다 머리가 위로 향해 있었다. 장대천은 제백석에 대해 절로 탄복하였지만, 그 속의 이치는 아직 이해하지 못했다'라는 의미가 되어야 하므로 A가 가장 적절하다. 그러므로 정답은 A이다.

51	A 棒	B 宽	A 좋다	B 넓다
	C 稳	D 硬	C 안정되다	D 단단하다

단어 棒 bàng 〈형〉 (성적이) 좋다, (수준이) 높다, (체력이나 능력이) 강하다 | 宽 kuān 〈형〉 (폭이) 넓다, 관대하다 | 稳 wěn 〈형〉 안정되다, 확고하다 | 硬 yìng 〈형〉 단단하다

해설 빈칸에 대한 주어는 '重心(중심)'이다. 이 주어와 호응할 수 있는 형용사 술어는 '稳(안정되다)'이므로 정답은 C이다.

52	A 耐心	B 仔细	A 참을성이 있다	B 꼼꼼하다
	C 严格	D 独特	C 엄격하다	D 독특하다

단어 耐心 nàixīn 〈형〉 참을성이 있다 | 仔细 zǐxì 〈형〉 세심하다, 꼼꼼하다 | 严格 yángé 〈형〉 엄격하다 | 独特 dútè 〈형〉 독특하다

해설 빈칸 자리 앞에는 '必须(반드시)'라는 부사가 나와 있고 뒤에는 '观察(관찰하다)'라는 동사가 있다. 그렇기 때문에 의미상 '반드시 ~하게 관찰하다'라는 의미가 되어야 한다. 보기의 형용사 중 '관찰하다'라는 의미와 가장 어울리는 것은 '仔细(꼼꼼하다)'이다. 그러므로 정답은 B이다.

53-56

　　"变脸"是川剧艺术中的一种特技，是 53 剧中人物内心感情的一种手法。相传在古代，人们为了吓走凶猛的野兽，就在自己的脸上画上不同的图案，这就是"变脸"的由来。后来，川剧把"变脸"搬上了舞台，54 。"变脸"的神奇之处在于演员能在极短的时间内 55 地变换脸部的图案。一般表演"变脸"时，演员会 56 剧中故事情节的发展，在舞蹈动作的掩饰下，一张一张地变换脸上的图案。例如在川剧《白蛇传》中，演员就可以变出绿、红、白、黑等七八张不同颜色的"脸"。

'변검'은 천극 예술 중에 하나의 특기이며 극중 인물의 마음속 감정을 53표현하는 일종의 수법이다. 고대에 대대로 전해지길 사람들은 사나운 야수를 겁주려고 자신의 얼굴에 다른 도안을 그렸는데, 이것이 바로 '변검'의 유래이다. 후에 천극은 '변검'을 무대에 올렸고 54그것이 하나의 독특한 예술이 되었다. '변검'의 신기함은 배우가 단시간에 55신속하게 얼굴의 도안을 바꾸는 것에 달려 있다. 보통 '변검' 공연 때 배우는 극중 이야기의 발전56에 따라 춤 동작에 감추어 한 장 한 장씩 얼굴의 도안을 바꾼다. 예를 들어 천극 〈백사전〉에서 배우는 녹색, 홍색, 백색, 흑색 등 일고여덟 가지 다른 색의 '얼굴'로 변할 수 있다.

단어 变脸 biànliǎn 〈명〉 변검 | 川剧 chuānjù 천극 [쓰촨(四川) 지방의 전통극] | 艺术 yìshù 〈명〉 예술 | 特技 tèjì 〈명〉 특기 | 手法 shǒufǎ 〈명〉 수법 | 凶猛 xiōngměng 〈형〉 용맹하다, 사납다 | 野兽 yěshòu 〈명〉 야수 | 图案 tú'àn 〈명〉 도안 | 由来 yóulái 〈명〉 유래 | 舞台 wǔtái 〈명〉 무대 | 神奇 shénqí 〈형〉 신기하다 | 情节 qíngjié 〈명〉 플롯, 줄거리 | 舞蹈 wǔdǎo 〈명〉 춤 | 掩饰 yǎnshì 〈동〉 덮어 숨기다

53

| A 发表 | B 公布 | A 발표하다 | B 공표하다 |
| C 表达 | D 转告 | C 표현하다 | D 전달하다 |

단어 发表 fābiǎo 통 발표하다 | 公布 gōngbù 통 공표하다 | 表达 biǎodá 통 표현하다, 드러내다 | 转告 zhuǎngào 통 (말을) 전달하다

해설 보기가 모두 동사 어휘로 구성되어 있으므로 빈칸 뒤에 있는 목적어와 연관 지어 보아야 한다. 빈칸 뒤에 '剧中人物内心感情(극중 인물의 마음속 감정)'과 호응할 수 있는 단어는 '表达(표현하다)'뿐이다. 따라서 정답은 C이다.

54

A 表演方式需进一步改进	A 공연 방식에 개선이 필요하다
B 虽然投入了很多精力	B 비록 많은 힘을 들였지만
C 逐渐失去了它的魅力	C 점점 그것의 매력을 잃어버렸다
D 使它成为一门独特的艺术	D 그것이 하나의 독특한 예술이 되었다

단어 改进 gǎijìn 명 개선 | 投入 tóurù 통 돌입하다, 투입하다

해설 단어가 아닌 문장 또는 구나 절을 넣는 문제로, 이러한 유형의 문제는 앞뒤 문맥을 파악하여 풀어야 한다. 빈칸 앞 문장을 보면 '천극은 '변검'을 무대에 올렸다'라고 했기 때문에 무대로 올라간 후 어떠한 결과를 냈는지에 대한 내용이 나와야 한다. D의 '使它成为一门独特的艺术(그것이 하나의 독특한 예술이 되었다)'에서 '它'는 '변검'을 칭하는 것으로 정답은 D이다.

55

| A 强烈 | B 坚决 | A 강렬하다 | B 단호하다 |
| C 过分 | D 迅速 | C 지나치다 | D 신속하다 |

단어 强烈 qiángliè 형 강렬하다 | 坚决 jiānjué 형 단호하다 | 过分 guòfèn 통 지나치다 | 迅速 xùnsù 통 신속하다, 재빠르다

해설 빈칸 앞에서 '极短的时间内(단시간에)'라고 했고 빈칸 뒤에서는 '地变换(~게 바꾸다)'이라고 했기 때문에 빈칸에는 '빠르게', '신속하게'라는 뉘앙스의 표현이 나와야 한다. 그러므로 D가 정답이다.

56

| A 分配 | B 展开 | A 분배하다 | B 전개하다 |
| C 吸取 | D 随着 | C 흡수하다 | D ~에 따라 |

단어 分配 fēnpèi 통 분배하다 | 展开 zhǎnkāi 통 전개하다 | 吸取 xīqǔ 통 흡수하다, (교훈을) 받아들이다 | 随着 suízhe 통 ~에 따라

해설 빈칸 뒤의 '发展(발전)'과 호응할 수 있는 단어는 D의 '随着(~에 따라)'뿐이다. '随着…发展'이라고 하면 '~발전에 따라'라는 의미가 되므로 정답은 D이다.

> **Tip** '随着'와 잘 호응하는 명사
> 随着…发展 ~발전에 따라   随着…变化 ~변화에 따라
> 随着…普及 ~보급에 따라   随着…增长 ~증가에 따라

鼓励是一种重要的教育方法，每个人都能在不断地鼓励下 _57_ 自信、勇气和上进心。实践证明，鼓励可以使人心情愉快，而当一个人在愉快的心境下学习时，无论是感觉、知觉，还是思维和记忆力，都会处于最佳 _58_ 。所以，在教育孩子时，可以适当地鼓励孩子，这样做不仅可以增强他们的自信心，使孩子意识到自己的能力，还能提高他们对学习的兴趣，使他们 _59_ 去求知。同样的道理，在工作中，管理者多鼓励员工，_60_ ，使他们的工作更有效率。

격려는 일종의 중요한 교육 방법이다. 사람들은 모두 끊임없는 격려 하에 자신감, 용기 그리고 성취욕을 57얻을 수 있다. 실천적으로 증명하면 격려는 사람의 기분을 즐겁게 해 줄 수 있고, 누군가는 즐거운 마음 상태에서 공부할 때 감각, 지각을 막론하고 사유와 기억력도 모두 가장 좋은 58상태에 놓일 수 있다. 그러므로 아이를 교육할 때 적절하게 격려하면 이것은 그들의 자신감을 높일 수 있을 뿐만 아니라 아이로 하여금 자신의 능력을 의식하게 하고, 더 나아가 그들의 공부에 대한 흥미를 높일 수 있어 59주동적으로 지식을 탐구하게 한다. 같은 이치로 일을 할 때 관리자가 직원을 많이 격려하면 60직원의 작업 적극성도 높일 수있어 그들의 일을 더 효율적이게 한다.

단어 鼓励 gǔlì 통 격려하다 | 勇气 yǒngqì 명 용기 | 上进心 shàngjìnxīn 명 진취심, 성취욕 | 实践 shíjiàn 통 실천하다, 실행하다 | 证明 zhèngmíng 통 증명하다 | 愉快 yúkuài 기쁘다, 즐겁다 | 心境 xīnjìng 심경, 기분 | 无论 wúlùn 접 ～을 막론하고 | 知觉 zhījué 지각 | 思维 sīwéi 명 사유 | 记忆力 jìyìlì 명 기억력 | 处于 chǔyú 통 처하다, 놓이다 | 适当 shìdàng 형 적절하다 | 不仅 bùjǐn 접 ～뿐만 아니라 | 增强 zēngqiáng 통 강화하다, 높이다 | 自信 zìxìn 명 자신감 | 意识 yìshí 통 의식하다 | 提高 tígāo 통 향상시키다 | 求知 qiúzhī 통 지식을 탐구하다 | 员工 yuángōng 명 직원 | 效率 xiàolǜ 명 능률, 효율

57

| A 成立 | B 获得 | A 성립되다 | B 얻다 |
| C 生产 | D 生长 | C 생산하다 | D 성장하다 |

단어 成立 chénglì 통 (조직·기구 등을) 창립하다. (의견·이론 등이) 성립되다 | 获得 huòdé 통 얻다 | 生产 shēngchǎn 통 생산하다 | 生长 shéngzháng 통 성장하다

해설 보기가 모두 동사 어휘이기 때문에 빈칸 자리는 술어 자리라는 것을 알 수 있다. 술어를 묻는 문제에서는 목적어와의 호응 관계에 주의해야 한다. 빈칸에 대한 목적어로는 '自信(자신감)', '勇气(용기)', '上进心(성취욕)'이 있는데 이 세 가지 목적어와 가장 어울리는 것은 '获得(얻다)'이다. 그러므로 정답은 B이다.

58

| A 状态 | B 类型 | A 상태 | B 유형 |
| C 形状 | D 性质 | C 형상 | D 성질 |

단어 状态 zhuàngtài 명 상태 | 类型 lèixíng 명 유형 | 形状 xíngzhuàng 명 형상 | 性质 xìngzhì 명 성질

해설 보기가 모두 명사이므로 주어 또는 목적어가 될 수 있다. 특히 목적어가 될 때에는 함께 나오는 동사에 주의해야 한다. 글에서 '处于(놓이다)'라는 동사와 호응할 수 있는 목적어는 A뿐이다. 그러므로 '处于最佳状态'는 '가장 좋은 상태에 놓이다'라고 해석하면 된다. 정답은 A이다.

59

| A 主动 | B 活泼 | A 주동적인 | B 활발하다 |
| C 生动 | D 干脆 | C 생동감 있다 | D 명쾌하다 |

단어 主动 zhǔdòng 형 주동적인, 능동적인 | 活泼 huópo 형 활발하다 | 生动 shēngdòng 형 생동감 있다 | 干脆 gāncuì 형 (언행이) 명쾌하다

해설 일단 빈칸 앞부분의 내용을 보면 '그들의 자신감을 높이다', '그들의 공부에 대한 흥미를 높이다'라고 나와 있기 때문에 전반적인 흐름이 긍정적이라고 볼 수 있다. 빈칸 뒤의 '求知(지식을 탐구하다)'를 수식해 줄 수 있는 긍정적인 단어로는 '主动(주동적인)'이 적절하다. 그러므로 정답은 A이다.

60

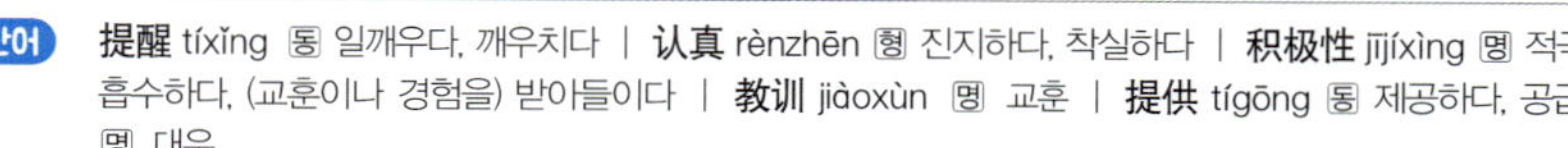

A 提醒他们工作要认真	A 그들에게 열심히 일을 해야 한다고 일깨워 준다
B 也会提高员工的工作积极性	B 직원의 작업 적극성도 높일 수 있다
C 使他们吸取经验和教训	C 그들로 하여금 경험과 교훈을 받아들이게 한다
D 给员工提供更好的待遇	D 직원에게 더 좋은 대우를 제공한다

단어 提醒 tíxǐng 통 일깨우다, 깨우치다 | 认真 rènzhēn 형 진지하다, 착실하다 | 积极性 jījíxìng 명 적극성 | 吸取 xīqǔ 통 흡수하다, (교훈이나 경험을) 받아들이다 | 教训 jiàoxùn 명 교훈 | 提供 tígōng 통 제공하다, 공급하다 | 待遇 dàiyù 명 대우

해설 앞뒤 문맥을 살펴보아야 하는 문제로 빈칸 앞에는 '관리자가 직원을 많이 격려하다'라고 했고, 빈칸 뒤에는 '그들의 일을 더 효율적이게 한다'라고 했다. 이 두 문장을 연결하기 위해서는 B의 표현이 적절하다. 그러므로 정답은 B이다.

 **61-70**

61
　　"空杯心态"告诉我们：若想学得更多，就得先把自己想象成一个"空杯子"，而不是骄傲自满。这并不是要完全否定过去，而是要我们以谦虚的态度，去接触事物，融入新环境，从而不断丰富和完善自己。

A 做事要有计划
B 要提高自己的适应能力
C 要经常表扬别人
D 谦虚才能学到更多

　　'빈 잔의 심리상태'는 우리에게 만약 더 많이 배우고 싶다면, 자신을 '빈 잔'으로 상상해야지 교만하고 자만하면 안 된다고 말한다. 이것은 결코 과거를 완전히 부정하라는 것이 아니라 우리가 겸손한 태도로 사물을 접촉하고 새로운 환경에 녹아 들어야 자신을 끊임없이 풍부하고 완벽하게 하는 것이다.

A 일을 할 때 계획이 있어야 한다
B 자신의 적응 능력을 높여야 한다
C 항상 다른 사람을 칭찬해야 한다
D 겸손해야 비로소 많은 것을 배울 수 있다

단어 骄傲自满 jiāo'ào zìmǎn 📖 교만하고 스스로 흡족하게 여기다 | 谦虚 qiānxū 📖 겸손하다 | 接触 jiēchù 📖 접촉하다 | 融入 róngrù 📖 나아가다, 유입되다 | 完善 wánshàn 📖 완벽하게 하다 ‖ 适应 shìyìng 📖 적응

해설 '우리가 겸손한 태도로 사물을 접촉해야 한다'고 했으며 그래야만 자신을 더욱 풍부하고 완벽하게 만들 수 있다고 했다. 그러므로 지문에서 가장 강조하는 것이 '谦虚(겸손하다)'라는 것을 알 수 있기 때문에 정답은 D이다.

62
　　运动前最好先进行三五分钟的热身活动，通过一系列的动作来活动关节、舒展肌肉，使心脏逐渐适应即将进入的运动状态。运动结束后，同样应有几分钟的放松活动，让身体放松，避免运动带来的肌肉酸痛。

A 运动能帮助人保持身材
B 放松活动对肌肉有一定损害
C 运动前的热身很有必要
D 运动后要赶快洗澡

　　운동 전에 3~5분 정도의 준비 운동을 하는 것이 가장 좋다. 연속적인 동작으로 관절을 움직이고 근육을 이완시켜 심장을 곧 들어갈 운동 상태에 점차 적응하게 한다. 운동이 끝난 후 마찬가지로 몇 분간의 가벼운 활동을 해서 신체가 편안해 지도록 하여 운동이 가져오는 근육통을 피할 수 있다.

A 운동은 몸매를 유지하는 데 도움을 줄 수 있다
B 이완 운동은 근육에 상당한 손상을 입힌다
C 운동 전 준비 운동은 꼭 필요하다
D 운동 후 빨리 샤워해야 한다

단어 热身 rèshēn 📖 준비 운동을 하다 | 关节 guānjié 📖 관절 | 舒展 shūzhǎn 📖 펼치다 | 肌肉 jīròu 📖 근육 | 放松 fàngsōng 📖 느슨하게 하다, 이완시키다 | 避免 bìmiǎn 📖 피하다 | 酸痛 suāntòng 📖 (몸이) 시큰시큰 쑤시고 아프다 ‖ 保持 bǎochí 📖 유지하다

해설 新HSK 5급 독해 2부분은 지문의 내용으로 가장 적절한 것을 보기에서 고르는 문제이기 때문에 대부분 세부 사항보다는 주제를 묻는 경우가 많다. 그래서 지문의 첫 부분이나 마지막 부분에서 정답이 나올 경우가 많은데, 이 문제 또한 첫 번째 문장에서 정답이 나왔다. '운동 전에 3~5분 정도의 준비 운동을 하는 것이 가장 좋다'고 했기 때문에 정답은 C이다.

63

　　在许多商品的外包装上，都有一组黑白相间的条形图，这就是条形码。条形码是一种特殊的图形，里面包含了一些和商品有关的信息，如生产国代码、生产厂商代码和商品名称代码等，这些图形只有计算机才能"看"得懂。

A　条形码多为黑色
B　电脑无法识别条形码
C　条形码提供了很多信息
D　条形码可以贴在任意位置上

많은 상품의 외부 포장에는 모두 흑백으로 서로 번갈아 있는 막대 그래프가 있는데, 이것이 바로 바코드이다. 바코드는 일종의 특수한 도형으로 생산국가와 생산 공장 코드 그리고 상품 명칭 코드 등과 같은 안에는 상품과 관련된 정보를 포함하고 있다. 이런 도형은 컴퓨터만이 '보고' 이해할 수 있다.

A　바코드는 흑색이 많다
B　컴퓨터는 바코드를 식별할 수 없다
C　바코드는 많은 정보를 제공한다
D　바코드는 아무 위치에나 붙일 수 있다

> **단어**　包装 bāozhuāng 동 포장하다 | 条形码 tiáoxíngmǎ 명 바코드 | 包含 bāohán 동 포함하다 | 代码 dàimǎ 명 코드 | 名称 míngchēng 명 명칭 | 计算机 jìsuànjī 명 계산기, 컴퓨터 ‖ 识别 shíbié 동 식별하다 | 提供 tígōng 동 제공하다 | 贴 tiē 동 붙이다 | 任意 rènyì 형 임의의

> **해설**　'包含…信息'는 '〜정보를 포함하다'라는 의미이다. '안에는 상품과 관련된 정보를 포함하고 있다'고 했으며, 그 예로 '생산 국가, 생산 공장 코드, 상품 명칭 코드' 등을 들었기 때문에 바코드 안에 많은 정보가 내제되었다는 것을 알 수 있다. 그러므로 정답은 C이다.

64

　　"一场秋雨一场寒"，伴随着阵阵秋雨，人们能明显地感觉到凉意渐浓。此时如果身体受寒，则极易生病。脖子，腰和脚尤其要注意保暖，因为这三个部位血管丰富、肌肉较少，一旦受寒，很容易引起相关部位的疾患。

A　腰最易受伤
B　秋季干燥易引起嗓子不适
C　秋季需注意防寒保暖
D　要多注意饮食卫生

'가을비가 한차례 내릴 때마다 그만큼 추워진다.', 이따금 내리는 가을비와 함께 사람들은 분명하게 점차 강해지는 한기를 느끼게 된다. 이때 만약 몸에 한기가 들면 병에 걸리기 쉽다. 목, 허리, 발은 특히 보온을 주의해야 하는데, 이 세 부위는 혈관이 많고 근육이 적은 편이며, 일단 한기가 들면 매우 쉽게 관련 부위의 질환을 유발할 수 있기 때문이다.

A　허리는 제일 다치기 쉽다
B　가을의 건조함은 목에 불편함을 일으키기 쉽다
C　가을에는 추위를 막고 보온에 주의하는 것이 필요하다
D　음식 위생에 더 주의해야 한다

> **단어**　阵阵 zhènzhèn 부 이따금씩 | 明显 míngxiǎn 형 뚜렷하다, 분명하다 | 凉意 liángyì 명 한기, 서늘한 기운 | 脖子 bózi 명 목 | 腰 yāo 명 허리 | 保暖 bǎonuǎn 동 보온하다 | 肌肉 jīròu 명 근육 | 疾患 jíhuàn 명 질환 ‖ 受伤 shòushāng 동 다치다, 부상을 입다 | 干燥 gānzào 형 건조하다 | 引起 yǐnqǐ 동 야기하다, 불러 일으키다 | 嗓子 sǎngzi 명 목, 목구멍 | 防寒 fánghán 동 추위를 막다 | 饮食 yǐnshí 명 음식 | 卫生 wèishēng 명 위생

> **해설**　첫 번째 문장에서 '가을비가 한차례 내릴 때마다 그만큼 추워진다'라는 내용으로 보아 지문의 배경은 가을, 주제는 한기라는 것을 알 수 있다. 이때 몸에 한기가 들면 병에 걸리기 쉬우므로 보온에 주의해야 한다고 했기 때문에 정답은 C이다.

65

专家指出，人们吃的酸性食物会附着在牙齿上，使牙齿表面的牙釉质软化。此时刷牙有损牙齿健康。所以刚吃完饭尤其是吃过酸性食物的人，最好30分钟后再刷牙，这时牙齿的保护层已经恢复，牙齿就不容易受到损害了。

A 要注意保护嗓子
B 饭后不宜立即刷牙
C 刷牙次数有限制
D 牙齿掉落需要及时补牙

전문가가 지적하길 사람들이 먹는 산성 음식은 치아에 붙는데, 이것은 치아 표면의 법랑질을 무르게 한다. 이때 양치질을 하면 치아 건강에 손상을 준다. 그래서 방금 밥을 먹은, 특히 산성 음식을 먹고 난 사람은 30분 후에 양치질하는 것이 가장 좋다. 이때는 치아의 보호층이 이미 회복되어 치아가 쉽게 손상되지 않는다.

A 목 보호에 주의해야 한다
B 식후에 바로 양치질하는 것은 적절하지 않다
C 양치질 횟수는 제한이 있다
D 이가 떨어지면 즉시 이를 때워야 한다

단어 酸性 suānxìng 몡 산성 | 牙齿 yáchǐ 몡 이, 치아 | 牙釉质 yáyòuzhì 몡 치아의 법랑질 | 软化 ruǎnhuà 동 무르게 되다, 부드럽게 하다 | 恢复 huīfù 동 회복하다 | 损害 sǔnhài 동 손상시키다 ‖ 嗓子 sǎngzi 몡 목, 목구멍 | 不宜 bùyí 동 적당하지 않다 | 立即 lìjí 뷔 곧, 즉시 | 刷牙 shuāyá 동 양치하다 | 限制 xiànzhì 동 제한하다 | 掉落 diàoluò 동 떨어지다

해설 지문에서 산성 음식은 치아를 무르게 하기 때문에 치아의 보호층이 회복된 시기, 즉 식사 후 30분 후에 양치하라고 나와 있다. 그러므로 B가 정답이다.

66

烟袋斜街位于后海北侧，是北京十大胡同之一，也是一条极具传统文化特色的商业步行街。街道两侧的建筑保留了明清时代的传统风格，古朴典雅。街上商店鳞次栉比，古玩店、工艺品小店以及各色餐厅、酒吧应有尽有。在这里，你会感受到古老与现代、传统与时尚的交融碰撞。

A 烟袋斜街共连接10条胡同
B 烟袋斜街的建筑十分古典
C 烟袋斜街始建于明朝
D 烟袋斜街是著名的美食街

담뱃대 거리는 베이징(北京) 십대 골목 중 하나로 허우하이(后海) 북측에 위치해 있으며 또한, 전통문화 특색을 가진 상업 보행자 거리이다. 거리 양쪽의 건축물은 명청시대의 전통적 풍격을 간직해 수수하면서 고풍스럽고 우아하다. 거리의 상점들은 빽빽하게 늘어서 있고 골동품 가게, 공예품 가게 및 각종 식당, 술집 등 없는 것이 없다. 여기서 당신은 옛 것과 현대, 전통과 시대적 유행의 어우러짐과 충돌하는 것을 느낄 수 있다.

A 담뱃대 거리는 전부 10개의 골목이 이어져 있다
B 담뱃대 거리의 건축물은 매우 고전적이다
C 담뱃대 거리는 명조에 지어지기 시작했다
D 담뱃대 거리는 유명한 미식거리다

단어 位于 wèiyú 동 ~에 위치하다 | 步行街 bùxíngjiē 몡 보행자 전용 도로 | 建筑 jiànzhù 몡 건축물 | 保留 bǎoliú 동 보존하다, 간직하다 | 风格 fēnggé 몡 기질, 풍격, 스타일 | 古朴 gǔpǔ 톙 수수하면서 고풍스럽다 | 典雅 diǎnyǎ 톙 우아하다 | 鳞次栉比 líncì zhìbǐ 셩 집들이 빽빽하게 늘어서 있다 | 应有尽有 yīngyǒu jìnyǒu 셩 온갖 것이 다 있다, 없는 것이 없다 | 碰撞 pèngzhuàng 동 충돌하다 ‖ 古典 gǔdiǎn 톙 고전적

해설 B의 '古典'은 '고전적'이라는 의미이다. 지문에서 '古典(고전적)'이라는 단어가 직접적으로 언급된 것은 아니지만 '거리 양쪽의 건축물은 명청시대의 전통적 풍격을 간직해 수수하면서 고풍스럽고 우아하다'라고 했기 때문에 정답은 B이다.

67

生命存活要有适宜的温度，过冷或过热都不利于生命的发育。而我们的大气层恰好是一个很好的温度调节器。白天，大气层能吸收和反射一部分热量，使地表温度不至于过高；夜晚，它又像一床厚被，把地面散失的热量保存住，使温度不会降得太低。这样，地球上的温度就可以保持相对稳定。

A 气温越高生命发育越快
B 大气层能调节地表温度
C 大气层正在遭到破坏
D 白天是地面散热的最佳时间

생명이 생존하려면 알맞은 온도가 있어야 하는데 너무 춥거나 너무 더우면 생명이 자라는 데 불리하다. 우리의 대기층은 바로 매우 좋은 온도 조절기이다. 대낮에 대기층은 일정 부분의 열량을 흡수하고 반사 할 수 있어서, 지표의 온도가 너무 높게 오르지 않게 한다. 밤에 그것은 또 두꺼운 이불처럼 지면에 흩어진 열량을 보존해 두고 온도가 너무 낮게 떨어지지 않게 해준다. 이렇게 지구상의 온도는 상대적으로 안정되게 유지할 수 있다.

A 기온이 높을수록 생명의 발육은 빨라진다
B 대기층은 지표의 온도를 조절할 수 있다
C 대기층은 훼손되고 있다
D 대낮은 지면이 산열하는 데 가장 좋은 시간이다

단어 适宜 shìyí 혱 알맞다 | 发育 fāyù 동 발육하다, 자라다 | 大气层 dàqìcéng 명 대기층 | 恰好 qiàhǎo 児 마침, 바로 | 调节 tiáojié 동 조절하다 | 吸收 xīshōu 동 흡수하다, 빨아들이다 | 反射 fǎnshè 동 반사하다 | 保持 bǎochí 동 유지하다 | 稳定 wěndìng 혱 안정되다 ‖ 遭到 zāodào 동 (불리한 일을) 당하다, 겪다 | 散热 sànrè 동 열을 발산하다

해설 '우리의 대기층은 바로 매우 좋은 온도 조절기이다'라고 한 것으로 보아 대기층이 지표면의 온도를 조절한다고 볼 수 있기 때문에 정답은 B이다. '调节(조절하다)'라는 단어를 안다면 더욱 쉽게 풀 수 있다.

68

无花果并不是没有花，也不是不开花就结果。摘下一颗刚长出的小无花果，用刀把它的顶端切开，会看见里面长着很多小花，并且还是雌雄两种花。这些花就在这个花托里开花，相互授粉，然后结出果实。因为这些花一直藏在花托里，不易被发现，所以人们才叫它无花果。

A 无花果其实有花
B 无花果不可食用
C 无花果在冬天成熟
D 无花果不常见

무화과는 꽃이 없는 것도 아니고, 꽃이 피지 않고 열매를 맺는 것도 아니다. 막 자라난 작은 무화과를 따서 칼로 그것의 끄트머리를 잘라 보면 안에 많은 작은 꽃이 자라있는 것을 볼 수 있고, 게다가 암수 두 가지 꽃이 있다. 이런 꽃은 이 꽃받침에서 꽃이 피고 서로 수정해 과실을 맺는다. 이런 꽃들이 줄곧 꽃받침 안에 숨어 있어 발견되기 쉽지 않아서 사람들은 그것을 무화과라고 부른다.

A 무화과는 사실 꽃이 있다
B 무화과는 먹을 수 없다
C 무화과는 겨울에 익는다
D 무화과는 자주 볼 수 없다

단어 无花果 wúhuāguǒ 명 무화과 | 摘下 zhāixià 동 (열매 따위를) 따다 | 顶端 dǐngduān 명 꼭대기, 끄트머리 | 切开 qiēkāi 동 째다, 자르다 | 雌雄 cíxióng 명 자웅 | 花托 huātuō 명 꽃받침 | 授粉 shòufěn 동 수분하다 | 果实 guǒshí 명 과실 | 藏 cáng 동 숨기다, 숨다 ‖ 食用 shíyòng 동 식용하다, 먹다 | 成熟 chéngshú 혱 익다

해설 첫 번째 문장에서 '무화과는 꽃이 없는 것도 아니고, 꽃이 피지 않고 열매를 맺는 것도 아니다'라고 언급했다. 이는 다시 말해 무화과에 꽃이 있다는 의미이기에 정답은 A이다. 또한, 마지막 문장에서 '이런 꽃들이 줄곧 꽃받침 안에 숨어 있어 발견되기 쉽지 않아서 사람들은 그것을 무화과라고 부른다'라고 했는데, 이로써 무화과는 꽃이 있지만 잘 발견되지 않아서 '무화과'라는 명칭을 얻게 되었음을 알 수 있다. 그러므로 정답은 A이다.

69

周庄是一个有着900多年历史的江南古镇。它因灵秀的水乡风貌、独特的人文景观和质朴的民俗风情，被誉为"中国第一水乡"。旅游业是周庄的支柱产业，"周庄水乡古镇游"开创了江南水乡古镇旅游的先河，已成为中国精品旅游路线之一。

저우좡(周庄)은 900여 년의 역사를 지닌 강남의 오래된 마을이다. 그곳은 뛰어난 수향의 풍모, 독특한 인문 경관과 소박한 민속의 지역적 특색이 있어서 '중국 제1의 수향'이라고 불린다. 관광업은 저우좡(周庄)의 주요 산업이며 '저우좡(周庄) 수향 오래된 촌락 여행'은 강남 지역 수향 촌락 여행의 효시를 이루었고, 이미 중국의 명품 여행 노선 중 하나가 되었다.

A 周庄人不善于经商
B 周庄是新兴的江南小镇
C 周庄的旅游业不发达
D 周庄旅游以水乡古镇为特色

A 저우좡 사람은 장사에 능숙하지 않다
B 저우좡은 강남의 신흥 작은 마을이다
C 저우좡의 관광업은 발달하지 않았다
D 저우좡 관광은 수향의 오래된 마을을 특색으로 한다

단어 古镇 gǔzhèn 몡 오래된 촌락(마을) | 灵秀 língxiù 혱 뛰어나다 | 风貌 fēngmào 몡 풍모 | 景观 jǐngguān 몡 경관 | 质朴 zhìpǔ 혱 소박하다 | 风情 fēngqíng 몡 풍치, 지역적 특색 | 誉为 yùwéi 동 ~라고 칭송되다 | 支柱 zhīzhù 몡 지주, 버팀목 | 先河 xiānhé 몡 근원, 효시

해설 '관광업은 저우좡의 주요 산업이다'라는 내용으로 보아 저우좡의 관광업이 유명하다는 것을 알 수 있다. 또한 '중국 제1의 수향'이라고도 불리기 때문에 수향이 저우좡 관광업의 주된 특색이라는 것을 알 수 있다. 그러므로 정답은 D이다.

70

中国是世界上最早研究和使用竹子的国家。竹子空心，躯干笔直，四季常青，人们常用它来象征虚心、高洁和坚强等精神品格。另外，竹子还是制作乐器的重要材料，古人常用"丝竹"来指代音乐。可以说，中国人对竹子有着特殊且深厚的感情。

중국은 세계에서 제일 빨리 대나무를 사용하고 연구한 국가이다. 대나무는 속이 비고 몸통이 매우 곧으며 사시사철 푸르러 사람들은 늘 그것을 사용해 겸손함, 고결함, 견고함 등 정신 품격을 상징한다. 그 밖에 대나무는 악기를 제작하는 중요한 재료로 옛날 사람들은 '관현악기'를 사용해 음악을 대신 지칭하였다. 중국인들은 대나무에 대해 특수하고 두터운 감정을 가지고 있다고 말할 수 있다.

A 竹子在中国文化中有美好的寓意
B 竹乐器制作过程复杂
C 竹子表面一点儿都不光滑
D 面积最大的竹林在中国

A 대나무는 중국 문화에서 아름다운 함축적 의미를 가지고 있다
B 대나무 악기의 제작 과정은 복잡하다
C 대나무 표면은 하나도 매끄럽지 않다
D 면적이 제일 큰 대나무 숲은 중국에 있다

단어 躯干 qūgàn 몡 몸통 | 象征 xiàngzhēng 동 상징하다 | 虚心 xūxīn 혱 겸손하다 | 高洁 gāojié 혱 고결하다 | 坚强 jiānqiáng 혱 굳세다 | 品格 pǐngé 몡 품격 | 乐器 yuèqì 몡 악기 | 深厚 shēnhòu 혱 두텁다 ǁ 寓意 yùyì 몡 언외의 (함축된) 의미 | 制作 zhìzuò 동 제작하다 | 光滑 guānghuá 혱 매끌매끌하다

해설 A의 '寓意'는 '함축된 의미'라는 뜻이다. 지문에는 '寓意(함축된 의미)'라는 단어가 직접적으로 언급되지는 않았지만, '사람들은 늘 그것을 사용해 겸손함, 고결함, 견고함 등 정신 품격을 상징한다'라고 했기 때문에 대나무에는 상징적 의미가 함축되어 있다고 볼 수 있다. 그러므로 정답은 A이다.

第 三 部 分

 71-74

⁷¹一个小男孩儿刚学物理时，成绩很差，有次只考了8分。老师找他谈话，他沮丧地说："老师，我不适合学物理。"老师想了想，笑着对他说："下次你只要考到9分，就算你及格了。"他心想这不难做到，就痛快地答应了，结果在接下来的那次考试中他得了28分。

虽然他考得比上次高了很多，但他的分数仍然是班上最低的。⁷²为了鼓励他，老师又想了一个**办法**，她把全班同学两次考试的成绩做了对比，得出了一个新分数，例如上次考90分，这次还是90分，得分就是0；上次93分，这次是95分的，得分就是2……这样，这个男孩儿得到了全班的最高分——20分。老师把他叫到办公室，给他看同学们两次考试的分数差，然后问他："谁进步最大？"他惊喜地看到，进步最大的居然是自己。

⁷³他一下子就兴奋了起来，心想自己只要稍微努力一下，就是全班进步最大的。从那以后，⁷⁴他再也没怀疑过自己的学习能力。渐渐地，他喜欢上了物理，成绩也突飞猛进，最终成了全世界最伟大的物理学家之一。

⁷¹어린 소년이 물리를 갓 배웠을 때 성적이 매우 낮았는데 한 번은 8점을 받았다. 선생님이 그를 찾아 이야기하는데 그가 풀이 죽어 "선생님, 저는 물리를 배우는 데 적합하지 않아요."라고 말했다. 선생님은 잠시 생각하더니 웃으며 그에게 말했다. "다음번에 네가 9점만 받아도 합격인 셈으로 할게." 그는 속으로 이건 어렵지 않다고 생각하여 통쾌하게 대답했고, 결과적으로 그는 다음 시험 때 28점을 얻었다.

비록 저번 시험보다는 많이 올랐지만, 그의 점수는 여전히 반에서 제일 낮았다. ⁷²그를 격려하기 위해 선생님은 **방법**을 또 생각해 냈는데, 그녀는 전체 반 학생들의 두 차례 시험 점수를 비교해 새로운 점수를 얻어냈다. 예를 들어 저번 시험에서 90점을 받았는데 이번 시험도 90점이면 점수는 0점, 저번 시험에서 93점을 받았는데 이번 시험은 95점이면 2점을 얻는 것이다. 이렇게 해서 이 소년은 반에서 제일 높은 20점을 얻었고, 선생님은 그를 교무실로 불러서 반 학생들의 두 차례 시험 점수의 차이를 보여주고 그에게 물었다. "누가 가장 크게 성적이 올랐니?" 그는 놀라고 기뻐하며 발전이 제일 큰 사람이 뜻밖에 자신이라는 것을 보았다.

⁷³그는 자기가 조금 노력했을 뿐인데 반 전체에서 발전이 가장 컸다는 생각 때문에 갑자기 흥분하기 시작했다. 그때부터 ⁷⁴그는 자신의 학습 능력을 의심하지 않았고, 점점 더 물리를 좋아하게 되어 성적도 비약적으로 발전하였다. 마지막에는 전 세계에서 가장 위대한 물리학자 중 한 명이 되었다.

단어 物理 wùlǐ 몡 물리 | 沮丧 jǔsàng 혱 낙담하다 | 适合 shìhé 동 적합하다 | 及格 jígé 동 합격하다 | 痛快 tòngkuài 혱 통쾌하다 | 答应 dāyìng 동 대답하다 | 仍然 réngrán 閉 여전히 | 鼓励 gǔlì 동 격려하다 | 对比 duìbǐ 동 대비하다, 비교하다 | 进步 jìnbù 동 진보하다 | 惊喜 jīngxǐ 혱 놀라고도 기뻐하다 | 居然 jūrán 閉 뜻밖에 | 一下子 yíxiàzi 閉 단시간에, 갑자기 | 稍微 shāowēi 閉 조금 | 怀疑 huáiyí 동 의심하다, 추측하다 | 渐渐 jiànjiàn 閉 점점 | 突飞猛进 tūfēi měngjìn 셍 비약적으로 발전하다 | 最终 zuìzhōng 혱 최후의, 맨 마지막의

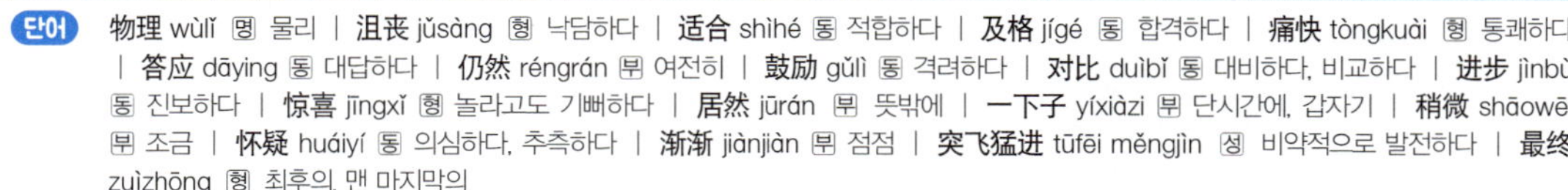

71

根据第1段，老师找他谈话，是因为他：

A 分数太低
B 不遵守纪律
C 课上很积极
D 想退学

첫 번째 문단에 근거하여, 선생님이 그를 찾아 이야기한 이유는 그가 :

A 점수가 너무 낮아서
B 규율을 준수하지 않아서
C 수업에 매우 적극적이어서
D 퇴학시키고 싶어서

단어 遵守 zūnshǒu 동 준수하다 | 纪律 jìlǜ 몡 규율, 기율, 기강 | 退学 tuìxué 동 퇴학하다

해설 新HSK 5급 독해 3부분의 문제는 일반적으로 글의 문단별로 순차적으로 나온다는 것을 잊지 말자. 첫 번째 문단의 밑줄 친 문장에서 '어린 소년이 물리를 갓 배웠을 때 성적이 매우 낮았는데 한 번은 8점을 받았다'라고 한 것을 보면 그의 점수가 너무 낮았다는 것을 알 수 있다. 그러므로 정답은 A이다.

72

第2段画线句子中的"办法"指的是：

두 번째 문단의 밑줄 친 문장에서 '방법'이 가리키는 것은 :

A 比较两次考试的分数
B 给他换了座位
C 单独给他辅导
D 重新安排一次考试

A 두 차례의 시험 점수를 비교한다
B 그의 자리를 바꿔준다
C 단독으로 그에게 학습 지도를 해준다
D 다시 한 번의 시험을 준비한다

 **단어** 辅导 fǔdǎo 동 (학습을) 도우며 지도하다 ｜ 安排 ānpái 동 안배하다, 준비하다

해설 선생님이 어린 소년을 격려하기 위하여 쓴 방법은 두 가지이다. 첫 번째는 소년이 1점을 올려 9점을 받았을 시 합격을 준다는 것이고, 두 번째는 반 학생 전체를 대상으로 두 차례의 시험 점수를 비교하여 등수를 매기는 것이다. 두 번째 문단에서 처음으로 '办法(방법)'가 언급된 문장을 살펴보면, '그를 격려하기 위해 선생님은 방법을 또 생각해 냈는데, 그녀는 전체 반 학생들의 두 차례 시험 점수를 비교해 새로운 점수를 얻어냈다'라고 했기 때문에 정답은 A이다.

73

根据上文，他为什么很兴奋？

위 글에 근거하여, 그는 왜 흥분했는가?

A 被名校录取了
B 老师批准了他的请求
C 发现自己进步最大
D 研究成果得到了认可

A 명문 학교에 합격했다
B 선생님이 그의 요구를 승인했다
C 자신의 발전이 제일 큰 것을 발견했다
D 연구 성과가 허가를 받았다

 **단어** 录取 lùqǔ 동 채용하다, 합격시키다 ｜ 批准 pīzhǔn 동 비준하다, 승인하다 ｜ 认可 rènkě 동 승낙하다, 허락하다

해설 질문에서 키워드가 되는 '兴奋(흥분하다)'은 마지막 문단에서 처음 나온다. 밑줄 친 문장에서 '그는 자기가 조금 노력했을 뿐인데 반 전체에서 발전이 가장 컸다는 생각 때문에 갑자기 흥분하기 시작했다'라고 한 것으로 보아, 그가 흥분한 이유는 자신의 발전이 제일 컸기 때문이다. 그러므로 정답은 C이다.

74

下列哪项最适合做上文的标题？

다음 중 위 글의 제목으로 가장 적절한 것은?

A 鼓励的力量
B 老师的耐心
C 骄傲的物理学家
D 人生需要梦想

A 격려의 힘
B 선생님의 인내심
C 거만한 물리학자
D 인생에는 꿈이 필요하다

 **단어** 力量 lìliang 명 힘

해설 물리를 잘하지 못하는 학생을 격려하기 위해 선생님은 두 차례의 시험 점수를 비교하는 방법을 썼고, 이러한 계기로 그 소년은 물리를 점점 더 좋아하게 되어 위대한 물리학자가 되었다. 한 학생을 예로 들어 선생님의 격려가 그의 인생에 어떤 영향을 미쳤는지 나타낸 글이기 때문에, 이 글의 제목으로 어울리는 것은 A가 된다. 그러므로 정답은 A이다.

75-78

古时候，有一艘满载着珍贵瓷器的船沉没了。多年来，人们始终无法打捞出那些沉入海底的宝物，即使是水性最好的人，也无法潜到那么深的地方。

后来，有几位渔民想；为何不请章鱼来"帮忙"呢？他们捕捉了一些章鱼，用绳子拴住它们，然后把它们放到沉船的地方。这些章鱼沉到海底后，一发现各种各样的瓷器，就纷纷钻了进去。这时，渔民们再小心翼翼地将绳子提起，而章鱼们丝毫没有察觉，他们的吸盘仍然紧紧地吸在瓷器上，等到吸着瓷器的章鱼被拉出水面后，渔民们往瓷器里加一些盐，它们就乖乖地从瓷器里爬出来了。就这样，在这些"打捞工"的帮助下，渔民们把沉在海底的贵重瓷器一件一件地打捞了上来。

人类自身的能力是有限的，但只要运用智慧、假借外力，就可以大大延伸我们的活动空间。我们虽然无法潜入深海，却可以利用章鱼喜欢藏身于空心器物，这一特性，让它们替我们去打捞沉入深海的瓷器，这真是人类的高妙之处。

옛날에 한가득 진귀한 도자기를 가득 실은 배가 침몰했다. 몇 년이 지나도록 사람들은 줄곧 해저에 잠긴 그 보물들을 건져 올릴 방법이 없었고, 설령 수영 기술이 가장 좋은 사람이라고 할지라도 그렇게나 깊은 곳까지는 잠수할 방법이 없었다.

후에 몇 명의 어민은 '왜 문어에게 '도움'을 요청하지 않았을까?'하고 생각했다. 그들은 문어를 조금 잡아서 노끈으로 묶어 그것들을 침몰한 배가 있는 곳에 놓았다. 이 문어들은 해저까지 가라앉은 후 각양각색의 도자기를 발견하자마자 잇달아 안으로 들어갔다. 이때 어민들이 다시 조심스럽게 노끈을 들어 올리는데, 문어들은 조금도 느끼지 못했다. 그들의 빨판은 여전히 도자기를 꽉 잡고 있었다. 도자기를 흡착하기 기다렸다가 문어를 수면 위로 끌어 올린 후에 어민들은 도자기 안에 소금을 조금 뿌린다. 그럼 문어들이 순순히 도자기로부터 기어 나온다. 이렇게 '건져내는 일꾼'의 도움 아래 어민들은 해저에 잠겨있던 귀중한 도자기를 하나하나씩 건져 올렸다.

인류 자신의 능력은 제한적이다. 하지만 지혜를 활용하고 외력을 빌린다면 우리의 활동 공간을 크게 넓힐 수 있다. 우리가 비록 깊은 바다에 들어가 잠수를 할 수는 없지만, 문어가 빈 집기 안에 몸을 숨기기 좋아한다는 이 특성을 이용하여 우리 대신 깊은 바다에 있는 도자기를 꺼내 오도록 한 것은 인류의 **매우 우수한** 점이다.

단어 艘 sōu 양 척 [선박을 헤아리는 데 쓰임] | 满载 mǎnzài 동 가득 싣다 | 瓷器 cíqì 명 자기 | 沉没 chénmò 동 침몰하다 | 打捞 dǎlāo 동 인양하다 | 沉入 chénrù 동 잠기다 | 即使 jíshǐ 접 설령 ~하더라도 | 水性 shuǐxìng 수영 기술 | 潜 qián 동 잠수하다 | 章鱼 zhāngyú 명 문어 | 捕捉 bǔzhuō 동 잡다, 체포하다 | 绳子 shéngzi 명 끈, 밧줄 | 拴住 shuānzhù 동 ~로 묶다 | 沉船 chénchuán 동 배가 가라앉다, 침몰하다 | 纷纷 fēnfēn 부 잇달아, 연달아 | 钻 zuān 동 침투하다, 들어가다 | 小心翼翼 xiǎoxīn yìyì 성 매우 조심스럽다 | 丝毫 sīháo 부 조금도 | 察觉 chájué 동 느끼다, 알아채다 | 吸盘 xīpán 명 빨판, 흡판 | 仍然 réngrán 부 여전히, 변함없이 | 紧紧 jǐnjǐn 형 팽팽하다, 빡빡하다 | 盐 yán 명 소금 | 乖乖 guāiguāi 형 순하다, 얌전하다 | 有限 yǒuxiàn 형 유한하다, 한계가 있다 | 运用 yùnyòng 동 운용하다, 활용하다 | 假借 jiǎjiè 동 빌리다, 차용하다 | 延伸 yánshēn 동 펴다, 늘이다 | 藏 cáng 동 숨기다, 숨다 | 器物 qìwù 명 집기 | 替 tì 동 대신하다, 대체하다 | 高妙 gāomiào 형 매우 우수하다

75 关于那艘沉船，可以知道什么？

A 装有宝物
B 设施非常好
C 构造独特
D 是村民改造的

그 침몰한 배에 관하여, 알 수 있는 것은 무엇인가？

A 보물을 담고 있다
B 시설이 매우 좋다
C 구조가 독특하다
D 마을 주민이 개조한 것이다

단어 设施 shèshī 명 시설 | 构造 gòuzào 명 구조 | 改造 gǎizào 동 개조하다, 바꾸다

해설 첫 번째 문단의 밑줄 친 문장을 보면 '옛날에 한가득 진귀한 도자기를 가득 실은 배가 침몰했다'라고 쓰여 있다. A에서 말하고 있는 '보물'은 다시 말해 '진귀한 도자기'인 셈이다. 이어서 '몇 년이 지나도록 사람들은 줄곧 해저에 잠긴 그 보물들을 건져 올릴 방법이 없었다'라고 했기 때문에 정답은 A이다.

76 章鱼发现瓷器后会怎么做?　　　　　문어는 도자기를 발견한 후에 어떻게 하는가?

A 振动绳子　　　　　　　　　　　A 밧줄을 진동시킨다
B 藏入其中　　　　　　　　　　　B 그 안에 들어가 숨는다
C 放慢前进的速度　　　　　　　　C 앞으로 나가는 속도를 늦춘다
D 展开身体　　　　　　　　　　　D 몸통을 펼친다

 振动 zhèndòng 통 진동하다 | 放慢 fàngmàn 통 (속도를) 늦추다 | 展开 zhǎnkāi 통 펴다, 펼치다

해설 '章鱼(문어)'가 언급된 것은 두 번째 문단부터이다. 두 번째 문단의 밑줄 친 문장에서 '이 문어들은 해저까지 가라앉은 후 각양각색의 도자기를 발견하자마자 잇달아 안으로 들어갔다'라고 했다. 이때 '钻'은 '침투하다', '들어가다'라는 의미이며, 다시 말해 B의 '藏(숨다)'과 의미상으로 통한다고 볼 수 있다. 그러므로 정답은 B이다.

77 与第3段画线词语 "高妙" 意思最相近的是:　　　세 번째 문단의 밑줄 친 단어 '매우 우수한'과 뜻이 가장 비슷한 것은 :

A 成熟　　　　　　　　　　　　　A 성숙하다
B 谨慎　　　　　　　　　　　　　B 신중하다
C 耐心　　　　　　　　　　　　　C 참을성이 있다
D 聪明　　　　　　　　　　　　　D 총명하다

 成熟 chéngshú 형 성숙하다 | 谨慎 jǐnshèn 형 신중하다 | 耐心 nàixīn 형 참을성이 있다, 인내심이 강하다 | 聪明 cōngmíng 형 똑똑하다, 총명하다

해설 '高妙'는 '고묘하다', '기막히다', '매우 우수하다'라는 의미이다. 마지막 문단의 밑줄 친 문장에서 '우리가 비록 깊은 바다에 들어가 잠수를 할 수는 없지만, 문어가 빈 집기 안에 몸을 숨기기 좋아한다는 이 특성을 이용하여 우리 대신 깊은 바다에 있는 도자기를 꺼내 오도록 한 것은 인류의 매우 우수한 점이다'라고 했다. 다시 말해 '高妙(매우 우수하다)'한 점은 우리가 외부의 힘을 빌려 일을 총명하게 처리한 것이 되는 것이다. 그렇기 때문에 정답은 D이다.

78 上文主要想告诉我们:　　　　　　　위 글이 우리에게 주로 말하고자 하는 것은 :

A 要善于利用外物　　　　　　　　A 외부의 사물을 잘 이용해야 한다
B 知识能创造财富　　　　　　　　B 지식은 부를 창조할 수 있다
C 海洋是一个宝藏　　　　　　　　C 해양은 하나의 보물창고이다
D 动物是人类的好朋友　　　　　　D 동물은 인류의 좋은 친구이다

단어 创造 chuàngzào 통 창조하다, 발명하다 | 财富 cáifù 명 부, 재산 | 宝藏 bǎozàng 명 지하자원

해설 글의 마지막 문단 처음에 밑줄 친 문장에서 '지혜를 활용하고 외력을 빌린다면 우리의 활동 공간을 크게 넓힐 수 있다'라고 했으므로 A가 정답이다.

一般来说，走进某电影院的影厅，如果能清楚地看到每一排座位的椅背，座椅是平铺的而非折叠的，并且 [79]座位前后很宽松，即使有人出入也不必起身，那么这就是一家比较正规的影院。其实，影院座位的排列包含了诸多不为人注意的玄机。

选择座位时，大多数观众都会优先选择影厅正中间的座位。其实，观影最佳的位置应该在影厅中间稍后的那几排。比如影厅有10排座位，则6-8排的座位最好；若有20排座位，则13-16排的最佳。[80]如果坐得太靠前，会感觉银屏变形，且脖子一直仰着，会给颈部造成压力；太靠后则光线偏暗，看不清细节，音响效果也会减弱。

同一排的座位中也并非中间的位置最好。因为电影的亮光照在银屏上后会反射，使光线回射进入人的眼中。长时间受这种强光照射，容易使人眼睛酸、视力下降，甚至会引发眼部疾病。[81]实际上，中间偏旁边一点儿的位置才是最好的选择，除了能避免强光反射外，这两处的音效也是最好的。

当然，也有些条件更好的影院，比如使用双放映机甚至多放映机播放，座位下有独立音响等，[82]这样的影院坐哪儿效果都相差无几，观众只需凭个人爱好选择就可以。

일반적으로 어떤 영화관의 상영관에 들어가서 만약 모든 줄의 의자 등받이가 선명하게 보인다면 의자가 평평하게 펴진 것이지 접힌 것이 아니다. 게다가 [79]좌석의 앞뒤가 매우 넉넉해 설령 누가 출입한다고 해도 몸을 일으킬 필요가 없다면, 이는 비교적 표준적인 영화관이다. 사실 영화관 좌석의 배열은 사람이 주의하지 않은 많은 현묘한 계책을 담고 있다.

좌석을 선택할 때 대다수 관중은 우선 상영관의 정중앙 자리를 선택한다. 사실 영화를 감상하기 최적의 위치는 상영관 중간의 약간 뒤쪽 몇 줄일 것이다. 예를 들어 상영관에 10줄의 좌석이 있으면 6~8번째 줄의 좌석이 제일 좋다. 만약 20줄의 좌석이 있으면 13~16번째 줄이 제일 좋다. [80]만약 너무 앞쪽에 앉으면 스크린이 변형되었다고 느낄 수 있고, 목을 계속 위로 들고 있어 목에 과중한 부담을 초래할 수 있다. 너무 뒤쪽은 오히려 빛이 어두운 편이라 세부 묘사가 분명하게 보이지 않고 음향 효과도 약할 수 있다.

같은 줄의 좌석 중에서 중간 위치가 제일 좋은 것은 아니다. 영화의 광선이 스크린을 비춘 후에 반사가 되기 때문에 광선은 사람의 눈으로 되돌아온다. 장시간 동안 이 강한 광선을 받으면 눈이 시큰해지고 시력이 저하되며 심지어 눈의 질병을 초래할 수 있다. [81]실제로 중간에서 옆으로 약간 치우쳐진 위치야말로 가장 좋은 선택이다. 광선이 반사되는 것을 피할 수 있을 뿐만 아니라, 이 양쪽의 음향 효과도 제일 좋다.

당연히 더 좋은 조건을 가진 영화관도 있다. 예를 들어 두 개의 영사기, 심지어 많은 영사기를 사용해 방영하거나 좌석 아래에 독립된 음향 효과가 있는 곳 등이 있다. [82]이런 영화관은 어떤 자리에 앉든지 효과의 **차이가 크지 않아** 관중은 개인의 기호에 따라 선택을 하면 된다.

단어 电影院 diànyǐngyuàn 몡 영화관 | 椅背 yǐbèi 몡 의자 등받이 | 座椅 zuòyǐ 몡 의자 | 平铺 píngpū 통 평평하게 펴다 | 折叠 zhédié 통 접다, 개키다 | 宽松 kuānsōng 혱 넉넉하다 | 即使 jíshǐ 젭 설령 ~하더라도 | 正规 zhèngguī 혱 정규의, 표준의 | 包含 bāohán 혱 포함하다 | 诸多 zhūduō 혱 많은 | 玄机 xuánjī 몡 현묘한 계책 | 优先 yōuxiān 통 우선하다 | 最佳 zuìjiā 혱 최적이다 | 位置 wèizhi 몡 위치 | 银屏 yínpíng 몡 스크린 | 脖子 bózi 몡 목 | 仰 yǎng 통 고개를 들다 | 颈部 jǐngbù 몡 목 | 光线 guāngxiàn 몡 광선, 빛 | 细节 xìjié 몡 자세한 사정, 세부 묘사 | 音响 yīnxiǎng 몡 음향 | 减弱 jiǎnruò 혱 (힘·기세 등이) 약해지다 | 反射 fǎnshè 통 반사하다 | 照射 zhàoshè 통 비치다 | 下降 xiàjiàng 통 하강하다, 떨어지다 | 引发 yǐnfā 통 일으키다 | 疾病 jíbìng 몡 질병 | 偏 piān 혱 편향되다 | 避免 bìmiǎn 통 피하다 | 音效 yīnxiào 몡 음향 효과 | 放映 fàngyìng 통 방영하다, 상영하다 | 放映机 fàngyìngjī 몡 영사기 | 相差 xiāngchà 통 서로 차이가 나다

79 根据第1段，正规的影院：

A 提供双语字幕
B 前后排空间大
C 紧急出口不多
D 使用躺椅

첫 번째 문단에 근거하여, 표준적인 영화관은 :

A 두 개 언어의 자막을 제공한다
B 앞뒷줄의 공간이 크다
C 비상구가 많지 않다
D 침대식 의자를 사용한다

단어 字幕 zìmù 몡 자막 | 紧急 jǐnjí 톙 긴급하다

해설 질문에 나와 있는 '正规的影院(표준적인 영화관)'이라는 표현은 첫 번째 문단에 처음 등장한다. 밑줄 친 문장에서 '좌석의 앞뒤가 매우 넉넉해 설령 누가 출입한다고 해도 몸을 일으킬 필요가 없다면, 이는 비교적 표준적인 영화관이다'라는 내용을 보아 앞뒤의 공간이 큰 영화관이 표준적이라 볼 수 있다. 그러므로 정답은 B이다.

80 观影时为什么不宜坐得太靠前？

A 很难集中注意力
B 左右声道不统一
C 妨碍他人进出
D 脖子会不舒服

영화를 관람할 때 너무 앞쪽에 앉는 것은 왜 적당하지 않은가?

A 주의력을 집중하기 어렵다
B 좌우 소리가 통일되지 않는다
C 다른 사람의 출입을 방해한다
D 목이 불편할 수 있다

단어 妨碍 fáng'ài 동 방해하다

해설 질문에 나와 있는 키워드는 '坐得太靠前(너무 앞쪽에 앉다)'이라는 표현이다. 이 표현은 두 번째 문단에서 처음으로 언급된다. 밑줄 친 문장에서 '만약 너무 앞쪽에 앉으면 스크린이 변형되었다고 느낄 수 있고, 목을 계속 위로 들고 있어 목에 과중한 부담을 초래할 수 있다'라고 했기 때문에 정답은 D이다.

81 关于第3段，下列哪项正确？

A 观影舒适度与位置无关
B 中间偏旁边的位置较好
C 光太强易引起画面迷糊
D 最后一排声效特别好

세 번째 문단에 관하여, 다음 중 옳은 것은?

A 영화 관람 시 편안함의 정도와 위치는 무관하다
B 중간에서 옆으로 치우쳐진 위치가 좋은 편이다
C 빛이 너무 강하면 화면이 흐리게 보인다
D 제일 마지막 줄의 음향 효과가 특히 좋다

단어 迷糊 míhu 톙 모호하다, 희미하다

해설 세 번째 문단에서 같은 줄의 좌석 중에 좋은 위치가 어디인지를 언급하고 있다. 밑줄 친 문장에서 '실제로 중간에서 옆으로 약간 치우쳐진 위치야말로 가장 좋은 선택이다'라고 했기 때문에 정답은 B이다.

82 第4段中"相差无几"的意思最可能是：

A 区别不大
B 几乎完美
C 很容易比较
D 绝对安全

네 번째 문단에서 '차이가 크지 않다'의 뜻은 아마도 :

A 차이가 크지 않다
B 거의 완벽하다
C 매우 쉽게 비교할 수 있다
D 절대적으로 안전하다

단어 区别 qūbié 몡 구별, 차이 | 绝对 juéduì 톙 절대적인

해설 '相差无几'의 의미를 하나하나 살펴보면 '相(서로) 差(차이)가 无(없다) 几(몇 개)'이다 다시 말해 '차이가 크지 않다'는 의미가 된다. 글에서 '이런 영화관은 어떤 자리에 앉든지 효과의 차이가 크지 않다'라고 했으므로 정답은 A이다.

[85]一对画家夫妇希望儿子也成为画家，并能创作出比他们的画更优秀的作品。所以，他们一直对儿子很严格。"这个画得不像，你真笨！""颜色搭配得不好，你平时都没有认真观察吗？"

孩子10岁时，这对夫妇感到十分失望。因为尽管他们严格要求，孩子还是没能画出像样的作品。就在他们准备让孩子放弃时，一位画家朋友来访。朋友看了孩子的画儿，又与孩子深入交谈一番，[83]他认为孩子很有绘画天赋，只是父母不太懂教育。

"难道我们画了一辈子，却连教孩子的能力都没有吗？"这对夫妇不高兴地问朋友。

"不是绘画技巧的问题，是教育方法的问题。"朋友坦率地说。

原来，这位朋友带过不少学生，所以知道问题出在哪儿。在他的争取下，这对夫妇同意让他试教孩子一年。

"这幅画儿真不错！""你真是个天才！"在老师的赞扬声中，孩子一天天地进步。[84]一年后，当画家夫妇再看到孩子的作品时，他们简直不敢相信自己的眼睛。这时他们才发现孩子其实天赋很高，同时也明白了赞扬的重要性。

[86]每个人的成长都需要一个过程，明智的人懂得适时称赞，多一些肯定，少一些批评，从而使对方受到鼓励，更加上进。

[85]한 쌍의 화가 부부가 아들도 화가가 되어서 그들보다 더 우수한 작품을 창작하기 원했다. 그래서 그들은 아들에게 항상 엄격했다. "이 그림은 안 똑같아. 넌 정말 멍청하구나!", "색깔 배합이 이상하잖니. 너는 평소에 자세히 관찰하지 않는구나?"

아이가 10살일 때 이 부부는 매우 실망했다. 왜냐하면 그들의 엄격한 요구에도 불구하고 아이는 그럴듯한 작품을 그리지 못했기 때문이다. 그들이 아이를 포기하려고 할 때 한 화가 친구가 방문했다. 친구는 아이의 그림을 보고 나서 아이와 한차례 깊은 얘기를 나누었다. [83]그는 아이가 그림 그리는 것에 천부적 재능이 있으나 부모가 교육을 잘 못한다고 여겼다.

"우리가 한평생 그림을 그려왔는데 설마 아이를 가르칠 능력조차 없다는 거야?" 이 부부는 불쾌한 듯이 친구에게 물었다.

"그림을 그리는 기교의 문제가 아니라 교육 방법의 문제야."라고 친구는 솔직하게 말했다.

알고 보니 이 친구는 많은 학생을 거느린 적이 있어서 문제가 어디에 있는지 알았다. 그의 노력에 이 부부는 그가 1년 동안 아이를 교육하는 데에 동의했다.

"이 그림 정말 멋지다!", "넌 정말 천재야!" 선생님의 칭찬 소리에 아이는 하루하루 발전해 나갔다. [84]1년 후 화가 부부가 다시 아이의 작품을 봤을 때 그들은 그야말로 자신들의 눈을 믿지 못했다. 이때 그들은 비로소 아이가 사실 천부적 재능이 높다는 것을 발견했고, 동시에 칭찬의 중요성을 알게 되었다.

[86]모든 사람의 성장은 전부 하나의 과정이 필요하다. 총명한 사람은 제때에 칭찬할 줄 알고 더 긍정적이며 적게 지적한다. 그리하여 상대방으로 하여금 격려를 받아 더 진보하게 한다.

단어　创作 chuàngzuò 통 창작하다 | 优秀 yōuxiù 형 우수하다 | 严格 yángé 형 엄격하다 | 笨 bèn 형 멍청하다 | 搭配 dāpèi 통 배합하다, 조합하다 | 尽管 jǐnguǎn 접 비록 ~라 하더라도 | 像样 xiàngyàng 형 그럴듯하다 | 放弃 fàngqì 통 포기하다 | 来访 láifǎng 통 내방하다, 방문하다 | 深入 shēnrù 형 깊다 | 交谈 jiāotán 통 이야기를 나누다 | 一番 yìfān 양 한차례 | 天赋 tiānfù 명 타고난 소질 | 难道 nándào 부 설마 ~란 말인가? | 一辈子 yíbèizi 명 한평생, 이제껏 | 技巧 jìqiǎo 명 기교, 곡예 | 坦率 tǎnshuài 형 솔직하다 | 争取 zhēngqǔ 통 ~하려고 힘쓰다 | 赞扬 zànyáng 통 찬양하다, 칭찬하다 | 简直 jiǎnzhí 부 그야말로 | 过程 guòchéng 명 과정 | 适时 shìshí 형 제때에 하다 | 称赞 chēngzàn 통 칭찬하다 | 批评 pīpíng 통 비판하다, 지적하다 | 上进 shàngjìn 통 향상하다, 진보하다

83 朋友认为问题出在哪儿?　친구는 문제가 어디에 있다고 여기는가?

A 孩子对色彩不敏感	A 아이는 색채에 대해 둔하다
B 父母的教育方法不对	B 부모의 교육 방법이 잘못되었다
C 孩子不够专心	C 아이는 몰두하는 것이 부족하다
D 孩子缺乏自信	D 아이는 자신감이 부족하다

단어 敏感 mǐngǎn 혱 민감하다 | 专心 zhuānxīn 혱 몰두하다, 열중하다 | 缺乏 quēfá 통 결여되다, 부족하다

해설 '朋友(친구)'가 등장하는 것은 두 번째 문단부터이다. 밑줄 친 문장에서 '그는 아이가 그림 그리는 것에 천부적 재능이 있으나 부모가 교육을 잘 못한다고 여겼다'라는 내용을 통하여 문제는 부모의 교육 방법에 있었음을 알 수 있다. 그러므로 정답은 B 이다.

84 一年后看到孩子的作品时，那对夫妇:　1년 후 아이의 작품을 봤을 때, 그 부부는 :

A 特别吃惊	A 아주 놀랐다
B 感到很亲切	B 매우 친숙하게 느꼈다
C 更加悲观了	C 더 비관적이었다
D 更加惊慌	D 더 허둥지둥했다

단어 吃惊 chījīng 통 놀라다 | 亲切 qīnqiè 혱 친절하다, 친근하다 | 惊慌 jīnghuāng 혱 놀라 허둥대다

해설 질문의 키워드는 '一年后(1년 후)'이다. 이 표현은 여섯 번째 문단에서 처음 등장한다. 밑줄 친 문장에서 '1년 후 화가 부부가 다시 아이의 작품을 봤을 때 그들은 그야말로 자신들의 눈을 믿지 못했다. 이때 그들은 비로소 아이가 사실 천부적 재능이 높다는 것을 발견했고, 동시에 칭찬의 중요성을 알게 되었다'라는 내용을 통해 부부가 아주 놀랐음을 알 수 있다. 그러므로 정답은 A이다.

85 根据上文，下列哪项正确?　위 글에 근거하여, 다음 중 옳은 것은?

A 朋友劝孩子放弃学画	A 친구가 아이에게 그림 그리는 것을 포기하라고 권유했다
B 孩子一直很佩服他的父母	B 아이는 계속 그의 부모에 대해 감탄했다
C 画家夫妇很盼望儿子成才	C 화가 부부는 아들이 인재가 되기를 간절히 바랐다
D 孩子总爱抱怨	D 아이는 늘 원망했다

단어 劝 quàn 통 권하다 | 佩服 pèifú 혱 감탄하다 | 盼望 pànwàng 통 간절히 바라다 | 抱怨 bàoyuàn 통 원망하다

해설 첫 번째 문단의 밑줄 친 문장에서 '한 쌍의 화가 부부가 아들도 화가가 되어서 그들보다 더 우수한 작품을 창작하기 원했다'라고 했다. 부부는 아이가 훌륭한 화가가 되기를 원했으므로 정답은 C이다.

86 上文主要想告诉我们:　위 글이 우리에게 주로 말하고자 하는 것은 :

A 要体贴父母	A 부모를 자상하게 돌봐야 한다
B 要虚心接受他人的意见	B 다른 사람의 의견을 겸허하게 받아들여야 한다
C 要因材施教	C 피교육자의 수준에 따라 그에 맞는 교육을 해야 한다
D 要懂得称赞他人	D 타인을 칭찬하는 방법을 알아야 한다

단어 体贴 tǐtiē 통 자상하게 돌보다 | 因材施教 yīncái shījiào 솅 피교육자의 수준에 따라 그에 맞는 교육을 하다

해설 주제를 찾는 문제는 일반적으로 글의 가장 마지막 부분에서 찾을 수 있다. 글의 가장 마지막 문장에서 '모든 사람의 성장은 전부 하나의 과정이 필요하다. 총명한 사람은 제때에 칭찬할 줄 알고 더 긍정적이며 적게 지적한다. 그리하여 상대방으로 하여금 격려를 받아 더 진보하게 한다'라고 했기 때문에 정답은 D이다.

87-90

彩虹是一种光学现象。当阳光折射到空气中的水滴，光线被反射和折射后，天空中就会形成拱形的七彩光谱。

其实只要空气中有水滴，而阳光正在我们的背后以低角度照射，我们就有可能看到彩虹。[87]彩虹最常在雨后初晴时出现。这时空气中灰尘少，充满小水滴，天空的一边因为仍有雨云而较暗。而我们头上或背后已没有云的遮挡，阳光可以照过来，这样就比较容易看到彩虹。另一个经常可见到彩虹的地方是瀑布附近。[88]此外，在天气晴朗的时候，背对着阳光，然后向空中喷洒水雾，还可以人工制造彩虹。

晚虹是彩虹中少见的一种奇特现象，最可能在月光强烈的夜晚出现。但[89]因夜间光线比较暗，我们的视力变弱，眼睛难以分辨颜色，因此晚虹看起来好像是白色的。

一般来说，[90]彩虹有7种颜色，但到底是哪7种，说法却不同。一种说法是：红、橙、黄、绿、青、蓝、紫。另一种说法是：红、橙、黄、绿、蓝、靛、紫。但不管怎样，彩虹的美都给了我们无尽的遐想，彩虹的形象也经常出现在神话等文学作品中，承载了人们美好的希望。

무지개는 일종의 광학 현상이다. 햇빛이 공기 중의 물방울에 굴절되면 광선은 반사와 굴절된 후 하늘에 아치형의 일곱 가지 스펙트럼을 형성한다.

사실 공기 중에는 물방울이 있는데 햇빛이 우리 뒤쪽에서 낮은 각도로 비출 때 우리는 무지개를 볼 가능성이 있다. [87]무지개는 비가 온 후 막 날씨가 갤 때 가장 흔히 나타난다. 이때 공기 중의 먼지는 적고, 작은 물방울이 충만하며 하늘의 한쪽은 아직 비구름이 있기 때문에 어두운 편이다. 그러나 우리 머리 위 혹은 뒤쪽에 이미 구름의 방해물이 없어져 햇빛이 비출 수 있어야 비교적 쉽게 무지개를 볼 수 있다. 또 하나 무지개를 자주 볼 수 있는 지역은 폭포 근처이다. [88]이 외에, 날씨가 구름 한 점 없이 맑을 때 햇빛을 등지고 공중을 향해 물방울을 뿌리면 인공 무지개를 만들어 낼 수 있다.

밤 무지개는 무지개 중에서도 보기 드문 독특한 현상으로 달빛이 강렬한 밤에 가장 잘 나타난다. 하지만 [89]밤 사이 광선은 비교적 어둡고 우리의 시력은 약해져서, 색깔을 분별하기 힘들어 밤 무지개는 흰색처럼 보일 것이다.

일반적으로 말하면 [90]무지개는 일곱 가지 종류의 색깔이 있지만, 도대체 어떤 일곱 가지 종류인지 말하는 게 다 다르다. 한 견해는 빨, 주, 노, 초, 파, 남, 보이고, 다른 한 견해는 빨, 주, 노, 초, 남, 청남, 보이다. 하지만 어찌됐든 무지개의 아름다움은 우리에게 모두 끝없는 상상을 하게 하고, 무지개의 형상 역시 계속해서 신화 등의 문학 작품에 자주 나타나, 사람들의 아름다운 희망을 지탱해 준다.

단어　彩虹 cǎihóng 몡 무지개 ｜ 光学 guāngxué 몡 광학 ｜ 折射 zhéshè 동 (빛이나 음파 등이) 굴절하다 ｜ 水滴 shuǐdī 몡 물방울 ｜ 反射 fǎnshè 동 반사하다 ｜ 拱形 gǒngxíng 몡 아치형 ｜ 光谱 guāngpǔ 몡 스펙트럼 ｜ 角度 jiǎodù 몡 각도 ｜ 照射 zhàoshè 동 비치다 ｜ 雨后初晴 yǔhòu chūqíng 비가 온 후에 막 날씨가 개다 ｜ 灰尘 huīchén 몡 먼지 ｜ 遮挡 zhēdǎng 몡 방해물 ｜ 瀑布 pùbù 몡 폭포 ｜ 晴朗 qínglǎng 혱 쾌청하다, 구름 한 점 없이 맑다 ｜ 喷洒 pēnsǎ 동 분사하다, 뿌리다 ｜ 水雾 shuǐwù 몡 물안개, 물방울 ｜ 制造 zhìzào 동 제조하다, 조성하다 ｜ 奇特 qítè 혱 이상하다, 독특하다 ｜ 分辨 fēnbiàn 동 분별하다 ｜ 不管 bùguǎn 젭 ～을 막론하고 ｜ 遐想 xiáxiǎng 몡 끝없는 상상을 하다 ｜ 承载 chéngzài 동 (무게를) 지탱하다

87

根据上文，什么时候最容易看到彩虹?

A 雨后天晴的下午
B 有大雾的早晨
C 傍晚
D 月圆之夜

위 글에 근거하여, 언제 가장 쉽게 무지개가 보이는가?

A 비 온 후 맑은 오후
B 안개가 많이 낀 새벽
C 저녁 무렵
D 달이 둥근 밤

단어　傍晚 bàngwǎn 몡 저녁 무렵

해설　무지개가 나타나는 배경에 대해서 언급한 것은 두 번째 문단부터이다. 밑줄 친 문장에서 '무지개는 비가 온 후 막 날씨가 갤 때 가장 흔히 나타난다'라고 했기 때문에 정답은 A이다.

88 关于彩虹现象，下列哪项正确？ | 무지개 현상에 관하여, 다음 중 옳은 것은?

A 能人工制造 | A 인공적으로 만들 수 있다
B 灰尘越多越明显 | B 먼지가 많을수록 분명히 드러난다
C 出现的地点固定 | C 출현하는 지점이 고정적이다
D 持续时间很短 | D 지속되는 시간이 매우 짧다

 人工 réngōng ⑱ 인공의 │ 明显 míngxiǎn ⑱ 뚜렷하다, 분명히 드러나다 │ 固定 gùdìng ⑱ 고정되다

해설 A의 '人工制造'은 '인공으로 제조하다'라는 의미이다. 그리고 이 단어는 두 번째 문단의 마지막 문장에 나온다. '이 외에, 날씨가 구름 한 점 없이 맑을 때 햇빛을 등지고 공중을 향해 물방울을 뿌리면 인공 무지개를 만들어 낼 수 있다'라고 했기 때문에 정답은 A이다.

---

89 为什么晚虹看上去像是白色的？ | 왜 밤 무지개는 흰색으로 보이는가？

A 刚下过雷阵雨 | A 천둥과 번개를 동반한 소나기가 막 내려서
B 被月亮的光遮住了 | B 달에 의해 빛이 가려져서
C 人的视力晚上较弱 | C 사람의 시력이 저녁에 비교적 약해서
D 光线太亮 | D 광선이 매우 밝아서

 雷阵雨 léizhènyǔ ⑲ 천둥과 번개를 동반한 소나기 │ 遮住 zhēzhù ⑧ 덮다

해설 C의 '较弱'는 '比较弱(비교적 약하다)'의 줄임말이며 C의 내용은 세 번째 문단에서 언급되고 있다. 밑줄 친 문장에서 '밤 사이 광선은 비교적 어둡고 우리의 시력은 약해져서 색깔을 분별하기 힘들어 밤 무지개는 흰색처럼 보일 것이다'라고 하였으며 여기에서 쓰인 '变弱(약하게 변하다)'가 C에서 '(比)较弱(비교적 약하다)'로 바뀌어 출제가 되었음을 알 수 있다. 그러므로 정답은 C이다.

---

90 根据第4段，可以知道： | 네 번째 문단에 근거하여, 알 수 있는 것은：

A 彩虹颜色单调 | A 무지개 색깔은 단조롭다
B 彩虹颜色不一 | B 무지개 색깔은 같지 않다
C 彩虹是人们的空想 | C 무지개는 사람들의 공상이다
D 彩虹形状复杂 | D 무지개 형상은 복잡하다

 单调 dāndiào ⑱ 단조롭다 │ 空想 kōngxiǎng ⑲ 공상

해설 마지막 문단의 밑줄 친 문장에서 무지개에 일곱 가지 색깔이 있다고 언급했다. 그렇기 때문에 A는 정답이 될 수 없고, B가 정답이다.

三　书 写

第 一 部 分

91

| 请　勿在　　抽烟　　楼里 |

정답　请勿在楼里抽烟。　　　　건물 안에서 흡연하지 마세요.

단어　勿 wù 囝 ~하지 마라 ｜ 抽烟 chōuyān 동 흡연하다 ｜ 楼 lóu 몡 건물

해설　'请'은 '부탁하다'라는 의미의 동사로 보통은 문장 맨 앞에서 부탁을 할 때 쓰이며 뒤의 내용 전체를 목적어로 받는다. '勿'는 '하지 마라'라는 부정부사이며 '在(~에서)'는 개사, '楼里(건물 안)'는 명사이기 때문에 순서대로 '抽烟(흡연하다)'이라는 동사 앞에 나왔다. 본디 '勿在楼里抽烟(건물 안에서 흡연하지 말라)' 자체가 하나의 문장이지만 '请(부탁하다)' 뒤에 나와서 '请(부탁하다)'에 대한 목적어로 쓰였다.

请　勿在楼里 抽烟。
술어　　목적어

92

| 做过　　他曾经　　主持人　　广播站的 |

정답　他曾经做过广播站的主持人。　　그는 일찍이 방송국의 사회자를 한 적이 있다.

단어　曾经 céngjīng 囝 일찍이 ｜ 主持人 zhǔchírén 몡 사회자 ｜ 广播站 guǎngbōzhàn 몡 방송센터

해설　'曾经'은 '일찍이'라는 부사로서 동사 뒤에 '过'나 '了'를 동반한다. 또한 '做' 뒤에 직업이 나오면 그 직업을 '하다'라는 의미로 '做…主持人'은 '사회자를 하다'라는 의미이다.

他　　曾经　　做过　　广播站的　　主持人。
주어　부사어　술어　　관형어　　　목적어

93

| 专家的肯定　　发明　　得到了　　这项 |

정답　这项发明得到了专家的肯定。　　이 발명은 전문가의 인정을 받았다.

단어　专家 zhuānjiā 몡 전문가 ｜ 肯定 kěndìng 몡 긍정 ｜ 发明 fāmíng 몡 발명 ｜ 项 xiàng 양 항목, 조항

해설　'项'은 '항목', '조항' 등을 세는 양사로, '发明(발명)' 또한 셀 수 있다. 이 문장의 술어는 '得到(얻다)' 이기에 '긍정을 얻다'라는 '술어 + 목적어' 구조로 써야 한다. '肯定'은 '확실히', '틀림없이'라는 부사의 뜻이 있지만, 명사형으로 쓰면 '긍정', '인정'이라는 의미의 명사가 된다.

这项　　发明　　得到了　　专家的　　肯定。
관형어　주어　　술어　　　관형어　　목적어

94

| 能　　你　　宴会　　出席今晚的　　吗 |

정답　你能出席今晚的宴会吗?　　너는 오늘 저녁 연회에 참석할 수 있니?

단어　宴会 yànhuì 몡 연회 ｜ 出席 chūxí 동 출석하다, 참석하다

해설 '出席…宴会'는 '연회에 참석하다'라는 의미의 '술어 + 목적어' 구조이다. '能'은 '할 수 있다'라는 뜻의 조동사이기 때문에 술어인 '出席(참석하다)' 앞에 위치하고 어기조사 '吗'는 문장 끝에서 의문형을 만든다.

你　　能　　出席　今晚的　宴会　吗?
주어　부사어　술어　관형어　목적어

95

尽快　　请　　办理保险　　您　　手续

정답 请您尽快办理保险手续。 | 당신은 되도록 빨리 보험 수속을 밟아주세요.

단어 尽快 jǐnkuài 분 되도록 빨리 | 办理 bànlǐ 동 처리하다 | 保险 bǎoxiǎn 명 보험 | 手续 shǒuxù 명 수속

해설 '请'은 '부탁하다'라는 의미로 보통은 문장 맨 앞에서 부탁을 할 때 쓰이며 뒤의 내용 전체를 목적어로 받는다. 또한 '办理…手续'는 '수속을 밟는다'라는 의미의 '술어 + 목적어' 구조이며 '尽快'는 '되도록 빨리'라는 의미의 부사이므로 동사인 '办理(처리하다)' 앞에 위치한다. 본디 '您尽快办理保险手续(당신은 최대한 빨리 보험 수속을 밟는다)' 자체가 하나의 문장이지만 '请(부탁하다)' 뒤에서 전체가 목적어로 쓰인다.

请　　您　　尽快　办理　保险手续。
　　　주어　관형어　술어　목적어
술어　　　　　　목적어

96

相关材料　　把　　我已经　　发给她了

정답 我已经把相关材料发给她了。 | 나는 이미 관련 자료를 그녀에게 보냈다.

단어 相关材料 xiāngguān cáiliào 명 관련 자료 | 把 bǎ 개 ~를 | 已经 yǐjing 분 이미 | 发 fā 동 보내다

해설 술어 앞에서 술어를 꾸며 주는 부사어는 '부사 + 조동사 + 개사 + 명사'의 순서대로 술어 앞에 온다. '把(~를)'는 개사이므로 '相关材料(관련 자료)'와 함께 개사구를 이루어 술어 앞에서 부사어로 쓰인다. 또한 개사인 '把(~를)' 앞에는 부사가 올 수 있기 때문에 '已经(이미)'은 '把(~를)' 앞에 위치한다.

我　　已经把相关材料　发　给她了。
주어　　　부사어　　　술어　보어

97

没有想象的　　那么　　糟糕　　并　　事情

정답 事情并没有想象的那么糟糕。 | 일이 결코 상상하는 것만큼 그렇게 나쁘지 않다.

단어 想象 xiǎngxiàng 동 상상하다 | 那么 nàme 대 그렇게 | 糟糕 zāogāo 형 엉망이다 | 并 bìng 분 결코

해설 'A 没有 B (这么/那么) 술어'의 구조는 'A는 B만큼 ~하지 않다'라는 의미의 비교문 구조이다. 이때 '没有'는 '없다'는 뜻이 아니라 '~만큼 ~하지 않다'라는 의미이며 '没有'의 앞과 뒤에는 명사형이 들어간다. 그러므로 '想象的'는 '상상하는 것'이라는 명사이다.

事情　并没有想象的 那么　糟糕。
주어　　　부사어　　　술어

98

这次的　　5月底　　夏令营　　将持续到　　活动

정답 这次的夏令营活动将持续到5月底。 | 이번 여름 캠프 활동은 장차 5월 말까지 계속될 것이다.

단어 月底 yuèdǐ 명 월말 | 夏令营 xiàlìngyíng 명 여름 캠프 | 将 jiāng 분 장차 | 持续 chíxù 동 지속하다

해설 '将'은 '장차'라는 부사이기 때문에 술어 앞에 들어가고 '到'는 술어 뒤에서 '~까지'라는 의미를 나타낸다.

这次的　夏令营活动　将　持续　到5月底。
관형어　　　주어　부사어　술어　보어

第 二 部 分

99-100

99

失败、目标、勇敢、收获、面对

모범답안

　　人生的旅程中，没有完全的一帆风顺，我们都会经历一定的艰难和挫折。虽有**失败**，但我们应该**勇敢**地**面对**。树立坚定的**目标**，加之不懈地努力，相信一定会取得成功。为了更大的**收获**，请继续努力前行。

　　인생의 여정 중에 완전히 순조롭게 진행되는 일은 없다. 우리는 모두 상당한 고난과 좌절을 반드시 겪을 것이다. 비록 실패하더라도 우리는 마땅히 용감하게 직면해야 한다. 확실한 목표를 세워야 하고, 더 꾸준히 노력해야 하며, 반드시 성공할 것이라고 믿어야 한다. 더 큰 수확을 위해 계속 노력하여 앞으로 나아가야 한다.

단어 **失败** shībài 명 패배, 실패 | **目标** mùbiāo 명 목표 | **勇敢** yǒnggǎn 형 용감하다 | **收获** shōuhuò 명 수확, 성과 | **面对** miànduì 동 직면하다, 대면하다 ‖ **旅程** lǚchéng 명 여정 | **一帆风顺** yìfān fēngshùn 정 순풍에 돛을 올리다, 일이 순조롭게 진행되다 | **艰难** jiānnán 형 곤란 | **挫折** cuòzhé 명 좌절 | **继续** jìxù 부 계속

100

모범답안

　　在无聊的时候，是否有它的陪同？孤单的时候，是否有它的陪伴？在它们有生命危险的时候，是否想到了保护它？狗，人类忠诚的朋友，但仍有人肆意杀害它。希望您能善待朋友、善待忠实的它们，善待每一个可贵的生命。

　　심심할 때 그것의 동반자가 있는가? 외로울 때 그것의 동반자가 있는가? 그것들의 생명이 위험할 때 그것을 보호할 생각을 하는가? 개는 인류에게 충성스러운 친구이다. 하지만 여전히 마음대로 그것을 학대하는 사람이 있다. 당신이 친구를 잘 대해 주고, 충실한 그것들을 잘 대해 주며, 모든 고귀한 생명을 잘 대해 주길 바란다.

단어 **无聊** wúliáo 형 심심하다 | **是否** shìfǒu 부 ~인지 아닌지 | **陪同** péitóng 명 동반자 | **孤单** gūdān 형 외롭다 | **陪伴** péibàn 명 동반자 | **危险** wēixiǎn 명 위험 | **忠诚** zhōngchéng 형 충성하다 | **肆意** sìyì 부 마음대로 | **善待** shàndài 동 잘 대접하다

新汉语水平考试

실전 모의고사 해설

제4회

第 一 部 分

 1-20

1

男: 这款窗帘样式不错，颜色也好看，我们就选它吧。
女: 我也觉得设计风格不错，就是布料太薄了，恐怕会透光。

问: 女的觉得窗帘怎么样?

A 样式老
B 颜色太鲜艳
C 布料不够厚
D 不吸水

남: 이 커튼 스타일이 괜찮네. 색깔도 예쁘니 우리 이걸로 선택하자.
여: 나도 디자인이 괜찮다고 생각했어. 단지 천이 너무 얇아서 빛이 통과될 것 같아.

문: 여자는 커튼이 어떻다고 생각하는가?

A 스타일이 구식이다
B 색깔이 너무 화려하다
C 천이 두껍지 않다
D 물을 흡수하지 않는다

단어 窗帘 chuānglián 뗑 커튼 | 样式 yàngshì 뗑 양식, 스타일, 모양 | 设计 shèjì 뗑 설계, 디자인 | 风格 fēnggé 뗑 풍격, 스타일 | 布料 bùliào 뗑 옷감, 천 | 薄 báo 뛩 얇다 | 恐怕 kǒngpà 뛛 아마 ~일 것이다 | 透光 tòuguāng 뚱 빛이 통과하다 ‖ 鲜艳 xiānyàn 뛩 화려하다 | 厚 hòu 뛩 두껍다 | 吸水 xīshuǐ 뚱 흡수하다

해설 '就是…'는 '바로 ~이다'라는 뜻이 있지만 '단지'라는 의미도 있다. 보통 '就是'가 '단지'라는 의미로 쓰일 때엔 '다른 것은 좋지만 단지 이것이 좋지 않다'라고 하는 이야기 구조로 출제가 됨을 알아야 한다. 대화에서 디자인은 괜찮지만 단지 천이 너무 얇다고 했으며 이때의 '薄(얇다)'는 보기의 '不够厚(두껍지 않다)'와 같은 의미이기 때문에 정답은 C이다.

2

女: 你今天怎么这么没精神，你是不是又熬夜看球赛了?
男: 是，昨晚的比赛很精彩，我支持的球队进决赛了。

问: 男的昨晚为什么熬夜?

A 修改论文
B 做简历
C 整理会议材料
D 看球赛

여: 너 오늘 왜 이렇게 정신이 없니. 또 밤새서 경기를 본 거야?
남: 응. 어젯밤 경기 정말 훌륭했어. 내가 응원한 팀이 결승전에 올라갔거든.

문: 남자는 어젯밤 왜 밤을 샜는가?

A 논문을 고치느라
B 이력서를 쓰느라
C 회의 자료를 정리하느라
D 경기를 보느라

단어 熬夜 áoyè 뚱 밤새다 | 精彩 jīngcǎi 뛩 훌륭하다 | 支持 zhīchí 뚱 지지하다 | 球队 qiúduì 뗑 (구기 종목의) 팀 | 决赛 juésài 뗑 결승 ‖ 修改 xiūgǎi 뚱 고치다, 수정하다 | 论文 lùnwén 뗑 논문 | 简历 jiǎnlì 뗑 이력서 | 材料 cáiliào 뗑 자료

해설 新HSK 5급 듣기의 대화 영역은 대부분 정답을 그대로 들려주는 경우가 많다. 특히 첫마디에 주의해야 한다. '너 또 밤새서 경기를 본 것이니?'라고 했기 때문에 그가 밤을 샌 이유가 D라는 것을 알 수 있다. 그러므로 정답은 D이다.

3

女：刘师傅，这台电脑你有把握修好吗？
男：估计是某个零件坏了，我得拆开看看才能确定。

问：男的最可能是做什么的？

A　维修工
B　企业领导
C　教练
D　会计

여：리우 기사님, 이 컴퓨터를 고칠 자신 있으세요?
남：추측하건데 어떤 부품이 망가진 것 같아요. 뜯어서 보아야 확실히 알 것 같아요.

문：남자는 아마도 무엇을 하는 사람인가?

A　수리공
B　기업 대표
C　코치
D　회계사

단어 把握 bǎwò 圆 자신감 | 估计 gūjì 匽 추측하다 | 零件 língjiàn 圆 부속품, 부품 | 拆开 chāikāi 匽 뜯다, 떼어 내다 | 确定 quèdìng 匽 확정하다 ‖ 维修工 wéixiūgōng 圆 수리공 | 企业 qǐyè 圆 기업 | 领导 lǐngdǎo 圆 지도자, 대표 | 教练 jiàoliàn 圆 코치 | 会计 kuàijì 圆 회계사

해설 '把握'가 동사로 쓰이면 '장악하다', '파악하다'라는 의미이지만 명사로 쓰이면 '자신감'이라는 의미가 된다. 여자가 남자에게 '이 컴퓨터를 고칠 자신이 있는가?'라고 물어봤기 때문에 남자의 직업은 컴퓨터를 고치는 수리공이라는 것을 알 수 있으므로 정답은 A이다.

4

男：这些照片，色彩明亮，视角独特，一看就是经验丰富的摄影师拍的。
女：这都是我老公的作品，当中有几张还获过大奖呢。

问：男的觉得那些照片怎么样？

A　光太强
B　拍得很专业
C　很结实
D　有些模糊

남：이 사진들은 색채가 밝고 앵글이 독특하네. 보자마자 경험이 풍부한 사진사가 찍었다는 걸 알겠어.
여：이 모든 것은 내 남편의 작품이야. 이 중에는 큰 상을 받은 것도 몇 장 있어.

문：남자는 그 사진들이 어떻다고 생각하는가?

A　빛이 너무 강하다
B　전문적으로 찍었다
C　매우 견고하다
D　조금 흐리다

단어 色彩 sècǎi 圆 색채 | 明亮 míngliàng 匓 밝다 | 视角 shìjiǎo 圆 시각, 앵글 | 经验 jīngyàn 圆 경험, 체험 | 摄影师 shèyǐngshī 圆 사진사 | 获奖 huòjiǎng 匽 상을 타다 ‖ 专业 zhuānyè 匓 전문적이다 | 结实 jiēshi 匓 단단하다, 견고하다 | 模糊 móhu 匓 모호하다

해설 '一 A 就 B' 구조는 'A 하자마자 B하다'라는 의미이다. 대화에서는 이 구문을 사용하여 '보자마자 경험이 풍부한 사진사가 찍었다는 걸 알겠다'라고 했기 때문에 정답은 B이다.

5

女：我银行卡丢了，得去银行挂失一下。
男：那你赶紧去吧。晚上我们直接在咖啡厅碰面吧。

问：他们晚上在哪儿见面？

A　咖啡厅
B　银行
C　酒吧
D　公寓

여：나 현금 카드를 잃어버려서 은행에 가서 분실 신고를 해야 해.
남：그러면 빨리 가. 저녁에 우리 곧바로 커피숍에서 만나자.

문：그들은 저녁에 어디에서 만나는가?

A　커피숍
B　은행
C　술집
D　아파트

단어 挂失 guàshī 匽 분실 신고를 하다 | 赶紧 gǎnjǐn 囝 서둘러 | 直接 zhíjiē 匓 직접적인 | 碰面 pèngmiàn 匽 만나다

 장소를 묻는 문제에서 가장 주의해야 할 것은 대화에서 장소를 두 개 이상 언급했을 때 어떤 것을 정답으로 선택할 것인가에 있다. 여자가 첫마디에서 '银行卡(현금 카드)'라고 했기 때문에 은행을 정답으로 생각할 수는 있지만, 남자가 마지막에 '저녁에 우리 곧바로 커피숍에서 만나자'라고 했기 때문에 그들이 만날 장소는 A라는 것을 알 수 있다. 그러므로 정답은 A이다.

6

男：今晚烧烤用的东西都准备好了吗?
女：差不多了，一会儿再买几瓶矿泉水就可以了。

问：他们还需要买什么?

A 橘子
B 饺子
C 香肠
D 矿泉水

남: 오늘 저녁 바비큐용 도구는 모두 준비됐어?
여: 거의 되었어. 이따가 생수 몇 병만 더 사면 돼.

문: 그들은 무엇을 더 사야 하는가?

A 귤
B 만두
C 소시지
D 생수

단어 烧烤 shāokǎo 동 불에 굽다 | 矿泉水 kuàngquánshuǐ 명 생수 ‖ 橘子 júzi 명 귤 | 香肠 xiāngcháng 명 소시지

해설 대화를 듣기 전에 보기를 미리 읽으면 정답을 찾기에 훨씬 용이하다. 여자가 '이따가 생수 몇 병만 더 사면 된다'라고 했기 때문에 정답은 D이다.

7

男：真奇怪，电话怎么突然断了?
女：地下室的信号不太稳定，明天找个维修工看看吧。

问：他们最可能在哪儿?

A 地下室
B 大厦顶层
C 操场上
D 胡同里

남: 정말 이상하네. 전화가 어째서 갑자기 끊어졌지?
여: 지하실의 신호가 안정적이지 않아서 그래. 내일 수리공을 불러서 살펴보자.

문: 그들은 아마도 어디에 있는가?

A 지하실
B 빌딩 꼭대기 층
C 운동장
D 골목

단어 断 duàn 동 자르다, 끊다 | 稳定 wěndìng 형 안정되다 | 维修工 wéixiūgōng 명 수리공 ‖ 大厦 dàshà 명 빌딩 | 顶层 dǐngcéng 명 맨 꼭대기 층 | 操场 cāochǎng 명 운동장 | 胡同 hútòng 명 골목

해설 전화가 끊어진 이유에 대해 설명하면서 여자가 '지하실의 신호가 안정적이지 않다'라고 했다. 이를 통해 현재의 위치는 지하실이라는 것을 알 수 있다. 그러므로 정답은 A이다.

8

男：妈妈，我的玩具车为什么不动了?
女：电池没电了，我给它换节电池就好了。

问：玩具车为什么不动了?

A 没电了
B 没放电池
C 缺零件
D 被东西挡住了

남: 엄마, 제 장난감 자동차가 왜 안 움직이는 거죠?
여: 건전지가 다 닳아서 그래. 내가 그것의 건전지를 갈아 끼우면 된단다.

문: 장난감 자동차가 왜 움직이지 않는가?

A 건전지가 다 닳았다
B 건전지를 넣지 않았다
C 부품이 부족하다
D 물건에 가려졌다

단어 玩具 wánjù 명 장난감 | 电池 diànchí 명 (건전지) ‖ 缺 quē 동 결핍하다, 부족하다 | 零件 língjiàn 명 부속품, 부품 | 挡住 dǎngzhù 동 저지하다, 가리다

해설 A와 B의 의미를 구별할 필요가 있다. A의 '没电了'는 '(건전지가) 다 닳았다'라는 뜻이고 B의 '没放电池'은 '건전지를 넣지 않았다'라는 뜻이다. 대화에서는 '电池没电了(건전지가 다 닳았다)'라고 했기 때문에 정답은 A이다.

9

男：你知道怎么在网上预约挂号吗？
女：我也没做过，你上网搜索一下吧。

问：男的想做什么？

A 浏览网页
B 上网购物
C 上网挂号
D 上网订餐

남：너 인터넷에서 어떻게 예약 접수 하는지 알아？
여：나도 해 본 적이 없어. 인터넷에서 검색해 봐.

문：남자는 무엇을 하고 싶은가？

A 인터넷 홈페이지를 둘러본다
B 인터넷에서 구매한다
C 인터넷에서 접수한다
D 인터넷에서 음식을 주문한다

단어　预约 yùyuē 동 예약하다 | 挂号 guàhào 동 등록하다, 접수시키다 | 搜索 sōusuǒ 동 검색하다 ‖ 浏览 liúlǎn 동 대충 훑어보다 | 网页 wǎngyè 명 인터넷 홈페이지 | 购物 gòuwù 동 구입하다

해설　대화에서 언급된 '预约挂号'는 '예약 접수'라는 의미로 남자는 인터넷에서 예약 접수하는 것을 여자에게 물어봤으므로 정답은 C이다.

10

男：你的商店什么时候开始营业？
女：正在办理营业执照，估计这个月中旬能开业。

问：商店什么时候能开业？

A 暑假期间
B 这个月中旬
C 春节之前
D 礼拜天

남：네 가게는 언제 영업을 시작하니？
여：지금 사업자등록증을 발급받고 있어. 아마도 이번 달 중순에는 개업할 수 있을 거야.

문：가게는 언제 개업할 수 있는가？

A 여름 방학 기간
B 이번 달 중순
C 설 전
D 일요일

단어　营业 yíngyè 동 영업하다 | 办理 bànlǐ 동 처리하다 | 执照 zhízhào 명 면허증, 허가증 | 中旬 zhōngxún 명 중순 | 暑假 shǔjià 명 여름 방학 ‖ 礼拜 lǐbài 명 주, 요일

해설　대화에서 쓰인 '营业'는 '영업하다', '执照'는 '면허증', '허가증'이라는 의미이지만, 붙여서 '营业执照'라고 하면 '사업자등록증'이라는 의미가 된다. '아마도 이번 달 중순에는 개업할 수 있을 것이다'라고 했기 때문에 정답은 B이다.

Tip　'办理' 관련 술목구조

办理…业务　~업무를 처리하다　　　办理…手续　~수속을 밟다　　　办理…保险　~보험을 처리하다

11

男：这个房子，采光挺好的，就是厨房稍微有点儿小。
女：不要紧，您可以买套组合家具，这样能节省不少空间。

问：男的觉得那个房子怎么样？

A 附近太吵
B 厨房较小
C 不通风
D 很潮湿

남：이 집은 채광은 좋은데 단지 주방이 조금 작네요.
여：괜찮아요. 조립식 가구를 사면 적지 않은 공간을 절약할 수 있어요.

문：남자는 그 집이 어떻다고 생각하는가？

A 주변이 너무 시끄럽다
B 주방이 작은 편이다
C 통풍이 되지 않는다
D 습하다

단어　采光 cǎiguāng 명 채광 | 稍微 shāowēi 부 조금 | 组合 zǔhé 명 조합 | 家具 jiājù 명 가구 | 节省 jiéshěng 동 절약하다 ‖ 吵 chǎo 형 시끄럽다 | 通风 tōngfēng 형 공기가 통하다 | 潮湿 cháoshī 형 습하다

해설　'就是…'는 '바로 ~이다'라는 의미도 있지만 대화에서는 '단지'라는 의미로 쓰였다. 또한 '就是'가 '단지'라고 쓰일 때 그 뒤에 나오는 내용이 정답이 될 확률이 높다. '채광은 좋은데 단지 주방이 조금 작다'라고 했기 때문에 정답은 B이다.

12

男：最近股市行情不错，我选的那几个股票都上涨了。

女：<u>不过投资风险也挺大的，你一定要谨慎点儿吧。</u>

问：女的劝男的怎么做？

A 卖掉股票
B 去学理财
C 谨慎投资
D 再检查一下

남：최근 주식 시장 시세가 좋아. 내가 고른 주식 몇 개가 모두 올랐어.

여：<u>그러나 투자 위험도 꽤 커. 너는 반드시 신중해야 해.</u>

문：여자는 남자에게 어떻게 하기를 권하는가?

A 주식을 다 팔아 버린다
B 재테크를 배우러 간다
C 신중히 투자한다
D 다시 검사한다

단어 股票 gǔpiào 명 주식 | 行情 hángqíng 명 시세 | 涨 zhǎng 동 오르다 | 投资 tóuzī 동 투자하다 | 风险 fēngxiǎn 명 모험, 위험 | 谨慎 jǐnshèn 형 신중하다 ‖ 理财 lǐcái 동 재산을 관리하다 | 检查 jiǎnchá 동 검사하다

해설 대화에서 쓰인 '股市'는 '股票市场(주식 시장)'의 준말이다. 본인이 선택한 주식이 모두 올랐다는 남자의 말에 여자가 '그러나 투자 위험도 꽤 크다. 너는 반드시 신중해야 한다'라고 했기 때문에 정답은 C이다.

13

女：我电脑中病毒了，你帮我重新安装系统吧。

男：好，你先把电脑里的重要资料备份一下。

问：电脑怎么了？

A 键盘坏了
B 硬盘坏了
C 中病毒了
D 显示器有问题

여：내 컴퓨터가 바이러스에 걸렸어. 시스템을 다시 설치하는 것 좀 도와줘.

남：알겠어. 너는 먼저 컴퓨터 안의 중요한 자료를 백업해 둬.

문：컴퓨터가 어떻게 되었는가?

A 키보드가 망가졌다
B 하드디스크가 망가졌다
C 바이러스에 걸렸다
D 모니터에 문제가 있다

단어 病毒 bìngdú 명 바이러스 | 安装 ānzhuāng 동 설치하다 | 系统 xìtǒng 명 시스템 | 备份 bèifèn 동 백업하다 ‖ 键盘 jiànpán 명 키보드 | 硬盘 yìngpán 명 하드디스크 | 显示器 xiǎnshìqì 명 모니터

해설 '病毒'는 '바이러스'라는 뜻으로 '병균 바이러스'도 의미할 수 있지만 '컴퓨터 바이러스'도 의미한다. 또한 '바이러스에 걸리다'라는 표현은 '中病毒'라고 한다. 여자의 첫마디에서 이 표현이 언급되었기 때문에 정답은 C이다.

14

男：这个款式现在很时尚，您服装也挺合身的。

女：<u>可我觉得这条裙子显得人太成熟，我穿着不太习惯。</u>

问：女的觉得裙子怎么样？

A 不够时髦
B 样式经典
C 颜色单调
D 显得太成熟

남：이 스타일은 요새 유행하는 거네요. 당신 의상도 정말 몸에 꼭 맞네요.

여：<u>하지만 제 생각에 이 치마는 너무 성숙해 보이게 하는 것 같아요. 저는 입기에 그다지 익숙하지 않네요.</u>

문：여자는 치마가 어떻다고 생각하는가?

A 유행이 아니다
B 스타일이 전형적이다
C 색깔이 단조롭다
D 성숙해 보인다

단어 款式 kuǎnshì 명 스타일 | 时尚 shíshàng 형 유행이다 | 服装 fúzhuāng 명 복장, 의상 | 成熟 chéngshú 형 성숙하다 ‖ 时髦 shímáo 형 유행이다 | 经典 jīngdiǎn 형 전형적이다, 고전적이다 | 单调 dāndiào 형 단조롭다

해설 '显得…'는 '~하게 보이다'라는 뜻이다. '成熟'는 '성숙하다'라는 의미이고 농작물과 함께 쓰일 때에는 '익다'라는 의미도 가지고 있다. 대화에서는 '성숙하다'라는 의미로 쓰였으므로 정답은 D이다.

Tip 유행관련 표현

时髦 형 유행이다　　　时尚 형 유행이다　　　流行 형 유행이다

15

男：小张，今天会议讨论的主题是什么?
女：新产品的宣传方案，想征求一下各部门
的意见。

问：会议将围绕什么进行?

A 产品宣传方案
B 资金筹备
C 企业制度建设
D 销售方案

남：샤오장(小张), 오늘 회의의 토론 주제가 뭐예
요?
여：신상품의 홍보 방안이요. 각 부서의 의견을 구
하려고 해요.

문：회의는 장차 어떤 주제를 둘러싸고 진행될 것인가?

A 상품의 홍보 방안
B 자금 준비
C 기업 제도 구축
D 판매 방안

단어 宣传 xuānchuán 图 홍보하다 | 征求 zhēngqiú 图 구하다, 묻다 ‖ 资金 zījīn 图 자금 | 筹备 chóubèi 图 기획하고
준비하다 | 制度 zhìdù 图 제도 | 建设 jiànshè 图 건설 | 销售 xiāoshòu 图 판매

해설 대화에서 쓰인 '征求…意见'은 '～의견을 묻다', '～의견을 구하다'라는 의미이다. 여자는 토론 주제에 대하여 '신상품의 홍
보 방안이다'라고 대답하고, 이에 대해서 '각 부서의 의견을 구하려고 한다'고 했으므로 정답은 A이다.

16

女：爸爸，录取结果已经公布了，我考上了!
男：太好了，晚上我们一家人一起庆祝一
下。

问：男的为什么想要庆祝?

A 女儿赢了比赛
B 女儿被录取了
C 他升职了
D 他发奖金了

여：아빠, 채용 결과가 벌써 나왔어요. 저 붙었어요!
남：정말 잘됐구나. 저녁에 우리 가족 모두 함께
축하하자꾸나.

문：남자는 왜 축하하려고 하는가?

A 딸이 시합에서 이겼다
B 딸이 채용되었다
C 그가 승진했다
D 그가 보너스를 받았다

단어 录取 lùqǔ 图 채용하다 | 公布 gōngbù 图 공포하다 | 考上 kǎoshàng 图 시험에 합격하다 | 庆祝 qìngzhù 图 경축
하다, 축하하다 ‖ 升职 shēngzhí 图 승진하다 | 奖金 jiǎngjīn 图 보너스

해설 '考上'은 '시험에 붙었다'는 뜻이다. 채용 결과가 나왔는데 이에 붙었다고 했으므로 남자가 축하하려는 이유는 B이다. 이
때 중요하게 보아야 할 것은 '录取'라는 단어이다. '录取'는 '채용하다', '합격시키다'라는 의미로 주체가 회사 혹은 학교가
되지만, B에서는 주어가 '女儿(딸)'이기 때문에 피동의 의미인 '被(～당하다)'를 붙여주어야 '채용되다'라는 의미가 된다. 정
답은 B이다.

17

女：这条牛仔裤的质量确实不错，能便宜点
儿吗?
男：我们现在搞优惠活动，商品全部打5折，
已经是最优惠的价格了。

问：男的是什么意思?

A 赔了很多钱
B 面料很高档
C 已是最低价
D 商店在装修

여：이 청바지 질이 확실히 좋네요. 좀 싸게 해 주
실 수 있나요?
남：저희는 지금 할인 행사를 하고 있어서 전 상품
을 50% 할인하고 있어요. 이미 가장 저렴한
가격이에요.

문：남자의 말은 무슨 뜻인가?

A 많은 돈을 배상했다
B 원단이 고급이다
C 이미 가장 낮은 가격이다
D 상점이 인테리어 중이다

단어 牛仔裤 niúzǎikù 图 청바지 | 确实 quèshí 图 확실히 | 搞 gǎo 图 하다 | 优惠 yōuhuì 图 우대의 ‖ 赔钱 péiqián
图 보상하다, 배상하다 | 面料 miànliào 图 면, 원단 | 高档 gāodàng 图 고급의 | 装修 zhuāngxiū 图 장식하고 꾸미다

해설 '优惠'는 '우대의', '혜택의'라는 뜻이다. 명사형으로 쓰일 때에는 '혜택'이라고 쓸 수도 있지만, 때에 따라 '할인'이라는 의
미도 된다. '优惠的价格'이라는 것은 결국 '할인 가격', '저렴한 가격'이라는 의미가 된다. 그러므로 정답은 '이미 가장 낮은
가격이다'라는 C이다.

18

女：我的电脑出毛病了，保存的文件都丢失了。能恢复吗？
男：我也不太懂，你最好找专业人员帮你看看。

问：男的建议女的怎么做？

A 重装系统
B 删除文件
C 升级软件
D 找专业人员修

여：내 컴퓨터에 문제가 생겨서 가지고 있던 문서가 다 없어졌어. 복구할 수 있을까?
남：나도 잘 모르겠어. 전문가를 불러서 살펴보는 게 가장 좋을 것 같아.

문：남자는 여자에게 어떻게 하라고 건의하는가?

A 시스템을 다시 설치한다
B 문서를 삭제한다
C 소프트웨어를 업그레이드한다
D 전문가를 불러서 고친다

> **단어** 出毛病 chū máobìng 문제가 생기다, 고장이 나다 | 保存 bǎocún 图 보존하다 | 恢复 huīfù 图 회복하다 ‖ 系统 xìtǒng 图 시스템 | 删除 shānchú 图 삭제하다 | 升级 shēngjí 图 업그레이드하다 | 软件 ruǎnjiàn 图 소프트웨어

> **해설** 新HSK 5급 듣기의 대화 영역에서는 컴퓨터 관련 문제가 꼭 출제되기 때문에 이와 관련된 단어를 자세히 살펴볼 필요가 있다. 대화에서는 컴퓨터에 대해서 '出毛病(문제가 생기다)'이라고 했고, 이에 대해 남자는 '전문가를 불러서 살펴보는 것이 가장 좋겠다'라고 했기 때문에 정답은 D이다.

19

女：您好，您要办理什么业务？
男：麻烦您，我要取消这个账户。需要什么证件？

问：男的要办理哪项业务？

A 贷款
B 网上付款
C 手机上网
D 取消账户

여：안녕하세요. 어떤 업무를 보려고 하시나요?
남：실례지만 저는 이 계좌를 취소하려고 해요. 어떤 증명서류가 필요하나요?

문：남자는 어떤 업무를 처리하려고 하는가?

A 대출
B 온라인 결제
C 휴대전화 인터넷
D 계좌 취소

> **단어** 办理 bànlǐ 图 처리하다 | 业务 yèwù 图 업무 | 取消 qǔxiāo 图 취소하다 | 账户 zhànghù 图 계좌 | 证件 zhèngjiàn 图 증명서 ‖ 贷款 dàikuǎn 图 대출하다 | 付款 fùkuǎn 图 돈을 지불하다

> **해설** '办理'는 '처리하다'라는 의미로 보통 일이나 서류상의 업무를 처리할 때 쓰인다. 특히 대화에서 쓰인 것처럼 '办理…业务'라고 하면 '업무를 처리하다'라는 의미가 된다. '取消账户'는 '계좌를 취소하다' 혹은 '계좌를 없애다'라는 뜻이므로 정답은 D이다.

20

男：你在简历里提到的在校期间发表的那些文章，带来了吗？
女：带了。都在这个文件夹里，您看一下。

问：文件夹里装的是什么？

A 个人名片
B 发表的文章
C 硕士论文
D 学历证书

남：당신이 이력서에서 언급한 재학 기간에 발표했던 글들을 가지고 오셨습니까？
여：가지고 왔습니다. 모두 이 서류철 안에 있으니 보시면 됩니다.

문：서류철 안에 담겨 있는 것은 무엇인가？

A 개인 명함
B 발표한 글
C 석사 논문
D 학력증명서

> **단어** 简历 jiǎnlì 图 이력서 | 文章 wénzhāng 图 글, 문장 | 文件夹 wénjiànjiā 图 서류철, (파일) 폴더 ‖ 名片 míngpiàn 图 명함 | 硕士 shuòshì 图 석사 | 学历 xuélì 图 학력 | 证书 zhèngshū 图 증명서

> **해설** 남자가 첫마디에서 '당신이 이력서 안에서 언급한 재학 기간에 발표했던 글들을 가지고 왔는가？'라고 물었고, 여자는 서류철 안에 있다고 말했다. 그러므로 정답은 B이다.

21-30

21

女：您好！有什么可以帮您的？
男：我听王教练说现在办会员卡有优惠。
女：对，现在办卡可以免费体验我们健身房的整个课程。
男：都有什么课程能详细说一下吗？

问：他们最可能在哪儿？

A 驾校
B 健身中心
C 乐器店
D 博物馆

여: 안녕하세요! 도와 드릴 것이 있나요?
남: 왕 트레이너가 지금 회원카드를 만들면 혜택이 있다고 했어요.
여: 맞아요. 지금 카드를 만드시면 무료로 저희 헬스클럽의 모든 수업을 체험하실 수 있어요.
남: 모두 어떠한 수업이 있는지 상세하게 설명해 주실 수 있나요?

문: 그들은 아마도 어디에 있는가?

A 자동차 운전 학원
B 헬스클럽
C 악기점
D 박물관

단어 教练 jiàoliàn 몡 감독, 코치 | 优惠 yōuhuì 몡 우대, 특례 | 免费 miǎnfèi 통 무료로 하다 | 体验 tǐyàn 통 체험하다 | 健身房 jiànshēnfáng 몡 헬스클럽 | 整个 zhěnggè 온, 모든 | 课程 kèchéng 몡 교육 과정 ‖ 驾校 jiàxiào 몡 자동차 운전 학원 | 健身中心 jiànshēn zhōngxīn 몡 헬스클럽

해설 남자가 언급한 '教练'은 '코치'라는 의미도 되지만 '헬스클럽 트레이너'의 의미도 함께 가지고 있다. 게다가 대화에 나온 '健身房'과 보기의 '健身中心'은 둘 다 '헬스클럽'이라는 의미이므로 동의어 문제임을 알 수 있다. 그러므로 정답은 B이다.

22

女：产品发布会准备得怎么样了？
男：会场已经安排好了，媒体也都联系到了。
女：嘉宾方面呢？
男：邀请函已经发出去了，都准备好了。

问：关于发布会可以知道什么？

A 媒体联系好了
B 嘉宾都已入场
C 换场地了
D 推迟了

여: 상품 발표회 준비가 어떻게 되었습니까？
남: 발표회장은 이미 준비가 다 되었고 매스컴에도 모두 연락했습니다.
여: 내빈 쪽 일은요？
남: 초청장은 이미 보냈습니다. 모든 것이 다 준비되었어요.

문: 발표회에 관하여 알 수 있는 것은 무엇인가？

A 매스컴에 연락을 했다
B 내빈들이 이미 입장했다
C 장소를 바꿨다
D 미뤄졌다

단어 嘉宾 jiābīn 몡 귀빈, 내빈 | 邀请函 yāoqǐnghán 몡 초청장 ‖ 媒体 méitǐ 몡 대중 매체, 매스 미디어 | 场地 chǎngdì 몡 장소 | 推迟 tuīchí 통 뒤로 미루다

해설 상품 발표회를 준비하는 과정에서 '媒体'라는 단어가 언급되었다. '媒体'는 TV, 라디오 등의 '대중 매체'를 말하는 것이며 대화에서 남자가 '매스컴에도 모두 연락했다'라고 했기 때문에 정답은 A이다. 이렇듯 대화형 문제에서는 대화의 내용과 보기의 표현이 겹쳐져서 나오는 경우가 많기 때문에 필히 보기를 먼저 읽고 대화를 들어야 한다.

23

男：键盘上怎么都是水？
女：我妹妹刚才不小心把水杯碰倒了。
男：赶紧把键盘拔掉，用吹风机吹一下。
女：都拔了，我这就去拿吹风机。

问：根据对话下列哪项正确？

A 吹风机摔坏了
B 鼠标不见了
C 屋里很干净
D 键盘上都是水

남：키보드 위에 어쩌다 전부 물이니?
여：내 여동생이 방금 부주의해서 물컵을 엎었어.
남：빨리 키보드를 뽑고 헤어드라이어로 말려.
여：이미 뽑았어. 이제 헤어드라이어를 가지러 가야겠어.

문：대화에 근거하여 다음 중 옳은 것은?

A 헤어드라이어가 망가졌다
B 마우스가 없어졌다
C 방 안이 깨끗하다
D 키보드 위가 전부 물이다

단어 **键盘** jiànpán 명 키보드 | **碰倒** pèngdǎo 동 충돌하다 | **拔掉** bádiào 동 뽑다 | **吹风机** chuīfēngjī 명 헤어드라이어 ‖ **摔坏** shuāihuài 동 깨지다, 부서지다 | **鼠标** shǔbiāo 명 마우스

해설 어떠한 사물 위로 물이 쏟아졌을 때 여자의 첫마디와 같이 '把水杯碰倒了(물컵을 엎다)'라고 표현할 수도 있지만, D의 '键盘上都是水'라는 표현처럼 '키보드 위가 전부 물이다'라고 간단하게 쓸 수도 있다. 그러므로 정답은 D이다.

24

男：老板送了我两张展览会的门票，周日一起去看吧。
女：哪方面的展览？
男：欧洲艺术品展，就在我单位后边。
女：听上去不错，那周日你来接我吧。

问：男的邀请女的去做什么？

A 看展览
B 去欧洲玩儿
C 听讲座
D 参加艺术节

남：사장님이 나에게 전람회 표 두 장을 선물해 주셨어. 일요일에 같이 보러 가자.
여：어떤 분야의 전람회야?
남：유럽 예술품전이야. 우리 회사 바로 뒤에 있어.
여：정말 괜찮네. 그럼 일요일에 나를 마중 나와 줘.

문：남자는 여자가 무엇을 하기를 요청하는가?

A 전람회를 본다
B 유럽에 가서 논다
C 강좌를 듣는다
D 예술제에 참가한다

단어 **展览会** zhǎnlǎnhuì 명 전람회 | **欧洲** ōuzhōu 명 유럽 | **艺术品** yìshùpǐn 명 예술품 | **单位** dānwèi 명 직장, 단체, 회사 ‖ **讲座** jiǎngzuò 명 강좌 | **艺术节** yìshùjié 명 예술제

해설 '展览会'는 '전람회'라는 뜻으로 남자가 첫마디에서 '사장님이 나에게 전람회 표 두 장을 선물해 주셨어. 일요일에 같이 보러 가자'라고 했기 때문에 정답은 A이다.

25

女：你常和印刷厂的人打交道吗？
男：是啊，我们一直合作，怎么了？
女：单位让我负责联系印刷厂印一批宣传材料，但我没认识的人。
男：有家印刷厂的经理和我挺熟悉的，什么时候介绍你们认识？

问：女的为什么想认识印刷厂的人？

A 单位要印材料
B 要去实习
C 想采访他们
D 想出版新书

여：당신은 인쇄 공장 사람과 자주 왕래하나요?
남：네. 우리는 계속 같이 일을 해 왔어요. 왜 그러세요?
여：회사에서 저더러 책임지고 인쇄 공장에 연락해서 홍보 자료를 인쇄하래요. 하지만 저는 아는 사람이 없어요.
남：한 인쇄 공장의 사장님과 제가 잘 알아요. 언제 당신들에게 소개해 드릴까요?

문：여자는 왜 인쇄 공장의 사람을 알고 싶어 하는가?

A 회사에서 자료를 인쇄하길 원한다
B 인턴 가기를 원한다
C 그들을 인터뷰하고 싶다
D 새 책을 출판하고 싶다

단어　打交道 dǎ jiāodao 통 왕래하다 | 合作 hézuò 통 합작하다, 협력하다 | 负责 fùzé 통 책임지다 | 印刷厂 yìnshuāchǎng 명 인쇄 공장 | 宣传 xuānchuán 통 홍보 | 材料 cáiliào 명 자료 | 熟悉 shúxī 형 익숙하다 ‖ 实习 shíxí 통 실습하다, 인턴하다 | 采访 cǎifǎng 통 인터뷰하다 | 出版 chūbǎn 통 출판하다

해설　대화에서 쓰인 '打交道'는 '왕래하다', '인사하다'라는 의미의 이합동사이다. 그렇기 때문에 '打交道(왕래하다)' 뒤에 목적어를 쓰는 것이 아니라 '和 A 打交道(A와 인사하다)'의 형태로 써야 한다. 여자가 인쇄 공장에 가려고 하는 이유는 '회사에서 나더러 책임지고 인쇄 공장에 연락해서 홍보 자료를 인쇄하라고 한다. 하지만 나는 아는 사람이 없다'라고 했기 때문에 정답은 A이다.

26

男：老师，我准考证上的信息有问题，您能帮我改一下吗？
女：哪儿错了？
男：我的身份证号最后一位是八，不是三。
女：把你的身份证给我，我核对一下。

问：男的为什么要修改准考证信息？

A 护照号错了
B 报错级别了
C 信息未登记全
D 身份证号有误

남：선생님, 수험표의 정보에 문제가 있어요. 고쳐 주실 수 있으세요?
여：어디가 틀렸니?
남：제 신분증 번호의 가장 마지막 자리는 8이에요. 3이 아니고요.
여：네 신분증을 나에게 주렴. 내가 대조해 볼게.

문：남자는 왜 수험표의 정보를 고치려고 하는가?

A 여권 번호가 틀렸다
B 등급을 잘못 등록했다
C 아직 정보를 전부 등록하지 못했다
D 신분증 번호에 오류가 있다

단어　准考证 zhǔnkǎozhèng 명 수험표 | 身份证 shēnfènzhèng 명 신분증 ‖ 护照 hùzhào 명 여권 | 级别 jíbié 명 등급 | 登记 dēngjì 통 등록하다 | 误 wù 명 실수, 잘못, 틀림

해설　대화에서 쓰인 '有问题'는 '有误'와 같이 '문제(오류)가 있다'는 의미이며 충분히 동의어 문제로 나올 수 있다. 남자는 '내 신분증 번호의 가장 마지막 자리는 8이다. 3이 아니다'라고 하며 수험표에 적힌 신분증 번호에 문제가 있다고 했으므로 정답은 D이다.

27

女：我刚才查了一下，那本书确实卖完了。
男：那你们近期还会补货吗？
女：应该会，您把手机号留给我们，到货后我直接通知您。
男：那太感谢了，这是我的名片，麻烦你到时候给我打电话。

问：关于那本书，可以知道什么？

A 在打电话
B 目前没货
C 是关于心理学的
D 不会再出版了

여：제가 방금 알아봤는데, 그 책은 확실히 다 팔렸습니다.
남：그러면 가까운 시일 내에 가져다 놓아 주실 수 있나요？
여：당연히 그래야죠. 당신의 휴대전화 번호를 저희에게 남겨 주시면, 물건이 도착한 후에 바로 알려 드릴게요.
남：그럼 정말 감사하죠. 이것은 제 명함입니다. 귀찮으시겠지만 도착하면 저에게 전화해 주세요.

문：그 책에 관하여, 알 수 있는 것은 무엇인가？

A 전화하고 있다
B 현재 재고가 없다
C 심리학에 관한 것이다
D 다시 출판되지 않을 것이다

단어　确实 quèshí 부 확실히 | 补货 bǔhuò 통 재고를 보충하다 | 直接 zhíjiē 형 직접적인 | 名片 míngpiàn 명 명함 ‖ 目前 mùqián 명 지금, 현재 | 出版 chūbǎn 통 출판하다

해설　'补货'란 '재고를 보충하다'라는 의미이며 서점에 원하는 책이 없자 남자는 '补货(재고를 보충하다)'를 원했다. 이때 여자는 '물건이 도착한 후에 바로 알려 주겠다'라고 했기 때문에 현재는 재고가 없는 상황이다. 그러므로 정답은 B이다.

28

男：我们换个频道吧，别看纪录片了。
女：现在好像也没什么好看的节目。
男：体育频道在转播足球比赛，我们看那个？
女：我对足球不感兴趣，给你遥控器，你自己换吧。

问：男的想看什么？

A 访谈节目
B 纪录片
C 体育节目
D 娱乐节目

남：우리 채널을 돌려봐요. 다큐멘터리 보지 말고요.
여：지금은 아마 재미있는 프로그램도 별로 없을 거예요.
남：스포츠 채널에서 축구 경기를 중계하고 있는데, 우리 그거 볼까요?
여：난 축구에 흥미가 없어요. 당신에게 리모컨을 줄 테니 직접 채널을 바꿔요.

문：남자는 무엇을 보고 싶어 하는가？

A 토크쇼
B 다큐멘터리
C 스포츠 프로그램
D 오락 프로그램

단어 频道 píndào 몡 채널 ｜ 纪录片 jìlùpiàn 몡 다큐멘터리 ｜ 节目 jiémù 몡 프로그램 ｜ 转播 zhuǎnbō 동 중계방송하다 ｜ 遥控器 yáokòngqì 몡 리모컨 ‖ 访谈节目 fǎngtán jiémù 몡 토크쇼 ｜ 娱乐 yúlè 몡 오락

해설 대화에서 쓰인 '频道'는 '채널'을 의미하는 것으로 보기에는 新HSK 5급 듣기에서 나오는 '频道(채널)'의 종류를 나열해 놓았다. 남자는 여자에게 '스포츠 채널에서 축구 경기를 중계하고 있는데, 우리 그것을 보겠는가?'라고 했기 때문에 남자가 원하는 것은 C라고 볼 수 있다. 그러므로 정답은 C이다.

29

男：小刘，你的包裹我帮你拿来了。
女：谢谢，太好了，我马上过去。
男：买的什么东西，你这么着急？
女：办公室太干燥了，我买了个加湿器。

问：关于女的可以知道什么？

A 去逛街
B 收到包裹了
C 是快递员
D 想退货

남：샤오리우(小刘), 네 소포를 내가 가지고 왔어.
여：고마워. 정말 잘됐다. 내가 금방 갈게.
남：어떤 물건을 샀길래 이렇게나 조급해하니？
여：사무실이 너무 건조해서 나는 가습기를 하나 샀어.

문：여자에 관하여 알 수 있는 것은 무엇인가？

A 쇼핑하러 간다
B 소포를 받았다
C 택배 기사이다
D 반품하고 싶다

단어 包裹 bāoguǒ 몡 소포 ｜ 着急 zháojí 혱 조급해하다 ｜ 加湿器 jiāshīqì 몡 가습기 ‖ 逛街 guàngjiē 동 길거리를 구경하다 ｜ 快递 kuàidì 몡 특급 우편 ｜ 退货 tuìhuò 동 반품하다

해설 '包裹'는 '소포'라는 의미이다. 남자가 여자 대신 소포를 가지고 왔다고 했기 때문에 여자가 소포를 받았다는 사실은 변하지 않는 것이다. 그러므로 정답은 B이다.

30

男：这款数码相机很高档也很时尚，卖得特别好。
女：看起来不错，保修期有多长？
男：一年内免费维修，一个月内若出现问题都能退换。
女：好。谢谢！我考虑一下。

问：关于那款相机下列哪项正确？

A 销量较低
B 很便宜
C 保修期为一年
D 已经停产了

남：이 디지털카메라는 매우 고급스럽고 유행이기도 합니다. 특별히 잘 팔리고 있어요.
여：괜찮아 보이네요. 보증 기간이 얼마나 되나요？
남：1년 안에는 무료로 수리가 되고, 한 달 안에 만약 문제가 생기면 모두 교환이 됩니다.
여：좋아요. 감사합니다！ 고려해 볼게요.

문：그 디지털카메라에 관하여 다음 중 옳은 것은？

A 판매량이 낮은 편이다
B 매우 저렴하다
C 보증 기간이 1년이다
D 이미 생산이 중단되었다

단어 数码相机 shùmǎ xiàngjī 몡 디지털카메라 │ 高档 gāodàng 톙 고급의 │ 时尚 shíshàng 톙 유행이다 │ 免费 miǎnfèi 됭 무료로 하다 │ 维修 wéixiū 됭 보수하다, 수리하다 │ 若 ruò 젭 만일, 만약 │ 退换 tuìhuàn 됭 물리고 바꾸다, 교환하다 ‖ 销量 xiāoliàng 몡 판매량 │ 保修期 bǎoxiūqī 몡 보증 기간 │ 停产 tíngchǎn 됭 생산을 중지하다

해설 대화에서 쓰인 '保修期'는 직역하면 '수리가 보장되는 기간'이라는 의미이다. '1년 안에는 무료로 수리가 된다'라는 것은 결국 보증 기간이 1년이라는 의미이기 때문에 정답은 C이다. 이때의 '为'는 2성으로 읽으며 '~이 되다'라는 의미의 동사이다.

> **Tip** '为'의 용법
> ① 为 wèi 깨 ~을 위하여, ~ 때문에, ~에게
> 　　예 他为考试成绩发愁了　그는 시험 성적 때문에 근심했다
> ② 为 wéi 됭 ~이 되다, ~으로 삼다
> 　　예 中国古代建筑以木材为主　중국 고대 건물은 목재를 위주로 한다

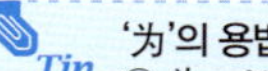

31-32

有位博士发现这样一个现象。一只猫在阳光下舒服地睡着觉，当身上的阳光被树影挡住时，它就会醒过来，走到有阳光的地方继续睡。³¹猫会随着太阳的移动而变换睡觉的地方，这种行为引起了博士的好奇。猫喜欢呆在阳光下，³²这说明光和热一定对它有益。那对人是不是也有好处呢？这个一闪而过的想法，成了日后闻名世界的"日光浴治疗法"。这位博士也因为那只睡懒觉的猫而获得了诺贝尔医学奖。	한 박사가 이러한 현상을 발견했다. 고양이 한 마리가 햇빛 아래에서 편안히 잠을 자고 있는데, 몸의 햇빛이 나무 그림자에 의해 가려지면 고양이는 깨어나 햇빛이 있는 곳으로 가서 계속 잠을 잔다는 것이다. ³¹고양이가 태양의 이동에 따라서 잠자는 장소를 바꾸는 이런 행동은 박사의 호기심을 불러일으켰다. 고양이는 햇빛 아래에서 머무르는 것을 좋아하는데, ³²이것은 빛과 열이 분명히 고양이에게 유익하다는 것을 말한다. 그러면 사람에게도 이점이 있지 않겠는가? 이 번득 스치고 지나간 생각이 후에 세계적으로 유명한 '일광욕 치료법'이 되었다. 이 박사도 늦잠을 자는 그 고양이 덕분에 노벨 의학상을 받았다.

단어 博士 bóshì 몡 박사 │ 睡着 shuìzháo 됭 잠들다 │ 影 yǐng 몡 그림자 │ 挡住 dǎngzhù 됭 저지하다, 가리다 │ 继续 jìxù 됭 계속하다 │ 移动 yídòng 됭 이동 │ 有益 yǒuyì 됭 유익하다 │ 一闪而过 yìshǎn érguò 번득 스치고 지나가다 │ 闻名 wénmíng 톙 유명하다 │ 日光浴 rìguāngyù 몡 일광욕 │ 治疗 zhìliáo 됭 치료하다 │ 睡懒觉 shuìlǎnjiào 됭 늦잠을 자다 │ 诺贝尔医学奖 Nuòbèi'ěr yīxuéjiǎng 몡 노벨 의학상

31

太阳移动后猫会怎么做？	태양이 이동한 후 고양이는 어떻게 하는가?
A 来回转圈	A 여러 차례 맴돈다
B 变换睡觉的地方	B 잠자는 장소를 바꾼다
C 摇尾巴	C 꼬리를 흔든다
D 伸懒腰	D 기지개를 켠다

단어 转圈 zhuànquān 됭 맴돌다 │ 摇 yáo 됭 흔들다 │ 伸懒腰 shēn lǎnyāo 됭 기지개를 켜다

해설 글의 밑줄 친 문장에서 쓰인 '随着…移动'은 '~이동에 따라'라는 뜻이다. 이 구문을 이용하여 '고양이가 태양의 이동에 따라서 잠자는 장소를 바꾼다'라고 했기 때문에 정답은 B이다.

32

那位博士的想法是什么?

A 光和热对人可能有益
B 猫很聪明
C 动物也有语言
D 阳光能帮助治疗失眠

그 박사의 생각은 무엇인가?

A 빛과 열은 사람에게도 유익할 것이다
B 고양이는 똑똑하다
C 동물도 언어가 있다
D 태양은 불면증 치료에 도움이 될 것이다

 失眠 shīmián 통 불면증에 걸리다

 햇빛의 이동에 따라 잠자는 장소를 바꾸는 고양이를 보며 박사는 글의 밑줄 친 문장에서와 같이 '이것은 빛과 열이 분명히 고양이에게 유익하다는 것을 말한다'라고 생각했다. 이를 응용하여 '日光浴治疗法(일광욕 치료법)'을 만들었다고 했으므로 정답은 A이다.

33-34

---

³⁴在人际交往中，人们留给交往对象的最后印象是非常重要的，有时，它甚至直接决定着单位或个人的整体形象。这就是末轮效应。末轮效应强调事情结尾的完美与完善，³³要求人们在塑造单位或个人的整体形象时，必须做到始终如一。拿送客礼仪来说，每次告别时，我们都要以将会再次见面的心情来送别对方。送客工作如果处理不好，就会影响整个接待工作，使接待工作前功尽弃。

³⁴사람들과 교류하는 데 있어서 사람들이 교류의 대상에게 남기는 가장 마지막 인상은 매우 중요하다. 어떤 때에 그것은 심지어 직접적으로 회사 혹은 개인의 전체적인 이미지를 결정한다. 이것이 바로 마지막 바퀴 효과이다. 마지막 바퀴 효과는 사건 결말의 완벽함을 강조하며 ³³사람들이 회사 또는 개인의 전체적인 이미지를 묘사할 때 반드시 처음과 끝이 한결같기를 요구한다. 손님을 배웅하는 예절로 말하자면, 매번 작별 인사를 할 때 우리는 장차 다시 만날 마음으로 상대방을 배웅해야 한다. 손님을 배웅하는 일을 만약 잘 처리하지 못하면, 곧 모든 접대 일에 영향을 끼쳐 앞서 접대했던 일이 쓸모없게 될 수도 있을 것이다.

단어 印象 yìnxiàng 명 인상 | 甚至 shènzhì 부 심지어 | 直接 zhíjiē 형 직접적인 | 整体 zhěngtǐ 명 전체 | 效应 xiàoyìng 명 효과와 반응 | 强调 qiángdiào 동 강조하다 | 结尾 jiéwěi 명 결말 | 完美 wánměi 형 완미하다, 매우 훌륭하다 | 完善 wánshàn 형 완벽하다 | 塑造 sùzào 동 (인물을) 묘사하다 | 始终如一 shǐzhōng rúyī 성 시종일관, 처음부터 끝까지 한결같다 | 礼仪 lǐyí 명 예의 | 接待 jiēdài 동 접대하다 | 前功尽弃 qiángōng jìnqì 성 앞의 성취·공로 등이 모두 쓸모없게 된다, 공든 탑이 무너지다

33

末轮效应要求人们在塑造形象时怎么做?

A 突出优点
B 讲诚信
C 要始终如一
D 对人要亲切

마지막 바퀴 효과는 사람들이 이미지를 구축할 때 어떻게 하기를 요구하는가?

A 장점을 드러낸다
B 성실함을 중시한다
C 처음과 끝이 한결같아야 한다
D 사람들에게 친절해야 한다

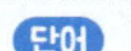 诚信 chéngxìn 명 성실, 신용 | 亲切 qīnqiè 형 친절하다

 질문의 '塑造'는 '인물을 형상화하다', '묘사하다'라는 뜻인데 '塑造形象'이라고 쓰면 '이미지를 구축하다'라는 뜻으로 의역할 수 있다. '末轮效应(마지막 바퀴 효과)'이라는 것이 이미지 구축을 위해 사람들에게 요구하는 것을 글의 밑줄 친 문장에서 '사람들이 회사 또는 개인의 전체적인 이미지를 묘사할 때 반드시 처음과 끝이 한결같기를 요구한다'라고 하였다. 이때의 '始终如一'는 '시종일관', '처음과 끝이 한결같다'라는 의미이다. 마지막 인상은 매우 중요하기 때문에 처음과 끝이 한결같아야 한다고 주장하고 있으므로 정답은 C이다.

34

这段话主要谈的是什么?

A 不要过分追求完美
B 最后印象的重要性
C 怎样发挥自己的优势
D 交朋友的原则

이 글이 주로 이야기하는 것은 무엇인가?

A 완벽함을 지나치게 추구하지 말아야 한다
B 마지막 인상의 중요성
C 어떻게 자신의 강점을 발휘할 것인가
D 친구를 사귀는 원칙

단어 过分 guòfèn 통 지나치다, 과분하다 | 追求 zhuīqiú 통 추구하다 | 发挥 fāhuī 통 발휘하다 | 优势 yōushì 명 우세 | 原则 yuánzé 명 원칙

해설 글의 처음에 밑줄 친 문장에서 쓰인 '最后印象'은 '마지막 인상'이라는 의미이며, 마지막 인상이 개인과 집단의 전체적인 인상을 좌지우지할 수 있다는 '末轮效应'(마지막 바퀴 효과)에 대해서 논하고 있는 글이므로 정답은 B이다.

35-37

　　小马是位安全玻璃的推销员。[35]他的业绩一直保持全公司第一，同事们都问他："你有什么独特的方法吗？"小马说："见客户时，[36]我的包里总放着几块玻璃样品和一个小铁锤。我首先会问客户，是否相信安全玻璃。大部分人都会说不信，然后我就会让他们拿铁锤去敲玻璃。当他们发现，玻璃真的敲不碎时，他们往往都会大吃一惊。忍不住说："天哪！真不敢相信！"这时，我再和他们谈生意。一般都能很快地签下订单。整个过程通常不会超过二十分钟。[37]很多时候，行动比任何说辞都有效。"

　　샤오마(小马)는 안전유리 판매원이다. [35]그의 실적은 줄곧 회사 전체의 1등을 유지해서 동료들은 모두 그에게 "당신은 어떤 특별한 방법이 있는 겁니까?"하고 물었다. 샤오마(小马)는 "고객을 만날 때 [36]저는 가방 안에 늘 유리 샘플 몇 조각과 작은 망치를 넣고 다닙니다. 저는 가장 먼저 고객에게 안전유리를 믿냐고 물어봐요. 대부분의 사람은 믿지 않는다고 말할 겁니다. 그런 후에 제가 그들에게 망치로 유리를 쳐 보게 합니다. 유리가 정말로 쳐도 부서지지 않는다는 것을 발견할 때 그들은 종종 크게 놀라며 참지 못하고 "세상에! 정말 못 믿겠어요!"라고 말합니다. 이때 저는 다시 그들과 거래를 논하는데 일반적으로는 모두 매우 빨리 주문서에 서명합니다. 모든 과정은 보통 20분을 넘지 않아요. [37]많은 경우 행동은 어떠한 변명보다 효과가 있습니다."라고 말했다.

단어 玻璃 bōli 명 유리 | 推销员 tuīxiāoyuán 명 판매원 | 业绩 yèjì 명 업적, 실적 | 一直 yìzhí 부 계속, 줄곧 | 保持 bǎochí 통 유지하다 | 独特 dútè 형 독특하다, 특별하다 | 客户 kèhù 명 고객 | 铁锤 tiěchuí 명 망치 | 敲 qiāo 통 치다 | 忍不住 rěnbúzhù 통 참을 수 없다 | 生意 shēngyi 명 장사, 거래

35

关于小马，下列哪项正确?

A 销售业绩很好
B 从事运输行业
C 记忆力不错
D 在实习

샤오마에 관하여, 다음 중 옳은 것은?

A 영업 실적이 좋다
B 운수업에 종사한다
C 기억력이 좋다
D 인턴을 하고 있다

단어 从事 cóngshì 통 종사하다 | 记忆力 jìyìlì 명 기억력 | 实习 shíxí 통 실습하다, 인턴하다

해설 A에서 언급된 '业绩'는 '업적'이라는 의미이지만 회사 생활에서는 '실적'이라는 의미로도 쓰일 수 있다. 글의 초반에 밑줄 친 문장에서 그의 실적에 대해 '회사 전체의 1등을 유지하다'라고 했기 때문에 정답은 A이다.

36

客户们不敢相信什么?

A 玻璃敲不碎
B 样品是小马设计的
C 订单数额巨大
D 玻璃是进口的

고객들은 무엇을 감히 믿지 않는가?

A 유리를 쳐도 부서지지 않는다
B 샘플은 샤오마가 디자인한 것이다
C 주문 액수가 아주 크다
D 유리는 수입한 것이다

 不敢 bùgǎn 통 감히 ~하지 못하다 | **设计** shèjì 통 설계하다, 디자인하다 | **订单** dìngdān 명 주문서 | **数额** shù'é 명 일정한 수, 액수 | **巨大** jùdà 형 아주 크다

 샤오마는 영업 실적이 좋은 이유에 대해 설명하면서 고객을 만날 때마다 유리와 망치를 가지고 간다고 했다. 또한 고객에게 안전유리를 믿는지 물어보고 망치로 유리를 쳐 보게 한다고 했다. 유리를 쳐도 부서지지 않을 때 비로소 사람들이 매우 놀라며 믿는다고 했기 때문에 정답은 A이다.

37

这段话主要想告诉我们什么?

A 要敢于冒险
B 重视信用
C 行动更有说服力
D 安全第一

이 글이 우리에게 주로 말하고자 하는 것은 무엇인가?

A 용감하게 모험해야 한다
B 신용을 중시한다
C 행동은 더욱 설득력이 있다
D 안전이 제일이다

 说服力 shuōfúlì 명 설득력

 가장 마지막에 밑줄 친 문장에서 '많은 경우 행동은 어떠한 변명보다 효과가 있다'라고 했다. 이것과 내용이 근접한 C가 정답이다.

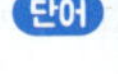

38-39

一个牧民养了30多只羊，他白天放牧，晚上则把羊赶进一个用柴草和木桩围起来的羊圈内。一天早晨，牧民去放羊时，发现少了一只羊。[38]原来羊圈破了个洞，夜里有狼从洞里钻了进来，把那只羊叼走了。邻居劝他赶快把羊圈修一修，堵上那个洞。可他却说："反正羊已经丢了，再修羊圈有什么用？"谁知第二天早上他去放羊时，发现又少了一只羊。原来昨晚又有狼从那个洞钻进羊圈里，叼走了一只羊。[39]牧民这才后悔没有听邻居的劝告，及时修补羊圈。于是，他赶紧堵上那个洞，把羊圈修得结结实实的。从此以后，牧民再也没有丢过羊。

한 목축민이 30마리 정도의 양을 길렀다. 그는 낮에 방목을 하고 저녁에는 서둘러 양을 땔감과 말뚝으로 둘러싼 양 우리에 넣었다. 어느 날 새벽, 목축민이 양을 풀러 갈 때 양 한 마리가 적어진 것을 발견했다. [38]알고 보니 양 우리에 구멍이 생겼는데 밤에 늑대가 구멍을 뚫고 들어와서 그 양을 물고 달아난 것이다. 이웃은 그에게 빨리 양 우리를 고치고 그 구멍을 메울 것을 권했다. 하지만 그는 오히려 "어쨌든 양은 이미 잃어버렸는데 다시 양 우리를 고친다고 해도 무슨 소용이 있겠어?"라고 말했다. 둘째 날 아침 그가 양을 풀어 주러 나갈 때 또 한 마리가 적어진 것을 발견할 거라고 누가 알았겠는가. 알고 보니 어제저녁에 또 늑대가 그 구멍을 뚫고 양 우리로 들어와 양 한 마리를 물고 달아난 것이다. [39]목축민은 비로소 이웃의 충고를 듣지 않은 것을 후회하며 즉시 양 우리를 보수했다. 그래서 그는 서둘러 그 구멍을 매웠고 양 우리를 튼튼하게 고쳤다. 이후로 목축민은 다시 양을 잃어버린 적이 없었다.

단어 牧民 mùmín 명 목축민 | 养 yǎng 동 기르다 | 放牧 fàngmù 동 방목하다 | 则 zé 접 ~하면 ~하다 | 赶 gǎn 동 서두르다 | 柴草 cháicǎo 명 땔감 | 木桩 mùzhuāng 명 말뚝 | 围 wéi 동 둘러싸다 | 圈 juàn 명 우리, 축사 | 早晨 zǎochen 명 새벽 | 破 pò 동 파손되다 | 洞 dòng 명 구멍 | 狼 láng 명 늑대 | 钻 zuān 동 뚫다 | 叼 diāo 동 물다 | 劝 quàn 동 권하다 | 赶快 gǎnkuài 부 재빨리, 속히 | 修 xiū 동 수리하다 | 堵 dǔ 동 틀어막다 | 反正 fǎnzhèng 부 어쨌든 | 后悔 hòuhuǐ 동 후회하다 | 劝告 quàngào 명 권고, 충고 | 及时 jíshí 부 즉시 | 结结实实 jiējie shíshí 형 단단하다, 튼튼하다

38

关于羊圈，可以知道什么?

A 破了个洞
B 从未修理过
C 是用石头堆起来的
D 面积很小

양 우리에 관하여, 알 수 있는 것은 무엇인가?

A 구멍이 뚫렸다
B 여태껏 수리한 적이 없다
C 돌을 사용해 쌓은 것이다
D 면적이 매우 작다

단어 堆 duī 동 쌓다, 쌓이다

해설 글의 밑줄 친 문장에서 쓰인 '破了个洞'은 '구멍이 뚫리다'라는 의미이다. 목축민이 양을 풀러 갔을 때 양이 없어진 이유가 구멍이 생겼기 때문이라고 직접적으로 언급했으므로 정답은 A이다.

39

根据这段话，下列哪项正确?

A 牧民怀疑邻居偷了羊
B 牧民最后抓住了狼
C 牧民只丢了一只羊
D 牧民开始没接受邻居的建议

이 글에 근거하여, 다음 중 옳은 것은?

A 목축민은 이웃이 양을 훔쳐 갔다고 의심했다
B 목축민은 최후에 늑대를 잡았다
C 목축민은 양 한 마리만 잃어버렸다
D 목축민은 처음에 이웃의 건의를 받아들이지 않았다

단어 怀疑 huáiyí 동 의심하다

해설 목축민은 처음에 양 우리를 고치라는 이웃의 건의를 무시했다가, 이튿날 양을 또 잃어버려서 후회했다는 내용이 언급되었다. 게다가 한 마리를 더 잃어버리고 나서 '목축민은 비로소 이웃의 충고를 듣지 않은 것을 후회했다'고 했기 때문에 정답은 D이다.

40-41

从前有只猴子，手里抓着一把豆子。一蹦一跳地往家走，一不留神，手中的豆子掉了一颗，滚到了地上。它赶紧将手中其余的豆子放在一旁，去捡那颗掉落的豆子。[40]可它蹲在地上找了半天，也没找到掉落的那颗豆子。最后，猴子不得不放弃。等它将身上的土拍掉，准备去拿之前被放在一旁的豆子时，[41]才发现那把豆子早就被小鸟吃光了。

옛날에 한 원숭이가 손안에 콩 한 줌을 쥐고 있었는데 깡충깡충 뛰면서 집으로 가다가 조심하지 못하고 손 안의 콩 한 알이 떨어져서 땅 위에 굴러갔다. 원숭이는 재빨리 손안에 남은 콩을 옆에 놓고 떨어진 콩을 주우러 갔다. [40]그러나 바닥에 쪼그려 앉아 한참을 찾았지만 떨어진 그 콩을 찾을 수 없었고, 결국 원숭이는 어쩔 수 없이 포기하였다. 그가 몸에 묻은 흙을 털고 아까 옆에 놓았던 콩을 주우려고 가고자 할 때가 되어서야 [41]새가 일찌감치 그 콩을 모조리 먹어 버렸다는 것을 발견했다.

단어 猴子 hóuzi 명 원숭이 | 抓 zhuā 동 꽉 쥐다 | 豆子 dòuzi 명 콩 | 一蹦一跳 yíbèng yítiào 성 기뻐서 깡충깡충 뛰다 | 滚 gǔn 동 구르다 | 赶紧 gǎnjǐn 부 서둘러, 재빨리 | 一旁 yìpáng 명 옆, 부근 | 掉落 diàoluò 동 떨어지다 | 蹲 dūn 동 쪼그려 앉다 | 放弃 fàngqì 동 포기하다

40 掉了一颗豆子后，猴子是怎么做的?

A 追着蝴蝶跑
B 继续赶路
C 蹲在地上找
D 假装不知道

콩 한 알을 떨어뜨린 후, 원숭이는 어떻게 했는가?

A 나비를 따라 뛰어갔다
B 계속해서 길을 재촉했다
C 바닥에 쪼그려 앉아 찾았다
D 모르는 척 했다

단어 蝴蝶 húdié 명 나비 | 继续 jìxù 통 계속하다, 끊임없이 하다 | 赶路 gǎnlù 통 길을 재촉하다 | 假装 jiǎzhuāng 통 가장하다

해설 新HSK 5급 듣기 2부분 문제를 풀 때에는 글과 연관된 문제의 모든 보기를 미리 읽고 푸는 것이 좋다. 글의 밑줄 친 문장에서 쓰인 '蹲在地上'은 '바닥에 쪼그려 앉다'라는 의미이며 이는 보기에 그대로 언급이 되었다. 그러므로 정답은 C이다.

41 之前被放在一旁的豆子怎么了?

A 被鸟吃光了
B 被水冲走了
C 被人踩碎了
D 被同伴偷了

아까 옆에 놓여졌던 콩은 어떻게 되었는가?

A 새가 모조리 먹어 버렸다
B 물에 떠내려갔다
C 사람들에게 밟혀서 부서졌다
D 동료가 훔쳐 갔다

단어 踩 cǎi 통 밟다 | 碎 suì 통 부서지다 | 偷 tōu 통 훔치다

해설 동사 뒤에 쓰이는 '光'은 '모조리', '싹 다'라는 의미이다. 그러므로 '吃光了'는 '싹 다 먹어 버리다'라는 의미가 되는 것이다. 글의 가장 마지막에 밑줄 친 문장에서 쓰인 '被小鸟吃光了'는 '새에 의해 다 먹혔다'라는 의미이며 다시 말해 '새가 모조리 먹어 버렸다'는 의미가 되므로 정답은 A이다.

42-43

[43]散文家林清玄的书法很好。有一次，朋友请他写一幅字，他考虑再三，写下了"常想一二"四个字。朋友看了便问他是什么意思。林清玄说："[42]人生不如意的事十之八九，但扣除八九成的不如意，至少还有一二成是如意、快乐、欣慰的事情。要想拥有快乐的人生，就要常想那一二成的好事，这样才会感到庆幸、懂得珍惜，不至于被那八九成的不如意所打倒。"

[43]산문가인 임청현(林清玄)은 서예를 잘했다. 한번은 친구가 그에게 글씨 한 폭을 써달라고 부탁했는데 그는 여러 차례 고민하더니 '상상일이'이라는 네 글자를 썼다. 친구는 보고서 바로 그에게 무슨 뜻이냐고 물어봤다. 임청현(林清玄)은 "[42]인생은 마음먹은 대로 되지 않는 일이 십중팔구이나 마음대로 되지 않는 80~90%를 빼고 남게 되는 적어도 10~20%는 마음먹은 대로 되고 행복하며 즐거운 일이라는 것이네. 즐거움을 가지고 인생을 살아가고 싶다면 늘 그 10~20%의 좋은 일을 생각하면 될 것이야. 이렇게 하면 비로소 행복을 느끼고 소중함을 이해할 수 있는 것이지. 그 80~90%가 마음대로 되지 않는다고 해서 좌절하는 정도까지 이르면 안 된다네."라고 했다.

단어 散文 sǎnwén 명 산문 | 书法 shūfǎ 명 서예 | 幅 fú 양 폭 [옷감·종이·그림 등을 세는 단위] | 考虑 kǎolǜ 통 고려하다 | 再三 zàisān 부 재삼, 두세 번, 여러 번 | 便 biàn 부 곧 | 十之八九 shízhī bājiǔ 성 십중팔구, 열에 아홉, 거의 | 扣除 kòuchú 통 공제하다, 빼다 | 成 chéng 명 10분의 1, 할 | 至少 zhìshǎo 부 적어도, 최소한 | 快乐 kuàilè 형 즐겁다, 행복하다 | 欣慰 xīnwèi 형 기쁘고 안심이 되다 | 拥有 yōngyǒu 통 보유하다, 소유하다 | 庆幸 qìngxìng 형 축하할 만하다 | 珍惜 zhēnxī 형 소중히 여기다 | 不至于 búzhìyú 통 ~에 이르지 못하다, ~까지는 안 된다 | 打倒 dǎdǎo 통 타도하다, 쳐부수다, 때려눕히다

42

"常想一二"中的"一二"指的是什么?

A 科学问题
B 快乐的事
C 计算问题
D 明白的事

'상상일이' 중의 '일이'가 가리키는 것은 무엇인가?

A 과학 문제
B 즐거운 일
C 계산 문제
D 명백한 일

단어 计算 jìsuàn 명 계산

해설 글의 밑줄 친 문장에서 쓰인 '十之八九'는 '십중팔구'라는 의미이다. 인생에서 마음대로 되지 않는 일이 십중팔구이기 때문에 마음대로 되지 않는 일 80~90%를 빼고 남는 10~20%는 행복하고 즐거운 일이라고 임청현은 생각했다. 그리하여 '자주 1과 2를 생각한다'라는 의미의 '常想一二'를 썼고, 다시 말해 '一二'가 가리키는 것은 '즐거운 일'이므로 정답은 B이다.

43

关于林清玄,可以知道什么?

A 没有爱好
B 喜欢赞美别人
C 字写得漂亮
D 说话幽默

임청현에 관하여, 알 수 있는 것은 무엇인가?

A 취미가 없다
B 다른 사람을 칭찬하는 것을 좋아한다
C 글씨를 잘 쓴다
D 유머러스하게 이야기한다

단어 赞美 zànměi 동 찬미하다 | 幽默 yōumò 형 유머러스한

해설 글의 처음에 밑줄 친 문장에서 쓰인 '书法'는 '서예'라는 의미이다. 서예를 잘했다는 것은 글씨를 잘 쓴다는 것과 같은 이치이기 때문에 정답은 C이다.

 **44-45**

大学毕业以后,⁴⁴我和好朋友春梅一起找了一套房子,房费一人出一半儿可以省钱挺好的。⁴⁵可现在春梅有了男朋友,就觉得不方便了,想找个房子搬出去。两个月过去了,我跑了很多地方,还没有找到合适的。不是地方太远,就是房子太差,不然就是价钱太贵。我觉得现在找房子比找男朋友更难。

대학교를 졸업한 후 ⁴⁴나와 친한 친구 춘메이(春梅)는 함께 방 하나를 구했다. 방세는 반씩 내기로 해서 돈을 아끼기 매우 좋았다. ⁴⁵하지만 지금 춘메이(春梅)는 남자 친구가 생겨 버렸고 좀 불편해져서 다른 집을 찾아서 이사를 가고 싶다. 두 달이 지나갔고 나는 많은 곳을 다녀 봤지만 아직 적당한 곳을 찾지 못했다. 위치가 너무 멀지 않으면 방이 굉장히 열악하였고, 아니면 가격이 너무 비쌌다. 나는 지금 방을 찾는 게 남자친구를 찾는 것보다 어렵다고 생각한다.

단어 房费 fángfèi 명 투숙비, 방세 | 省钱 shěngqián 동 돈을 절약하다 | 合适 héshì 형 적당하다 | 不然 bùrán 접 그렇지 않으면, 아니면

44

我现在和谁住在一起?

A 男朋友
B 一个人住
C 一个好朋友
D 父母

나는 현재 누구와 함께 살고 있는가?

A 남자 친구
B 혼자 산다
C 한 명의 친한 친구
D 부모

해설 글의 밑줄 친 문장에서 '나와 친한 친구 춘메이는 함께 방 하나를 구했다'라고 했기 때문에 정답은 C이다.

<table>
<tr><td>

45 我为什么要找房子?

A 觉得不方便
B 房子价格太高
C 一个好朋友
D 离公司很远

</td><td>

나는 왜 집을 찾으려고 하는가?

A 불편하다고 생각해서
B 방 가격이 너무 비싸서
C 한 명의 친한 친구라서
D 회사에서 너무 멀어서

</td></tr>
</table>

해설 글에서 화자가 다른 집을 찾으려고 하는 이유에 대해서 '하지만 지금 춘메이는 남자 친구가 생겨 버렸고 좀 불편해져서 다른 집을 찾아서 이사를 가고 싶다'라고 밑줄 친 문장에서 언급했기 때문에 정답은 A이다.

二　阅　读

第 一 部 分

46-48

地图鱼是一种美丽的热带鱼，它们黑色的身体上布满了不规则的红色和橙黄色的斑纹，好像一 _46_ 地图。有意思的是，它们能认出自己的主人。当被陌生人观赏时，它们会 _47_ 地做自己的事，而当主人靠近水箱时，它们会立即游过来，摆动着尾巴表示欢迎。有些经过训练的地图鱼甚至会跃出水面去接主人手中的食物。 _48_ ，地图鱼是一种非常有趣的观赏鱼。

오스카(地图鱼)는 아름다운 열대어로, 그것들은 검은색의 몸체에 규칙적이지 않은 빨간색과 주황색의 얼룩무늬가 가득 널려 있어 마치 한 46폭의 지도 같다. 재미있는 것은 그것들이 자신의 주인을 알아볼 수 있다는 것이다. 낯선 사람이 볼 때에는 47몰두하여 자기 일을 하고, 주인이 어항에 다가올 때에는 바로 헤엄쳐 와서 꼬리를 흔들며 반가움을 표시한다. 몇몇 훈련된 오스카(地图鱼)는 심지어 수면 위로 뛰어올라 주인 손안의 음식을 받는다. 48한마디로 말하면 오스카(地图鱼)는 매우 재미있는 관상어이다.

단어 　**热带鱼** rèdàiyú 몡 열대어 | **布满** bùmǎn 동 가득 널려 있다, 충만하다 | **斑纹** bānwén 몡 얼룩무늬 | **认出** rènchū 동 알아채다 | **陌生人** mòshēngrén 몡 낯선 사람 | **立即** lìjí 凬 즉시, 바로 | **尾巴** wěiba 凬 꼬리 | **跃** yuè 동 뛰어오르다 | **观赏鱼** guānshǎngyú 몡 관상용 물고기

46

A 支	A 자루〔막대 모양의 물건을 세는 단위〕
B 幅	B 폭〔옷감 · 종이 · 그림 등을 세는 단위〕
C 粒	C 알〔입자를 세는 단위〕
D 颗	D 알〔둥글고 작은 알맹이 모양과 같은 것을 세는 단위〕

해설 　빈칸의 앞은 '一(하나)'라는 숫자이고 빈칸 뒤는 '地图(지도)'라는 명사이기 때문에 이 자리가 양사 자리임을 알아야 한다. 보통 '地图(지도)'를 세는 양사는 '张(장)'이라고 알고 있어 많은 학생에게 혼란을 줄 수 있는 문제이다. 예전에는 지도를 비단이나 천에 그린 적이 있기 때문에 '폭'이라는 양사 '幅'도 가능하므로 정답은 B이다.

Tip　외워 두면 좋은 '양사 + 명사'
把 : 손잡이 · 자루가 있는 기구를 셀 때 쓰이는 양사
　　예 一把椅子 의자 한 개　一把钥匙 열쇠 한 개　一把伞 우산 한 개
颗 : 마음 혹은 둥글고 작은 알맹이 모양과 같은 것을 셀 때 쓰이는 양사
　　예 一颗心 하나의 마음　一颗星 별 하나
台 : 기계 · 차량 · 설비 등을 셀 때 쓰이는 양사
　　예 一台电脑 컴퓨터 한 대　一台取款机 현금지급기 한 대
份 : 업무 혹은 신문 · 잡지 · 문건 등을 셀 때 쓰이는 양사
　　예 一份材料 자료 한 부　一份文件 문서 한 부　一份工作 하나의 일
条 : 가늘고 긴 것 혹은 도로, 항목 등을 셀 때 쓰이는 양사
　　예 一条项链 목걸이 한 개　一条消息 소식 하나　一条路 길 하나

47

A 专心	B 乐观	A 몰두하다	B 낙관적이다
C 热心	D 好客	C 친절하다	D 호의적이다

단어 　**专心** zhuānxīn 톙 전념하다, 몰두하다 | **乐观** lèguān 톙 낙관적이다 | **热心** rèxīn 톙 친절하다 | **好客** hàokè 톙 손님 접대를 좋아하다

해설 　명사를 꾸며 줄 때 그 앞에서 '的'를 쓰듯이 동사를 꾸며 줄 때에는 '地'를 쓴다. 또한, '地' 앞에는 형용사나 부사, 성어 등이 올 수 있음을 알아야 한다. 빈칸 앞의 내용이 오스카가 주인을 알아본다는 것이기 때문에 낯선 사람이 보았을 때에는 '몰두하여 자기 일을 한다'라는 내용이 나와야 한다. 보기의 단어들을 모두 형용사적인 뜻으로 보았을 때 '몰두하다', '전념하다'라는 표현은 A뿐이다. 그러므로 정답은 A이다.

| 48 | A 与其 | B 总之 | A ~하기보다는 | B 한마디로 말하면 |
| | C 何况 | D 从此 | C 더군다나 | D 이로부터 |

단어 **与其** yǔqí 웹 ~하기보다는 | **总之** zǒngzhī 웹 한마디로 말하면 | **何况** hékuàng 웹 더군다나 | **从此** cóngcǐ 凰 이로부터

해설 빈칸은 접속사 자리로, 글의 가장 마지막에서 문장을 한마디로 요약해 줄 수 있는 접속사는 B뿐이다. 그러므로 정답은 B이다.

> **Tip** **자주 출제되는 접속사 구조**
> 与其 A 不如 B　A 하느니 차라리 B하는 것이 낫다
> 전제조건 A, 何况 B　A하는데 하물며 B하다
> 명령 및 청유 A, 否则 B　A해야 한다. 만약 그렇지 않으면 B할 것이다
> 如果 / 要是 / 假如 / 若 A 就 B　만약 A한다면 바로 B하다
> 即使 / 哪怕 A 也 B　설령 A하더라도 B하다
> 虽然 / 尽管 A 但是 / 可是 / 不过 / 然而 / 却 B　비록 A일지라도 B하다

49-52

春秋时期，齐国派兵进攻鲁国。鲁庄公和曹刿在长勺迎击齐军。两军摆好阵势后，鲁庄公急着下令击鼓进军，曹刿 __49__ 上前阻止，让他等待时机。直到齐军击第三遍鼓后，曹刿才让鲁军击鼓出战，__50__，很容易就打败了齐军；事后鲁庄公问曹刿再这样做的原因。曹刿说："打仗靠士气，士兵的勇气和耐心非常重要。齐军击第一遍鼓时，士兵的士气大增；第二遍时，__51__；第三遍时，士气就快用尽了。这时我们在击鼓作战，以士气高涨的部队攻打 __52__ 的敌人，当然会取胜了。"

춘추시대에 제나라는 병사를 보내 노나라를 공격했다. 노장공과 조귀(曹刿)는 장작(长勺)에서 제나라 군대에 맞서 싸웠다. 두 군대가 전투 대형을 한 후 노장공은 급히 북을 쳐 진군하도록 명령했고, 조귀(曹刿)는 [49]서둘러 다가가 저지하며 그에게 시기를 기다리자고 했다. 제나라 군대가 세 번 북을 치고 나서야 조귀(曹刿)는 비로소 북을 쳐 노나라 군대를 출전시켰고, [50]결과적으로 쉽게 제나라 군대를 물리쳤다. 일이 있은 후에 노장공은 조귀(曹刿)에게 그렇게 한 이유를 물어보았는데 조귀(曹刿)는 말했다. "전쟁은 사기에 달려 있는 것이고 병사들의 용기와 인내심이 매우 중요합니다. 제나라 군대가 처음 북을 쳤을 때 병사들의 사기는 왕성했고, 두 번째로 북을 쳤을 때 [51]힘이 이미 쇠약해졌습니다. 세 번째로 북을 쳤을 때는 이윽고 사기가 소진되어 버렸죠. 이때 우리가 싸우려 북을 쳤고 사기가 고조된 부대가 [52]지친 적군을 공격했으니 당연히 승리할 수 있었습니다."

단어 **春秋** Chūnqiū 몡 춘추시대 [중국 역사 중의 한 시기] | **派兵** pàibīng 통 파병하다 | **进攻** jìngōng 통 공격하다 | **迎击** yíngjī 통 응전하다 | **摆** bǎi 통 놓다, 배치하다 | **阵势** zhènshì 몡 전투 대형 | **下令** xiàlìng 통 명령을 하달하다 | **击鼓** jīgǔ 통 북을 두드리다 | **进军** jìnjūn 통 진군하다 | **阻止** zǔzhǐ 통 저지하다 | **等待** děngdài 통 기다리다 | **时机** shíjī 몡 시기 | **出战** chūzhàn 통 출전하다 | **打败** dǎbài 통 싸워 이기다 | **打仗** dǎzhàng 통 전쟁하다, 싸우다 | **士气** shìqì 몡 사기 | **高涨** gāozhǎng 통 급증하다 | **部队** bùduì 몡 군대, 부대 | **攻打** gōngdǎ 통 공격하다 | **敌人** dírén 몡 적 | **取胜** qǔshèng 통 승리하다

| 49 | A 陆续 | B 随时 | A 끊임없이 | B 수시로 |
| | C 继续 | D 赶紧 | C 계속 | D 서둘러 |

단어 **陆续** lùxù 凰 끊임없이 | **随时** suíshí 凰 수시로 | **继续** jìxù 몡 계속 | **赶紧** gǎnjǐn 凰 서둘러

해설 노나라의 노장공과 조귀가 제나라와 전쟁을 하며 생긴 일화를 서술한 글이다. 빈칸의 위치가 술어 앞이기 때문에 이 자리가 부사 자리라는 것을 알아야 한다. 노장공이 급하게 진군하려 하자 조귀가 저지시켰다는 내용이 전개되고 있고, 이때에 가장 적절한 부사는 '서둘러'라는 뜻의 D이다. 그러므로 정답은 D이다.

50

| A 结果 | B 不然 | A 결과적으로 | B 그렇지 않으면 |
| C 总之 | D 从此 | C 요컨대 | D 이로부터 |

단어 结果 jiéguǒ 몡 결과 | 不然 bùrán 졉 그렇지 않으면 | 总之 zǒngzhī 꽤 요컨대 | 从此 cóngcǐ 뮈 지금부터, 이로부터

해설 '不然'은 앞에서 명령이나 청유를 한 다음에 쓰이는 '그렇지 않으면'이라는 뜻의 접속사이다. 하지만 빈칸 앞의 내용은 명령이나 청유가 아닐뿐더러 해석도 적절하지 않다. 또한 '总之'는 글의 마지막에서 한마디로 요약하는 '요컨대'라는 의미인데, 빈칸이 글의 후반에 나오는 것이 아니기 때문에 쓸 수 없다. 마지막으로 '从此'는 '이로부터'라는 의미의 부사이기 때문에 술어 앞에 위치해야 한다. 빈칸 앞에는 '조귀는 비로소 북을 쳐 노나라 군대를 출전시켰다'라는 내용이 나왔고 빈칸 뒤에는 '쉽게 제나라 군대를 물리쳤다'라는 내용이 나왔기 때문에 가장 적절한 것은 '결과', '결과적으로'라는 의미의 A이다. 그러므로 정답은 A이다.

51

A 其实是在讽刺	A 사실은 풍자를 하고 있다
B 正是进攻的好时机	B 마침 공격하기 좋은 시기이다
C 劲头已在减弱	C 힘이 이미 쇠약해졌다
D 大家一起使劲儿	D 모두 함께 힘을 쓰다

단어 讽刺 fěngcì 통 풍자하다 | 减弱 jiǎnruò 통 (힘·기세 등이) 약해지다 | 劲头 jìntóu 몡 힘 | 使劲儿 shǐjìnr 통 힘을 쓰다

해설 제나라가 북을 세 번 칠 때까지 조귀가 기다린 이유에 대한 내용이 나오고 있다. 처음 북을 쳤을 때에는 사병들의 사기가 왕성했고, 세 번째로 북을 쳤을 때는 사기가 거의 남아 있지 않은 상태였기 때문에 두 번째로 북을 쳤을 때는 '힘이 이미 쇠약해졌다'라는 표현이 나와야 적절하다. 그렇기 때문에 정답은 C이다.

52

| A 犹豫 | B 遗憾 | A 망설이다 | B 유감이다 |
| C 可惜 | D 疲劳 | C 아쉽다 | D 지치다 |

단어 犹豫 yóuyù 혱 머뭇거리다, 망설이다 | 遗憾 yíhàn 통 유감이다 | 可惜 kěxī 혱 아쉽다 | 疲劳 píláo 혱 피곤하다, 지치다

해설 노나라가 제나라를 이긴 이유에 대해 서술하고 있다. 제나라가 북을 세 번 치고 기다리는 시간 동안 사기가 떨어지고 많이 피로하게 되었는데, 이때 공격을 했으니 쉽게 이길 수 있었다는 내용이 나와야 하므로 정답은 D이다.

🎯 53-56

"免费"很招人喜爱，但有时也会使我们做出不明智的决定。

比如，面对一张免费的10元礼券与一张价格7元的20元礼券，大多数人会选择前者。其实这并不合算，因为20元的那张实际上会让你获得13元的 _53_ 。但人们一看到"免费"这个词，理智往往就被抛到脑后了。

这种心理被越来越多的广告商和市场营销者所 _54_ ，因为只要带有"免费"这个词， _55_ 。

要警惕"免费"的诱惑，因为你可能 _56_ 没有得到任何实惠。

'공짜'는 사람들의 사랑을 많이 받지만 때때로 우리에게 현명하지 못한 결정을 내리게 할 수도 있다.

예를 들어 10위안짜리 공짜 상품권과 가격이 7위안인 20위안짜리 상품권이 있다면 대부분의 사람은 전자를 선택할 것이다. 사실 이건 수지가 맞지 않다. 왜냐하면 20위안짜리 그 상품권이 실제로 당신에게 13위안의 ⁵³혜택을 줄 것이기 때문이다. 하지만 사람들은 '공짜'라는 이 단어를 보면 이성을 까맣게 잊어버리곤 한다.

이런 심리는 갈수록 많은 광고업주와 마케팅 담당자로부터 ⁵⁴이용되는데 '공짜'라는 이 단어만 있으면 ⁵⁵상품의 흡입력을 크게 높일 수 있기 때문이다.

'공짜'의 유혹을 경계해야 한다. 왜냐하면 당신은 어떠한 실익도 ⁵⁶아예 얻지 못할 수 있기 때문이다.

단어 免费 miǎnfèi 통 무료로 하다 | 招 zhāo 통 손짓해서 오게하다 | 明智 míngzhì 혱 현명하다 | 礼券 lǐquàn 몡 상품권 | 合算 hésuàn 혱 수지가 맞다 | 理智 lǐzhì 몡 이성 | 抛到脑后 pāodào nǎohòu 일이나 문제를 잊어버리다 | 营销 yíngxiāo 통 마케팅하다 | 警惕 jǐngtì 통 경계하다 | 诱惑 yòuhuò 통 유혹하다 | 实惠 shíhuì 몡 실익

53

| A 赔偿 | B 投入 | A 배상 | B 투입 |
| C 罚款 | D 优惠 | C 벌금 | D 혜택 |

단어 赔偿 péicháng 몡 배상 | 投入 tóurù 몡 투입 | 罚款 fákuǎn 몡 벌금 | 优惠 yōuhuì 몡 혜택

해설 '优惠'는 '우대', '혜택'이라는 의미이다. 10위안의 공짜 상품권보다 7위안인 20위안짜리 상품권이 더욱 이득이라는 것을 설명하고 있는 내용이기 때문에 D의 '优惠(혜택)'가 적절하다. 때에 따라 '优惠(혜택)'는 사전적인 의미를 벗어나 '할인'이라는 의미를 지닐 때도 있다. 예를 들어 '优惠价格(우대 가격)'라는 것은 다시 말해 '할인 가격'을 의미할 수도 있기 때문이다. 그렇기 때문에 '우대', '혜택'이라는 뜻과 '할인'이라는 뜻도 함께 알아두어야 한다. 그러므로 정답은 D이다.

54

| A 争取 | B 利用 | A 쟁취하다 | B 이용하다 |
| C 制定 | D 启示 | C 제정하다 | D 계시하다 |

단어 争取 zhēngqǔ 됭 쟁취하다 | 利用 lìyòng 됭 이용하다 | 制定 zhìdìng 됭 제정하다 | 启示 qǐshì 됭 계시하다

해설 '被(~당하다)'자 문은 술어 앞에 '所'를 가지고 올 수 있다. 다시 말해 '所'의 뒤에는 동사가 나와야 한다는 뜻이다. '被(~당하다)' 뒤의 주체가 '广告商(광고업주)'와 '市场营销者(마케팅 담당자)'이고, 공짜를 좋아하는 심리가 그들에 의해 이용당한다는 표현이 해석상 적절하므로 정답은 B이다.

> **Tip** '争取'와 '制定'에 어울리는 술목구조
>
> 争取 쟁취하다
> 예 争取进步 진보하다, 진보를 얻다
> 　 争取自由 자유를 얻다
> 　 争取成功 성공을 얻다
>
> 制定 제정하다
> 예 制定目标 목표를 세우다
> 　 制定计划 계획을 세우다
> 　 制定法律 법률을 제정하다

55

A 一旦我们下定决心买	A 일단 우리가 사기로 결심했으면
B 商品的吸引力就会大大提高	B 상품의 흡입력을 크게 높일 수 있다
C 即使出错了也没关系	C 설령 잘못을 했더라도 괜찮다
D 这会节省不少钱	D 많은 돈을 절약할 수 있다

단어 决心 juéxīn 몡 결심 | 吸引力 xīyǐnlì 몡 흡인력, 매력 | 即使 jíshǐ 젭 설령 ~하더라도 | 节省 jiéshěng 됭 아끼다, 절약하다

해설 빈칸 앞 문장에는 '只要'라는 접속사가 쓰였다. 이때에 '只要 A 就 B(A하기만 하면 바로 B하다)' 구문을 적용시켜야 한다. 보기 중에서 '就'를 수반하고 있는 것은 B뿐이다. 그러므로 정답은 B이다.

> **Tip** 헷갈리기 쉬운 접속사 구조
>
> 只要 A 就 B　A하기만 하면 바로 B하다
> 只有 A 才 B　A해야만 비로소 B하다

56

| A 总算 | B 简直 | A 간신히 | B 그야말로 |
| C 根本 | D 本质 | C 아예 | D 본질 |

단어 总算 zǒngsuàn 멷 마침내, 간신히 | 简直 jiǎnzhí 멷 그야말로, 참으로 | 根本 gēnběn 멷 아예 | 本质 běnzhì 몡 본질

해설 '根本'은 '근본적인'이라는 의미의 형용사적 용법도 있지만 '아예'라는 뜻의 부사적 용법도 있다. 또한 '아예'라고 쓰일 때에는 보통 뒤에 부정적인 표현을 함께 수반한다. 빈칸 뒤에 '没有(없다)'라는 부정어가 나왔기 때문에 정답은 C이다. 또한 '根本没有'는 '아예 ~하지 않다'라는 의미로 자주 출제되는 표현이기 때문에 반드시 외워두어야 한다.

57-60

有个人在旅店投宿，醒来后发现银子不见了，而这一晚店里没有别的客人，因此他怀疑是老板 57 去的。但老板根本不承认，于是两个人闹到了县衙。县官听后，思考了片刻，便对老板说："我在你手上写个'银'字，你到院子里晒会儿太阳，58 一个小时后字还在，那就说明此事与你无关。"随后，县官派人去把老板娘叫来。老板娘来到县衙，见丈夫在外面站着，59 。这时，县官大声问店老板："'银'字还在你手里吗？"店老板连忙回答："在，在。"老板娘一听丈夫承认了"银子"在，就不敢再隐瞒了，60 回家拿出了银子。

어떤 사람이 여관에서 투숙하는데 깨어서 보니 은이 없어진 것을 발견했다. 이날 저녁에 여관에는 다른 손님이 없었기 때문에 그는 주인이 57훔쳐간 것이라고 의심했다. 하지만 주인은 절대 인정하지 않았고 두 사람은 소란을 피우며 관아까지 찾아가게 되었다. 현관이 듣고 잠시 생각한 뒤 주인에게 말했다. "내가 당신의 손에 '은' 글자를 쓸테니 뜰에서 잠시 햇볕을 쬔 다음에 58만약 한 시간 후에도 여전히 글자가 남아 있다면 그것은 이 일이 당신과 무관하다는 것을 설명하는 것이오." 뒤이어 현관은 사람을 보내 주인의 부인을 불러왔다. 주인의 부인은 관아에 와서 남편이 바깥에 서 있는 것을 보고는 59어떻게 된 일인지 몰랐다. 이때 현관이 큰 소리로 여관 주인에게 물었다. "'은' 글자가 아직도 손에 있는가?" 주인은 재빨리 "있습니다. 있어요."하고 대답했다. 주인의 부인은 남편이 '은(银子)'이 있다는 것을 인정한 걸 듣자마자 더 이상 숨길 용기가 없어서 집에 돌아가 60순순히 은을 가지고 왔다.

단어 **投宿** tóusù 동 투숙하다 | **银子** yínzi 명 은 | **怀疑** huáiyí 동 의심하다 | **承认** chéngrèn 동 인정하다 | **县衙** xiànyá 명 현의 관아 | **片刻** piànkè 명 잠깐 | **晒** shài 동 햇볕을 쬐다 | **派** pài 동 파견하다 | **老板娘** lǎobǎnniáng 명 사장 부인, 안주인 | **连忙** liánmáng 부 얼른, 재빨리 | **隐瞒** yǐnmán 동 (진상을) 숨기다

57

A 偷	B 摘	A 훔치다	B 따다
C 抢	D 捡	C 빼앗다	D 줍다

단어 **偷** tōu 동 훔치다 | **摘** zhāi 동 따다 | **抢** qiǎng 동 빼앗다 | **捡** jiǎn 동 줍다

해설 주인공이 어떤 여관에 묵은 후 은이 없어지게 되면서 일어난 이야기를 서술하고 있다. 은이 없어졌기 때문에 주인을 의심하게 되었고 이 과정에서 가장 적절한 동사는 A이다. 그러므로 정답은 A이다.

58

A 不然	B 哪怕	A 그렇지 않으면	B 설령 ~라 해도
C 导致	D 假如	C 야기하다	D 만약에

단어 **不然** bùrán 접 그렇지 않으면 | **哪怕** nǎpà 접 설령 ~라 해도 | **导致** dǎozhì 동 야기하다 | **假如** jiǎrú 접 만약에

해설 A의 '不然'은 '그렇지 않으면'이라는 의미이다. 이 접속사는 명령을 의미하는 내용 뒤에 쓰이며 그 명령을 이행하지 않았을 시에 대한 결과를 언급할 때 쓰인다. 그리고 B의 '哪怕(설령 ~라 해도)'는 '即使(설령 ~하더라도)'와 같은 의미이며 뒤에 '也'를 수반한다. C는 '야기하다'라는 의미의 동사이며 좋지 않은 결과를 초래할 때 쓰인다. 마지막으로 D의 '假如'는 '만약에'라는 의미로 뒤에 '就'를 수반한다. 빈칸이 포함된 문장의 뒤 문장에 '就'가 있으므로 정답은 D이다.

59

A 却不知道是怎么回事	A 어떻게 된 일인지 몰랐다
B 觉得他非常谦虚	B 그가 매우 겸손하다고 느꼈다
C 便假装不认识他	C 바로 그를 모르는 척 했다
D 至今没有消息	D 지금까지 소식이 없다

단어 **假装** jiǎzhuāng 동 가장하다, (짐짓) ~체하다 | **至今** zhìjīn 부 지금까지

해설 앞서 한 번도 언급이 되지 않았던 주인의 부인이 의문도 모르고 관아에 오게 된 상황이다. 그렇기 때문에 가장 적절한 표현은 A이다. 그러므로 정답은 A이다.

<table>
<tr><td rowspan="2">**60**</td><td>A 渐渐</td><td>B 深深</td><td>A 점점</td><td>B 깊게</td></tr>
<tr><td>C 纷纷</td><td>D 乖乖</td><td>C 잇달아</td><td>D 순순히</td></tr>
</table>

단어 　渐渐 jiànjiàn 图 점점 | 深深 shēnshēn 图 깊게 | 纷纷 fēnfēn 图 잇달아, 분분히 | 乖乖 guāiguāi 명 순순히

해설 　'乖乖'는 '순순히'라는 뜻이다. 현관은 주인에게 '은 글자(银字)'가 있냐고 물어보았는데 그 음이 비슷하여 주인의 부인은 '은(银子)'과 혼동했다. 사실 주인의 부인이 은을 훔쳐간 도둑이었고 남편과 현관의 대화를 듣고 본인이 훔쳤다는 것이 발각되었다고 생각했다. 그래서 '순순히' 가져왔다는 의미의 D가 가장 적절하므로 정답은 D이다.

第 二 部 分

61-70

61

机会之门开启之前，你无法判断它背后是成功还是失败。你所要做的就是鼓足勇气敲开它，如果你只是站在门前犹豫不决，不去行动，那么你将一直被关在成功的门外。

A 充分利用每一分钟
B 要敢于行动
C 坚持才能取得胜利
D 成功也需要勇气

기회의 문이 열리기 전에 당신은 그 배후가 성공인지 실패인지 판단할 수 없다. 당신이 해야 하는 것은 바로 용기를 내어서 그것을 두드려 여는 것이다. 만약에 당신이 문 앞에 서서 결단을 내리지 못하고 망설이기만 하고 행동하지 않는다면, 당신은 계속 성공의 문밖에 갇혀 있게 될 것이다.

A 매 1분을 충분히 이용한다
B 행동할 용기가 있어야 한다
C 끝까지 노력해야 승리를 얻을 수 있다
D 성공도 용기가 필요하다

단어 开启 kāiqǐ 图 열다, 개방하다 | 判断 pànduàn 图 판단하다 | 背后 bèihòu 图 배후에서, 암암리에 | 鼓足勇气 gǔzú yǒngqì 용기를 북돋우다 | 犹豫不决 yóuyù bùjué 圈 결단을 내리지 못하고 망설이다 ‖ 充分 chōngfèn 圈 충분하다 | 敢于 gǎnyú 图 (~할) 용기가 있다 | 坚持 jiānchí 图 견지하다, 고수하다

해설 新HSK 5급 독해 2부분 초반 문제는 지문과 보기가 비슷하게 겹쳐져 나올 확률이 높다. 지문에 나온 '勇气(용기)'를 보고 고를 수 있는 보기는 '敢于(~할 용기가 있다)'가 들어간 B와 '勇气(용기)'가 직접적으로 언급된 D가 있다. 그런데 마지막에 밑줄 친 문장에서 '망설이고 행동하지 않는다'는 내용이 나왔기 때문에 '行动(행동)'도 함께 언급된 B가 정답이다.

62

昆虫是地球上数量最多的动物群体，它们的踪迹几乎遍布世界的每个角落。大多数昆虫都具有高超的飞行技术，能借助飞行来选择适宜的生存环境，寻找食物和同伴。

A 昆虫的分布很广
B 昆虫的寿命很短
C 昆虫的数量非常有限
D 昆虫的飞行速度很快

곤충은 지구상에 수량이 가장 많은 동물 집단으로 그것들의 종적은 거의 세계 각 구석에 널리 분포한다. 대다수 곤충은 모두 출중한 비행 기술을 가지고 있고 비행으로 알맞은 생존 환경을 선택하고 음식과 동반자를 찾을 수 있다.

A 곤충은 매우 널리 분포한다
B 곤충의 수명은 매우 짧다
C 곤충의 수량은 굉장히 한정되어 있다
D 곤충의 비행 속도는 매우 빠르다

단어 昆虫 kūnchóng 圆 곤충 | 地球 dìqiú 圆 지구 | 群体 qúntǐ 圆 집단 | 踪迹 zōngjì 圆 종적, 발자취 | 几乎 jīhū 图 거의, 하마터면 | 遍布 biànbù 图 널리 분포하다 | 角落 jiǎoluò 圆 구석 | 高超 gāochāo 圈 출중하다 | 技术 jìshù 圆 기술 | 借助 jièzhù 图 도움을 받다 | 适宜 shìyí 圈 적합하다 | 寻找 xúnzhǎo 图 찾다 | 同伴 tóngbàn 圆 동료, 동반자 ‖ 分布 fēnbù 图 분포하다 | 限 xiàn 圆 한계

해설 A의 '分布'는 '분포하다'라는 의미이며 이와 비슷한 의미는 지문의 '遍布(널리 분포하다)'라고 볼 수 있다. '그것들의 종적은 거의 세계 각 구석에 널리 분포한다'라고 했기 때문에 정답은 A이다.

63

黑豆营养丰富，含有多种营养成分。其中优质蛋白的含量比黄豆的大约高出1/4，居豆类之首，因此赢得了"豆中之王"的美誉。即使与蛋白质丰富的肉类相比，黑豆也毫不逊色，因此它又被誉为"植物蛋白肉"。

A 老人不适合吃黑豆
B 黑豆蛋白质含量比肉类更多
C 黑豆营养价值高
D 黑豆热量比较低

검은콩은 영양이 풍부하고 각종 영양 성분이 함유되어 있다. 그중 양질의 단백질 비율은 노란 콩의 약 4분의 1이 높고 콩류 중에서는 으뜸이어서 '콩의 왕'이라는 명예까지 얻었다. 설령 단백질이 풍부한 육류와 비교를 할지라도 검은콩은 조금도 뒤떨어지지 않는다. 그리하여 그것은 '식물 단백육'이라고도 불린다.

A 노인은 검은콩을 먹기에 적합하지 않다
B 검은콩의 단백질 함량은 육류보다 더 많다
C 검은콩은 영양 가치가 높다
D 검은콩의 열량은 비교적 낮다

단어 营养 yíngyǎng 몡 영양 | 含有 hányǒu 동 함유하다, 포함하다 | 优质 yōuzhì 톙 양질의 | 含量 hánliàng 몡 함량 | 赢得 yíngdé 동 얻다 | 美誉 měiyù 몡 명예 | 即使 jíshǐ 졉 설령 ~할지라도 | 蛋白质 dànbáizhì 몡 단백질 | 相比 xiāngbǐ 동 비교하다, 견주다 | 毫不 háobù 뭔 조금도 ~않다 | 逊色 xùnsè 톙 뒤떨어지다, 차이가 나다 | 被誉为 bèi yùwéi ~라고 불리다 ‖ 适合 shìhé 동 적합하다, 적당하다 | 热量 rèliàng 몡 열량

해설 新HSK 5급 독해 2부분 초반 문제의 정답은 지문의 앞부분에서 나올 경우가 많다. 지문의 첫 문장에서 '검은콩은 영양이 풍부하다'라고 언급했기 때문에 정답은 C이다.

64

读书能增长知识，但也会限制思维。"读万卷书"后，只有亲自去"行万里路"，才能真切体验到书中所描绘的情景，然后将作者的感受同自己的理解加以比较，这样方能有更多的收获，读书的效果才能真正地体现出来。

A 旅行有助于改善情绪
B 要将读书与体验结合起来
C 读书前要先了解作者的写作背景
D 读书是获得知识的最好方式

독서는 지식을 늘릴 수 있지만 사고를 제한시킬 수도 있다. '수많은 책을 읽고' 난 뒤 직접 '먼 길을 가야' 책 속에 묘사되었던 배경을 분명하게 체험할 수 있다. 그다음 작가의 느낌과 함께 자기의 이해에 비교를 더해야만 비로소 더 많은 수확을 얻을 수 있으니, 독서의 효과가 진정으로 구현되어 나타날 수 있다.

A 여행은 기분을 전환하는 데 도움을 준다
B 독서와 체험을 결합해야 한다
C 독서 전에 먼저 작가의 저작 배경을 이해해야 한다
D 독서는 지식을 얻는 가장 좋은 방법이다

단어 增长 zēngzhǎng 동 증가하다 | 限制 xiànzhì 동 제한하다 | 思维 sīwéi 몡 사유, 사고, 생각 | 读万卷书 dúwàn juǎnshū 수많은 책을 읽다 | 亲自 qīnzì 뭔 직접 | 行万里路 xíngwàn lǐlù 먼 길을 가다 | 真切 zhēnqiè 톙 분명하다 | 体验 tǐyàn 동 체험하다 | 描绘 miáohuì 동 묘사하다 | 加以 jiāyǐ 동 ~을 가하다 | 体现 tǐxiàn 동 구현하다 ‖ 改善 gǎishàn 동 개선하다 | 情绪 qíngxù 몡 정서, 기분 | 结合 jiéhé 동 결합하다 | 背景 bèijǐng 몡 배경 | 知识 zhīshi 몡 지식

해설 '读万卷书'는 '수많은 책을 읽다'라는 의미이고 '行万里路'는 '먼 길을 가다'라는 의미이다. 이때에 '먼 길을 가다'라는 것은 직접 체험해 보아야 한다는 것을 에둘러 표현한 것이다. 또한 지문에서 '体验(체험하다)'이라는 단어도 직접적으로 언급이 되었기 때문에 정답은 B이다.

65

一部作品要想打动读者，最关键的是作家对生活、对艺术、对读者要抱有真诚的态度。作品中任何虚假的声音，读者都能听得见。其中的赞美与反对，都应是作者内心真实的表达，唯有这样的作品才能引起无数心灵的共鸣。

A 作家创作要有诚恳的态度
B 创作要充分考虑市场需求
C 作者应多听读者的评价
D 作家的风格决定作品的水平

하나의 작품으로 독자를 감동시키고 싶다면, 가장 관건이 되는 것은 작가가 생활과 예술, 독자에 대해 진실한 태도를 품어야 한다는 것이다. 작품 중 어떤 거짓의 목소리도 독자는 모두 들을 수 있다. 그중 찬미와 반대는 모두 작가 내면의 진실한 표현으로 이런 작품만이 비로소 많은 마음의 공감을 얻을 수 있다.

A 작가는 창작할 때 진실한 태도가 있어야 한다
B 창작은 시장 수요를 충분히 고려해야 한다
C 작가는 독자의 평가를 많이 들어야 한다
D 작가의 스타일이 작품의 수준을 결정한다

단어 打动 dǎdòng 통 감동시키다 | 关键 guānjiàn 명 관건 | 真诚 zhēnchéng 형 진실하다 | 虚假 xūjiǎ 형 거짓의 | 引起 yǐnqǐ 통 끌다, 야기하다 | 心灵 xīnlíng 명 마음 | 共鸣 gòngmíng 명 공감 ‖ 诚恳 chéngkěn 형 진실하다 | 需求 xūqiú 명 수요

해설 新HSK 5급 독해 2부분에서는 지문에서 쓰인 단어가 그대로 보기에 나올 때도 있지만 동의어 문제도 자주 출제되는 편이다. 지문에서 언급된 '真诚'은 '진실하다'라는 의미로 보기 A의 '诚恳(진실하다)'과 동의어이다. 두 단어에서 공통적으로 겹친 '诚'이라는 단어는 본질적으로 '진실한', '성실한'이라는 의미를 가지고 있기 때문에, 이를 고려하여 생각하면 쉽게 접근할 수 있다. 그러므로 정답은 A이다.

66

票号是清代出现的一种金融机构。中国最早的票号是山西省的日昇昌票号，它坐落于平遥古城西大街的繁华地段，是中国现代银行的开山鼻祖。日昇昌票号历经百年，分号遍布全国35个大中城市，<u>业务远至欧美、东南亚等，以"汇通天下"</u>而著名。

A 日昇昌创办于明朝
B 票号是一种古代钱币
C 中国最早的票号位于欧美
D 日昇昌的业务远及海外

표호는 청대에 출현한 일종희 금융 기관이다. 중국 최초의 표호는 산시성(山西省)의 일승창 표호로 핑야오(平遥) 고성 서대(西大) 거리의 번화 구역에 위치해 있는데 이는 중국 현대 은행의 시조이다. 일승창 표호는 백 년에 걸쳐 전국 35개의 대도시에 지점이 분포되었고 <u>업무가 유럽과 미국, 동남아 등에 까지 뻗어 '외화천하'</u>로 유명했다.

A 일승창은 명조에 창립되었다
B 표호는 일종의 고대 화폐다
C 중국 최초의 표호는 유럽과 미국에 있다
D 일승창의 업무는 해외로 뻗어 나갔다

단어 票号 piàohào 명 표호 [개인 금융 기관] | 金融 jīnróng 명 금융 | 机构 jīgòu 명 기구 | 坐落 zuòluò 통 ~곳에 위치하다 | 繁华地段 fánhuá dìduàn 번화 구역 | 开山鼻祖 kāishān bízǔ 창시자 | 业务 yèwù 명 업무 ‖ 创办 chuàngbàn 통 창설하다, 창립하다 | 钱币 qiánbì 명 돈, 화폐

해설 일승창 표호는 청대에 출현했다고 했기 때문에 A는 오답이다. 또한 표호는 화폐가 아니라 금융 기관이기 때문에 B도 오답이며, 최초로 만들어진 일승창 표호가 핑야오 고성에 위치해 있기 때문에 C도 오답이다. 일승창 표호는 '업무가 유럽과 미국, 동남아 등에 까지 뻗어 있다'라고 했기 때문에 정답은 D이다.

67

科学家们发现植物对光的颜色有选择性，不同的植物喜欢不同颜色的光。这一发现可应用于农业生产上：在红光照射下，小麦发育快，成熟早，辣椒生长快，结果多；在紫光照射下，西红柿产量多出40%以上。相信随着科学技术的进步，颜色在农业上的应用也将越来越广泛。

A 光照可延长食物保质期
B 小麦喜欢紫色光
C 阳光越充足农作物产量越高
D 合理利用光照可促进农作物增产

과학자들은 식물이 빛의 색깔에 대해 선택성이 있고 서로 다른 식물은 서로 다른 색깔의 빛을 좋아한다는 것을 발견했다. 이 발견은 농업 생산에 응용될 수 있다. 빨간빛을 비추면 밀은 발육이 빨라져 빨리 익고, 고추는 성장이 빨라져 많이 열린다. 보라빛을 비추면 토마토는 생산량이 40% 이상 많아진다. 과학 기술의 진보에 따라 색깔이 농업에 응용되는 것도 점점 광범위해지리라 믿는다.

A 빛이 내리쬐면 식물의 보존 기간을 연장할 수 있다
B 밀은 보라색 빛을 좋아한다
C 햇빛이 충족될수록 생산량이 많아진다
D 빛을 합리적으로 이용하면 농작물의 생산 증가를 촉진시킬 수 있다

단어 植物 zhíwù 명 식물 | 农业 nóngyè 명 농업 | 生产 shēngchǎn 동 생산하다 | 照射 zhàoshè 동 비추다 | 小麦 xiǎomài 명 밀 | 成熟 chéngshú 형 성숙하다 | 辣椒 làjiāo 명 고추 | 应用 yìngyòng 동 응용하다 | 广泛 guǎngfàn 형 광범위하다 ‖ 延长 yáncháng 동 연장하다 | 保质期 bǎozhìqī 명 품질 보증 기간 | 充足 chōngzú 동 충족하다 | 促进 cùjìn 동 촉진시키다

해설 식물마다 다른 색깔을 좋아한다는 것에 대하여 밀과 고추 등을 예로 들어 설명하고 있다. 특히 토마토는 빛을 잘 이용하면 생산량이 40% 이상 증가하기 때문에 색깔과 농작물의 생산량이 큰 연관성을 가지고 있다는 것을 알 수 있다. 그러므로 정답은 D이다.

68

海象是珍稀的哺乳类海洋动物，它们一般能在水中潜游20分钟，潜水深度可达500米。有的海象曾创纪录的潜入到1500米的深水层，大大超过一般军用潜艇的潜水深度。更令人吃惊的是，海象只需几分钟就能从前一次潜水中恢复体力，再次潜入水下。

A 海象潜水本领强
B 海象浮出水面费时较长
C 海象潜游是在减轻压力
D 海象生活在海底最深处

바다코끼리는 희귀한 포유류 해양 동물로 그것들은 보통 물속에서 20분을 잠수하고 500m에 다다르는 깊이에서 잠수할 수 있다. 어떤 바다코끼리는 일찍이 1,500m의 깊은 층까지 잠수하는 기록을 세워 일반 군용 잠수함의 잠수 깊이를 크게 초과했다. 더 놀라운 사실은 바다코끼리는 몇 분안에 종전에 한 번 잠수한 것에서 체력을 회복하고 다시 물속에 들어가 잠수할 수 있다.

A 바다코끼리는 잠수 능력이 강하다
B 바다코끼리는 수면으로 떠오를 때 걸리는 시간이 비교적 길다
C 바다코끼리의 잠수는 스트레스를 덜어 준다
D 바다코끼리는 해저의 제일 깊은 곳에서 생활한다

단어 海象 hǎixiàng 명 바다코끼리 | 珍稀 zhēnxī 형 진귀하고 드물다 | 哺乳类 bǔrǔlèi 명 포유류 | 潜水 qiánshuǐ 동 잠수하다 | 创纪录 chuàngjìlù 동 기록을 세우다 | 超过 chāoguò 동 초과하다 | 潜艇 qiántǐng 명 잠수정 | 深度 shēndù 명 깊이, 심도 | 恢复 huīfù 동 회복하다 ‖ 本领 běnlǐng 명 능력 | 浮出 fúchū 동 떠오르다 | 费时 fèishí 동 시간이 걸리다

해설 '潜水'는 '잠수하다'라는 의미로 이 단어는 '潜游(잠수하다)'로 대체 가능하다. '그것들은 보통 물속에서 20분을 잠수하고 500m에 다다르는 깊은 곳에서 잠수할 수 있다'라고 했기 때문에 정답은 A이다.

69

天一阁是一个以藏书文化为核心，集藏书的保护、管理、陈列、研究及旅游观光于一体的专题性博物馆，它也是中国现存最早的私人藏书楼。天一阁现收藏的各类书籍达30余万卷，此外，还有大量的字画、碑帖以及精美的地方工艺品，这些都是宝贵的文化财富。

A 天一阁存放着大量古书
B 天一阁不对外开放
C 天一阁是中国最早的博物馆
D 天一阁一直在扩建

천일각은 책을 소장하는 문화를 핵심으로 하고 소장하는 책의 보호, 관리, 진열, 연구 및 여행 관광 일체의 전문적인 테마 박물관이다. 그것은 또한 중국에서 현존하는 최초의 개인 소장 도서관이다. 천일각은 현재 보관한 각종 서적이 30여 만 권에 달하고, 그 밖에 많은 서화와 비첩 및 정교한 지방 공예품이 있는데 이것들은 모두 진귀한 문화 자산이다.

A 천일각은 대량의 고서를 보관하고 있다
B 천일각은 외부에 개방하지 않는다
C 천일각은 중국 최초의 박물관이다
D 천일각은 계속해서 증축하고 있다

단어 **核心** héxīn 몡 핵심 | **集藏** jícáng 동 소장하다 | **陈列** chénliè 동 진열하다 | **现存** xiàncún 동 현존하다 | **私人** sīrén 몡 개인 | **藏** cáng 동 간직하다, 저장하다 | **书籍** shūjí 몡 서적 | **碑帖** bēitiè 몡 비첩, 탑본 | **工艺** gōngyì 몡 공예 | **财富** cáifù 몡 재산 ‖ **存放** cúnfàng 동 보관하다 | **扩建** kuòjiàn 동 증축하다

해설 '以 A 为 B' 구문은 'A를 B로 삼다'라는 의미이다. 지문의 초반에 '천일각은 책을 소장하는 문화를 핵심으로 한다'라고 했으며, 또한 보관 서적이 30여 만 권에 달한다고 했기 때문에 대량의 고서를 보관해 두고 있음을 알 수 있다. 그러므로 정답은 A이다.

70

著名的六度空间理论认为：你和任何一个陌生人之间所隔的人不会超过6个，也就是说，最多通过6个人你就能认识任何一个陌生人。这种现象，并不是说一个人与任何陌生人都必须通过6层关系才会产生联系，而是表达了这样一个重要的概念：任何两个素不相识的人，只要通过一定的方式，就能够产生某种联系。

A 陌生人之间很容易沟通
B 每个人至少要有6个朋友
C 六度空间是一个地理概念
D 陌生人之间也能建立某种联系

유명한 6도 공간 이론은 당신과 어떤 모르는 사람 사이에 떨어져 있는 사람이 6명을 넘지 않는다고 여기는 것이다. 다시 말하면 최대 6명을 통하면 당신은 어떤 한 명의 생소한 사람도 알 수 있다. 이런 현상은 한 사람이 어떤 모르는 사람과 반드시 6단계만 통한다면 연결이 생긴다는 게 아니라, 이런 중요한 개념 하나를 표현한다. 어떤 두 사람이 전혀 모르는 사이이지만 일정의 방식으로 소통하기만 하면 모종의 연결이 생길 수 있다는 것이다.

A 모르는 사람끼리는 소통이 쉽다
B 사람마다 적어도 6명의 친구가 있다
C 6도 공간은 하나의 지리개념이다
D 모르는 사람 사이에도 모종의 연결을 형성할 수 있다

단어 **著名** zhùmíng 혱 유명하다 | **理论** lǐlùn 몡 이론 | **任何** rènhé 때 어떠한 | **陌生人** mòshēngrén 몡 낯선 사람 | **隔** gé 동 떨어져 있다, 간격을 두다 | **超过** chāoguò 동 초과하다 | **必须** bìxū 믱 반드시 ~해야 한다 | **联系** liánxì 동 연락하다 | **表达** biǎodá 동 표현하다 | **概念** gàiniàn 몡 개념 | **素不相识** sùbù xiāngshí 젱 전혀 모르는 사이이다 | **沟通** gōutōng 동 소통하다 ‖ **建立** jiànlì 동 건립하다, 성립하다

해설 지문의 내용은 6도 공간에 관한 것이다. '어떤 두 사람이 전혀 모르는 사이이지만 일정의 방식으로 소통하기만 하면 모종의 연결이 생길 수 있다는 것이다'라고 했기 때문에 정답은 D이다.

71-74

沈括小时候上学时，老师在课堂上给同学们朗读了一首白居易的诗。当读到"人间四月芳菲尽，山寺桃花始盛开"这句时，沈括的眉头拧成了一个结，"[71, 72]为什么4月其他地方的花都谢了，山上的桃花才开始盛开呢？"这个问题一直萦绕在沈括的心头，后来他找其他同学讨论，但谁都说不出个所以然来。

第二天，沈括一行人就前往山里寻找答案。4月的山上，乍暖还寒，凉风袭来，冻得人瑟瑟发抖，沈括茅塞顿开，原来山上的温度要比山下低很多，花季也比山下来得晚，所以山下的桃花都谢了，而山上的桃花还在盛开呢。

[74]正是有了这种"打破砂锅问到底"的精神，沈括的学问才得以不断地增长。

凭借这种求索和实证的精神，长大后的[73]沈括写出了被誉为"中国古代百科全书"的《梦溪笔谈》。

심괄(沈括)이 어릴 적 학교 다니던 때에 선생님이 교실에서 학생들에게 백거이(白居易)의 시를 읽어 주셨다. "세상은 4월이면 화초향기가 다하지만 산사에는 복숭아꽃이 한창이구나"라는 구절을 읽을 때 심괄(沈括)의 **미간은 찌푸려졌다**. "[71, 72]왜 4월에 다른 곳의 꽃은 다 지는데 산 위의 복숭아꽃은 만발하기 시작하나요?" 이 문제는 계속해서 심괄(沈括)의 마음속을 맴돌았다. 후에 그는 다른 친구와 토론을 했지만 누구도 그렇게 된 까닭을 말할 수 없었다.

이튿날 심괄(沈括) 일행은 바로 산으로 답을 찾으러 갔다. 4월의 산은 추위가 채 가시지 않고 찬 바람이 엄습했으며 부르르 떨 만큼 추웠다. 심괄(沈括)은 문득 깨우치길, 원래 산 위의 온도는 산 아래보다 많이 낮다. 꽃이 피는 계절 또한 산 아래보다 늦게 온다. 그래서 산 아래의 복숭아꽃이 모두 졌던 것이고 산 위의 복숭아꽃은 아직 만발했던 것이다.

[74]바로 이러한 '사건의 진상을 끝까지 캐고 따지는' 정신이 있었기에 심괄(沈括)의 학문은 부단히 늘어날 수 있었던 것이다.

이러한 탐색과 증명의 정신에 따라 성장한 후에 [73]심괄(沈括)은 '중국 고대 백과전서'라고 칭송되는 〈몽계필담〉을 써냈다.

단어 课堂 kètáng 몡 교실 | 朗读 lǎngdú 동 낭독하다 | 盛开 shèngkāi 동 (꽃이) 만발하다 | 谢 xiè 동 (꽃이) 시들다, 지다 | 萦绕 yíngrào 동 감돌다 | 所以然 suǒyǐrán 몡 그렇게 된 까닭 | 乍暖还寒 zhànuǎn huánhán 솅 추위가 완전히 가시지 않다 | 袭来 xílái 동 엄습하다 | 瑟瑟发抖 sèsè fādǒu 부르르 떨다 | 茅塞顿开 máosè dùnkāi 솅 문득 깨치다 | 花季 huājì 몡 꽃이 만발하는 계절 | 凭借 píngjiè 개 ~에 의거하여, ~에 따라 | 求索 qiúsuǒ 동 탐색하다 | 实证 shízhèng 동 제대로 증명하다 | 被誉为 bèi yùwéi ~라고 칭송되다

71

第一段中的"眉头拧成了一个结"是形容沈括：

A 很委屈
B 心存疑问
C 十分发愁
D 不耐烦

첫 번째 문단의 '미간은 찌푸려졌다'가 심괄에 대해 형용하는 것은：

A 매우 억울하다
B 마음속에 의문이 있다
C 매우 근심하다
D 귀찮다

단어 委屈 wěiqu 혱 억울하다 | 心存 xīncún 동 마음속에 품다 | 疑问 yíwèn 몡 의문, 의혹 | 发愁 fāchóu 동 걱정하다, 근심하다 | 不耐烦 bú nàifán 혱 귀찮다

해설 '眉头拧成了一个结'는 '미간이 찌푸려지다'라는 의미이다. 그렇기 때문에 우리는 글을 읽으면서 심괄이 미간을 찌푸린 이유에 대해 헤아려 볼 필요가 있다. 첫 번째 문단의 밑줄 친 문장에서 심괄은 백거이의 시를 듣고 '왜 4월에 다른 곳의 꽃은 다 지는데 산 위에 복숭아꽃은 만발하기 시작하는가?'라는 의문을 품었고 이를 해결하기 위해 직접 산에 올라갔다. 그러므로 심괄의 마음속에 의문점이 존재했다는 것을 알 수 있으므로 정답은 B이다.

72 沈括一行人上山是为了：

A 体验生活
B 摘桃子
C 寻找诗中所描写的美景
D 找出山上开花晚的原因

심괄 일행이 산에 간 이유는 :

A 생활을 체험하려고
B 복숭아를 따려고
C 시에서 묘사된 아름다운 경치를 찾으려고
D 산 위에 꽃이 늦게 피는 원인을 찾으려고

단어 · 描写 miáoxiě 동 묘사하다

해설 첫 번째 문단에서 4월에 복숭아 꽃이 만발하는 이유가 궁금했다고 언급했고, 이를 확인하러 산에 간 것이기 때문에 정답은 D이다.

73 关于沈括，可以知道什么？

A 喜欢冒险
B 是一位诗人
C 小时候很淘气
D 是《梦溪笔谈》的作者

심괄에 관하여, 알 수 있는 것은 무엇인가?

A 모험을 좋아한다
B 시인이다
C 어렸을 때 장난이 심했다
D 〈몽계필담〉의 저자이다

단어 冒险 màoxiǎn 동 모험하다 | 淘气 táoqì 형 장난이 심하다

해설 마지막 문단의 밑줄 친 문장에서 '심괄은 '중국 고대 백과전서'라고 칭송되는 〈몽계필담〉을 써냈다'라고 했다. 그러므로 심괄은 〈몽계필담〉의 저자라는 것을 알 수 있으므로 정답은 D이다.

74 上文主要想告诉我们：

A 要懂得合作
B 要学会欣赏
C 要有求知精神
D 考虑问题要慎重

위 글이 우리에게 주로 말하고자 하는 것은 :

A 협동할 줄 알아야 한다
B 감상하는 것을 배워야 한다
C 지식을 탐구하는 정신이 있어야 한다
D 문제를 고려할 때 신중해야 한다

단어 考虑 kǎolǜ 동 고려하다 | 慎重 shènzhòng 형 신중하다

해설 세 번째 문단의 밑줄 친 문장에서 쓰인 '打破砂锅问到底'는 '사건의 진상을 끝까지 캐고 따지다'라는 의미이다. 이 표현과 의미가 가장 근접한 것은 C의 '求知精神(지식을 탐구하는 정신)'이다. 또한 이러한 정신으로 나중에 〈몽계필담〉이라는 백과전서도 써냈다고 했으므로 정답은 C이다.

⁷⁵一群青蛙来到一座10层高的楼前，比赛看谁先爬到楼顶。很多动物聚集在高楼下观看。

比赛刚开始，就有动物大喊："我看还是别费劲儿了，⁷⁶你们根本不可能爬到楼顶的！"

⁷⁶听到这句话，蛙群中一阵骚动，有些青蛙摇摇头退出了比赛。但还是有不少青蛙在坚持，其中有一只显得尤其卖力，尽管它已经摔下来好几次了。

下面的动物仍旧在喊："别白费力气了，青蛙永远都不可能爬上高楼的！"

伴随着它们的喊声，越来越多的青蛙放弃了比赛，但那只非常卖力的青蛙仍然在努力地向上爬，而且好像越爬越有劲儿。只见它一跳一蹿，台阶就这样一级一级地被它甩在了身后。临近终点时，其他青蛙全都退出了比赛。最后，只有它爬上了楼顶。

⁷⁷放弃比赛的青蛙们都想知道这只青蛙是如何坚持下来的。但不管大家怎么问，这只青蛙就是不开口。这时大家才⁷⁸发现原来它听觉不太好，根本没听到刚才动物们说的话。

很多时候，我们就是因为听了别人的"忠言"而把成功想得高不可攀，放弃了努力。其实，只要全神贯注于你的目标，成功就会离你越来越近。

⁷⁵한 무리의 청개구리가 10층 높이의 빌딩 앞에 와서는 누가 먼저 빌딩 꼭대기 층에 올라가는지 시합을 했다. 많은 동물이 건물 아래에 모여서 보았다.

시합이 시작되자 어떤 동물이 "내가 보았을 땐 힘을 쓰지 않는 편이 좋겠어. ⁷⁶너희들은 빌딩 꼭대기에 아예 올라가지 못할 거야!"라고 외쳤다.

⁷⁶이 말을 듣고 청개구리들이 한바탕 소동을 피웠고 몇몇 청개구리들은 고개를 저으며 시합을 포기했다. 하지만 여전히 적지 않은 청개구리가 계속 올라갔고, 그 중 한 마리는 비록 이미 몇 번 떨어졌음에도 불구하고 특히 전심전력인 것처럼 보였다.

아래의 동물은 여전히 소리를 질렀다 "힘 낭비하지 마. 청개구리는 영원히 빌딩 위에 못 올라가!"

그것들의 함성에 따라 점점 더 많은 청개구리가 시합을 포기했지만 가장 열심히 하는 그 청개구리는 여전히 올라가기 위해 노력하고 있었고 게다가 올라가면 올라갈수록 힘이 생기는 것 같았다. 그것이 한 발 한 발 튀어 오르는 것을 보며 계단을 하나하나씩 올랐다. 종점에 다가왔을 때 다른 청개구리는 시합을 모두 포기했고 최종적으로 그 청개구리만 빌딩 꼭대기에 올라갔다.

⁷⁷시합을 포기한 청개구리들은 이 청개구리가 어떻게 계속 노력을 해 나갔는지 궁금해했다. 하지만 모두가 어떻게든 물어보아도 이 청개구리는 말을 하지 않았다. 이때 다들 비로소 ⁷⁸이 청개구리는 원래 청각이 좋지 않아서 방금 동물들이 한 얘기를 아예 듣지 못했다는 것을 발견했다.

여러 순간에 우리는 다른 사람의 '충고'를 듣기 때문에 성공에 도달하기 어렵다고 생각하고 노력하기를 포기한다. 사실 온 정신이 자신의 목표에 있다면 성공은 당신에게 점점 가까워질 것이다.

단어 青蛙 qīngwā 圐 청개구리 | 楼顶 lóudǐng 圐 꼭대기 층 | 费劲儿 fèijìnr 통 기운을 쓰다 | 骚动 sāodòng 통 술렁거리다, 소란을 일으키다 | 显得 xiǎnde 통 ~인 것처럼 보이다 | 尽管 jǐnguǎn 웹 비록 ~라 하더라도 | 摔 shuāi 통 내동댕이치다, 넘어지다 | 力气 lìqi 圐 힘 | 放弃 fàngqì 통 포기하다 | 台阶 táijiē 圐 계단 | 忠言 zhōngyán 圐 충언 | 高不可攀 gāobùkěpān 웹 너무 높아서 오를 수 없다, 도달하기 어렵다 | 全神贯注 quánshén guànzhù 웹 온 정신을 집중시키다

75

青蛙们在举行什么比赛?

A 数台阶
B 比力气
C 爬楼顶
D 建房子

청개구리들은 어떤 시합을 열었는가?

A 계단 세기
B 힘 견주기
C 빌딩 꼭대기에 오르기
D 집 짓기

해설 첫 번째 문단의 밑줄 친 문장에서 '누가 먼저 빌딩 꼭대기에 올라가는지 시합을 했다'라고 했기 때문에 C가 정답이다.

76 根据上文，很多青蛙退出比赛的原因是：

A 听信了其他动物的话
B 觉得不公平
C 违反了比赛规则
D 腿摔伤了

위 글을 근거하여, 많은 청개구리가 시합을 포기한 원인은:

A 다른 동물의 말을 곧이듣고
B 불공평하다고 느껴서
C 시합규칙을 어겨서
D 발을 다쳐서

단어 违反 wéifǎn 동 위반하다 | 规则 guīzé 명 규칙

해설 질문과 글에서 쓰인 표현 중에 '退出比赛'는 '경기에서 퇴장하다'라는 의미이며 때에 따라 '경기를 포기하다'라는 의미도 된다. 많은 청개구리가 시합을 포기한 이유는 다른 동물의 말을 들어서이다. 두 번째 문단의 밑줄 친 문장에서 '너희들은 빌딩 꼭대기에 아예 올라가지 못할 것이다'라고 했고 이 말을 들은 청개구리들이 시합을 포기했기 때문에 정답은 A이다.

77 关于那只获胜的青蛙，下列哪项正确?

A 非常讨厌冒险
B 好奇心特别强
C 始终很努力
D 身体很健康

승리를 얻은 청개구리에 관하여, 다음 중 옳은 것은?

A 모험을 굉장히 싫어한다
B 호기심이 특히 강하다
C 시종일관 노력한다
D 신체가 매우 건강하다

단어 讨厌 tǎoyàn 동 싫어하다 | 冒险 màoxiǎn 명 모험 | 始终 shǐzhōng 부 시종일관

해설 C에서 쓰인 '努力'는 '노력하다'라는 의미로 때에 따라 '坚持(견지하다)'라는 표현으로 대체 가능하다. '坚持'의 사전적인 의미는 '견지하다', '고수하다'라는 뜻이지만 실제로 쓰일 때에는 '노력을 하며 열심히 해 나가다'라는 의미가 강하다. 여섯 번째 문단의 밑줄 친 문장에서는 '坚持(견지하다)'를 써서 '시합을 포기한 청개구리들은 이 청개구리가 어떻게 계속 노력을 해 나갔는지 궁금했다'라고 했기 때문에 정답은 C이다.

78 最适合做上文标题的是：

A 敢于放弃
B 团结就是力量
C 沉默是金
D 听不见的青蛙

위 글의 제목으로 가장 적절한 것은:

A 포기할 용기가 있다
B 단결은 역량이다
C 침묵은 금이다
D 못 듣는 청개구리

단어 团结 tuánjié 명 단결, 연대 | 沉默 chénmò 명 침묵

해설 글에서는 남의 충고에 귀를 기울이기 보다는 자신의 목표를 향해 우직하게 가야 한다는 주제를 청각이 좋지 않은 청개구리를 통해 비유하고 있다. 그렇기 때문에 정답은 D이다.

她经营着一家小小的蛋糕店，生意平平。一天，一对中年夫妇来店里，要求定做一个象棋形状的蛋糕，送给在象棋大赛中获得冠军的儿子。他们已经跑了好几家店，但因为出价不高没人肯做。

她答应了下来。晚上，她特意去买了一副象棋，自己在店里琢磨，因为对方出价低，用贵的材料会亏本，[79]但若用普通的材料，做出来的蛋糕肯定不理想，想来想去，她最终还是选用了上好的材料。

第二天，那对夫妇看到漂亮的象棋蛋糕后高兴极了，一个劲儿地道谢。事后，他们还介绍了一些朋友来定做蛋糕。

这笔偶然的生意启发了她。她想：现在的社会，什么都讲个性，千篇一律的蛋糕怎么能吸引人呢？[81, 82]如果给每一个蛋糕定一个与顾客的经历有关的主题，为他们量身定做独一无二的蛋糕，说不定会给店里的生意带来起色呢！

[80]此后，每当有顾客来店里订蛋糕时，她都会详细地问："告诉我，你要送给什么人？他和你是什么关系，他有什么爱好……"[80]虽然顾客经常会被她弄得莫名其妙，但是明白**她的心意**后，都有一种意外的惊喜。看到她根据自己讲述的故事做出来的主题蛋糕时，更是赞叹不已。[81]一传十，十传百，来定做蛋糕的人越来越多。看到自己的蛋糕这么受欢迎，还能给大家带来好心情，她干脆给蛋糕店起了一个浪漫的名字——"美丽心情"。 就这样，她的蛋糕走进了更多人的心里。

그녀는 작은 케이크 가게를 운영하고 있었는데 장사가 그럭저럭 되었다. 어느 날 한 중년 부부가 가게에 와서 장기 경기에서 우승한 아들에게 선물하기 위해 장기 모양의 케이크를 주문 제작해 달라고 요구했다. 그들은 이미 많은 가게를 다녀 봤지만 처음에 제시한 가격이 높지 않았기 때문에 누구도 선뜻 하겠다고 한 사람이 없었다.

그녀는 승낙을 했고, 저녁에 일부러 장기를 사러 갔는데 가게 안에서 깊이 생각했다. 왜냐하면 상대방이 제시한 가격이 낮았기 때문에 비싼 재료를 이용하면 손해를 볼 것이기 때문이다. [79]하지만 만약 보통의 재료를 쓴다면 만들어진 케이크가 분명 생각대로 나오지 않을 것이다. 이리저리 생각해 보았고 그녀는 결국에 고급 재료를 골라 썼다.

다음 날 그 부부는 예쁜 장기 케이크를 본 후 매우 기뻐했으며 계속 감사해 했다. 그 일이 있고 난 후 그들은 친구들에게 소개해 주어 케이크를 주문 제작하게 했다.

이 우연한 장사가 그녀를 깨우치게 했다. 그녀는 '지금의 사회는 무엇이든 개성을 중시해. 천편일률적인 케이크가 어떻게 사람을 매료시킬 수 있겠어? [81, 82]만약 모든 케이크를 고객의 경험과 관련된 주제를 정하고, 그들을 위해 유일무이한 케이크를 주문 제작해 주면 아마 가게의 장사가 나아질지도 몰라!'라고 생각했다.

[80]그 후 매번 고객이 와서 케이크를 주문할 때 그녀는 상세하게 물어봤다. "저에게 말씀해 주세요. 당신은 어떤 사람에게 선물할 건가요? 그와 당신은 무슨 사이인가요, 그는 무슨 취미가 있나요..."[80]비록 고객은 영문을 알 수 없었지만 **그녀의 마음**을 안 후에는 의외로 기뻐했다. 그녀가 자신이 말한 이야기에 따라 만들어 낸 주제에 맞는 케이크를 볼 때에는 더욱 감탄해 마지않았다. [81]매우 빠르게 케이크를 주문 제작하러 온 사람이 점점 더 많아졌다. 자신의 케이크가 이렇게나 환영을 받고 모두에게 좋은 마음을 가져다 줄 수 있게 된 것을 보고, 그녀는 아예 케이크 가게에 '아름다운 마음'이라는 낭만적인 이름을 붙여 주었다. 이리하여 그녀의 케이크는 더욱 많은 사람들의 마음속에 들어가게 되었다.

단어　经营 jīngyíng 통 운영하다 ｜ 生意 shēngyi 명 장사 ｜ 定做 dìngzuò 통 주문 제작하다 ｜ 象棋 xiàngqí 명 장기 ｜ 冠军 guànjūn 명 챔피언, 우승자 ｜ 琢磨 zuómo 통 사색하다, 음미하다 ｜ 出价 chūjià 통 가격을 정하다 ｜ 亏本 kuīběn 통 손해보다 ｜ 一个劲 yígèjìn 부 끊임없이 ｜ 道谢 dàoxiè 통 감사의 말을 전하다 ｜ 偶然 ǒurán 부 우연히 ｜ 启发 qǐfā 통 일깨우다 ｜ 千篇一律 qiānpiān yílǜ 성 천편일률적이다 ｜ 吸引 xīyǐn 통 매료시키다 ｜ 独一无二 dúyī wú'èr 성 유일하다 ｜ 起色 qǐsè 명 나아지는 기미 ｜ 详细 xiángxì 형 상세하다 ｜ 莫名其妙 mòmíng qímiào 성 영문을 알 수 없다 ｜ 心意 xīnyì 명 성의, 마음 ｜ 惊喜 jīngxǐ 형 놀라고 기뻐하다 ｜ 赞叹不已 zàntàn bùyǐ 찬탄해 마지않다 ｜ 一传十，十传百 yīchuánshí, shíchuánbǎi 성 (소식 등이) 무척 빨리 퍼져 나가다 ｜ 浪漫 làngmàn 명 낭만

79

关于那个象棋蛋糕，下列哪项正确?

A 写满了祝福语
B 是象棋冠军设计的
C 是为婚礼准备的
D 原料比较贵

장기 모양 케이크에 관하여, 다음 중 옳은 것은?

A 축복하는 말이 가득 쓰여져 있다
B 장기 챔피언이 설계한 것이다
C 결혼식을 위해 준비한 것이다
D 원료가 비교적 비싸다.

 祝福 zhùfú 图 축복하다 | 设计 shèjì 图 설계하다 | 婚礼 hūnlǐ 图 결혼식

 두 번째 문단에서 케이크 가게의 주인이 고민을 하는 이유에 대해 언급이 되었다. 밑줄 친 문제에서 '하지만 만약 보통의 재료를 쓴다면 만들어진 케이크가 분명 생각대로 나오지 않을 것이다'라고 했기 때문에 제시된 가격에 비해 원료가 비싸다는 것을 알 수 있다. 그러므로 정답은 D이다.

80

第5段中画线词语"她的心意"指的是:

A 说服顾客多买蛋糕
B 为顾客做主题蛋糕
C 帮顾客挑选礼物
D 赠送装饰品

다섯 번째 문단의 밑줄 친 단어 '그녀의 마음'이 가리키는 것은 :

A 고객이 케이크를 많이 사게 설득하다
B 고객을 위해 주제에 맞는 케이크를 만들었다
C 고객을 도와 선물을 골라 줬다
D 장식품을 증정했다

단어 说服 shuōfú 图 설득하다 | 挑选 tiāoxuǎn 图 고르다 | 赠送 zèngsòng 图 증정하다 | 装饰品 zhuāngshìpǐn 图 장식품

해설 그녀가 케이크를 사러 온 손님에게 취미와 관계 등을 물어보는 것은 손님들마다의 '主题蛋糕', 즉 '주제에 맞는 케이크'를 만들어 주기 위함이었기 때문에 정답은 B이다.

81

根据上文，可以知道什么?

A 她常常熬夜
B 顾客建议她开网店
C 她很会讲故事
D 她店的生意转好了

위 글에 근거하여, 알 수 있는 것은 무엇인가?

A 그녀는 자주 밤을 샌다
B 고객이 그녀에게 온라인 상점을 여는 것을 건의했다
C 그녀는 이야기를 재미있게 한다
D 그녀 가게의 장사가 좋아졌다

 熬夜 áoyè 图 밤새다 | 网店 wǎngdiàn 图 인터넷 쇼핑몰

해설 첫 번째 문단에서 '生意平平(장사가 그럭저럭이다)'이라고 언급되었다. 이때의 '平平'은 '평범하다', '그럭저럭이다'라는 의미이지만 실제로는 그다지 좋지 않다는 것을 의미한다. 하지만 케이크 가게 주인이 사람들에게 '主题蛋糕(주제에 맞는 케이크)'를 만들어주기 시작하면서 사람이 점차 많아졌다고 했으므로 정답은 D이다.

82

最适合做上文标题的是:

A 善良的糕点师
B 有故事的蛋糕
C 模仿的神奇力量
D 小象棋大作用

위 글의 제목으로 가장 적절한 것은 :

A 친절한 제빵사
B 이야기가 있는 케이크
C 모방의 신기한 힘
D 작은 장기의 큰 역할

 标题 biāotí 图 표제, 제목 | 糕点师 gāodiǎnshī 图 제빵사 | 模仿 mófǎng 图 모방 | 神奇 shénqí 图 신기하다

해설 A의 '善良的糕点师(친절한 제빵사)'가 정답으로 아예 부적절한 것은 아니지만, 글에서는 '主题蛋糕(주제에 맞는 케이크)' 위주의 내용이 서술되었기 때문에 정답은 B이다.

清朝康熙年间，一户姓张的人家和一户姓吴的人家相邻。[83]两家中间有三尺空地，由于他们的房子都是祖上留下的产业，时间久远，这三尺空地究竟属于哪家，谁也不清楚。

后来，吴家重修房子，想要占用那三尺空地，张家不同意，说这三尺空地是他们家的，吴家则认为是自己的，两家为此争执不下。于是，张家给在京城做大官的亲戚张英去了一封信，说明了情况，希望张英可以为张家做主。

不料[84]张英不但没压制吴家，反而让自己家人让出这三尺空地。张英在信中写道："千里修书只为墙，让他三尺又何妨？万里长城今犹在，不见当年秦始皇。"张家人读了信后觉得很惭愧。

于是主动登门拜访吴家，并把三尺空地让了出来。吴家被张英的大度谦让所感动，在重修房屋时，也让出了三尺地，这样两家之间就空出了一条足有六尺宽的巷子，人称"六尺巷"。[85, 86]张英大度谦让地处理邻里财产纠纷的事情也被传为千古佳话。

六尺巷只有百米长，但留给人们的思考却很多。俗话说："退一步天高海阔，让三分心平气和。"谦让、忍让虽然可能会使我们暂时失去面子，失去利益，但却可以让我们拥有优雅的风度和平和的心境。其实，得与失总是相对平衡的，我们失去的，往往会以另一种形式得到补偿。让，是一种修养，是一种美德，也是一种人生的至高境界。

청나라 강희년에 성이 장 씨인 집안과 성이 오 씨인 집안이 서로 이웃해 있었다. [83]두 집안 사이에는 3척의 공터가 있었고, 그들의 집은 모두 조상이 남긴 땅이기 때문에 시간이 오래되어서 이 3척의 공터가 도대체 어느 집의 소유인지 아무도 알지 못했다.

후에 오 씨네가 집을 재건하는데 그 3척의 공터를 차지하고 싶었지만 장 씨네는 이 3척의 공터가 오 씨네 것이라고 말하는 데 동의하지 않았다. 오 씨네는 오히려 자신의 것이라 여겼고 이것 때문에 두 집안은 다투기를 그치지 않았다. 그리하여 장 씨네는 경성에서 큰 벼슬을 맡고 있는 친척 장영(张英)한테 편지를 보내 상황을 설명하며, 장영(张英)이 장 씨네를 주인으로 명해 주었으면 하고 희망했다.

뜻밖에 [84]장영(张英)은 오 씨네를 제지하지 않고 오히려 자기 집안사람한테 이 3척의 공터를 양보하게 하였다. 장영(张英)이 편지에 쓰길 "천 리를 마다하고 쓴 편지가 벽을 위한 것일 뿐이니 그에게 3척을 양보하는 게 무슨 상관이란 말인가? 만리장성은 아직 있어도 그때의 진시황은 볼 수 없네."라고 썼다. 장 씨는 편지를 읽고 매우 창피했다.

그리하여 주동적으로 오 씨네를 방문에 3척의 공터를 내주었다. 오 씨네는 장영(张英)의 너그러운 양보에 감동하여 집을 재건할 때 3척을 내놓아 두 집 사이에는 6척의 넓은 골목이 생겨났고 사람들은 '6척 골목'이라 불렀다. [85, 86]장영(张英)이 이웃 간의 재산 분쟁을 너그럽게 양보하여 처리한 일은 오랜 세월 미담으로도 내려오고 있다.

6척 골목은 100m밖에 안 되지만 사람들의 생각에 남는 건 오히려 많다. 속담에서 말하길 '한발 물러서면 하늘이 높고 바다가 넓으며, 세 번을 나누면 마음이 평온하고 태도가 온화해진다.'고 한다. 양보하고 참는 것은 비록 우리가 잠시 체면을 구기고 이익을 잃을 수도 있지만 우리들이 우아한 태도와 평화로운 마음을 가질 수 있게 해 준다. 사실 득과 실은 항상 상대적으로 평형이어서 우리가 잃는 것은 종종 다른 형식으로 보상을 받는다. 양보는 일종의 수양이자 미덕이고 인생의 높은 경지인 것이다.

단어　相邻 xiānglín 통 서로 이웃하다 | 祖上 zǔshàng 명 조상 | 产业 chǎnyè 명 산업, 부동산 | 久远 jiǔyuǎn 형 멀고 오래다 | 究竟 jiūjìng 부 도대체 | 重修 chóngxiū 통 재건하다 | 占用 zhànyòng 통 차지하다 | 争执 zhēngzhí 통 서로 자기의 의견을 고집하다 | 京城 jīngchéng 명 국도, 수도 | 亲戚 qīnqi 명 친척 | 不料 búliào 부 뜻밖에, 의외에 | 压制 yāzhì 통 억제하다 | 惭愧 cánkuì 형 부끄럽다 | 拜访 bàifǎng 통 삼가 방문하다 | 大度 dàdù 형 너그럽다 | 谦让 qiānràng 통 겸손하게 사양하다 | 巷子 xiàngzi 명 골목 | 纠纷 jiūfēn 명 분규, 분쟁 | 千古佳话 qiāngǔ jiāhuà 오랜 세월 동안 입에 오르내리는 미담 | 忍让 rěnràng 통 참고 양보하다 | 暂时 zànshí 부 잠시 | 利益 lìyì 명 이익 | 优雅 yōuyǎ 형 우아하다 | 补偿 bǔcháng 통 보상하다 | 美德 měidé 명 미덕 | 境界 jìngjiè 명 경지

83 为什么两家不清楚空地该归谁?

A 房屋合同丢了
B 转卖过多次
C 年代久远
D 曾属于两家共有

왜 두 집안은 공터를 분명하게 귀속하지 않았는가?

A 집 계약서를 잃어버려서
B 여러 차례 되팔아서
C 연대가 오래되어서
D 일찍이 두 집안이 공동으로 소유하고 있어서

단어 房屋 fángwū 몡 집 | 合同 hétong 몡 계약서 | 转卖 zhuǎnmài 동 되팔다 | 年代 niándài 몡 연대 | 共有 gòngyǒu 동 공유하다

해설 장 씨 집안과 오 씨 집안 사이에서 벌어진 논쟁에 대한 내용이다. 첫 번째 문단의 밑줄 친 문장에서 '두 집안 사이에는 3척의 공터가 있었고, 그들의 집은 모두 조상이 남긴 땅이기 때문에 시간이 오래되어서 이 3척의 공터가 도대체 어느 집의 소유인지 아무도 알지 못했다'라고 했기 때문에 정답은 C이다.

84 张英希望张家怎么做?

A 让出空地
B 向吴家道歉
C 把空地卖给吴家
D 和吴家共同开发空地

장영은 장 씨네가 어떻게 하기를 희망하는가?

A 공터를 양보한다
B 오 씨네에게 사과한다
C 공터를 오 씨네에게 판다
D 오 씨네와 공동으로 공터를 개발한다

단어 道歉 dàoqiàn 동 사과하다

해설 '让'은 '~하게 하다'라는 의미도 있지만 '谦让(양보하다)'의 준말도 될 수 있다. 세 번째 문단의 밑줄 친 문장에서 쓰인 '让'은 '양보하다'라는 의미로 쓰였다. '장영은 오 씨네를 제지하지 않고 오히려 자기 집안사람한테 이 3척의 공터를 양보하게 하였다'라고 했기 때문에 공터를 양보하라는 A가 정답이다.

85 根据上文, 下列哪项正确?

A 张家得到了赔偿
B 两家的矛盾日益深了
C 吴家最后没重修房子
D 张英的做法受到了人们赞扬

위 글을 근거하여, 다음 중 옳은 것은?

A 장 씨네는 보상을 받았다
B 두 집안의 갈등이 날이 갈수록 심해졌다
C 오 씨네는 나중에 집을 재건하지 않았다
D 장영의 방법은 사람들의 칭찬을 받았다

단어 矛盾 máodùn 몡 모순, 갈등 | 赞扬 zànyáng 동 찬양하다

해설 네 번째 문단의 밑줄 친 문장에서 쓰인 '千古佳话'는 '오랜 세월 동안 입에 오르내리는 미담'이라는 의미이다. 이는 곧 많은 사람들에게 칭찬을 받았다는 것과 같다. '장영이 이웃 간의 재산 분쟁을 너그럽게 양보하여 처리한 일은 오랜 세월 미담으로도 내려오고 있다'라고 했기 때문에 정답은 D이다.

86 上文主要想告诉我们:

A 要懂得谦让
B 要勇于承认错误
C 幸福要靠自己争取
D 邻里之间要互相帮助

위 글이 우리에게 주로 말하고자 하는 것은 :

A 양보할 줄 알아야 한다
B 용감하게 잘못을 인정해야 한다
C 행복은 자기가 쟁취하는 것에 달려 있다
D 이웃 간에는 서로 도와야 한다

단어 懂得 dǒngde 동 이해하다, 알다 | 争取 zhēngqǔ 동 쟁취하다

해설 장 씨 집안과 오 씨 집안 간의 재산 분쟁을 양보로써 해결한 내용이 나왔기 때문에 '谦让(양보하다)'이 쓰인 A가 정답으로 적절하다. 또한 '谦让(양보하다)'을 줄여 '让'이라고도 쓸 수 있다는 것을 알아야 한다. 정답은 A이다.

最新研究发现，⁹⁰蜜蜂的飞行并不全是由翅膀的振动来完成的，它的后腿也发挥着重要的作用。

⁸⁷众所周知，飞机在飞行过程中起落架是收起来的，着陆的时候才放下来。在人们的印象中，动物在飞行时，它们的腿肯定同飞机的起落架一样，都是收起来的。⁸⁷如果你留心观察的话，会发现大多数动物都是这样的，但蜜蜂是一个例外。

为了进一步分析蜜蜂的飞行特点，科学家做了一项实验，他们诱使蜜蜂在一个户外风洞中飞行，以便进行观察。结果发现，⁸⁸有一种兰花蜂蜜，它的后腿像飞机的机翼一样，能为蜜蜂提供上升的力量。当风洞中的风达到一定的速度时，蜜蜂就会伸出后腿来保持飞行的稳定，速度越快，后腿伸展的幅度越大。但是，如果风速提高到超过它所能承受的极限时，即使它完全伸展开后腿，也无法在保持身体的平衡和飞行的稳定，这时蜂蜜便会四处乱撞。

实验表明，⁸⁹蜜蜂的飞行速度并不取决于它的肌肉力量的大小或者翅膀振动的快慢，而是取决于它在不稳定的飞行条件下自我控制和调节平衡的能力。⁹⁰它伸出的后腿可以帮助它实现平衡，就像飞速旋转的花样滑冰运动员张开手臂来平衡自己的身体一样。

최근 연구에서 ⁹⁰꿀벌의 비행은 날개의 진동을 통해서만 완성되는 것이 아니고, 그것의 뒷다리도 중요한 작용을 발휘하고 있다는 것을 발견했다.

⁸⁷모든 사람이 다 알고 있듯이 비행기는 비행 과정 중 착륙장치를 걷어 들이고 착륙할 때 내려놓는다. 사람들의 인상 속에서 동물이 비행할 때 그것들의 다리는 비행기의 착륙장치와 같이 모두 걷어 들이는 것이다. ⁸⁷만약에 당신이 유심히 관찰했다면 대부분 동물이 이렇다는 것을 발견할 것이다. 하지만 꿀벌은 예외다.

꿀벌의 비행 특징을 더 나아가 분석하기 위해 과학자는 한 가지 실험을 하였는데, 그들은 관찰하기 편리하도록 꿀벌이 바깥의 풍동에서 비행하게 유인했다. 그 결과, ⁸⁸한 난초꿀벌의 뒷다리는 비행기의 날개와 같아 꿀벌이 위로 올라가게 하는 힘을 제공할 수 있다는 것을 발견했다. 풍동의 바람이 어느 정도 속도에 이르렀을 때, 꿀벌은 뒷다리를 뻗어 비행의 안정을 유지했고 속도가 빨라질수록 뒷다리를 뻗는 폭도 커졌다. 하지만 만약 풍속이 꿀벌이 견뎌낼 수 있는 극한을 넘어 버리면, 설령 꿀벌이 뒷다리를 완전히 뻗었다고 해도 몸의 평형과 비행의 안정을 유지하기는 어렵다. 이때 꿀벌은 사방에 부딪혀 떨어질 수 있다.

실험이 증명하듯 ⁸⁹꿀벌의 비행 속도는 꿀벌의 근육 힘의 크기 혹은 날개 진동의 속도에 달려 있는 것이 아니라 오히려 꿀벌이 안정적이지 않은 비행 조건에서 자기 컨트롤과 균형을 조절하는 능력에 달려 있다. ⁹⁰꿀벌의 뻗은 뒷다리는 그것이 균형을 이루는 것에 도움을 준다. 빠르게 빙빙 도는 피겨스케이팅 선수들이 팔을 벌려 자기의 몸을 균형 잡히게 하는 것과 같다.

[단어] 蜜蜂 mìfēng 명 꿀벌 | 翅膀 chìbǎng 명 날개 | 众所周知 zhòngsuǒ zhōuzhī 성 모든 사람들이 다 알고 있다 | 起落架 qǐluòjià 명 랜딩기어, 착륙장치 | 着陆 zhuólù 동 착륙하다 | 例外 lìwài 동 예외로 하다 | 机翼 jīyì 명 비행기의 날개 | 幅度 fúdù 명 폭 | 极限 jíxiàn 명 극한 | 取决 qǔjué 동 ~에 달려 있다 | 肌肉 jīròu 명 근육 | 控制 kòngzhì 동 제어하다 | 调节 tiáojié 동 조절하다 | 平衡 pínghéng 명 균형 | 花样滑冰 huāyàng huábīng 명 피겨스케이팅 | 手臂 shǒubì 명 팔뚝

---

87 第2段举飞机的例子是为了说明许多动物：

두 번째 문단에서 비행기의 예를 든 것은 많은 동물의 무엇을 설명하기 위해서인가 :

A 能持续飞行很长时间
B 善于利用气流
C 飞行时腿会收起来
D 懂得节省体力

A 비행을 오랜 시간 지속할 수 있는 것
B 기류 이용에 능숙한 것
C 비행할 때 다리를 걷어 올리는 것
D 체력을 절약하는 것을 아는 것

[단어] 气流 qìliú 명 기류 | 持续 chíxù 동 지속하다

[해설] '起落架'는 비행기의 '착륙장치'를 의미한다. 많은 동물의 뒷다리가 비행기의 '起落架(착륙장치)'와 같은 역할을 한다고 했다. 그러므로 정답은 C이다.

88 关于兰花蜜蜂，可以知道什么？

A 翅膀形状独特
B 后腿可提供上升力
C 常活动在风洞附近
D 飞行速度极快

난초꿀벌에 관하여, 알 수 있는 것은 무엇인가?

A 날개 모양이 독특하다
B 뒷다리가 상승력을 제공할 수 있다
C 항상 풍동 부근에서 활동한다
D 비행 속도가 매우 빠르다

단어 上升 shàngshēng 동 상승하다

해설 난초꿀벌에 대한 언급은 세 번째 문단에서 처음 나온다. 밑줄 친 문장에서 '한 난초꿀벌의 뒷다리는 비행기의 날개와 같아 꿀벌이 위로 올라가게 힘을 제공할 수 있다'라고 하여 '上升的力能(위로 올라가는 힘)'이 언급이 되었다. 그러므로 정답은 B이다.

89 根据上文，蜜蜂飞行速度与哪种能力有关？

A 辨认方向
B 感知温度
C 调控平衡
D 传播花粉

위 글에 근거하여, 꿀벌의 비행 속도는 어떤 능력과 연관이 있는가?

A 방향을 식별해내는 것
B 온도를 감지하는 것
C 균형을 조정하는 것
D 꽃가루를 전파하는 것

단어 感知 gǎnzhī 동 감지하다 | 调控 tiáokòng 동 조정하다

해설 꿀벌의 비행 속도가 언급된 것은 마지막 문단이다. 마지막 문단에 나온 '控制(제어하다)'와 '调节(조절하다)'를 합쳐서 C의 '调控(조정하다)'으로 표현했기 때문에 정답은 C이다.

90 上文主要介绍的是：

A 蜜蜂的生存智慧
B 蜜蜂喜欢成群飞的原因
C 后腿对蜜蜂飞行的重要性
D 风速对蜜蜂寻找食物的影响

위 글에서 주로 소개하는 것은：

A 꿀벌의 생존 지혜
B 꿀벌이 무리를 지어 날아다니는 것을 좋아하는 이유
C 꿀벌이 나는 것에 뒷다리의 중요성
D 꿀벌이 음식을 찾는 것에 대한 풍속의 영향

단어 智慧 zhìhuì 명 지혜 | 风速 fēngsù 명 풍속

해설 첫 문단부터 꿀벌의 뒷다리와 비행의 관계에 대해 서술하고 있다. 날개의 진동으로만 나는 것이 아니라 뒷다리 또한 중요한 작용을 한다고 했다. 또한 마지막 문단에서 꿀벌의 뒷다리가 균형을 이루는 것에 도움을 준다고 했기 때문에 정답은 C이다.

书 写

第 一 部 分

91-98

91　当地的　风格　很古典　建筑

정답 　当地的建筑风格很古典。　　　　그곳의 건축 양식은 매우 고전적이다.

단어 　古典 gǔdiǎn 〔형〕 고전적 | 建筑 jiànzhù 〔명〕 건축물 | 建筑风格 jiànzhù fēnggé 〔명〕 건축 양식

해설 　'古典'은 '고전적'라는 뜻의 형용사이다. 형용사가 술어가 될 때는 앞에 정도부사가 붙으며 목적어가 오지 않는다. 다시 말해 명사인 '建筑(건축물)'와 '风格(풍격)'가 있지만 목적어가 오면 안되는 형용사 술어문이기 때문에 두 단어를 붙여서 주어자리에 '建筑风格(건축양식)'로 넣어야 한다.

　　当地的　　建筑风格　　很　　古典。
　　관형어　　　주어　　　부사어　술어

92　手续　办理辞职　她已经　了

정답 　她已经办理辞职手续了。　　　　그녀는 이미 사직 수속을 밟았다.

단어 　手续 shǒuxù 〔명〕 수속 | 办理 bànlǐ 〔동〕 처리하다 | 辞职 cízhí 〔동〕 사직하다

해설 　'办理…手续'는 '～수속을 밟다'라는 의미이다. 그렇기 때문에 '办理(처리하다)'에 대한 목적어는 '手续(수속)'가 되며 '办理辞职手续'는 '사직 수속을 밟다'라는 의미가 된다.

　　她　　已经　　办理　辞职　手续　了。
　　주어　부사어　술어　관형어　목적어

> 📎 **Tip**　'办理…手续'의 쓰임
> 办理登机手续 탑승 수속을 밟다　　办理报名手续 등록 수속을 밟다　　办理出国手续 출국 수속을 밟다

93　充分的　投资之前　应进行　市场调查

정답 　投资之前应进行充分的市场调查。　　투자 전에는 반드시 충분한 시장 조사를 진행해야 한다.

단어 　充分 chōngfèn 〔형〕 충분하다 | 投资 tóuzī 〔명〕 투자 | 进行 jìnxíng 〔동〕 진행하다 | 市场调查 shìchǎng diàochá 시장 조사

해설 　'进行…市场调查'는 '～시장 조사를 진행하다'라는 의미이다. 또한 '应'은 '반드시 ～해야 한다' 혹은 '마땅히 ～해야 한다'라는 조동사이기 때문에 술어인 '进行(진행하다)' 앞에 온다. 또한 '…之前(～이전)'이나 '…之后(～후)'가 붙으면 시간명사구가 된다는 것을 알아야 한다. 시간명사는 보통 주어 앞에서 시간을 강조할 때 쓰인다.

　　投资之前　　应　　进行　充分的　市场调查。
　　부사어(주어생략)　부사어　술어　관형어　목적어

94

说明	都	每幅画儿	下面	配有

정답 每幅画儿下面都配有说明。 　　모든 그림 아래에는 설명이 전부 배치되어 있다.

단어 幅 fú 양 폭[옷감 · 종이 · 그림 등을 세는 단위] | 配有 pèiyǒu 동 배치되어 있다

해설 주어 자리에 '每(모두)'가 오면 뒤의 부사로 '都(전부)'가 온다. 제시어 중 '每(모두)'가 있고 '都(전부)'가 있다면 반드시 '每(모두)'가 붙은 명사 표현이 주어가 된다. '配有'는 '배치되어 있다'라는 의미이며 술어에 '有(있다)'가 들어가게 되면 장소명사가 주어 자리에 오게 된다. '每幅画儿(모든 그림)'과 '下面(아래)'을 붙여야 '모든 그림 아래'라는 장소가 되기 때문에 이 표현이 주어 자리에 와야 한다.

每幅	画儿下面	都	配有	说明。
관형어	주어	부사어	술어	목적어

95

学校	为学生	健康保险	办理了

정답 学校为学生办理了健康保险。 　　학교에서는 학생을 위해 건강 보험을 들었다.

단어 保险 bǎoxiǎn 명 보험 | 办理 bànlǐ 동 처리하다

해설 '办理…保险'은 '보험을 들다'라는 의미이다. 또한 '为'는 '～을 위하여'라는 개사이므로 '부사 + 조동사 + 개사 + 명사 + 술어'의 순서를 따라 술어인 '办理(처리하다)' 앞에 온다.

学校	为学生	办理了	健康保险。
주어	부사어	술어	목적어

96

1988年	正式	农业展览馆	建成于

정답 农业展览馆正式建成于1988年。 　　농업 전시관은 정식으로 1988년에 건설하였다.

단어 正式 zhèngshì 형 정식의 | 农业 nóngyè 명 농업 | 展览馆 zhǎnlǎnguǎn 명 전시관 | 建成 jiànchéng 동 건설하다 | 于 yú 개 ～에, ～에서

해설 '于'는 '～에', '～에서'라는 개사이지만 술어 뒤에 쓰여 보어를 이룬다. 그러므로 술어인 '建成(건설하다)' 뒤에 쓰여서 '建成于…'라고 써야 하고 '～에 건설하다'라고 해석해야 한다. '建成于1988年'은 '1988년에 건설하였다'라는 의미이며 명사인 '农业展览馆(농업 전시관)'은 주어가 되어야 한다.

农业展览馆	正式	建成	于1988年。
주어	부사어	술어	보어

97

很多动物	平衡	靠尾巴	控制

정답 很多动物靠尾巴控制平衡。 　　많은 동물은 꼬리로 균형을 제어한다.

단어 平衡 pínghéng 명 균형 | 靠 kào 동 기대다, 의지하다 | 尾巴 wěiba 명 꼬리 | 控制 kòngzhì 동 통제하다, 제어하다

해설 '靠'는 '의지하다'라는 의미로 꼬리에 의지하여 평행을 제어해야 하기 때문에 '靠(의지하다)'가 첫 번째 술어, '控制(제어하다)'가 두 번째 술어로 나와야 한다. 또한 '控制…平衡(～균형을 제어하다)'이라는 술목구조를 외우고 있다면 더욱 쉽게 해결할 수 있다.

很多	动物	靠	尾巴	控制	平衡。
관형어	주어	술어1	목적어1	술어2	목적어2

记录了　　当时的　　生动地　　这张照片　　情景

정답　这张照片生动地记录了当时的情景。 | 이 사진은 생동적으로 당시의 광경을 기록했다.

단어　记录 jìlù 圄 기록하다 | 生动 shēngdòng 휑 생동감 있다 | 情景 qíngjǐng 圕 광경

해설　'生动地记录(생동적으로 기록하다)'에서 '地'는 술어 앞에서 술어를 수식해 주는 구조조사이다. 그렇기 때문에 '生动地(생동적으로)'는 술어인 '记录了(기록했다)' 앞에 위치해야 한다. 또한 해석상 '사진은 광경을 기록했다'라고 쓰여야 하기 때문에 '这张照片(이 사진)'이 주어, '情景(광경)'이 목적어가 되어야 한다.

这张	照片	生动地	记录了	当时的	情景。
관형어	주어	부사어	술어	관형어	목적어

第 二 部 分

99-100

99

困难、遇到、虚心、经验、成长

모범답안

你，放弃过吗？你，失败过吗？你，遇到困难时，退缩过吗？请不要害怕，大声地告诉自己：我是最棒的。人生中都会遇到困难，应该虚心地接受别人的建议，以及取每一次的教训才能积累更多的经验时，从而能更好地成长。

당신은 포기해 본 적이 있는가? 당신은 실패해 본 적이 있는가? 당신은 어려움에 맞닥뜨렸을 때 위축이 되어 본 적이 있는가? 두려워하지 말아라. 큰 소리로 자신에게 말하라. '나는 가장 최고이다. 인생에서 모두 어려움에 마주칠 것인데, 겸손하게 다른 사람의 건의를 받아들여야 하며, 매번 교훈을 얻어 비로소 많은 경험을 쌓을 수 있을 때, 따라서 더욱 좋게 성장할 수 있을 것이다.'

단어   **困难** kùnnan 몡 곤란, 어려움 | **遇到** yùdào 통 만나다, 맞닥뜨리다 | **虚心** xūxīn 혱 겸손하다 | **经验** jīngyàn 몡 경험 | **成长** chéngzhǎng 통 성장하다 ‖ **放弃** fàngqì 통 포기하다 | **失败** shībài 통 실패하다 | **积累** jīlěi 통 쌓이다

100

모범답안

如果突然的一天，发生了未曾预料的事，你会怎么做？第一时间努力自己争取还是求救？也许自己才是最大的救星，请尝试着自己去努力，我们应该学会相信自己、主动，然后再寻求帮助。

만약 갑작스러운 어느 날, 예상하지 못한 일이 일어난다면 당신은 어떻게 하겠는가? 첫 번째로 스스로 노력해서 쟁취할 것인가 아니면 도움을 요청할 것인가? 어쩌면 자신이야말로 가장 큰 구세주일지도 모른다. 스스로가 노력해 갈 수 있도록 시도해 보라. 우리는 반드시 자신을 믿고 주동적일 수 있도록 배워야 하며, 그리고 난 후에 다시 도움을 구해야 한다.

단어   **未** wèi 틘 아직 ～하지 않다 | **预料** yùliào 통 예상하다 | **争取** zhēngqǔ 통 쟁취하다 | **求救** qiújiù 통 구원을 청하다 | **尝试** chángshì 통 시도하다 | **寻求** xúnqiú 통 찾다

新汉语水平考试

실전 모의고사 해설

제5회

第 一 部 分

 **1-20**

1

女：这个麦克风没声音，音乐也播放不了。
男：那个设备好像出毛病了，<u>我让维修人员过来看看。</u>

问：男的要找谁去?

A 维修人员
B 律师
C 主持人
D 歌手

여：이 마이크는 소리도 안 나고 음악도 나오지 않아요.
남：그것의 설비에 문제가 생긴 것 같아요. <u>수리공을 불러서 살펴보게 해야겠어요.</u>

문：남자는 누구를 찾아가려고 하는가?

A 수리공
B 변호사
C 사회자
D 가수

단어 **麦克风** màikèfēng 몡 마이크 | **播放** bōfàng 동 방송하다 | **出毛病** chū máobing 고장이 나다, 문제가 생기다 | **维修** wéixiū 동 수리하다 ‖ **律师** lǜshī 몡 변호사 | **主持人** zhǔchírén 몡 사회자

해설 대화에서 쓰인 '出毛病'은 '문제가 생기다'라는 의미이다. 마이크에 문제가 생긴 상태에서 남자가 '수리공을 불러서 살펴보게 해야겠다'라고 했기 때문에 정답은 A이다.

2

女：小刘，这些货物堆在这里会妨碍大家进出，你赶紧处理一下。
男：不好意思，<u>我马上让人搬到仓库去。</u>

问：女的提醒男的做什么?

A 登记物品数量
B 买办公用品
C 找人搬走货物
D 找仓库

여：샤오리우(小刘), 이 물품들이 여기에 쌓여 있으면 사람들의 출입을 방해할 거예요. 어서 처리해 주세요.
남：죄송해요. 제가 즉시 사람을 시켜 창고로 옮겨 가라고 할게요.

문：여자는 남자가 무엇을 하도록 상기시켜 주는가?

A 물품 수량을 등록하라고
B 사무 용품을 사라고
C 사람을 구해 물품을 옮겨 가라고
D 창고를 찾으라고

단어 **货物** huòwù 몡 물품 | **堆** duī 동 쌓다 | **妨碍** fáng'ài 동 방해하다 | **赶紧** gǎnjǐn 튄 서둘러 | **处理** chǔlǐ 동 처리하다 | **仓库** cāngkù 몡 창고 ‖ **登记** dēngjì 동 등록하다 | **数量** shùliàng 몡 수량

해설 여자가 물건 때문에 출입이 힘들다고 하자 남자는 '내가 즉시 사람을 시켜 창고로 옮겨 가라고 하겠다'라고 했기 때문에 정답은 C이다.

Tip 보어 '到'의 의미
동사 뒤에 '到'라는 보어가 왔을 때에는 두 가지의 의미를 갖는다.
① 목적 달성
　예 找到了 찾았다
　　 做到了 해냈다
② ~로, ~까지(장소, 시간 등에 대한 도달)
　예 搬到仓库 창고로 옮기다

3

女：你怎么知道那几个股票要上涨啊?
男：我早上读《经济参考报》，里面是这么
　　分析的。

问：男的从哪儿了解到的信息?

A 报纸上
B 电视新闻里
C 短信里
D 娱乐杂志上

여: 너는 그 주식들이 오를 것이라는 걸 어떻게 알
　　았어?
남: 아침에 〈경제참고신문〉에서 읽었는데 거기에
　　이렇게 분석되어 있었어.

문: 남자는 어디에서 정보를 알게 되었는가?

A 신문에서
B 텔레비전 뉴스에서
C 문자 메시지에서
D 오락 잡지에서

단어 股票 gǔpiào 몡 주식 | 上涨 shàngzhǎng 图 오르다 | 分析 fēnxī 图 분석하다 ‖ 短信 duǎnxìn 몡 문자 메시지 | 娱乐 yúlè 몡 오락 | 杂志 zázhì 몡 잡지

해설 '经济参考报'는 '경제참고신문'이라는 신문의 이름이고 '报'는 '报纸(신문)'를 줄여 쓴 말이기 때문에 정답은 A이다.

4

男：这次您要演的角色，好像跟之前的不一
　　样。
女：的确，这次的演出对我来说是一个挑
　　战。我期待自己能有所突破。

问：女的最可能是做什么的?

A 秘书
B 作家
C 演员
D 运动员

남: 이번에 당신이 연기하려는 배역이 이전과는
　　다른 것 같아요.
여: 확실히 그렇습니다. 이번 공연은 저에게 있어
　　서 하나의 도전이에요. 저는 제 자신이 어느
　　정도 극복할 수 있기를 기대해요.

문: 여자는 아마도 무엇을 하는 사람인가?

A 비서
B 작가
C 배우
D 운동 선수

단어 角色 juésè 몡 배역 | 挑战 tiǎozhàn 몡 도전 | 期待 qīdài 图 기대하다 | 突破 tūpò 图 돌파하다, 극복하다 ‖ 秘书 mìshū 몡 비서 | 演员 yǎnyuán 몡 배우

해설 남자가 '이번에 당신이 연기하려는 배역이 이전과는 다른 것 같다'라고 했는데, 이때 말하는 '角色'란 '배역'이라는 의미로 이 단어와 가장 잘 어울리는 직업은 C이다. 그러므로 정답은 C이다.

5

男：你现在负责什么类型的节目?
女：以纪录片为主，明年想参加一些访谈类
　　的节目。

问：女的主要负责哪类节目?

A 纪录片
B 体育
C 新闻
D 综艺娱乐

남: 당신은 현재 어떤 유형의 프로그램을 담당하
　　고 있나요?
여: 다큐멘터리를 위주로 하고 있습니다. 내년에는
　　토크쇼 몇몇의 프로그램에 참여해 보고 싶습니
　　다.

문: 여자는 어떤 유형의 프로그램을 주로 담당하고 있
　　는가?

A 다큐멘터리
B 스포츠
C 뉴스
D 종합 예능

단어 负责 fùzé 图 책임지다 | 类型 lèixíng 몡 유형 | 节目 jiémù 몡 프로그램 ‖ 综艺 zōngyì 몡 종합 예술 | 娱乐 yúlè 몡 오락

해설 '纪录片'은 기록해 놓은 방송물, 즉 '다큐멘터리'를 의미하고 '以 A 为主'는 'A를 위주로 하다'라는 의미이다. 그렇기 때문에 '다큐멘터리를 위주로 한다'라고 해석할 수 있으므로 정답은 A이다.

6

女：今晚我穿这套衣服，怎么样？
男：不错，就是稍微有点儿暗，最好再配条
　　亮点儿的项链。

问：男的建议女的怎么做？

A 先去理发
B 换副手套
C 戴条项链
D 穿件厚外套

여：오늘 저녁에 저 이 옷 입는 거 어때요?
남：좋아요. 단지 조금 어둡네요. 좀 밝은 목걸이
　　를 다시 매치하는 게 제일 좋겠어요.

문：남자는 여자가 어떻게 하기를 건의하는가?

A 먼저 이발하러 간다
B 장갑을 바꾼다
C 목걸이를 착용한다
D 두꺼운 외투를 입는다

 **단어** 稍微 shāowēi 〔부〕 조금 ｜ 暗 àn 〔형〕 어둡다 ｜ 配 pèi 〔동〕 매치하다, 배치하다 ｜ 项链 xiàngliàn 〔명〕 목걸이 ‖ 理发 lǐfà 〔동〕 이발하다 ｜ 手套 shǒutào 〔명〕 장갑 ｜ 戴 dài 〔동〕 착용하다 ｜ 厚 hòu 〔형〕 두껍다

해설 '配'는 '매치하다' 혹은 '배치하다'라는 의미이다. 대화에서는 '配…项链(목걸이를 매치하다)'이라고 했으며, 이는 곧 '戴… 项链(목걸이를 착용하다)'과 같은 의미이므로 정답은 C이다.

Tip '戴'와 함께 쓰이는 표현
戴眼镜 안경을 쓰다　　　　戴帽子 모자를 쓰다　　　　戴项链 목걸이를 하다

7

男：我同事说，国家博物馆春节期间照常开
　　放。
女：那我们明天去吧，我一会儿上网预订两
　　张票。

问：他们明天要去哪儿？

A 邮局
B 国家大剧院
C 国家博物馆
D 法院

남：국가박물관이 설 기간에 평소대로 개방한다고
　　내 동료가 말했어.
여：그럼 우리 내일 가자. 내가 이따가 인터넷으로
　　표 두 장을 예약할게.

문：그들은 내일 어디에 가려고 하는가?

A 우체국
B 국가대극장
C 국가박물관
D 법원

단어 博物馆 bówùguǎn 〔명〕 박물관 ｜ 照常 zhàocháng 〔동〕 평소대로 하다 ｜ 预订 yùdìng 〔동〕 예약하다 ‖ 邮局 yóujú 〔명〕 우체국 ｜ 剧院 jùyuàn 〔명〕 극장

해설 '照常'은 '평소대로 하다'라는 뜻이며 바로 뒤에 동사를 가지고 온다. 그래서 '照常开放'은 '평소대로 개방하다'라는 의미이며 대화에서 '국가박물관이 설 기간에 평소대로 개방한다'라고 했기 때문에 그들이 내일 가려고 하는 곳은 C이다. 그러므로 정답은 C이다.

8

女：我这月底要去哈尔滨，你给推荐个好玩
　　儿的地方吧。
男：那儿的冰雪大世界很不错，我在那儿滑
　　过雪。

问：关于女的，下列哪项正确？

A 没买到机票
B 擅长滑雪
C 要去哈尔滨
D 是名导游

여：나는 이번 달 말에 하얼빈(哈尔滨)에 가려고
　　해. 네가 놀기 좋은 곳을 좀 추천해 줘.
남：그곳의 빙설대세계가 정말 좋아. 나는 그곳에
　　서 스키를 탄 적도 있어.

문：여자에 관하여, 다음 중 옳은 것은?

A 비행기 표를 사지 못했다
B 스키를 잘 탄다
C 하얼빈에 가려고 한다
D 가이드이다

단어 月底 yuèdǐ 〔명〕 월말 ｜ 推荐 tuījiàn 〔동〕 추천하다 ‖ 擅长 shàncháng 〔동〕 잘하다 ｜ 滑雪 huáxuě 〔동〕 스키를 타다 ｜ 导游 dǎoyóu 〔명〕 가이드

해설 여자가 '나는 이번 달 말에 하얼빈에 가려고 한다'라고 했으며 하얼빈의 놀기 좋은 곳에 대해 물어보고 있기 때문에 정답은 C이다.

9

女：喂？你一会儿去学校接孩子吧。我临时
　　有事走不开。
男：好，我处理完手头的事情就去。

问：男的一会儿要去做什么？

A　接孩子
B　接待来宾
C　开家长会
D　去亲戚家

여：여보세요? 당신이 이따가 학교로 아이를 마중
　　나가요. 나는 잠시 일이 있어서 갈 수 없어요.
남：좋아요. 내 수중의 일을 다 처리하고 바로 갈
　　게요.

문：남자는 이따가 무엇을 하러 가야 하는가?

A　아이를 마중한다
B　손님을 접대한다
C　학부모 회의를 한다
D　친척 집에 가다

> **단어**　处理 chǔlǐ 图 처리하다 | 手头 shǒutóu 명 솜씨 ‖ 接待 jiēdài 图 접대하다 | 亲戚 qīnqi 명 친척

> **해설**　여자가 남자에게 '당신이 이따가 학교로 아이를 마중 나가라'라고 했다. 이에 대해 남자는 '내 수중의 일을 다 처리하고 바로 가겠다'라고 했기 때문에 남자가 이따가 해야 할 일은 A이다. 여기서 '处理…手头的事'는 '수중의 일을 처리하다'라는 의미이다. 정답은 A이다.

10

男：这套房子装修得确实不错，楼下有车库
　　吗？
女：有，面积挺大的，有二十多平米。

问：关于那个车库，可以知道什么？

A　位于地下一层
B　面积不小
C　租金很贵
D　不单独出售

남：이 집의 인테리어가 확실히 좋네요. 건물 아래
　　에는 차고가 있나요?
여：있습니다. 면적이 매우 커요. 20㎡ 정도 됩니다.

문：그 차고에 관하여, 알 수 있는 것은 무엇인가?

A　지하 1층에 위치한다
B　면적이 작지 않다
C　임대료가 매우 비싸다
D　단독으로 팔지 않는다

> **단어**　装修 zhuāngxiū 图 인테리어 하다 | 确实 quèshí 图 확실히 | 车库 chēkù 명 차고 | 面积 miànjī 명 면적 ‖ 位于 wèiyú 图 ~에 위치하다 | 租金 zūjīn 명 임대료 | 单独 dāndú 图 단독으로

> **해설**　대화에서 쓰인 '装修'는 원래 '꾸미다'라는 의미의 동사이지만 '인테리어 하다'라는 뜻으로도 알아두면 新HSK 5급 듣기 영역에서 훨씬 수월하게 문제에 접근할 수 있다. 이 집의 차고에 대해서 여자는 '면적이 매우 크다'라고 했기 때문에 면적이 작지 않다는 B와 상통한다. 대화에서 '大(크다)'라고 했을 때 보기에서 '不小(작지 않다)'라고 하거나, '多(많다)'라고 했을 때 보기에서 '不少(적지 않다)'라고 출제되는 것은 자주 나왔던 패턴이기 때문에 늘 염두에 해야 한다. 그러므로 정답은 B이다.

11

男：姑娘，这条胡同太窄了。车根本开不进
　　去。
女：那我们绕一下吧，前面那条路也能到。

问：女的建议怎么做？

A　步行进去
B　向路人打听
C　先倒车
D　绕路走

남：아가씨, 이 골목은 너무 좁아요. 차가 아예 들
　　어갈 수 없어요.
여：그러면 우리 돌아서 가요. 앞의 그 길로 가도
　　도착할 수 있어요.

문：여자는 어떻게 하기를 건의하는가?

A　걸어서 들어간다
B　행인에게 물어본다
C　먼저 차를 후진한다
D　길을 돌아서 간다

> **단어**　姑娘 gūniang 명 아가씨 | 胡同 hútòng 명 골목 | 窄 zhǎi 형 좁다 | 绕 rào 图 우회하다, 돌아서 가다 ‖ 步行 bùxíng 图 보행하다 | 打听 dǎting 图 묻다 | 倒车 dàochē 图 차를 후진시키다

> **해설**　동사와 방향보어 사이에 '不'를 넣으면 불가능의 의미가 되므로 남자는 길이 너무 좁기 때문에 '차가 아예 들어갈 수 없다'라고 말했다. 이에 여자가 '그러면 우리 돌아서 가자'라고 했으며 '绕'는 '돌다', '회전하다'라는 의미이기 때문에 정답은 D이다.

12

女：这部电影的导演是个新人，他的票房竟然过了5亿。

男：这部影片是80后的集体回忆，所以吸引了不少年轻人。

问：关于那部电影，下列哪项正确?

A 参演的明星很多
B 没收回成本
C 剧本修改过多次
D 很受年轻人欢迎

여: 이 영화의 감독은 신인인데 그의 흥행 수입이 뜻밖에도 5억이 넘었어.

남: 이 영화는 80년대 사람들의 공통된 추억이야. 그래서 많은 젊은이들을 매료시켰어.

문: 그 영화에 관하여, 다음 중 옳은 것은?

A 참여한 스타가 많다
B 자본금을 회수하지 못했다
C 극본을 여러 번 고친 적이 있다
D 젊은이들에게 매우 사랑을 받는다

단어 票房 piàofáng 몡 흥행 수입, 매표소 ｜ 竟然 jìngrán 몐 뜻밖에 ｜ 回忆 huíyì 몡 추억 ｜ 吸引 xīyǐn 동 매료시키다 ‖ 明星 míngxīng 몡 연예인 ｜ 收回 shōuhuí 동 거두어들이다, 회수하다 ｜ 成本 chéngběn 몡 원가, 자본금 ｜ 剧本 jùběn 몡 극본 ｜ 修改 xiūgǎi 동 고치다

해설 '吸引'은 '끌어당기다', '매료시키다'라는 의미의 新HSK 5급 빈출 단어이다. 대화에서 언급된 '吸引…年轻人'은 '젊은이들을 매료시키다'라는 의미이며 이는 젊은이들이 좋아했다는 의미와 같다. 그러므로 D가 정답이다.

13

女：张总，您觉得这次谈判派谁去比较合适?

男：小李吧，他经验丰富，遇事冷静，对这个项目也熟悉。

问：男的觉得小李怎么样?

A 很虚心
B 比较勤奋
C 为人老实
D 做事冷静

여: 장 사장님, 당신 생각에 이번 협상에 누구를 보내야 비교적 적합할까요?

남: 샤오리(小李)로 하죠. 그는 경험이 풍부하고 일을 할 때 침착해서 이 프로젝트에 대해서도 잘 알 거예요.

문: 남자는 샤오리가 어떻다고 생각하는가?

A 겸손하다
B 부지런한 편이다
C 됨됨이가 성실하다
D 침착하게 일을 한다

단어 谈判 tánpàn 동 협상하다 ｜ 丰富 fēngfù 톙 풍부하다 ｜ 冷静 lěngjìng 톙 냉정하다 ｜ 项目 xiàngmù 몡 프로젝트, 항목, 종목 ｜ 熟悉 shúxī 톙 익숙하다 ‖ 虚心 xūxīn 톙 겸손하다 ｜ 勤奋 qínfèn 톙 꾸준하다, 부지런하다 ｜ 为人 wéirén 몡 됨됨이 ｜ 老实 lǎoshi 톙 성실하다

해설 '冷静'은 '냉정하다'라는 의미이며 동시에 '침착하다', '차분하다'라는 의미도 갖는다. 대화에서는 '遇事冷静'라고 했는데 직역하면 '일에 마주쳤을 때 침착하다'라는 뜻이다. 이는 곧 D의 '做事冷静(침착하게 일을 하다)'과 일치하므로 정답은 D이다.

14

男：你刚才的发言非常好，你的汉语进步很大呀。

女：谢谢，我最近请了一位辅导老师，他很有耐心，教学方法也很独特。

问：女的觉得辅导老师怎么样?

A 工作效率很高
B 教学方法很特别
C 很善良
D 很勤奋

남: 네가 방금 한 발표는 너무 좋았어. 중국어가 많이 향상되었구나.

여: 고마워. 최근에 과외 선생님을 한 분 초빙했는데 그는 인내심도 많고 교육 방법도 매우 독특해.

문: 여자는 과외 선생님이 어떻다고 생각하는가?

A 일의 효율이 매우 높다
B 교육 방식이 매우 독특하다
C 매우 선량하다
D 매우 부지런하다

단어 进步 jìnbù 톙 진보하다 ｜ 辅导 fǔdǎo 동 (학습을) 도우며 지도하다 ｜ 耐心 nàixīn 몡 인내심 ｜ 独特 dútè 톙 독특하다 ‖ 效率 xiàolǜ 몡 능률, 효율 ｜ 善良 shànliáng 톙 선량하다 ｜ 勤奋 qínfèn 톙 꾸준하다, 부지런하다

해설 '辅导' 자체로는 '(학습을) 도우며 지도하다'라는 의미가 있지만 '辅导老师'는 보통 '과외 선생님'이라는 의미이다. 여자는 과외 선생님에 대해서 '그는 인내심도 많고 교육 방법도 매우 독특하다'라고 했기 때문에 정답은 B이다.

15

男：坐下歇会儿吧，晚上回来再收拾。
女：估计咱们从宴会回来就很晚了，我还是抓紧做完吧。

问：他们晚上最可能要做什么？
A 看话剧
B 安装书橱
C 参加宴会
D 听报告

남：앉아서 좀 쉬고 저녁에 돌아와서 다시 정리합시다.
여：우리가 연회에서 돌아오면 너무 늦을 거예요. 서둘러 끝내는 게 낫겠어요.

문：그들은 저녁에 아마도 무엇을 하려고 하는가?
A 연극을 본다
B 책장을 설치한다
C 연회에 참석한다
D 보고를 듣는다

단어 歇 xiē 통 휴식하다 | 收拾 shōushi 통 정리하다, 수습하다 | 估计 gūjì 통 추측하다 | 宴会 yànhuì 명 연회 | 抓紧 zhuājǐn 통 서둘러 하다 ‖ 话剧 huàjù 명 연극 | 安装 ānzhuāng 통 설치하다 | 书橱 shūchú 명 책장 | 报告 bàogào 명 보고

해설 '估计'는 '추측하다'라는 의미로 문장 서두에 오면 '추측하건대', 또는 '~하는 것을 추측하다'라는 의미로 쓰인다. 여자가 '우리가 연회에서 돌아오면 너무 늦을 것이다'라고 추측하기에 그들이 저녁에 하려고 하는 것은 연회 참석이다. 그러므로 정답은 C이다.

16

女：这些建筑都是唐朝时建的吗?
男：不是，是前几年为了拍影视剧，特意模仿古建筑而新建的。

问：关于那些建筑，可以知道什么?
A 拿了设计大奖
B 新建不久
C 是用木头盖的
D 里面很潮湿

여：이 건물들은 모두 당나라 때에 건설된 것인가요?
남：아니에요. 몇 년 전에 영화와 드라마를 찍느라 일부러 옛 건물을 모방해서 새로 지은 거예요.

문：그 건물에 관하여, 알 수 있는 것은 무엇인가?
A 디자인 대상을 받았다
B 새로 지은 지 오래 되지 않았다
C 나무로 지은 것이다
D 안이 매우 습하다

단어 建筑 jiànzhù 명 건물 | 模仿 mófǎng 통 모방하다 ‖ 木头 mùtou 명 나무 | 盖 gài 통 짓다, 건축하다 | 潮湿 cháoshī 형 습하다

해설 '而'은 순접과 역접의 의미를 모두 가지고 있지만 남자의 '模仿古建筑而新建的'에서 '而'은 순접의 의미로 쓰여 '옛 건물을 모방해서 새로 지은 것이다'라고 해석할 수 있다. 그러므로 정답은 B이다.

17

女：陈导演，您的下一部作品什么时候能和大家见面?
男：电影已经拍完了，目前正在进行后期制作，预计九月中旬上映。

问：关于电影，可以知道什么?
A 评价很高
B 许多明星参演
C 还没上映
D 获了大奖

여：천 감독님, 당신의 다음 작품은 언제 모두와 만날 수 있는 건가요?
남：영화는 이미 다 찍었습니다. 현재 후반 작업을 진행 중이라 9월 중순쯤 상영할 예정입니다.

문：영화에 관하여, 알 수 있는 것은 무엇인가?
A 평가가 좋다
B 많은 스타가 참여한다
C 아직 상영하지 않는다
D 대상을 받았다

단어 制作 zhìzuò 통 제작하다 | 预计 yùjì 통 예측하다 | 上映 shàngyìng 통 상영하다 ‖ 评价 píngjià 명 평가

해설 '预计'는 '예측하다', '추측하다'라는 동사로 주로 문장 서두에 쓰인다. 대화에서 밑줄 친 문장은 '9월 중순쯤 상영할 것으로 추측한다', 또는 '9월 중순쯤 상영할 예정이다'라고 해석할 수 있다. 이 말은 현재는 아직 상영하고 있지 않다는 의미이므로 정답은 C이다.

18

男：隔壁新开了一家酒吧，据说那儿的生意
　　不错，晚上我们去看看？
女：好啊，正好趁着周末放松一下。

问：他们晚上打算去哪儿？

A 餐厅
B 酒吧
C 公寓
D 商场

남：옆에 술집이 새로 열었는데 거기 장사가 잘된
　　대. 저녁에 우리 가 볼래?
여：좋아. 마침 주말이니 긴장 좀 풀어 보자.

문：그들은 저녁에 어디에 갈 계획인가?

A 음식점
B 술집
C 아파트
D 상점

단어 隔壁 gébì 몡 이웃집, 옆집 | 酒吧 jiǔbā 몡 술집 | 据说 jùshuō 통 말하는 바에 의하면 ~라 한다 | 生意 shēngyi 몡 장
사 | 轻松 qīngsōng 혱 홀가분하다, 긴장을 풀다

해설 '隔壁'의 사전적 의미는 '이웃집'이지만 때에 따라 '옆에', '근처에'라고 의역되기도 한다. 남자가 첫마디에서 '옆에 술집이
새로 열었는데 거기 장사가 잘된다고 한다. 저녁에 우리 가 볼래?'라고 했기 때문에 정답은 B이다.

19

女：我已经征求过李总的意见了，他同意咱
　　们的活动方案。
男：好，那我赶紧去通知各部门开会，分配
　　一下具体任务。

问：关于活动方案，可以知道什么？

A 是关于市场开发的
B 还需修改
C 得到了领导批准
D 很多人不赞成

여：저는 이미 이 사장님의 의견을 구했어요. 그는
　　우리의 활동 방안에 동의하십니다.
남：좋아요. 그러면 우리 어서 각 부서에 알려 회
　　의를 열고 세부 임무를 분배합시다.

문：활동 방안에 관하여, 알 수 있는 것은 무엇인가?

A 시장 개발에 관한 것이다
B 아직 수정이 필요하다
C 사장님의 승인을 받았다
D 많은 사람들이 찬성하지 않는다

단어 征求 zhēngqiú 통 구하다 | 意见 yìjiàn 몡 의견 | 分配 fēnpèi 통 분배하다 | 任务 rènwu 몡 임무 ‖ 修改 xiūgǎi 통
고치다 | 领导 lǐngdǎo 몡 지도자, 대표 | 批准 pīzhǔn 몡 승인 | 赞成 zànchéng 통 찬성하다

해설 '征求…意见'은 '~의견을 구하다'라는 의미이다. '나는 이미 이 사장님의 의견을 구했다. 그는 우리의 활동 방안에 동의한
다'라고 했기 때문에 그 방안이 사장님의 허락을 받았다는 것을 알 수 있다. C에서 '批准'이란 단어는 '비준하다', '승인하
다'라는 동사적 의미와 '승인'이라는 명사적 의미가 모두 존재하기 때문에 정답은 C이다.

20

男：你是不是感冒了？怎么一直在打喷嚏？
女：不是，我对花粉过敏，一到春天就这
　　样。

问：女的怎么了？

A 过敏了
B 着凉了
C 喝醉了
D 失眠了

남：너 감기에 걸렸니? 어째서 계속 재채기를 해?
여：아니. 나는 꽃가루 알레르기가 있어서 봄만 되
　　면 이래.

문：여자는 어떠한가?

A 알레르기 반응을 보였다
B 감기에 걸렸다
C 취했다
D 불면증에 걸렸다

단어 打喷嚏 dǎ pēntì 재채기 하다 | 花粉 huāfěn 몡 꽃가루 | 过敏 guòmǐn 통 알레르기 반응을 보이다 ‖ 着凉 zháoliáng
통 감기에 걸리다 | 喝醉 hēzuì 통 취하다 | 失眠 shīmián 통 불면증에 걸리다

해설 '过敏'은 '알레르기 반응을 보이다', '과민하다'라는 뜻이며 '对 A 过敏'은 'A에 알레르기가 있다'라는 의미이다. 여자는 '나
는 꽃가루 알레르기가 있다'라고 했기 때문에 정답은 A이다.

第 二 部 分

21-30

21

男： 你倒车熟练了不少啊。
女： 这些天我有时间就思考自己出错的原因
　　和改正的方法。
男： 不错，你这么认真，月底的驾照考试肯
　　定没问题。
女： 谢谢教练，我会努力的。

问： 关于女的可以知道什么？

A 文章写得不错
B 业余爱好很多
C 在准备驾照考试
D 下决心要参赛

남： 당신 차를 후진하는 게 매우 능숙해졌군요.
여： 요 며칠 시간 날 때마다 제가 실수한 원인과
　　고칠 방법을 생각해요.
남： 좋아요. 당신이 이렇게나 열심히 하니 월말에 운
　　전면허 시험은 분명히 별문제 없을 거예요.
여： 감사합니다, 코치님. 저 열심히 할게요.

문： 여자에 관하여 알 수 있는 것은 무엇인가？

A 글을 잘 쓴다
B 여가 취미가 매우 많다
C 운전면허 시험을 준비하고 있다
D 경기에 나갈 결심을 한다

단어 倒车 dàochē 통 차를 후진시키다 ｜ 熟练 shúliàn 형 능숙하다, 숙련되어 있다 ｜ 思考 sīkǎo 통 사고하다 ｜ 改正 gǎizhèng 통 개정하다 ｜ 认真 rènzhēn 형 진지하다 ｜ 驾照 jiàzhào 명 운전면허증 ｜ 教练 jiàoliàn 명 감독, 코치 ‖ 文章 wénzhāng 명 글, 문장 ｜ 业余 yèyú 명 여가 ｜ 下决心 xià juéxīn 결심하다

해설 '倒'는 본디 '반대 방향으로 이동시키다'라는 의미를 가지고 있기 때문에 '倒车'는 '차를 후진시키다'라는 의미이다. 남자는 여자의 후진 실력을 칭찬하면서 '월말에 운전면허 시험은 분명히 별문제 없을 것이다'라고 했다. 특히 '驾照考试(운전면허 시험)'라는 단어가 나왔기 때문에 여자는 운전면허 시험을 준비하고 있다는 것을 알 수 있으므로 정답은 C이다.

22

女： 小张，我们正商量报团去欧洲旅游，你
　　去吗？这个月中旬出发，来回一共10
　　天，怎么样？
男： 我还不确定，得看接下来的工作安排。
女： 那你尽快给我答复吧。我好统计人数。
男： 好，只要不耽误工作，我肯定去。

问： 女的希望男的怎么做？

A 咨询旅行社
B 早点儿回复她
C 赶紧办签证
D 替她请假

여： 샤오장(小张), 우리는 유럽 단체 여행에 대해
　　서 이야기하고 있었어요. 당신도 갈래요? 이번
　　달 중순에 출발해서 돌아오기까지 총 10일이에
　　요. 어때요？
남： 저는 아직 확실하지 않아요. 다음의 업무 일정
　　을 봐야 해요.
여： 그러면 인원수를 잘 계산할 수 있도록, 되도록
　　빨리 저한테 대답해 주세요.
남： 알겠어요. 일에 방해만 안된다면 저는 반드시
　　갈 거예요.

문： 여자는 남자가 어떻게 하기를 바라는가？

A 여행사에 물어본다
B 그녀에게 빨리 대답해 준다
C 서둘러 비자를 만든다
D 그녀 대신 휴가를 신청한다

단어 确定 quèdìng 통 확정하다 ｜ 安排 ānpái 통 안배하다 ｜ 答复 dáfù 통 답변하다 ｜ 统计 tǒngjì 통 통계하다 ｜ 耽误 dānwu 통 시간을 지체하다, 일을 그르치다 ‖ 咨询 zīxún 통 자문하다 ｜ 旅行社 lǚxíngshè 명 여행사 ｜ 赶紧 gǎnjǐn 분 서둘러 ｜ 签证 qiānzhèng 명 비자 ｜ 替 tì 통 대신하다 ｜ 请假 qǐngjià 통 휴가를 신청하다

해설 '好统计'는 '통계 내기 쉽다'라는 의미이다. 여자는 '그러면 인원수를 잘 계산할 수 있도록, 되도록 빨리 나한테 대답해 달라'라고 했기 때문에 정답은 B이다. '尽快(되도록 빨리)'에서 '尽'이라는 글자가 주는 뉘앙스는 '되도록'이라는 의미이므로 '되도록 빨리'라고 해석할 줄 알아야 한다.

23

女：我上星期在你们店买的键盘怎么还没寄到？

男：您可以先查一查物流信息。

女：查了，上面显示两天前就到北京了，但我一直没收到。

男：您把订单编号告诉我，我帮您确认一下。

问：女的怎么了？

A 弄坏了键盘
B 写错地址了
C 没收到包裹
D 想退货

여: 제가 지난주에 당신들 가게에서 산 키보드가 왜 아직도 도착하지 않는 거죠?

남: 먼저 물류 정보를 확인해 보세요.

여: 확인했어요. 위에는 이틀 전에 베이징(北京)에 도착했다고 나와 있는데 저는 줄곧 받지 못했어요.

남: 주문서의 일련번호를 저에게 말씀해 주시면 제가 확인해 드릴게요.

문: 여자는 어떠한가?

A 키보드를 망가뜨렸다
B 주소를 잘못 썼다
C 소포를 받지 못했다
D 반품하고 싶다

단어 键盘 jiànpán 몡 키보드 | 寄 jì 통 부치다, 송달하다 | 物流 wùliú 몡 물류 | 显示 xiǎnshì 통 내보이다, 보여 주다 | 订单 dìngdān 몡 주문서 | 编号 biānhào 몡 일련번호 | 确认 quèrèn 통 확인하다 ‖ 地址 dìzhǐ 몡 주소 | 包裹 bāoguǒ 몡 소포 | 退货 tuìhuò 통 반품하다

해설 '寄'는 '부치다'라는 의미인데 듣기 영역에서 출제되었을 때 유독 잘 들리지 않는 단어이다. 대화에서 '내가 지난주에 당신들 가게에서 산 키보드가 왜 아직도 도착하지 않는 것인가?'라고 했고 여기에서 '寄(부치다)'라는 단어가 들렸기 때문에 키보드를 소포로 받는다는 것을 알 수 있다. 그러므로 정답은 C이다.

24

男：没想到，这些建筑都一千年了还保存得这么完整。

女：是啊。不过有些地方都重新修补装饰过。

男：难怪看起来很新。它们都是用木头建的？

女：对，所以这里严禁吸烟。

问：关于那些建筑，下列哪项正确？

A 非常破旧
B 正在重修
C 是木结构的
D 全被烧毁了

남: 이러한 건물들이 천 년이 지나도 이렇게나 온전하게 보존이 되다니 정말 뜻밖이에요.

여: 맞아요. 그러나 어떤 부분은 다시 보수해서 장식했어요.

남: 어쩐지 새것처럼 보이더라고요. 그것들은 모두 나무로 지은 것인가요?

여: 네. 그래서 여기 안에서는 흡연 금지입니다.

문: 그 건물에 관하여, 다음 중 옳은 것은?

A 매우 낡았다
B 수리 중이다
C 목재 구조이다
D 모두 타 버렸다

단어 保存 bǎocún 통 보존하다 | 修补 xiūbǔ 통 보수하다 | 装饰 zhuāngshì 통 장식하다 | 难怪 nánguài 뿐 어쩐지 | 木头 mùtou 몡 나무, 목재 | 严禁 yánjìn 통 엄격하게 금지하다 ‖ 破旧 pòjiù 톙 낡다 | 重修 chóngxiū 통 수리하다 | 结构 jiégòu 몡 구조 | 烧毁 shāohuǐ 통 타 버리다

해설 남자는 해당 건물에 대해 '그것들은 모두 나무로 지은 것인가?'라고 물어보았으며 이에 대해 여자는 '그렇다. 그래서 여기 안에서는 흡연 금지이다'라고 대답했다. 이로써 그 건물은 목재 구조라는 것을 알 수 있으므로 정답은 C이다.

25

男：你们的新房还没开始装修？
女：没有，我和我丈夫意见不统一。
男：你俩喜欢的风格不一样？
女：这只是地板的问题。他想用瓷砖，但我喜欢木地板。

问：女的和丈夫在哪方面想法不一致？

A　屋顶类型
B　地板材质
C　卧室风格
D　墙纸颜色

남：너희는 새집에 인테리어를 아직 시작하지 않았니?
여：아직 안 했어. 나와 남편의 의견이 일치하지 않아.
남：너희 둘이 좋아하는 스타일이 다르니?
여：이건 단지 마루의 문제야. 그는 타일을 사용하길 바라지만 나는 나무 바닥이 좋아.

문：여자와 남편은 어느 방면의 생각이 일치하지 않는가?

A　옥상 유형
B　마루의 재질
C　침실 스타일
D　벽지 색깔

단어　统一 tǒngyī 통 통일하다 ｜ 风格 fēnggé 명 풍격, 스타일 ｜ 地板 dìbǎn 명 마루, 바닥 ｜ 瓷砖 cízhuān 명 타일 ‖ 屋顶 wūdǐng 명 옥상 ｜ 类型 lèixíng 명 유형 ｜ 材质 cáizhì 명 재질 ｜ 卧室 wòshì 명 침실 ｜ 墙纸 qiángzhǐ 명 벽지

해설　'地板'은 '마루'이라는 의미로 여자의 남편은 타일을 사용하길 바라지만 여자는 나무를 사용하기를 바란다. 그들의 의견이 일치되지 않는 점은 마루의 재질이기 때문에 정답은 B이다.

26

女：打扰一下，您能帮我填一份调查问卷吗？
男：是关于什么的问卷？
女：关于数码产品使用情况的，不会耽误太长时间。
男：好，那我填一份吧。

问：那份问卷是关于哪方面的？

A　居民消费状况
B　急救常识
C　环境满意度
D　数码产品使用情况

여：실례합니다. 설문지 하나 작성해 주실 수 있나요?
남：무엇에 관한 설문지인가요?
여：디지털 제품 사용 실태에 관한 것이에요. 긴 시간이 걸리지 않을 거예요.
남：좋아요. 그럼 하나 작성할게요.

문：그 설문 조사는 어떤 방면에 관한 것인가?

A　주민 소비 실태
B　응급 처치 상식
C　환경 만족도
D　디지털 제품 사용 실태

단어　打扰 dǎrǎo 통 방해하다 ｜ 调查问卷 diàochá wènjuàn 설문지 ｜ 数码 shùmǎ 명 디지털 ｜ 耽误 dānwu 통 시간을 지체하다, 일을 그르치다 ‖ 消费 xiāofèi 명 소비 ｜ 状况 zhuàngkuàng 명 상황 ｜ 常识 chángshí 명 상식

해설　'数码'는 '디지털'이라는 의미이기 때문에 '数码产品'은 '디지털 제품'이라는 의미이다. 대화에서 남자가 작성해야 할 설문 조사에 대해 여자는 '디지털 제품 사용 실태에 관한 것이다'라고 했기 때문에 정답은 D이다.

27

女：我最近总是失眠，睡不好觉。
男：压力太大了吧？
女：可能是，月底就要交毕业论文了，可我还没写完呢。
男：还有半个月，你肯定能写完，忙完这个阶段就好了。

问：女的为什么睡不好觉？

A 家务活儿太多
B 失恋了
C 没找到工作
D 担心论文写不完

여：나 요즘 줄곧 불면증을 겪었어. 잠을 잘 못 자.
남：스트레스가 너무 심해서 그런 거지?
여：아마도 그런 것 같아. 월말에 곧 졸업 논문을 내야 하는데 아직 다 쓰지 못했어.
남：아직 보름 남았으니 넌 반드시 다 쓸 수 있을 거야. 바쁜 이 단계만 넘기면 괜찮겠지.

문：여자는 왜 잠을 잘 못 자는가？

A 집안일이 너무 많다
B 실연했다
C 일을 찾지 못했다
D 논문을 다 쓰지 못해서 걱정이다

단어 失眠 shīmián 통 불면증에 걸리다 | 压力 yālì 명 스트레스 | 月底 yuèdǐ 명 월말 | 论文 lùnwén 명 논문 | 阶段 jiēduàn 명 단계 ‖ 家务活儿 jiāwù huór 집안일 | 失恋 shīliàn 통 실연하다

해설 대화에서 쓰인 '失眠'은 '불면증에 걸리다'라는 의미로 여자가 불면증에 시달리는 이유에 대해서 '월말에 곧 졸업 논문을 내야 하는데 아직 다 쓰지 못했다'라고 대답했기 때문에 정답은 D이다. '就要…了'는 '곧 ~해야 한다'는 의미이다.

28

男：你找什么呢？
女：我有只耳环不见了。
男：卧室和洗手间你都找了吗？
女：找过了，没有。可能是我早上打扫客厅时，掉在地毯上了。

问：女的觉得耳环可能掉在哪儿了？

A 地毯上
B 书架旁
C 窗帘后
D 柜子里

남：너 무엇을 찾니？
여：내 귀걸이가 한 짝이 보이지 않아.
남：침실과 화장실 모두 찾아봤어？
여：찾아봤는데 없어. 아마도 내가 아침에 거실을 청소할 때 카펫 위에 떨어뜨린 것 같아.

문：여자는 귀걸이를 아마도 어디에 떨어뜨렸다고 생각하는가？

A 카펫 위
B 책장 옆
C 커튼 뒤
D 캐비닛 안

단어 耳环 ěrhuán 명 귀걸이 | 打扫 dǎsǎo 통 청소하다 | 客厅 kètīng 명 거실, 객실 | 地毯 dìtǎn 명 양탄자, 카펫

해설 '掉'는 동사 뒤에서 보어로 쓰일 때에는 '~해 버리다'라는 의미이지만 '掉' 자체가 동사로 쓰일 때에는 '떨어뜨리다'라는 뜻이다. '아마도 내가 아침에 거실을 청소할 때 카펫 위에 떨어뜨린 것 같다'라고 했기 때문에 여자가 귀걸이를 떨어뜨린 곳은 카펫 위라는 것을 알 수 있다. 그러므로 정답은 A이다.

29

女：请问劳动节还有去杭州的旅行团吗？
男：还有一个四天三夜的团没报满。
女：我能看一下具体的行程安排吗？
男：请稍等，我给您拿一下日程表。

问：他们最可能在哪儿？

A 报社
B 机场
C 俱乐部
D 旅行社

여：말씀 좀 여쭐게요. 노동절(劳动节)에 항저우(杭州)로 가는 여행 단체가 있나요？
남：3박 4일로 가는 여행 단체가 아직 차지 않았어요.
여：구체적인 여행 일정을 볼 수 있을까요？
남：잠시 기다려 주세요. 제가 일정표를 드릴게요.

문：그들은 아마도 어디에 있는가？

A 신문사
B 공항
C 동호회
D 여행사

단어 **劳动节** Láodòng Jié 몡 노동절 | **旅行团** lǚxíngtuán 몡 여행단 | **具体** jùtǐ 톙 구체적이다 | **行程** xíngchéng 몡 여정 | **日程** rìchéng 몡 일정 ‖ **报社** bàoshè 몡 신문사 | **俱乐部** jùlèbù 몡 클럽, 동호회 | **旅行社** lǚxíngshè 몡 여행사

해설 여자는 남자에게 '노동절에 항저우로 가는 여행 단체가 있는가?'라고 물어보았기 때문에 현재 있는 곳은 여행사라는 것을 알수 있다. 또한 '行程安排(여행 일정)', '日程表(일정표)' 등 여행과 관련된 단어가 나오고 있으므로 정답은 D이다.

30

男: 请问, 你们店有无线网络吗?
女: 有, 您搜索一下, 用户名就是我们店名。
男: 好的, 那密码呢?
女: 是我们店名前三个字的汉语拼音。

问: 男的在问什么?
A 营业时间
B 收费标准
C 无线网络
D 软件名称

남: 말씀 좀 여쭐게요. 가게에 무선 인터넷이 있나요?
여: 네. 검색해 보세요. 사용자명은 저희 가게 이름입니다.
남: 알겠습니다. 그럼 비밀번호는요?
여: 저희 가게 이름 앞 세 글자의 병음이에요.

문: 남자는 무엇을 물어보고 있는가?
A 영업 시간
B 요금표
C 무선 인터넷
D 소프트웨어 명칭

단어 **无线网络** wúxiàn wǎngluò 몡 무선 인터넷 | **搜索** sōusuǒ 됨 검색하다 | **密码** mìmǎ 몡 비밀번호 | **拼音** pīnyīn 몡 병음 ‖ **营业** yíngyè 몡 영업 | **收费标准** shōufèi biāozhǔn 몡 요금표 | **软件** ruǎnjiàn 몡 소프트웨어

해설 '无线网络'는 '무선 인터넷'이라는 의미이다. 남자가 가게의 무선 인터넷에 대해 물어보는 것은 대화의 첫마디에 나와 있으며, 이렇게 대화의 첫마디에서 정답이 나오면 일반적으로 뒤에 똑같은 단어가 겹쳐져 나오지 않는다. 그러므로 처음부터 집중하는 것이 필요하다. 정답은 C이다.

31-32

31不好意思这种心理, 一旦被别人利用往往会使你做出不情愿的, 被动的选择。有一项研究表明, 商家常利用顾客的不好意思, 来推销产品。例如, 逛商店时, 虽然一开始, 你没打算买某产品, 但是在售货员耐心地跟你讲了一堆它的优点后, 因为不好意思, 你可能掏钱购买; 到饭店吃饭, 菜可能够了, 但服务员的热情推荐让你没了主意。最后还是同意加个菜尝尝。这样的事, 几乎人人都遇到过。作为消费者, 一定要摆正心态, 32别让自己不好意思的心理被别人利用。

31미안한 심리라는 것은 일단 다른 사람에게 이용당하기만 하면 종종 당신으로 하여금 원하지 않고 피동적인 선택을 하게 한다. 한 연구가 보여 주길, 상점에서는 자주 고객의 미안함을 이용하여 상품을 판매한다고 한다. 예를 들어 상점을 돌아다닐 때 비록 처음에 당신은 어떤 상품을 살 마음이 없었더라도 판매원이 인내심을 갖고 당신에게 그것의 장점 한 보따리를 이야기한 후에는 미안함 때문에 돈을 꺼내 사게 될 수도 있다. 음식점에서 밥을 먹는데 음식이 충분하더라도 종업원의 친절한 추천은 당신을 아무생각 없게 만들고 결국 음식을 더 시켜서 먹는 데 동의할 것이다. 이러한 일은 거의 모든 사람들이 겪어 본 것인데 소비자로서 반드시 마음을 바로잡고 32자신의 미안한 심리를 다른 사람이 이용하지 않도록 해야 한다.

단어 **情愿** qíngyuàn 됨 바라다, 원하다 | **被动** bèidòng 톙 피동적이다 | **选择** xuǎnzé 됨 선택하다 | **推销** tuīxiāo 됨 판로를 확장하다 | **堆** duī 양 무더기, 더미 | **优点** yōudiǎn 됨 장점 | **掏钱** tāoqián 됨 돈을 꺼내다 | **推荐** tuījiàn 됨 추천하다 | **遇到** yùdào 됨 마주치다 | **摆正** bǎizhèng 됨 알맞게 두다, 바로잡다

<table>
<tr><td>

31 不好意思的心理会使人们怎么样?

  A 变得更小气
  B 被动消费
  C 追求名牌商品
  D 选东西更谨慎

</td><td>

미안한 심리는 사람들이 어떻게 하도록 할 수 있는가?

  A 더욱 인색하게 변하게 한다
  B 피동적으로 소비하게 한다
  C 명품을 추구하게 한다
  D 물건을 더욱 신중하게 고르게 한다

</td></tr>
</table>

 小气 xiǎoqi 혱 인색하다 | 谨慎 jǐnshèn 혱 신중하다

해설 글의 처음에 밑줄 친 문장에서 쓰인 '被动的选择'는 '피동적인 선택'이라는 의미이다. '미안한 심리라는 것은 일단 다른 사람에게 이용당하기만 하면 당신으로 하여금 원하지 않고 피동적인 선택을 하게 한다'라는 내용을 통해 미안한 감정은 피동적인 선택을 야기한다는 것을 알 수 있으므로 정답은 B이다.

<table>
<tr><td>

32 根据这段话，购物时需要注意什么?

  A 货比三家
  B 以节约为本
  C 避免被商家左右
  D 尽量用现金

</td><td>

이 글에 근거하여, 물품 구매 시 무엇을 주의해야 하는가?

  A 세 집의 물건을 비교해 본다
  B 절약을 근본으로 삼는다
  C 상점에 의해 좌지우지되는 것을 피해야 한다
  D 가능한 한 현금을 사용한다

</td></tr>
</table>

 节约 jiéyuē 동 절약하다 | 避免 bìmiǎn 동 피하다

해설 C의 '被 A 左右'는 'A에 의해 좌지우지되다'라는 의미이다. 이것을 글의 밑줄 친 문장에서는 '미안한 심리는 다른 사람이 이용하지 않도록 해야 한다'라고 에둘러 표현했다. 그러므로 정답은 C이다.

33-35

<table>
<tr><td>

　　[33]从前，有位宰相，他妻子十分重视儿子的前程。每天不厌其烦地劝儿子努力读书，而宰相却每天很早就去工作，晚上回家也只顾自己读书。有一天，妻子终于忍不住了说："你每天只顾自己工作、看书，什么时候能在孩子身上花点儿心思呀?"宰相边看书，边说："我这就是在教育儿子呀! [34]言传不如身教。" [34,35]宰相用实际行动来教育儿子，这比妻子的说教更有效。有些父母对孩子要求极其严格，自己却做不到，这样不但收不到好的效果，反而容易使孩子产生逆反心理。父母如果能以身作则，即使什么都不说，孩子也能做得很好。

</td><td>

　　[33]옛날에 한 재상이 있었는데 그의 부인은 아들의 장래를 매우 중시했다. 매일 번거로움을 귀찮아하지 않고 아들에게 열심히 공부하라고 권했지만, 재상은 오히려 일찍 일을 나가고 저녁에 집에 돌아와서는 오로지 자신의 공부에만 열중했다. 어느 날 부인이 결국 참지 못하고 "당신은 매일 자신의 일과 공부에만 열중하는데 언제 아이 옆에서 신경을 써 줄 수 있나요?"라고 말했다. 재상은 책을 읽으며 "내가 이렇게 하는 것이 아들을 가르치고 있는 것이오! [34]말로 하는 것은 몸으로 직접 보여 주는 것만 못해요."라고 말했다. [34,35]재상은 실제 행동으로 아들을 가르친 것이고 이것은 아내의 설교보다 더욱 효과가 있었다. 어떤 부모는 아이에게 아주 엄격하게 요구하면서 자신은 오히려 해내지 못하는데, 이렇게 하면 좋은 효과를 얻지 못할 뿐만 아니라 도리어 아이에게 반항심을 생기게 하기 쉽다. 만약 부모가 솔선수범할 수 있다면, 설령 아무것도 말하지 않더라도 아이는 잘 해낼 수 있을 것이다.

</td></tr>
</table>

단어 前程 qiánchéng 명 전도, 장래 | 不厌其烦 bùyàn qífán 성 번거로움을 귀찮아하지 않다 | 劝 quàn 동 권하다 | 忍不住 rěnbúzhù 동 견딜 수 없다, 참을 수 없다 | 言传身教 yánchuán shēnjiào 성 말로 전수하고 또 행동으로 시범을 보이다 | 不如 bùrú 동 ~만 못하다 | 极其 jíqí 부 아주, 지극히 | 严格 yángé 혱 엄격하다 | 反而 fǎn'ér 부 반대로, 도리어 | 逆反 nìfǎn 명 상반, 반대 | 以身作则 yǐshēn zuòzé 성 솔선수범하다, 몸소 모범을 보이다

33 关于宰相的妻子，可以知道什么？

A 觉得丈夫很了不起
B 希望儿子有前途
C 有爱心
D 很有学问

재상의 아내에 관하여, 알 수 있는 것은 무엇인가?

A 남편이 매우 대단하다고 생각한다
B 아들이 전도가 있기를 희망한다
C 사랑하는 마음이 있다
D 매우 학식이 있다

단어 了不起 liǎobuqǐ 혱 놀랄 만하다. 대단하다 | 前途 qiántú 몡 전도, 앞길, 전망

해설 글의 처음에 밑줄 친 문장에서 '옛날에 한 재상이 있었는데 그의 부인은 아들의 장래를 매우 중시했다'라고 했다. 이때 '前程'과 B에 나온 '前途'는 둘 다 '전도'라는 의미이다. 그러므로 정답은 B이다.

34 宰相是怎么教育孩子的？

A 遇事征求孩子的意见
B 鼓励孩子多动手
C 常表扬孩子
D 用自己的行动

재상은 어떻게 아이를 교육하는가？

A 일이 생겼을 때 아이의 의견을 묻는다
B 아이가 많이 행동하도록 격려한다
C 자주 아이를 칭찬한다
D 자신의 행동을 사용한다

단어 征求 zhēngqiú 통 탐방하여 구하다. 묻다 | 动手 dòngshǒu 통 착수하다 | 表扬 biǎoyáng 통 칭찬하다

해설 재상은 설교로 아이를 교육한 것이 아니라 오히려 자신이 공부에 열중하는 것을 아이에게 보여 주었다. 또한, 밑줄 친 문장에서 쓰인 '言传不如身教(말로 하는 것은 몸으로 직접 보여 주는 것만 못하다)'라는 표현을 통해 아내의 설교보다는 자신의 실제적인 행동이 교육에 더욱 좋은 영향을 준다고 언급했다. 그러므로 정답은 D이다.

35 根据这段话，父母应该怎么做？

A 培养孩子的独立性
B 互相交流
C 以身作则
D 尊重孩子

이 글에 근거하여, 부모는 어떻게 해야 하는가？

A 아이의 독립성을 기른다
B 서로 교류한다
C 솔선수범한다
D 아이를 존중한다

해설 C의 '以身作则'는 '솔선수범하다'라는 의미이다. 글의 밑줄 친 문장에서 '재상은 실제 행동으로 아들을 가르친 것이고 이것은 아내의 설교보다 더욱 효과가 있었다'라고 했으며, 이 내용은 곧 재상이 솔선수범했다는 뜻이므로 정답은 C이다.

有个推销员非常敬业。[36]一次，一家公司的老板多次拜访后告诉他想要购买别人的产品。推销员**百思不得其解**，决定再去拜访一下那位老板，见面后他诚恳地请求对方告诉自己失败的原因，以便改进，[37]并准备记录在自己的客户记录卡上，那上面详细记录了每一次见面时的谈话内容，看着他手中密密麻麻地谈话记录，那位老板感动地说："[38]你这种认真的精神让我很佩服。现在我决定买你的产品了。"

어떤 판매원은 자신의 일에 매우 최선을 다했다. [36]한 번은 한 회사의 사장이 여러 번 방문을 한 후 그에게 다른 사람의 상품을 사고 싶다고 말했다. 판매원은 **도무지 이해가 되지 않아서** 다시 그 사장님을 찾아가야겠다고 결정했다. 만나고 나서 그는 개선할 수 있도록 상대방에게 자신이 실패한 원인을 간절하게 물어보았고 [37]자신의 고객 기록카드에 기록하려고 준비했다. 그 위에는 매번 만날 때마다 했던 이야기의 내용이 상세하게 기록이 되어 있었다. 그의 손에 담겨 있는 **빽빽한대화** 기록을 보면서 그 사장님은 감동하여 말했다. "[38]당신의 이런 성실한 정신에 감탄했어요. 지금 당신의 상품을 사기로 결정했습니다."

단어 敬业 jìngyè 图 자기의 일에 최선을 다하다 | 拜访 bàifǎng 图 삼가 방문하다 | 百思不得其解 bǎisī bùdé qíjiě 도무지 이해가 되지 않는다 | 诚恳 chéngkěn 图 진실하다, 간절하다 | 请求 qǐngqiú 图 요청하다 | 详细 xiángxì 图 상세하다 | 佩服 pèifú 图 탄복하다, 감탄하다

---

36 这段话中"百思不得其解"最可能是什么意思?

A 有多种解释
B 不爱思考
C 怎么都想不明白
D 觉得这样做很不礼貌

이 글에서 '도무지 이해가 되지 않는다'는 아마도 무슨 뜻인가?

A 많은 종류의 해석이 있다
B 사고하는 것을 좋아하지 않는다
C 어떻게 해도 이해되지 않는다
D 이렇게 하는 것은 아주 예의가 없다고 생각한다

단어 解释 jiěshì 图 해석, 해명

해설 '百思不得其解'는 '도무지 이해가 되지 않는다'라는 의미이다. 만약 이 표현을 알지 못한다면 추측을 해야 한다. 글의 밑줄 친 문장에서 '한 번은 한 회사의 사장이 여러 번 방문을 한 후 그에게 다른 사람의 상품을 사고 싶다고 말했다'라고 했다. 이 상황은 판매원 입장에서는 이해가 되지 않은 상황이기에 직접 그 사장을 찾아간 것이므로 정답은 C이다.

---

37 客户记录卡里面写的是什么?

A 推销指南
B 成交记录
C 谈话内容
D 商品信息

고객 기록카드 안에 적혀 있는 것은 무엇인가?

A 마케팅 지침
B 거래 성사 기록
C 대화 내용
D 상품 정보

단어 推销 tuīxiāo 图 판로를 확장하다, 마케팅하다 | 指南 zhǐnán 图 지침 | 成交 chéngjiāo 图 거래가 성립하다 | 信息 xìnxī 图 정보

해설 글의 밑줄 친 문장에서 쓰인 '密密麻麻'는 '빽빽하다'라는 의미이다. 판매원이 사장에게 자신의 실패 원인을 물으며 고객 기록카드를 보았는데 그 속에 빽빽하게 대화 내용이 적혀 있었다라는 내용이므로 정답은 C이다.

38

那位老板最后为什么决定买他的产品了?

A 被他感动了
B 其他人都推荐
C 他的产品功能多
D 可以免运费

그 사장은 최후에 왜 그의 상품을 사기로 결정했는가?

A 그에게 감동받았다
B 다른 사람들이 모두 추천했다
C 그의 상품은 기능이 많았다
D 운송비를 면제할 수 있었다

단어 推荐 tuījiàn 통 추천하다 | 运费 yùnfèi 명 운송비

해설 빽빽하게 적힌 대화 내용을 사장에게 보여 주었고 그 사장님이 감동하여 물건을 사게 되었다고 했으므로 정답은 A이다.

39-41

³⁹舞蹈选修课上，老师总喜欢叫第一排的人到前面做示范，以便指出他们动作上的错误，同学们怕被老师叫到前面去，⁴⁰就纷纷往后边站。于是，第一排就成了最糟糕的位置，而我却喜欢站在第一排。果然老师总会叫我去跳，并一一指出我的错误。⁴¹为了能在大家面前跳好，上课时，我会更用心地学，课下也会下工夫练。这就是我站在第一排的缘故。我跳得越来越好。后来，我当了老师，因为会跳舞孩子们都很喜欢我。我的工作也很顺利。

³⁹춤 선택 과목에서 선생님은 그들이 하는 동작의 잘못된 부분을 지적해 주기 위해 늘 첫 번째 줄에 있는 사람을 불러 앞에서 시범을 보이게 하는 것을 좋아했다. 학생들은 선생님에게 불려 앞에 나오는 것을 두려워해서 ⁴⁰잇달아 뒤쪽에 섰다. 그래서 첫 번째 줄은 가장 나쁜 위치가 되었다. 하지만 나는 오히려 첫 번째 줄에 서는 것을 좋아했다. 과연 선생님은 늘 나를 불러서 춤을 추게 했고 나의 잘못을 하나하나 지적해 주셨다. ⁴¹모두의 앞에서 춤을 잘 추기 위해 수업 때 나는 더 열심히 배웠고 수업 후에도 열심히 연습했다. 이것이 내가 첫 번째 줄에 서는 이유였다. 나는 점점 잘 추게 되었고 후에 선생님이 되었다. 내가 춤을 출 수 있었기 때문에 아이들은 모두 나를 좋아했고, 나의 일도 매우 순조로웠다.

단어 舞蹈 wǔdǎo 명 춤 | 选修 xuǎnxiū 통 선택과목으로 이수하다 | 排 pái 명 줄 | 示范 shìfàn 명 시범 | 以便 yǐbiàn 접 ～하기 위하여 | 指出 zhǐchū 통 지적하다 | 纷纷 fēnfēn 부 분분히, 잇달아 | 糟糕 zāogāo 형 엉망이 되다, 망하다 | 位置 wèizhi 명 위치 | 一一 yīyī 부 하나하나 | 用心 yòngxīn 통 열심이다, 애쓰다 | 下工夫 xià gōngfū 공을 들이다 | 缘故 yuángù 명 연고, 원인, 이유 | 顺利 shùnlì 형 순조롭다

39

老师叫第一排的人到前面的目的是什么?

A 量身高
B 做调查问卷
C 指出错误
D 让他们发言

선생님이 첫 번째 줄의 사람을 앞으로 부른 목적은 무엇인가?

A 키를 재려고
B 설문 조사를 하려고
C 잘못을 지적하려고
D 그들에게 발표를 시키려고

단어 调查问卷 diàochá wènjuàn 명 설문지 | 发言 fāyán 통 발표하다

해설 글의 밑줄 친 문장에서 쓰인 '指出…错误'는 '～잘못을 지적하다'라는 의미이다. '춤 선택 과목에서 선생님은 그들이 하는 동작의 잘못된 부분을 지적해 주기 위해 늘 첫 번째 줄에 있는 사람을 불러 앞에서 시범을 보이게 하는 것을 좋아했다'라고 했기 때문에 정답은 C이다.

40 很多同学都怎么做?　　　　　　　　많은 학생이 모두 어떻게 했는가?

A 找借口请假　　　　　　　　A 핑계를 대고 조퇴했다
B 互换座位　　　　　　　　　B 서로 자리를 바꿨다
C 往后面站　　　　　　　　　C 뒤쪽에 섰다
D 和老师辩论　　　　　　　　D 선생님과 토론했다

 借口 jièkǒu 몡 구실, 핑계 | 请假 qǐngjià 동 휴가를 신청하다 | 座位 zuòwèi 몡 좌석, 자리 | 辩论 biànlùn 동 변론하다

 글의 밑줄 친 문장에서 쓰인 '往'은 '~쪽으로'라는 의미로 '往后边站'은 '뒤쪽에 서다'라는 의미이다. 선생님이 잘못을 지적하기 위해 첫 번째 줄의 사람을 불러 앞에서 시범을 보이게 하는 것을 좋아해서 학생들이 뒤쪽에 섰다고 했다. 그러므로 정답은 C이다.

41 关于说话人，下列哪项正确?　　　　화자에 관하여, 다음 중 옳은 것은?

A 很用功　　　　　　　　　　A 매우 열심히 한다
B 是职业演员　　　　　　　　B 직업 배우이다
C 学历不高　　　　　　　　　C 학력이 높지 않다
D 常腰疼　　　　　　　　　　D 자주 허리가 아프다

 用功 yònggōng 혱 열심이다 | 学历 xuélì 몡 학력 | 腰疼 yāoténg 몡 요통

 글의 밑줄 친 문장에서 쓰인 '用心地学'는 '열심히 배우다'라는 의미이다. '모두의 앞에서 춤을 잘 추기 위해 수업 때 나는 더 열심히 배웠고 수업 후에도 열심히 연습했다'라고 언급이 되었고, 이때 '下工夫'는 '공을 들이다', '노력하다'라는 뜻이다. 이 모든 것을 종합해 보았을 때 '열심이다'라는 뜻의 '用功'이 가장 적절하다. 그러므로 정답은 A이다.

 **42-43**

　　研究表明，人们从短假中获得的快乐要比从长假中获得的多。比如，一个七天长假，只有刚开始的两天，能让人感到激动和快乐，⁴²后面几天由于人们已经习惯了假期生活愉快感会逐渐消失，甚至有人还会因为假期太长而打乱正常的作息和饮食规律造成身体不适。因此，⁴³分开休几个短假比一次性休长假更能让人感到快乐。

연구에 의하면 사람들이 단기 휴가에서 얻는 즐거움이 장기 휴가에서 얻는 즐거움보다 많다고 한다. 예를 들어 7일의 장기 휴가에서 처음 이틀만 사람이 흥분과 즐거움을 느낄 수 있다고 한다. ⁴²뒤의 며칠 동안에는 사람들이 이미 휴가 생활이 익숙해지기 때문에 즐거움이 점점 없어질 것이다. 심지어 어떤 사람은 휴가가 너무 길어 정상적인 일과 휴식, 음식 규율을 엉망으로 만들어서 몸을 불편하게 할 것이다. 이로 인해 ⁴³몇 번의 단기 휴가로 나누어서 쉬는 것이 한 번의 장기 휴가보다 더욱 사람을 즐겁게 할 수 있다.

 激动 jīdòng 동 감격하다, 흥분하다 | 逐渐 zhújiàn 뷔 점차 | 消失 xiāoshī 동 자취를 감추다, 사라지다 | 打乱 dǎluàn 동 엉망으로 만들다 | 作息 zuòxī 동 일하고 휴식하다 | 规律 guīlǜ 몡 규율 | 造成 zàochéng 동 형성하다, 만들다 | 分开 fēnkāi 동 갈라지다, 나누다

42 长假的后几天人们会怎么样?

A 愉快感减弱
B 很积极
C 越来越不安
D 更加兴奋

장기 휴가의 후반 며칠은 사람들이 어떠할 것인가?

A 즐거움이 줄어든다
B 매우 적극적이다
C 점점 더 불안해진다
D 더욱 흥분한다

단어 减弱 jiǎnruò 동 약해지다

해설 장기 휴가에 대해 글의 밑줄 친 문장에서 '뒤의 며칠에는 사람들이 이미 휴가 생활이 익숙해지기 때문에 즐거움이 점점 없어질 것이다'라고 했다. 질문은 장기 휴가의 후반 며칠에 대해 묻고 있기 때문에 정답은 A이다.

43 根据这段话,下列哪项正确?

A 休假有助于减肥
B 长假易使人孤单
C 假期不易早起
D 休短假更让人开心

이 글에 근거하여, 다음 중 옳은 것은?

A 휴가는 다이어트에 도움이 된다
B 장기 휴가는 쉽게 사람을 외롭게 한다
C 휴가에는 일찍 일어나기가 쉽지 않다
D 단기 휴가를 보내는 것은 사람을 더욱 즐겁게 한다

단어 休假 xiūjià 명 휴가 | 不易 bùyì 동 쉽지 않다

해설 '因此'는 '이로 인하여'라는 의미로 글의 후반부에 나왔을 때에는 그 뒤에 주제 문장이 나온다. 글의 밑줄 친 문장에서 '因此(이로 인하여)' 다음에 '몇 번의 단기 휴가로 나누어서 쉬는 것이 한 번의 장기 휴가보다 더욱 사람을 즐겁게 할 수 있다'라고 했기 때문에 정답은 D이다.

 **44-45**

　　我们常会在一些超市里看到"[44]天天低价","五公里范围内最低价"等标语,这其实是超市利用心理学上的"晕轮效应",而采取的一种促销手段。[44]他们将食品等一些生活必需品的价格定得比较低,让人形成这里更便宜的印象,并会自然地认为这里所有商品都比较便宜,可实际上其他商品的价格会被抬高,[45]这样他们才能补回差价。像可乐、果汁等这种品牌产品,价格可能会低于别的超市,但是其他一些不知名品牌的毛巾或衣服等,价格可能就比较高。

　　우리는 몇 슈퍼마켓에서 '[44]매일 저렴한 가격', '5km 범위 내의 최저가' 등의 표어를 볼 수 있다. 이것은 사실 슈퍼마켓이 심리학상의 '후광 효과'를 이용하여 하나의 판촉 수단으로 삼은 것이다. [44]그들은 식품 등의 생필품 가격을 비교적 낮게 정하여 사람들에게 이곳이 더욱 저렴하다는 인상을 형성하고 자연스럽게 이곳의 모든 상품이 저렴한 편이라고 생각하게 한다. 그러나 실제적으로는 다른 상품의 가격을 높이는데 [45]이렇게 그들은 비로소 가격의 차이를 메울 수 있다. 콜라, 주스 등과 같은 브랜드 상품의 가격이 다른 슈퍼마켓보다 낮다면 기타 유명 브랜드가 아닌 수건, 옷 등의 가격은 아마도 비교적 높을 것이다.

단어 低价 dījià 명 저가, 염가 | 标语 biāoyǔ 명 표어 | 晕轮 yùnlún 명 후광 | 效应 xiàoyìng 명 효과와 반응 | 采取 cǎiqǔ 동 채택하다, 취하다 | 促销 cùxiāo 동 판촉하다 | 实际 shíjì 명 실제 | 抬高 táigāo 동 높이다 | 补回 bǔhuí 동 만회하다, 보완하다 | 品牌 pǐnpái 명 브랜드

44 食品等价格低会使顾客对超市产生什么印象?

A 待遇优厚
B 商品都便宜
C 规模大
D 服务态度好

식품 등의 가격이 낮으면 고객에게 슈퍼마켓에 대해 어떤 인상을 생기게 할 수 있는가?

A 대우가 후하다
B 상품이 모두 싸다
C 규모가 크다
D 서비스 태도가 좋다

단어 待遇 dàiyù 몡 대우 | 优厚 yōuhòu 혱 좋다, 후하다

해설 일반적으로 명사는 중첩되지 않으나 '天(날)', '家(집)', '人(사람)', '年(해)' 등은 중첩이 가능하며 중첩했을 때 복수의 의미를 지닌다. 글의 밑줄 친 문장에서 쓰인 '天天低价'는 '매일 저렴한 가격'이라는 뜻이다. '天'이라는 명사는 중첩하면 '날마다', '매일'이라는 의미로 쓰이기 때문이다. 정답은 B이다.

45 超市为什么要提高不知名品牌商品的价格?

A 补回差价
B 提高质量
C 扩大销售
D 降低成本

슈퍼마켓은 왜 유명 브랜드가 아닌 상품의 가격을 올리는가?

A 가격 차이를 메우기 위해
B 질을 높이기 위해
C 판매를 확대하기 위해
D 원가를 내리기 위해

단어 扩大 kuòdà 통 확대하다 | 销售 xiāoshòu 몡 판매 | 降低 jiàngdī 통 내리다 | 成本 chéngběn 몡 원가

해설 A의 '补回差价'는 '가격 차이를 메우다'라는 의미이다. 슈퍼마켓에서 생필품의 가격을 낮추어 이곳의 가격이 저렴하다는 인상을 형성하지만 실제적으로 다른 상품의 가격을 올려 차이를 메운다고 했다. 이어서 밑줄 친 문장에서 '이렇게 그들은 비로소 가격의 차이를 메울 수 있다'라고 말하며 '补回差价(가격 차이를 메우다)'를 직접적으로 언급했기 때문에 정답은 A이다.

二　阅 读

第 一 部 分

46-48

长时间看电视，不但会损伤眼睛，还会使人体受到辐射，所以和电视保持一定的距离很有必要。那么，离多远才能将 <u>46</u> 降到最低呢？专家指出，与电视之间的距离应根据电视屏幕的大小来调整。最佳距离应该是屏幕对角线长度的4至6倍，但这样量有些费劲儿。其实还有一个简单的方法：面对电视伸直胳膊，横放手掌，使之与眼睛处于同一水平线，然后 <u>47</u> 上一只眼，慢慢调整身体与电视之间的距离，当手掌正好能把电视挡住时，那时站立的地方就是观看电视最佳的 <u>48</u> 。

장시간 TV를 시청하면 눈이 손상될 뿐만 아니라 인체가 전자파를 받아 반드시 TV와 일정 간격을 유지하는 것이 필요하다. 그렇다면 얼마만큼의 거리를 유지해야 46 손상시키는 것을 최소화시킬 수 있을까? 전문가들의 지적하길 TV와 간격은 TV 스크린 크기에 따라 조정해야 한다고 한다. 제일 적합한 거리는 스크린 대각선 길이의 4배에서 6배 정도이어야 하는데, 그러나 이렇게 측정하기에는 조금 힘이 든다. 사실 간단한 방법이 하나 있는데 TV를 마주하고 팔을 쭉 뻗어 손바닥을 가로로 놓아 눈과 수평이 맞도록 한다. 그리고 한쪽 눈을 47 감고 천천히 신체와 TV와의 거리를 조정하면서 손바닥이 TV를 가릴 수 있을 때 서 있는 곳이야말로 TV를 시청하는 최적의 48 위치이다.

단어　损伤 sǔnshāng 통 손상되다 | 辐射 fúshè 통 전자파가 사방으로 방출되다 | 距离 jùlí 명 거리 | 专家 zhuānjiā 명 전문가 | 屏幕 píngmù 명 스크린 | 手掌 shǒuzhǎng 명 손바닥

46

A 缺点	B 意外	A 결점	B 의외의
C 伤害	D 毛病	C 손상시키다	D 결점

단어　缺点 quēdiǎn 명 결점 | 意外 yìwài 형 의외의 | 伤害 shānghài 통 손상시키다 | 毛病 máobìng 명 고장, 결점

해설　빈칸 앞부분에 나와 있는 전제 조건으로 '장시간 TV를 시청하면 눈이 손상될 뿐만 아니라 인체가 전자파를 받아 반드시 TV와 일정 간격을 유지하는 것이 필요하다'라고 했다. 이때의 '损伤'은 '손상되다'라는 의미로 '상하게 하다', '손상시키다'라는 의미의 C '伤害'와 비슷한 의미를 지닌다고 볼 수 있다. 또한, 빈칸 뒷부분의 내용이 TV와의 간격 조정을 통해 눈을 덜 손상시키는 방법이 나와 있기 때문에 정답은 C이다.

47

A 闭	B 翻	A 감다	B 뒤집다
C 瞧	D 放	C 보다	D 놓다

단어　闭 bì 통 감다 | 翻 fān 통 뒤집다 | 瞧 qiáo 통 보다 | 放 fàng 통 놓다

해설　빈칸 자리는 동사 자리이며 목적어로는 '眼(눈)'이 나왔다. '眼(눈)'과 관련된 동사는 보기 중에서 '闭(감다)'와 '瞧(보다)'뿐인데 목적어가 '一只眼(한쪽 눈)'이기 때문에 가장 적절한 동사는 A이다. 그러므로 정답은 A이다.

48

A 位置	B 投资	A 위치	B 투자
C 程度	D 类型	C 정도	D 유형

단어　位置 wèizhi 명 위치 | 投资 tóuzī 명 투자 | 程度 chéngdù 명 정도 | 类型 lèixíng 명 유형

해설　빈칸이 포함된 문장을 살펴보면 주어는 '地方(곳)', 술어는 '是(~이다)' 목적어는 빈칸이다. 문장의 주어, 술어, 목적어만 해석을 해 보았을 때 가장 잘 어울리는 단어는 A의 '位置(위치)'이다. 전체적으로 해석을 해 보아도 '그때 서 있는 곳이야말로 TV를 시청하는 최적의 위치이다'가 되기 때문에 정답은 A이다.

一位知名人士曾说："我把钱借给朋友，从来不指望他们还。因为我想，如果他没钱还不了，一定不好意思来；如果他有钱而不想还，也一定不会再来。那么我 __49__ 也就这一次，就当花点儿钱认清了一个坏朋友。朋友借钱，只要数目不大，我都会 __50__ ，因为朋友间应该有通财之谊。至于借出去之后，我从不催讨，是怕伤了 __51__ 的和气。因此，每当我把钱借出去时，总有种既借出去钱，又借出去朋友的感觉。 __52__ ，我便有一种金钱与朋友一起失而复得的感觉。"	한 유명인이 일찍이 말했다. "나는 친구에게 돈을 빌려줄 때 여태껏 그들이 돌려주길 기대한 적이 없다. 왜냐하면 그가 돈이 없어 갚을 수 없다면 오기를 부끄러워할 것이고, 만약 돈은 있지만 갚고 싶지 않다면 그 또한 오지 않을 테니 말이다. 그러니 내가 [49]손해를 보는 것도 이번 한 번이고 좋지 못한 친구를 알아보는 데 돈을 썼다고 여기면 된다. 친구가 돈을 빌릴 때 금액이 크지 않으면 나는 전부 [50]허락한다. 왜냐하면 친구 사이에는 응당 돈을 변통하는 의리가 있어야 하기 때문이다. 돈을 빌려 가고 나서도 나는 재촉하지 않는다. [51]서로의 우정을 상하게 할까 봐 걱정되기 때문이다. 그래서 나는 매번 돈을 빌려줄 때 자꾸만 돈을 빌려줌과 동시에 친구를 빌려준 것 같은 느낌이 든다. [52]그리고 매번 그들이 돈을 갚을 때 나는 일종의 돈과 친구를 함께 잃었다가 다시 얻게 되는 느낌이 든다."

단어 　**知名** zhīmíng 형 저명한 | **人士** rénshì 명 인사 | **指望** zhǐwàng 동 기대하다, 바라다 | **不了** bùliǎo 동 ∼할 수 없다 | **认清** rènqīng 동 확실히 인식하다 | **数目** shùmù 명 수량, 숫자 | **至于** zhìyú 동 ∼의 정도에 이르다 | **催讨** cuītǎo 동 (빚이나 빌려간 물건 등을) 돌려줄 것을 재촉하다 | **和气** héqi 명 화목한 감정 | **失而复得** shī'érfùdé 성 잃어버린 것을 다시 얻다

49

A 吃亏	B 缩短	A 손해를 보다	B 단축하다
C 破坏	D 破产	C 파괴하다	D 파산하다

단어 　**吃亏** chīkuī 동 손해를 보다 | **缩短** suōduǎn 동 단축하다 | **破坏** pòhuài 동 파괴하다 | **破产** pòchǎn 동 파산하다

해설 　한 유명인이 '나는 친구에게 돈을 빌려줄 때 여태껏 그들이 돌려주길 기대한 적이 없다'라고 말했고, 이어서 친구가 돈을 갚지 않는 상황에 대해 말했으므로 이것은 '손해를 보는' 상황이다. 그러므로 정답은 A이다.

50

A 提倡	B 答应	A 제창하다	B 허락하다
C 发表	D 发言	C 발표하다	D 발언하다

단어 　**提倡** tíchàng 동 제창하다 | **答应** dāying 동 대답하다, 허락하다 | **发表** fābiǎo 동 발표하다 | **发言** fāyán 동 발언하다

해설 　'答应'은 '대답하다'라는 의미와 동시에 '동의하다', '허락하다'라는 의미도 가지고 있다. 빈칸이 포함된 문장을 보면 '친구가 돈을 빌릴 때 금액이 크지 않으면 나는 전부 ____'라고 했기 때문에 이때에는 '허락하다'라는 뉘앙스가 나와야 한다. 그러므로 정답은 B이다.

51

A 各自	B 彼此	A 각자	B 서로
C 任何	D 其余	C 어떠한	D 나머지

단어 　**各自** gèzì 대 각자, 제각기 | **彼此** bǐcǐ 대 피차, 서로 | **任何** rènhé 대 어떠한, 무슨 | **其余** qíyú 대 나머지

해설 　빈칸이 포함된 문장의 '伤…和气'는 '화목한 감정이 상하다', '의가 상하다'라는 의미이다. 의가 상하는 것은 최소 두 사람 이상이 주체가 되어야 한다. 그렇기 때문에 '서로', '피차'라는 의미를 가진 B가 정답이다.

52

A 哪怕他们不会还钱	A 설령 그들이 돈을 갚지 않을지라도
B 而他们又找我借钱时	B 그들이 또 나를 찾아 돈을 빌릴 때
C 而每当他们把钱还回来时	C 그리고 매번 그들이 돈을 갚을 때
D 虽然我还是会借钱给他们	D 비록 나는 그들에게 또 돈을 빌려주겠지만

단어 哪怕 nǎpà 졥 설령 ～라 해도

해설 A의 '哪怕'는 '설령 ～라 해도'라는 의미로 뒤에 '也'를 수반한다. 빈칸 뒤에 '也'가 없으므로 '哪怕(설령 ～라 해도)'는 정답이 될 수 없다. 또한, D의 '虽然'은 '비록 ～하지만'이라는 의미로 뒤에 '但是(그러나)'를 수반하기에 D도 정답이 될 수 없다. B는 '그들이 또 나를 찾아 돈을 빌릴 때'라는 의미이며 C는 '그리고 매번 그들이 돈을 갚았을 때'라는 뜻이다. 빈칸 앞에는 '나는 매번 돈을 빌려줄 때 자꾸만 돈을 빌려줌과 동시에 친구를 빌려준 것 같은 느낌이 든다'고 했고 빈칸 뒤에는 돈과 친구를 다시 얻게 되는 느낌이라는 내용이기 때문에 정답은 C이다.

 **53-56**

据说很久以前,黄山的鱼贩都是徒步千里之外的长江将鳜鱼运送到黄山地区售卖, 53 到了目的地, 鳜鱼往往都已经腐烂了。没办法, 鱼贩们只好在鱼身上撒一层盐, 以防止鱼变质。没想到, 这样腌制储存的鳜鱼, 到了千里之外, 颜色 54 鲜亮如新, 虽然表皮会散发出一种似臭非臭的特殊气味, 但洗净后, 经过热油烹调, 55 , 反而鲜香无比。于是, 便有了中国名菜"黄山臭鳜鱼"。

臭鳜鱼歪打正着, 化腐朽为神奇, 56 了人间美味, 令人称奇。

옛날 옛적에 황산의 생선 장수는 도보로 천 리 밖에 있는 창장(长江)에서 쏘가리를 잡아 황산 지역으로 운송해 팔았다고 한다. 53그러나 목적지에 도착하면 쏘가리는 종종 이미 모두 부패해 버렸다. 어쩔 수 없이 생선 장수들은 변질을 방지하기 위해 쏘가리에 소금을 뿌렸다. 뜻밖에도 이렇게 소금에 절여서 보존한 쏘가리는 천 리 밖에 도착하였을 때 색깔은 54여전히 새것처럼 신선하고 밝았다. 비록 표피에는 일종의 시큼시큼한 냄새가 나기는 했지만 물에 헹궈 뜨거운 기름에 조리하면 55먹기에 냄새도 안 날 뿐만 아니라 오히려 아주 향긋했다. 그리하여 중국의 유명한 요리인 '황산 구린 쏘가리'가 탄생하였다.

구린 쏘가리는 뜻밖에 좋은 결과를 얻었다. 쓸모없는 물건을 유용하게 이용하여 세상에 좋은 맛을 56이루었고, 사람들은 그 기묘함에 탄복하였다.

단어 据说 jùshuō 동 말하는 바에 의하면 ～라 한다 | 徒步 túbù 동 걸어가다, 도보하다 | 鳜鱼 guìyú 명 쏘가리 | 腐烂 fǔlàn 동 부패하다 | 防止 fángzhǐ 동 방지하다 | 变质 biànzhì 동 변질되다 | 腌制 yānzhì 동 (음식물을 소금·간장 등에) 절이다 | 储存 chǔcún 동 저축하다 | 烹调 pēngtiáo 동 요리하다 | 歪打正着 wāidǎ zhèngzháo 성 뜻밖에 좋은 결과를 얻다, 우연히 들어맞다 | 化腐朽为神奇 huà fǔxiǔ wéi shénqí 쓸모없는 것을 유용하게 이용하다 | 称奇 chēngqí 동 기묘함에 탄복하다

53

A 除非	B 不过	A 오직 ～하여야	B 그러나
C 假如	D 而且	C 만약	D 게다가

단어 除非 chúfēi 졥 오직 ～하여야 (비로소) | 不过 búguò 졥 그러나 | 假如 jiǎrú 졥 만약 | 而且 érqiě 졥 게다가

해설 A의 '除非'는 '오직 ～하여야'라는 의미로 뒤에 '否则(그렇지 않으면)'를 수반한다. 그리고 C의 '假如'는 '만약'이라는 의미이며 뒤에 '就'를 수반한다. 빈칸 뒤에 모두 이런 표현이 없으므로 A와 C는 정답이 될 수 없다. 해석상 '생선 장수는 도보로 천 리 밖에 있는 창장에서 쏘가리를 잡아 황산 지역으로 운송하여 팔았지만, 목적지에 도착하면 쏘가리는 종종 이미 모두 부패해 버렸다'라는 의미로 역접의 구조가 나와야 하기 때문에 정답은 B이다.

54

A 依然	B 偶尔	A 여전히	B 때때로
C 偶然	D 恐怕	C 우연히	D 대략

[단어] 依然 yīrán 튄 여전히 | 偶尔 ǒu'ěr 튄 때때로 | 偶然 ǒurán 튄 우연히 | 恐怕 kǒngpà 튄 대체로, 대략

[해설] 쏘가리를 천 리 밖에서 운송했을 때 부패를 했던 경험을 빌어 쏘가리에 소금을 뿌렸더니 뜻밖에도 색깔이 새것처럼 신선했다고 했다. 빈칸 뒤의 '鲜亮如新(새것처럼 신선하고 밝다)'과 호응할 수 있는 것은 '여전히'라는 뜻의 A뿐이다. 그러므로 정답은 A이다.

55

A 最后生成了对人有益的微生物	A 마지막에는 인간에게 유익한 생물이 되었다
B 吃起来非但无臭味	B 먹기에 냄새도 안 날 뿐만 아니라
C 或许能够引起人们的注意	C 어쩌면 사람들의 주의를 끌 수 있다
D 即使加上各种调料	D 아무리 각종 조미료를 첨가하여도

[단어] 微生物 wēishēngwù 몡 미생물 | 非但 fēidàn 쩝 비단 ~뿐만 아니라 | 臭味 chòuwèi 몡 악취, 나쁜 냄새 | 或许 huòxǔ 튄 아마, 어쩌면 | 调料 tiáoliào 몡 조미료

[해설] '非但'은 '비단 ~뿐만 아니라'라는 의미이며 뒤에 '而且(게다가)' 혹은 '反而(오히려)'을 수반한다. 빈칸 뒤에서 '反而鲜香无比(오히려 아주 향긋하다)'라고 하여 '反而(오히려)'이 나왔기 때문에 정답은 B이다.

56

A 促使	B 于是	A ~하도록 재촉하다	B 그래서
C 构成	D 成就	C 구성하다	D 이루다

[단어] 促使 cùshǐ 동 ~하도록 (재촉)하다 | 于是 yúshì 쩝 그래서 | 构成 gòuchéng 동 구성하다 | 成就 chéngjiù 동 완성하다, 이루다

[해설] 빈칸 뒤에 '美味(좋은 맛)'라는 표현이 나왔기 때문에 빈칸 자리는 동사 자리이다. 그리고 '美味(좋은 맛)'와 호응하여 '좋은 맛을 이루다'라는 표현은 '成就美味'이므로 정답은 D이다.

57-60

有个造纸工人不小心弄错了配方，生产出了一批废纸。正当他对着那批废纸 _57_ 时，一位朋友劝他：“任何事情都有两面性，你不如换个 _58_ 看看，也许能变废为宝。”听了朋友的话，他开始仔细研究那些废纸。他发现它们虽然不能用来写字，但吸水性 _59_ 好，甚至能吸干家具上的水滴。于是，他把那些纸切割成小块儿，取名"吸水纸"，拿到市场上去卖， _60_ 。后来，他自己成立了一家工厂，专门生产这种"吸水纸"，赚了不少钱。

어느 종이 제작자가 실수로 배합을 잘못하여 파지 한 무더기를 만들어 내게 되었다. 그가 마침 그 한 무더기의 파지를 가지고 [57]근심할 때 한 친구가 그에게 권했다. "어떤 일이든 양면성이 있어. 생각의 [58]각도를 바꾸어 보면 어쩌면 파지를 유용한 물건으로 바꿀 수도 있잖아." 친구의 말을 들은 그는 세심하게 그 파지들을 연구하기 시작했다. 그는 그 종이들이 글씨를 쓰는 것으로 사용할 수는 없지만 흡수성이 [59]상당히 좋다는 걸 알아냈다. 가구 위에 있는 물방울까지도 흡수시킬 수 있었다. 그래서 그는 그 종이들을 작은 조각으로 잘라내서 '흡수지'라는 이름을 붙였고, 가지고 시장에 나가 팔아 보니 [60]결과적으로 호응이 매우 좋았다. 이후로 그는 자기의 공장을 짓고 전문적으로 이런 '흡수지'를 생산하여 많은 돈을 벌었다.

弄错 nòngcuò 통 잘못하다, 실수하다 | **配方** pèifāng 명 화학 제품이나 야금 제품 등의 배합 방법 | **废纸** fèizhǐ 명 파지, 폐지 | **正当** zhèngdāng 개 곧(막) ~에 있다 | **变废为宝** biànfèi wéibǎo 성 쓰레기를 유용한 물건으로 만들다 | **虽然** suīrán 접 비록 ~하지만 | **甚至** shènzhì 접 ~까지도 | **家具** jiājù 명 가구 | **水滴** shuǐdī 명 물방울 | **切割** qiēgē 통 (칼 등으로) 자르다 | **赚钱** zhuànqián 통 이윤을 남기다, 돈을 벌다

57

| A 强调 | B 发愁 | A 강조하다 | B 근심하다 |
| C 珍惜 | D 争论 | C 귀중히 여기다 | D 논쟁하다 |

强调 qiángdiào 통 강조하다 | **发愁** fāchóu 통 근심하다 | **珍惜** zhēnxī 통 귀중히 여기다 | **争论** zhēnglùn 통 논쟁하다

'对 A 发愁'는 'A에 대하여 근심하다'라는 의미이며 빈칸 자리에 '근심하다'라는 표현이 나와야만 뒤에 '한 친구가 그에게 권했다'라는 내용이 올 수 있다. 그러므로 정답은 B이다.

58

| A 角度 | B 规矩 | A 각도 | B 규율 |
| C 原则 | D 步骤 | C 원칙 | D 순서 |

角度 jiǎodù 명 각도 | **规矩** guīju 명 규율 | **原则** yuánzé 명 원칙 | **步骤** bùzhòu 명 순서, 절차

A의 '角度'는 '각도'라는 의미이다. 글에서 '换(바꾸다)'과 호응하는 것은 A의 '角度(각도)'이며 '换个角度看看'은 '각도를 바꾸어 보다', '관점을 바꾸어 보다'라는 의미이다. 그러므로 정답은 A이다.

59

| A 相当 | B 简直 | A 상당히 | B 그야말로 |
| C 总算 | D 稍微 | C 겨우 | D 조금 |

相当 xiāngdāng 부 상당히 | **简直** jiǎnzhí 부 그야말로 | **总算** zǒngsuàn 부 겨우, 간신히 | **稍微** shāowēi 부 조금, 약간

'相当'은 정도부사로 쓰일 때 '상당히'라는 뜻을 지니며 형용사 앞에 온다. 빈칸 뒤에는 '好(좋다)'라는 형용사가 나왔으며 '그는 그 종이들이 글씨를 쓰는 것으로 사용할 수는 없지만 흡수성이 ____좋다는 걸 알아냈다'라고 해석되기 때문에 긍정적인 느낌의 부사 A가 가장 적절하다. 그러므로 정답은 A이다.

60

A 却原来的老板指责	A 되려 원래 사장은 질책했다
B 即使投入很多资金	B 설령 많은 자금을 들였더라도
C 技术越来越好	C 기술이 점점 좋아졌다
D 结果很受欢迎	D 결과적으로 호응이 매우 좋았다

指责 zhǐzé 통 질책하다 | **资金** zījīn 명 자금

빈칸 앞의 내용은 흡수지를 시장에 내다 팔았다는 것이고 빈칸 뒤의 내용은 그의 공장을 지었다는 것이다. 빈칸 자리에서 '결과적으로 호응이 매우 좋았다'라는 의미가 나와야만 앞뒤 문장을 연결할 수 있다. 그러므로 D가 정답이다.

第 二 部 分

61-70

61

　　森林能涵养水源，在预防水旱灾害方面的作用非常大。据统计，一片面积10万亩的森林，其蓄水量相当于一个200万立方米水库的储水量。正如俗话所说"山上多种树，等于修水库。雨多它能吞，雨少它能吐。"

삼림은 수원을 축적할 수 있어서 수해와 재해 방면 예방에 큰 작용을 한다. 통계에 의하면 10만 묘 면적의 삼림이 저장하는 물의 양은 200만 제곱미터의 저수지가 저장하는 물의 양과 같다. 이는 딱 속담에서 이야기하는 "산에 나무를 많이 심으면 저수지를 건설하는 것과 같아서, 비가 많이 내릴 때는 다 흡수할 수 있고 비가 적게 내릴 때는 다 배출할 수 있다."라는 말과 같다.

A　森林规模正在变小
B　森林蓄水能力较强
C　水库分布严重不均
D　水库附近灾害多发

A　삼림의 규모는 점점 작아지고 있다
B　삼림의 물 저장 능력은 비교적 강하다
C　저수지의 분포가 심각하게 불균형적이다
D　저수지 근처에 재해가 자주 발생한다

단어　涵养 hányǎng 〔동〕 (수분 따위를) 축척하다 | 水旱 shuǐhàn 〔명〕 수해와 한해 | 灾害 zāihài 〔명〕 재해 | 蓄水 xùshuǐ 〔동〕 물을 저장하다 | 水库 shuǐkù 〔명〕 저수지 ‖ 规模 guīmó 〔명〕 규모 | 严重 yánzhòng 〔형〕 심각하다

해설　'삼림은 수원을 축적할 수 있어서 수해와 재해 방면 예방에 큰 작용을 한다'고 했기 때문에 정답은 B이다.

62

　　家里精心种植的花草常会莫名其妙地枯萎，而野生植物却不管旱涝总能保持旺盛的活力。人也是一样，过于舒适的成长环境，容易消磨人的意志，让人止步不前。很多时候，苦难反而能让我们变得更强大。

가정에서 정성을 들여 키운 화초가 알 수 없는 이유로 종종 시든다. 그러나 야생 식물은 가뭄과 장마에도 언제나 왕성한 활력을 유지할 수 있다. 사람도 마찬가지이다. 지나치게 편안한 성장 환경은 사람의 의지를 쉽게 무력하게 만들고 걸음을 멈추어 앞으로 나아가지 못하게 한다. 많은 순간 고난은 오히려 우리를 더 강하게 만들수 있다.

A　植物适应环境的能力非常强
B　心情易影响工作效率
C　艰苦的环境有助于人的成长
D　压力大的人宜养植物

A　식물의 환경 적응 능력은 매우 강하다
B　심리 상태는 업무 효율에 쉽게 영향을 끼친다
C　고단한 환경이 사람의 성장에 도움이 된다
D　스트레스가 많은 사람이 식물을 키우기 적합하다

단어　种植 zhòngzhí 〔동〕 재배하다 | 莫名其妙 mòmíng qímiào 〔성〕 영문을 알 수 없다 | 旱涝 hànlào 〔명〕 가뭄과 장마 | 旺盛 wàngshèng 〔형〕 왕성하다 | 消磨 xiāomó 〔동〕 소모하다, 허비하다 | 止步 zhǐbù 〔동〕 걸음을 멈추다 ‖ 艰苦 jiānkǔ 〔형〕 어렵고 고달프다 | 压力 yālì 〔명〕 스트레스

해설　앞에 언급된 화초 이야기는 주제 내용을 비유하기 위해 나온 것으로 식물이 언급된 A는 주제 문장이 될 수 없다. '고난은 오히려 우리를 더 강하게 만들 수 있다'라고 했기 때문에 정답은 C이다.

63

大米中含有维生素、无机盐和蛋白质等营养成分，如果多次淘洗或者用热水冲洗，大米中的营养物质就会流失，若用手使劲儿地反复搓洗，营养物质则会流失得更多。因此，做米饭前一般只需将米轻轻淘洗两次即可。

A 大米不宜反复淘洗
B 大米的营养成分很难被吸收
C 用热水煮饭更有营养
D 大米容易保存

쌀에는 비타민, 무기 염류, 단백질 등의 영양 성분이 함유되어 있다. 만일 여러 번 헹구거나 따뜻한 물로 씻을 경우 쌀의 영양 물질이 유실될 수 있다. 만일 손으로 힘주어 반복적으로 마찰하며 씻을 경우에는 유실되는 영양 물질이 더 많을 수 있다. 그러므로 밥을 하기 전에는 일반적으로 쌀을 가볍게 두 번 정도 헹구어주기만 하면 된다.

A 쌀을 반복적으로 물로 씻는 것은 적당하지 않다
B 쌀의 영양 성분은 흡수되기 힘들다
C 따뜻한 물로 밥을 하면 영양이 더 많다.
D 쌀은 보관하기 쉽다

단어 维生素 wéishēngsù 몡 비타민 | 无机盐 wújīyán 몡 무기 염류 | 蛋白质 dànbáizhì 몡 단백질 | 营养 yíngyǎng 몡 영양 | 淘洗 táoxǐ 통 물로 씻어 내다, 헹구다 | 冲洗 chōngxǐ 통 (물로) 씻어 내다 | 搓洗 cuōxǐ 통 (옷 등을) 비벼 빨다 ‖ 吸收 xīshōu 통 흡수하다 | 煮 zhǔ 통 삶다, 익히다 | 保存 bǎocún 통 보존하다

해설 '만일 손으로 힘주어 반복적으로 마찰하며 씻을 경우에는 유실되는 영양 물질이 더 많을 수 있다'라고 했으며 두 번 정도 헹구어 주는 것이 적절하다고 했기 때문에 정답은 A이다.

64

衡山又称"南岳"，是中国五岳名山之一，位于湖南省衡阳市。衡山的气候条件比其它四岳要好，山上林深树多，终年翠绿，到处生长着奇花异草，四季飘香，自然景色十分秀丽，因而它又有"五岳独秀"的美称。

A 衡山早晚温差大
B 衡山文化艺术气息浓厚
C 衡山自然资源比较缺乏
D 衡山的气候条件在五岳中最好

헝산(衡山)은 '남악'이라고 불리기도 하는데, 이는 중국의 오대 명산 중의 하나로 허난성(湖南省) 헝양시(衡阳市)에 자리하고 있다. 헝산(衡山)의 기후 조건은 다른 사대 명산보다 좋아 산에는 나무가 울창하고 초목이 무성하여, 일 년 내내 푸르르며 곳곳에 진귀한 화초들이 자라고 있다. 사계절 내내 향기로운 냄새가 나며 자연경관은 매우 수려하기 그지없다. 그래서 그것은 또 '독보적인 오악'라는 아름다운 명칭이 있다.

A 헝산은 아침 저녁의 온도 차가 크다
B 헝산의 문화 예술의 정취가 깊다
C 헝산의 자연 자원은 모자란 편이다
D 헝산의 기후 조건은 오대 명산 중 가장 좋다

단어 气候 qìhòu 몡 기후 | 终年 zhōngnián 몡 일 년간, 일 년 내내 | 翠绿 cuìlǜ 혱 청록색의, 푸르다 | 到处 dàochù 몡 도처, 곳곳 | 奇花异草 qíhuā yìcǎo 셍 진귀한 화초, 보기 드문 화초 | 飘 piāo 통 (바람에) 나부끼다, 흩날리다 | 秀丽 xiùlì 혱 수려하다 ‖ 气息 qìxī 몡 (문학 작품의) 정취 | 浓厚 nónghòu 혱 (기체 따위가) 짙다, (색채·의식·분위기 등이) 농후하다 | 缺乏 quēfá 통 결핍되다, 모자라다

해설 '헝산은 '남악'이라고 불리기도 하는데, 이는 중국의 오대 명산 중의 하나이다'라고 했고, 이어서 '헝산의 기후 조건은 다른 사대 명산보다 좋다'라고 했기 때문에 기후 조건이 오대 명산 중 가장 좋다는 것을 알 수 있다. 그러므로 정답은 D이다.

65

生命是一段旅程，而不是一场竞赛。走得一帆风顺固然值得庆幸，但多走几段弯路也未必不是一种收获。多欣赏几段风景，就会多一些生活体验。人生之旅是否有意义、有价值，不在于起点或终点的输赢，也不在于途中的你追我赶，而在于沿途所见的风景，以及内心的那份感受与领悟。

A 常旅行的人心胸开阔
B 要多走弯路
C 只赢不输的人生才精彩
D 人生的意义在于经历与感悟

생명은 하나의 여정이지 한 번의 시합이 아니다. 가는 길이 순조롭다면 물론 기뻐할 만하지만, 꼬불꼬불한 길을 간다고 하여도 이득이 되지 않는 것은 아니다. 여러 풍경들을 많이 감상하면 이는 곧 좋은 생활 경험이 될 것이다. 인생 여정에서 의미와 가치가 있는지는 출발점과 종점의 승패에 달려 있지 않고, 또한 여정 중 서로 쫓고 따라잡는 것에 있지 않으며, 길에서 바라본 풍경 및 마음속의 감상과 깨달음에 있다.

A 자주 여행하는 사람은 마음이 넓다
B 꼬불꼬불한 길을 많이 가야 한다
C 이기기만 하고 지지 않는 인생이야말로 근사하다
D 인생의 의미는 경험과 깨달음에 있다

단어 旅程 lǚchéng 몡 여정 | 竞赛 jìngsài 몡 경쟁, 경기, 시합 | 一帆风顺 yìfān fēngshùn 졩 일이 순조롭게 진행되다 | 固然 gùrán 젭 물론 ~하지만 | 庆幸 qìngxìng 통 기뻐할 만하다 | 弯路 wānlù 몡 굽은 길, 우회로 | 欣赏 xīnshǎng 통 감상하다 | 输赢 shūyíng 몡 승패, 승부 | 沿途 yántú 몡 길가, 연도 | 感受 gǎnshòu 몡 느낌, 인상, 감상 | 领悟 lǐngwù 통 깨닫다 ‖ 心胸 xīnxiōng 몡 도량, 포부, 마음 | 开阔 kāikuò 혱 (면적 또는 공간 범위가) 넓다, (생각이나 마음이) 탁 트이다

해설 '不在于 A 而在于 B'는 'A에 있지 않고 B에 있다'라는 의미이다. 그러므로 '而在于' 뒤에 언급된 내용이 중요하다. '인생 여정에서 의미와 가치가 있는지는 출발점과 종점의 승패에 달려 있지 않고 또한 여정 중 서로 쫓고 따라잡는 것에 있지 않으며, 길에서 바라본 풍경 및 마음속의 감상과 깨달음에 있다'라고 했기 때문에 정답은 D이다.

66

武当山位于湖北境内，不仅自然风光雄伟奇特，而且拥有历史悠久的人文景观。有关武当山的传说、民谣、民俗等丰富多彩。它是中国"内家功夫"的杰出代表——武当拳的发源地，又是著名的道教圣地之一，因此被人称为"中国武术之乡""天下第一仙山"。

A 武当山是中国功夫的发源地之一
B 武当山自然资源丰富
C 武当山上佛教建筑越来越多
D 武当山的地理位置险要

무당산(武当山)은 후베이(湖北) 경내에 위치해 있으며, 자연경관이 웅장하고 독특할 뿐만 아니라 장구한 인문 경관의 역사를 가지고 있다. 무당산(武当山)에 관한 전설과 민요, 민속 등은 풍부하고 다채롭다. 그것은 중국 '내가쿵후'의 대표적인 무당권 발원지이며, 또 유명한 도교 성지 중의 하나로 사람들로 하여금 '중국 무술의 고향', '천하제일 선산'으로 칭해진다.

A 무당산은 중국 쿵후의 발원지 중 하나다
B 무당산의 자연 자원은 풍부하다
C 무당산의 불교 건축물은 점점 많아지고 있다
D 무당산의 지리적 위치는 험준하다

단어 位于 wèiyú 통 ~에 위치하다 | 境内 jìngnèi 몡 경내, 나라 안 | 雄伟 xióngwěi 혱 웅장하다 | 悠久 yōujiǔ 혱 장구하다 | 民谣 mínyáo 몡 민요 | 丰富多彩 fēngfù duōcǎi 졩 풍부하고 다채롭다 | 功夫 gōngfu 몡 쿵후 [중국의 전통 무술] | 杰出 jiéchū 혱 걸출한, 출중한 | 发源地 fāyuándì 몡 발원지 ‖ 资源 zīyuán 몡 자원 | 佛教 Fójiào 몡 불교 | 位置 wèizhi 몡 위치 | 险要 xiǎnyào 혱 험준하다

해설 무당산에 대해서 '그것은 중국 '내가쿵후'의 대표적인 무당권 발원지이다'라고 했으므로 정답은 A이다.

67

晴朗的日子里，我们会发现有时飞机从空中飞过，尾巴后面会拖着一条白色的带子。这种飞机一般是喷气式飞机，它们在高空飞行时，机尾会喷出大量气体，这些气体会跟空气中的水汽凝结成小水珠，远远看上去就像一条"白带子"。

A 傍晚"白带子"最明显
B 喷气式飞机的机尾特别长
C "白带子"其实是小水珠
D 喷气式飞机对空气污染大

화창한 날에 우리는 때로 공중에 비행기가 날아다닐 때, 비행기 꼬리 뒷부분에 흰색 띠가 따라다니는 것을 볼 수 있다. 이런 비행기는 일반적으로 제트기이다. 제트기는 고공비행 시 비행기 꼬리에서 대량의 기체를 분출한다. 이런 기체들은 공기 중의 수증기와 응결하여 작은 물방울이 되는데 멀리서 보면 하나의 '백색 띠'같다.

A 저녁 무렵에 '백색 띠'가 제일 선명하다
B 제트기의 꼬리는 매우 길다
C '백색 띠'는 사실 작은 물방울이다
D 제트기는 공기를 많이 오염시킨다

단어 晴朗 qínglǎng ⑱ 쾌청하다 ┃ 尾巴 wěiba ⑲ 꼬리, 꽁무니 ┃ 拖 tuō ⑧ (몸 뒤로) 늘어뜨리다 ┃ 喷气式飞机 pēnqìshì fēijī ⑲ 제트기 ┃ 喷出 pēnchū ⑧ 분출하다 ┃ 气体 qìtǐ ⑲ 기체 ┃ 水汽 shuǐqì ⑲ 수증기 ┃ 凝结 níngjié ⑧ 응결하다 ‖ 傍晚 bàngwǎn ⑲ 저녁 무렵 ┃ 明显 míngxiǎn ⑱ 뚜렷하다, 분명하다 ┃ 水珠 shuǐzhū ⑲ 물방울 ┃ 污染 wūrǎn ⑧ 오염시키다

해설 '백색 띠'는 제트기의 꼬리 부분에 따라다니는 흰색 띠이다. '이런 기체들은 공기 중의 수증기와 응결하여 작은 물방울이 되는데 멀리서 보면 하나의 '백색 띠'같다'라는 내용에서 그 띠는 수증기와 공기가 응결된 물방울이라는 것을 알 수 있다. 그러므로 정답은 C이다.

68

一项研究称，一个人要掌握某项技能成为专家，需要不断地练习一万个小时；要把一份工作做得得心应手，差不多需要9年。所以如果你现在尽力了，但还是做得不够好，那说明你花的时间还不够。多一点儿耐心，多给自己一点儿时间，相信成功会离你越来越近。

A 成功需要一定时间的积累
B 要热爱自己的工作
C 成功的标准很多
D 要合理分配时间

한 연구에서 말하길 한 사람이 어떤 기능에 숙달하여 전문가가 되려면 연속 만 시간의 연습이 필요하고, 하나의 일을 자유자재로 하려면 거의 9년이 필요하다고 한다. 그래서 만약 당신이 현재 온 힘을 다하고 있지만 여전히 잘하지 못한다면 그것은 당신이 들인 시간이 아직 부족하다는 것을 설명해 준다. 더욱 인내심을 갖고 더욱 자신에게 시간을 준다면 성공은 당신에게서 점점 가까워 질 것이라 믿는다.

A 성공은 상당한 시간의 축적이 필요하다
B 자신의 일을 사랑해야 한다
C 성공의 기준은 매우 많다
D 합리적으로 시간을 분배해야 한다

단어 掌握 zhǎngwò ⑧ 숙달하다 ┃ 技能 jìnéng ⑲ 기능, 솜씨 ┃ 练习 liànxí ⑧ 연습하다 ┃ 得心应手 déxīn yìngshǒu ⑳ (매우 익숙해서) 자유자재로 하다 ┃ 尽力 jìnlì ⑧ 온 힘을 다하다 ‖ 积累 jīlěi ⑲ 축적, 축적물 ┃ 热爱 rè'ài ⑧ 열렬히 사랑하다 ┃ 合理 hélǐ ⑱ 도리에 맞다, 합리적이다 ┃ 分配 fēnpèi ⑧ 분배하다

해설 '한 사람이 어떤 기능에 숙달하여 전문가가 되려면 연속 만 시간의 연습이 필요하고, 하나의 일을 자유자재로 하려면 거의 9년이 필요하다고 한다'라고 하였다. 이 내용은 곧 많은 시간의 축적이 필요하다는 뜻이기 때문에 정답은 A이다.

69

自信心不足的人往往不够放松，走路常会低头弓背、无精打采。而自信的人走路一般昂首挺胸，速度较快，且有节奏，因为他们目标明确，对要去的地方、要见的人和要做的工作都心中有数。因此，心理专家建议，如果你不够自信，可以通过练习快步走来提高自信心。

A 练习快走能增强自信
B 走路能够锻炼全身
C 走路慢显得不礼貌
D 走路要注意调整呼吸

자신감이 부족한 사람은 종종 마음을 편히 하지 못하며 길을 걸을 때 항상 고개를 숙이고 등을 구부리며 풀이 죽어 있을 수 있다. 그러나 자신감이 넘치는 사람은 길을 걸을 때 보통 머리를 들고 가슴을 편다. 속도도 빠른 편이며 리듬감이 있다. 왜냐하면 그들은 목표가 명확하고 가야 하는 곳과 봐야 하는 사람들, 해야 하는 일에 대해 계획적이고 철저하기 때문이다. 그러므로 심리전문가가 건의하기를 만일 당신은 자신감이 부족하다면 빨리 걷기 연습을 통해 자신감을 높일 수 있다고 한다.

A 빨리 걷기 연습은 자신감을 높일 수 있다
B 걷는 것은 전신을 훈련시킬 수 있다
C 느리게 걸으면 무례해 보인다
D 걸을 때에는 호흡 조절에 주의해야 한다

단어 放松 fàngsōng 동 느슨하게 하다, 정신적 긴장을 풀다 | 低头 dītóu 동 머리를 숙이다 | 弓背 gōngbèi 동 등이 굽다, 등을 구부리다 | 无精打采 wújīng dǎcǎi 풀이 죽다 | 昂首 ángshǒu 동 머리를 쳐들다 | 挺胸 tǐngxiōng 동 가슴을 쭉 펴다 | 节奏 jiézòu 명 리듬, 박자 | 明确 míngquè 형 명확하다, 확실하다 | 有数 yǒushù 동 (나름대로) 속셈이 있다 | 建议 jiànyì 동 건의하다 ‖ 增强 zēngqiáng 동 증강하다, 높이다 | 显得 xiǎnde 동 ~인 것 같다, ~하게 보이다 | 礼貌 lǐmào 명 예의 | 注意 zhùyì 동 주의하다 | 调整 tiáozhěng 동 조정하다, 조절하다 | 呼吸 hūxī 명 호흡

해설 지문은 걸음걸이와 자신감의 상관관계에 대한 내용이다. '만일 당신은 자신감이 부족하다면 빨리 걷기 연습을 통해 자신감을 높일 수 있다'라고 마지막에 언급했으므로 정답은 A이다.

70

某报社进行了"人类最糟糕的发明"评选活动，"荣获"此称号的就是我们每天大量使用的塑料袋。塑料袋之所以"糟糕"，是因为自然界的光、热和细菌等都很难将其降解。处理废弃塑料袋往往只能用土填埋或用火烧，但是填埋他们的土地，将很难再长出庄稼或树木；而焚烧塑料袋产生的有害烟尘和有毒气体，会对大气造成污染。

A 塑料袋不易处理
B 保护环境是每个人的义务
C 要鼓励发明创造
D 塑料袋结实耐用

모 신문사에서 '인류 최악의 발명' 선정 이벤트를 진행했다. '영예롭게도' 이 칭호는 우리가 매일 대량으로 사용하는 비닐봉지가 선택되었다. 비닐봉지가 '최악'인 이유는 자연계의 빛과 열, 세균 등이 이를 분해시키기 어렵기 때문이다. 비닐봉지를 폐기 처리하는 방법은 흔히 토지에 매립하거나 태울 수밖에 없는데 비닐봉지를 매립한 토지에서는 다시 농작물이나 나무가 자라기 어렵다. 또한 비닐봉지를 태울 때 발생하는 유해 먼지와 독성 기체가 대기를 오염시킬 수 있다.

A 비닐봉지는 처리하기 어렵다
B 환경 보호는 모든 사람의 의무다
C 발명과 창조를 독려해야 한다
D 비닐봉지는 튼튼하고 오래 쓸 수 있다

단어 报社 bàoshè 명 신문사 | 糟糕 zāogāo 형 망치다 | 塑料袋 sùliàodài 명 비닐봉지 | 细菌 xìjūn 명 세균 | 降解 jiàngjiě 동 분해되다 | 废弃 fèiqì 동 폐기하다 | 填埋 tiánmái 명 매립 | 庄稼 zhuāngjia 명 농작물 | 焚烧 fénshāo 동 불태우다 | 毒气 dúqì 명 독가스 ‖ 处理 chǔlǐ 동 처리하다 | 义务 yìwù 명 의무 | 创造 chuàngzào 명 창조물, 발명품 | 结实 jiēshi 형 단단하다, 튼튼하다 | 耐用 nàiyòng 형 오래 쓸 수 있다

해설 A의 '不易处理(처리하기 어렵다)'가 지문에서 직접 언급된 것은 아니지만 마지막에 비닐봉지를 묻은 토지에서 식물이 자라기 어렵고 태울 때 대기를 오염시킬 수 있다고 에둘러 언급했으므로 A가 정답이다.

第 三 部 分

71-74

李安进公司两年了，工作尽职尽责，从来没受过批评。

可有一天，他忍不住去找经理理论："经理，我在公司这两年，没出过任何差错，没得到提拔。[71]小罗才来公司半年，我们干一样的工作，他却升了部门主任，这不公平。"

经理思考了一下，对他说："我一会儿再向你解释。我正要给大家准备午餐水果，[72]街道拐角处就有一家水果店，你帮我看看那里有没有桔子。"李安出去很快就回来了。

经理问他："那里有桔子吗？""有。""多少钱一斤？""啊？这个我没问。""桔子多不多？够我们员工吃吗？""我没注意。""那里还有其它水果吗？""好像有，但……""没事，你先坐下稍等一会儿。"

经理打电话叫来了小罗，并给了他与李安同样的任务。15分钟后，小罗回来了，经理问他："小罗，那里有桔子吗？"

"[73, 74]经理，那里有桔子，足够我们员工吃一顿，每公斤三块钱。店主说如果买得多，可以给8%折扣。另外，那里还有香蕉、木瓜等水果。我已经预定了桔子，如果您还想要其他水果，我再去一趟。"

经理转向身旁一脸惊讶的李安，问道："你还有什么疑问吗？"李安红着脸说："经理，我明白了，抱歉。"

리안(李安)은 회사에 들어간 지 2년이 되었고 일도 열심히 하고 지금까지 지적을 받은 적이 없다.

그러나 어느 날, 그는 견딜 수 없어 사장을 찾아가 따졌다. "사장님, 제가 회사에 있었던 이 2년 동안 어떠한 잘못도 한 적이 없는데 승진하지 못했어요. [71]샤오뤄(小罗)는 회사에 온 지 겨우 반년이 됐고 우리는 같은 일을 했는데도 그는 팀 주임으로 승진했어요. 이건 불공평합니다."

사장은 좀 생각해 본 뒤 그에게 말했다. "내가 곧 다시 당신에게 설명하지요. 지금 모두에게 점심 과일을 준비하려고 해요. [72]거리 모퉁이에 과일 가게가 하나 있는데 당신이 거기에 귤이 있는지 봐 주세요." 리안(李安)은 나갔다가 빠르게 돌아왔다.

사장이 그에게 물었다. "거기 귤이 있나요?", "있습니다.", "한 근에 얼마인가요?", "네? 그건 안 물어봤는데요", "귤이 많던가요? 우리 직원들이 먹기에 충분한가요?", "제가 주의하지 못했네요.", "거기 다른 과일도 있었나요?", "아마도요. 근데…", "괜찮아요. 여기 먼저 앉아서 좀 기다려요."

사장은 전화를 걸어 샤오뤄(小罗)를 불렀고 그에게 리안(李安)과 같은 임무를 주었다. 15분 뒤 샤오뤄(小罗)가 돌아왔고 사장은 그에게 물었다. "샤오뤄(小罗), 거기 귤이 있나요?"

"[73, 74]사장님, 거기에는 귤이 있고 우리 직원들이 한 끼 먹기에 충분했어요. 1kg에 3위안이에요. 주인 말로는 많이 사면 20% 할인 해 줄 수 있다네요. 그 밖에 거기에는 바나나, 파파야 같은 과일도 있어요. 제가 이미 귤을 예약했으니, 만약 다른 과일이 필요하면 제가 다시 한 번 갔다 오겠습니다."

사장은 몸을 돌려 놀란 얼굴의 리안(李安)에게 "아직도 어떤 의문이 있나요?"라고 물었다. 리안(李安)은 얼굴이 빨개져 "사장님, 이해했습니다. 죄송합니다."라고 말했다.

단어 尽职 jìnzhí 图 직책을 다하다 | 尽责 jìnzé 图 책임을 다하다 | 批评 pīpíng 图 비판하다, 지적하다 | 忍不住 rěnbúzhù 图 견딜 수 없다 | 理论 lǐlùn 图 (이치에 근거하여) 논쟁하다, (시비를) 따지다 | 差错 chācuò 图 착오, 잘못 | 提拔 tíbá 图 발탁하다, 등용하다 | 解释 jiěshì 图 설명하다, 해명하다 | 拐角 guǎijiǎo 图 모퉁이, 구석 | 注意 zhùyì 图 주의하다 | 足够 zúgòu 圈 충분하다 | 折扣 zhékòu 图 할인 | 预定 yùdìng 图 예정하다 | 转向 zhuǎnxiàng 방향을 바꾸다 | 身旁 shēnpáng 图 몸 | 惊讶 jīngyà 圈 의아스럽다, 놀랍다 | 疑问 yíwèn 图 의문 | 抱歉 bàoqiàn 图 미안해하다, 죄송합니다

71 李安为什么觉得不公平?　　　　　　　　리안은 왜 불공평하다고 생각하는가?

A 他常被派去外地出差　　　　　　　　　A 그는 자주 외지로 출장 보내졌다
B 小罗奖金比他多　　　　　　　　　　　B 샤오뤄의 보너스가 그보다 많다
C 他认真工作却没有升职　　　　　　　　C 그는 열심히 일했는데 승진하지 못했다
D 经理对他总是不耐烦　　　　　　　　　D 사장은 그에게 항상 참지 못한다

단어 出差 chūchāi 동 출장 가다 | 奖金 jiǎngjīn 명 보너스 | 升职 shēngzhí 명 승진 | 不耐烦 búnàifán 형 귀찮다, 못 참다

해설 질문의 키워드는 '不公平(불공평)'이므로 글에서 이 키워드를 찾아야 한다. 이 단어는 두 번째 문단에서 나오는데, 밑줄 친 문장에서 리안이 '샤오뤄는 회사에 온 지 겨우 반년이 됐고 우리는 같은 일을 했는데도 그는 팀 주임으로 승진했다. 이건 불공평하다'라고 했기 때문에 자신만 승진하지 못한 상황을 불평하고 있다는 것을 알 수 있다. 그러므로 정답은 C이다.

72 经理让李安做什么?　　　　　　　　　사장은 리안에게 무엇을 하게 하는가?

A 去水果店看有无桔子　　　　　　　　　A 과일 가게에 가서 귤이 있는지 확인한다
B 同水果店老板谈合作　　　　　　　　　B 같은 과일 가게 사장님과 합작을 의논한다
C 买午餐　　　　　　　　　　　　　　　C 점심을 산다
D 为宴会做准备　　　　　　　　　　　　D 연회를 준비한다

단어 合作 hézuò 명 합작, 협력 | 宴会 yànhuì 명 연회

해설 세 번째 문단의 밑줄 친 문장에서 리안의 불평을 듣고 사장이 '거리 모퉁이에 과일 가게가 하나 있는데 당신이 거기에 귤이 있는지 보아라'라고 부탁했기 때문에 정답은 A이다.

73 关于小罗，可以知道:　　　　　　　　샤오뤄에 관하여, 알 수 있는 것은 :

A 经理很欣赏他　　　　　　　　　　　　A 사장은 그를 매우 마음에 들어 한다
B 不会讨价还价　　　　　　　　　　　　B 값을 흥정하지 못한다
C 觉得特别委屈　　　　　　　　　　　　C 특히 억울하게 느낀다
D 进公司比李安早　　　　　　　　　　　D 리안보다 회사에 일찍 들어왔다

단어 欣赏 xīnshǎng 동 마음에 들다 | 讨价还价 tǎojià huánjià 성 값을 흥정하다 | 委屈 wěiqu 형 억울하다

해설 리안에게 귤이 있는지 보고 오라고 했을 때 그는 귤이 있다는 것만 확인했을 뿐 귤의 양, 가격 등 세부적인 것에 대해서는 아무것도 확인하지 않았다. 반면 샤오뤄에게 같은 일을 시켰을 때 그는 귤이 충분한지, 1kg에 얼마인지 등을 모두 고려했기에 사장은 샤오뤄를 더욱 마음에 들어 했다. 그러므로 A가 정답이다.

74 李安最后明白什么了?　　　　　　　　리안은 마지막에 무엇을 이해했는가?

A 不要害怕吃亏　　　　　　　　　　　　A 손해 보는 것을 두려워하지 않아야 한다
B 要勇于承认错误　　　　　　　　　　　B 용감하게 잘못을 인정해야 한다
C 做事要专心　　　　　　　　　　　　　C 일을 할 때는 열중해야 한다
D 考虑问题要全面　　　　　　　　　　　D 문제를 전면적으로 고려해야 한다

단어 害怕 hàipà 동 겁내다, 두려워하다 | 吃亏 chīkuī 동 손해를 보다 | 承认 chéngrèn 동 승인하다, 인정하다 | 专心 zhuānxīn 형 전심전력하다, 전념하다, 열중하다 | 全面 quánmiàn 형 전면적이다

해설 사장이 리안과 샤오뤄에게 같은 일을 시켰지만 샤오뤄는 전면적인 부분을 고려하여 문제를 해결했다. 리안은 그런 샤오뤄를 보며 얼굴이 빨개질 정도로 부끄러움과 깨달음을 얻었기에 정답은 D이다.

坐在你身旁的同事是否总是不停地抱怨工作环境不好或是工作压力太大？在他们抱怨时，你是否会耐心地倾听呢？如果是，那你可不只是在听别人讲而已。事实上，在倾听的过程中，[78]你也会不知不觉地被他们的压力所"传染"。

心理学家发现，压力就像感冒一样会传染，这种"二手"的压力和焦虑情绪可以在工作场所迅速蔓延。因为人们能够以惊人的速度模仿他人的面部表情、声音和姿势，从而对他人的情绪感同身受。[75]我们其实都是"海绵"，可以吸收周围人散发出的感染性的情绪。而在吸收他人压力的同时，我们自己也开始感受到压力，并会不自觉地去关注那些可能会困扰我们的问题。

为什么别人的压力会传染给我们？[76]这是因为，一方面，我们吸收朋友或同事的压力是为了和他们打成一片；另一方面，持续灌进我们耳中的不满的声音，也会让我们开始产生消极的想法。

研究者发现，我们不仅会接受他人消极的思维模式，还会下意识地模仿他们在压力下的身体语言，这导致我们在交谈时会与他们一样弓起背、皱起眉。另外，[77]女性遭遇"二手压力"的风险更大，因为她们往往更容易与他人产生共鸣。

당신 주변에 앉은 동료가 줄곧 끊임없이 업무 환경이 좋지 않다거나 스트레스가 크다고 불평하지 않는가? 그들이 불평할 때 당신은 참을성 있게 경청하는가? 만약 그렇다면 당신은 그냥 다른 사람이 이야기하는 것을 듣는 것 뿐만이 아니다. 사실상 경청하는 과정 중에서 [78]당신도 모르게 그들의 스트레스에 '전염'이 될 것이다.

심리학자가 발견하길 스트레스는 감기와 같이 전염이 될 수 있는데, 이런 '간접적인' 스트레스와 불안한 정서는 업무 현장에 빠르게 퍼져나갈 수 있다고 한다. 왜냐하면 놀라운 속도로 타인의 얼굴 표정, 목소리와 자세를 모방할 수 있기 때문이다. 그리하여 타인에 대한 정서를 직접 느낄 수 있는 것이다. [75]우리는 사실 모두 '스펀지'이기에 주변 사람이 방출한 전염성의 정서를 흡수할 수 있다. 그래서 타인의 스트레스를 흡수하는 동시에 우리 자신도 스트레스를 받고 엉겁결에 그런 우리를 곤란하게 할 수도 있는 그런 문제에도 관심을 갖게 된다고 한다.

왜 다른 사람의 스트레스가 우리에게 전염이 될까? [76]이것은 한편으로 우리는 그들과 **하나가 되기** 위해 친구나 동료의 스트레스를 흡수하고, 다른 한편으로는 우리 귀에 지속적으로 들어오는 불만의 목소리가 우리로 하여금 부정적인 생각을 하게 할 수도 있기 때문이다.

연구자는 우리가 타인의 부정적인 사고방식을 받아들일 뿐만 아니라 잠재 의식적으로 그들의 스트레스 하의 신체 언어를 모방할 수 있다는 것을 발견했다. 이는 우리가 교류할 때 그들과 같이 활처럼 등이 굽고 인상을 쓰게 할 수 있다. 그 밖에도 [77]여성은 '간접적인 스트레스'를 받을 위험이 더 큰데, 그녀들은 종종 더 쉽게 사람 사이에서 공감이 생기기 때문이다.

단어　抱怨 bàoyuàn 동 원망하다, 불평하다 | 耐心 nàixīn 형 참을성이 있다 | 倾听 qīngtīng 동 경청하다 | 而已 éryǐ 조 ~뿐이다 | 不知不觉 bùzhī bùjué 성 자기도 모르는 사이에 | 传染 chuánrǎn 동 전염하다 | 二手 èrshǒu 형 간접적인 | 焦虑 jiāolǜ 동 초조하다 | 蔓延 mànyán 동 널리 번지다, 만연하다 | 模仿 mófǎng 동 모방하다 | 姿势 zīshì 명 자세 | 感同身受 gǎntóng shēnshòu 성 직접 은혜를 입은 것처럼 감사하게 생각하다 | 海绵 hǎimián 명 해면, 스펀지 | 吸收 xīshōu 동 흡수하다 | 感染 gǎnrǎn 동 감염되다 | 自觉 zìjué 동 자각하다 | 困扰 kùnrǎo 동 성가시게 하다 | 打成一片 dǎchéng yípiàn 성 하나가 되다, 한데 뭉치다 | 消极 xiāojí 형 소극적이다, 부정적이다 | 下意识 xià yìshí 명 잠재 의식 | 皱起 zhòuqǐ 동 찡그리다 | 风险 fēngxiǎn 명 위험 | 共鸣 gòngmíng 명 공감

75 为什么说"我们其实都是'海绵'"？

A 有很强的适应性
B 学习能力强
C 抗压性强
D 会吸收别人的情绪

왜 '우리는 사실 모두 스펀지'라고 말하는가?

A 매우 강한 적응성이 있다
B 학습 능력이 강하다
C 압력에 저항하는 힘이 강하다
D 다른 사람의 정서를 흡수 할 수 있다

 **适应性** shìyìngxìng 명 적응성

 '海绵(스펀지)'라는 단어가 처음 언급된 두 번째 문단을 살펴보면, 밑줄 친 문장에서 '우리는 사실 모두 '스펀지'이기에 주변 사람이 방출한 전염성의 정서를 흡수할 수 있다'라고 했다. 우리를 스펀지에 비유한 이유는 다른 사람의 정서를 잘 받아들일 수 있기 때문이므로 정답은 D이다.

---

76 第3段中的画线词语"打成一片"，是什么意思?

A 争论
B 吵架
C 搞好关系
D 相互支持

세 번째 문단에서 밑줄 친 단어 '하나가 된다'는 무슨 뜻인가?

A 논쟁하다
B 말다툼하다
C 관계를 좋게 하다
D 서로 지지하다

 **吵架** chǎojià 동 말다툼하다 | **搞好** gǎohǎo 동 잘 해내다, 잘 처리하다 | **支持** zhīchí 동 지지하다

 '打成一片'은 '하나가 되다'라는 의미이다. 밑줄 친 문장의 '이것은 한편으로 우리는 그들과 하나가 되기 위해 친구나 동료의 스트레스를 흡수하고, 다른 한편으로는 우리 귀에 지속적으로 들어오는 불만의 목소리가 우리로 하여금 부정적인 생각을 하게 할 수도 있기 때문이다'에서 '하나가 되다'라는 표현은 그 사람과 정신적으로 하나가 되는 상태를 뜻한다. 그러므로 C가 정답이다.

---

77 根据第4段，下列哪项正确?

A 女性喜欢模仿
B 身体语言与年龄有关
C 人的思维方式很难改变
D 女性更容易受他人影响

네 번째 문단에 근거하여, 다음 중 옳은 것은?

A 여성은 모방을 좋아한다
B 신체 언어는 나이와 관계가 있다
C 사람의 사고방식은 바꾸기 어렵다
D 여성은 더 쉽게 타인의 영향을 받는다

 **年龄** niánlíng 명 연령

 네 번째 문단 마지막 문장에 의하면 여성이 '二手压力(간접적인 스트레스)'를 더 많이 받는 이유가 쉽게 타인과 공감하기 때문이라고 했기 때문에 정답은 D이다.

---

78 最适合做上文标题的是:

A 倾诉的力量
B 海绵效应
C 会传染的压力
D 你能读懂表情吗

위 글의 제목으로 가장 적절한 것은?

A 토로하는 것의 힘
B 스펀지 효과
C 감염될 수 있는 스트레스
D 당신은 표정을 읽을 수 있나요

 **倾诉** qīngsù 동 이것저것 다 말하다, 토로하다 | **效应** xiàoyìng 명 효과

 글의 주제는 스트레스의 전염에 관한 것이기 때문에 정답은 C이다. 또한, 타인의 스트레스를 흡수하는 사람을 '海绵(스펀지)'에 비유하긴 했지만 '海绵效应(스펀지 효과)'라고 언급한 적은 없었으므로 B는 정답이 될 수 없다.

在老家，香椿树几乎随处可见。每到春天，树上就会长出浓密的嫩芽，香椿被称为"树上蔬菜"，用它的嫩芽做成的菜肴是不可多得的美味。

一天，父亲用把刀把院子里的几棵香椿树顶端的枝条给割了下来，我很奇怪：长得好好儿的，为什么要把顶梢割掉？顶端的枝条不也能长出很多香椿芽吗？割掉了多可惜。

父亲见我一脸疑惑，笑着解释说："79香椿树不仅嫩叶可以当蔬菜吃，同时也是一种优质的木材，人称'中国桃花心木'。80它纹理美丽，质地坚硬，且不易变形，是做家具还有造船的上好材料。"

"这和留不留顶梢有什么关系呢？"

"这就看你想要什么了，81去掉顶梢的香椿树，营养都给了嫩芽，嫩芽便会又多又肥；留着顶梢，香椿树会一直往上长，将来就能成为好木材。"

"难道去掉顶梢就成不了木材了吗？"

"你见过哪一棵结果实的树，长成了参天大树？指望吃果子，82就别想成为木材；指望树成为木材，就别期待它能结果子。树跟人一样，精力是有限的。"

嫩芽与木材，我们只能选择其一。树犹如此，人亦然。82一个人，不可能同时坐上两只船。选择这只，就得放弃另一只，不能太贪心。

고향 집에서 참죽나무는 거의 어디서나 볼 수 있으며, 매번 봄이 되면 나무에서 조밀한 새싹이 자란다. 참죽나무는 '나무의 채소'라고 불리며 그것의 새싹을 이용해 만든 요리는 아주 진귀한 맛있는 음식이다.

하루는 아버지가 칼로 정원에 있는 몇 그루의 참죽나무 끝의 나뭇가지를 절단했다. 나는 이상했다. 잘 자라고 있는 나무의 끝을 왜 절단해야 하는 것일까? 끝의 나뭇가지는 많은 참죽나무의 싹을 자라게 할 수 있지 않은가? 잘라내니까 너무 아까웠다.

아버지는 나의 의문스런 표정을 보시고 웃으면서 설명해 주셨다. "79참죽나무는 어린잎을 채소로 먹을 수 있을 뿐만 아니라 동시에 질이 우수한 목재로 '중국 마호가니 목재'라고 불린단다. 80그것은 무늬가 아름답고 재질이 견고하며 쉽게 변형이 되지 않아 가구를 만드는 것과 선박을 건조하기에 아주 좋은 재료이지."

"이거랑 나무 끝을 남기는 거랑 무슨 관계가 있어요?"

"네가 무엇을 원하는지를 보렴. 81끝을 없앤 참죽나무는 영양을 새싹에게 다 주어 새싹은 더욱 많아지고 살이 오를 거야. 끝을 남겨 놓으면 참죽나무는 계속 위로 자라서 좋은 목재가 될 수 있어."

"설마 끝을 없애면 목재가 될 수 없는 거예요?"

"너는 어떤 열매를 맺은 나무가 하늘을 찌를 듯이 자라는 걸 본 적이 있니? 과일 먹는 것을 기대한다면 목재가 되는 것을 바라지 말고, 82목재가 되길 기대한다면 그게 과실을 맺는 것을 기대하지 말아야 해. 나무와 사람도 똑같이 정신과 체력은 유한한 것이란다."

새싹과 목재, 우리는 그중에서 하나만 고를 수 있다. 나무도 이와 같고 사람도 역시 그렇다. 82한 사람이 두 개의 배에 동시에 오를 수 없듯이 이것을 선택하면 다른 하나를 포기해야지 욕심을 부리면 안 된다.

단어 　随处 suíchù 〔부〕도처에, 어디서나 ｜ 浓密 nóngmì 〔형〕조밀하다 ｜ 嫩芽 nènyá 〔명〕새싹, 새순 ｜ 菜肴 càiyáo 〔명〕요리, 음식 ｜ 顶端 dǐngduān 〔명〕말단, 끄트머리 ｜ 枝条 zhītiáo 〔명〕(나뭇)가지 ｜ 梢 shāo 〔명〕나무 끝, 말단 ｜ 割 gē 〔동〕(칼로) 절단하다, 자르다 ｜ 可惜 kěxī 〔형〕섭섭하다, 아깝다 ｜ 疑惑 yíhuò 〔동〕의심하다 ｜ 解释 jiěshì 〔동〕해석하다, 설명하다 ｜ 优质 yōuzhì 〔형〕질이 우수하다, 양질의 ｜ 纹理 wénlǐ 〔명〕(물체에 나타난) 무늬, 결 ｜ 质地 zhìdì 〔명〕재질 ｜ 坚硬 jiānyìng 〔형〕단단하다, 견고하다 ｜ 造船 zàochuán 〔동〕선박을 건조하다, 배를 만들다 ｜ 指望 zhǐwàng 〔동〕기대하다, 바라다 ｜ 期待 qīdài 〔동〕기대하다 ｜ 亦然 yìrán 〔동〕역시 그렇다, 마찬가지다 ｜ 放弃 fàngqì 〔동〕포기하다 ｜ 贪心 tānxīn 〔형〕탐욕스럽다

79　关于香椿树，可以知道什么？

A 树根非常发达
B 喜欢湿润的气候
C 嫩芽可食用
D 内部是空心的

참죽나무에 관하여, 알 수 있는 것은 무엇인가?

A 나무 뿌리가 매우 발달한다
B 습한 기후를 좋아한다
C 새싹은 식용이 가능하다
D 내부는 비어있다

단어 　发达 fādá 〔형〕발달하다 ｜ 湿润 shīrùn 〔형〕촉촉하다, 습윤하다

해설 '香椿树'는 '참죽나무'라는 뜻으로 아버지가 화자에게 설명을 해주는 세 번째 문단의 밑줄 친 문장에서 '참죽나무는 어린 잎을 채소로 먹을 수 있다'고 했기 때문에 정답은 C이다.

---

80 根据上文，下列哪项是香椿树木材的特点?

A 不易变形
B 香味浓
C 重量重
D 木质粗糙

위 글에 근거하여, 다음 중 어느 것이 참죽나무 목재의 특징인가?

A 변형이 쉽지 않다
B 향기가 진하다
C 중량이 무겁다
D 목재의 질감이 거칠다

단어 粗糙 cūcāo 혱 거칠다, 까칠까칠하다

해설 세 번째 문단의 밑줄 친 문장에서 참죽나무에 대한 아버지의 설명을 보면 '그것은 무늬가 아름답고 재질이 견고하며 쉽게 변형이 되지 않아 가구를 만드는 것과 선박을 건조하기에 아주 좋은 재료이다'라고 했기 때문에 정답은 A이다.

---

81 根据第5段，可以知道:

A 营养不足导致树木生长慢
B 树越高越难成活
C 香椿树分布范围较小
D 去掉顶梢的香椿嫩芽更肥

다섯 번째 문단에 근거하여, 알 수 있는 것은 :

A 영양이 부족하면 나무가 느리게 성장하는 것을 초래한다
B 나무가 클수록 살아남기 어렵다
C 참죽나무는 분포 범위가 비교적 작은 편이다
D 끝을 없앤 참죽나무의 새싹은 더 통통하다

단어 范围 fànwéi 몡 범위

해설 네 번째 문단의 밑줄 친 문장에서 '끝을 없앤 참죽나무는 영양을 새싹에게 다 주어 새싹은 더욱 많아지고 살이 오를 것이며, 끝을 남겨 놓으면 참죽나무는 계속 위로 자라서 좋은 목재가 될 수 있다'고 했기 때문에 정답은 D이다.

---

82 上文主要想告诉我们:

A 要学会取舍
B 目标要远大
C 做事要考虑后果
D 要坚持自己的梦想

위 글이 우리에게 주로 말하고자 하는 것은 :

A 취사선택하는 것을 습득해야 한다
B 목표는 원대해야 한다
C 일을 할 때에 결과를 고려해야 한다
D 자신의 꿈을 견지해 나가야 한다

단어 取舍 qǔshě 통 취사선택하다 | 后果 hòuguǒ 몡 (주로 안 좋은) 결과

해설 글은 참죽나무에 대한 내용으로 시작했지만 결국은 주제 내용을 비유하기 위함이었다. 마지막 문단의 밑줄 친 문장을 보면 '한 사람이 두 개의 배에 동시에 오를 수 없듯이 이것을 선택하면 다른 하나를 포기해야지 욕심을 부리면 안 된다'라고 했으며, 이는 곧 '取舍(취사선택하다)'에 관련된 내용이기 때문에 A가 정답이다.

83-86

母亲问她5岁的女儿："如果妈妈和你一起出去玩儿，咱们俩都渴了，但是又没带水，而你的小书包里恰巧有两个苹果，你会怎么做呢？"女儿歪着脑袋想了想，说："⁸³我会把两个苹果各咬一口。"

母亲听后微微一怔，⁸³以为女儿是想把两个苹果据为己有，不由得感到一丝失望，她本想训斥女儿一番，可就在话即将说出口的那一刻，她忽然改变了主意。她摸摸女儿的小脸，温柔地问："能告诉妈妈，你为什么要这样做吗？"

女儿眨眨眼睛，天真地说："⁸⁴因为我要先尝一尝，看看哪个更甜，然后把最甜的那个给妈妈吃！"那位母亲听了心头一暖，非常感动。

我们应该为那位母亲感到庆幸，因为她对女儿的宽容和信任，使她感受到了女儿的爱；我们也为女孩儿感到庆幸，因为母亲给了她说完话的机会。

⁸⁵即使是最亲密的家人之间也会产生误解，只有耐心倾听才能消除误会，爱一直都在，只是有时候它看不见、摸不着。⁸⁶耐心一点儿，从倾听开始，给爱一个展露真实面貌的机会。

엄마가 그녀의 5살짜리 딸에게 물었다. "만약에 엄마랑 너랑 같이 놀러 나가서 우리 둘 다 목이 마른 데 물은 또 안 가져왔어. 근데 네 책가방에는 마침 사과 두 개가 있어. 그럼 넌 어떻게 할 거야?" 딸은 고개를 삐딱하게 하고 생각한 뒤, "⁸³저는 두 개의 사과를 각각 한 입씩 깨물 거예요."라고 말했다.

엄마는 듣고 나서 약간 어리둥절했다. ⁸³딸이 두 개의 사과를 자기 소유로 하려는 줄 알고 저절로 약간의 실망을 느꼈고, 그녀가 딸을 꾸짖으려고 곧 말을 하려는 순간 그녀는 돌연 생각을 바꿨다. 그녀는 딸의 얼굴을 만지면서 상냥하게 물었다. "왜 이렇게 하려는 건지 엄마한테 말해 줄 수 있니?"

딸은 눈을 깜빡거리며 천진난만하게 말했다. "⁸⁴어떤 사과가 더 단지 제가 먼저 맛을 보고 싶었어요. 그런 다음 가장 단 것을 엄마에게 드려서 드시게 하려고요!" 엄마는 마음이 따뜻해졌고 굉장히 감동을 받았다.

우리는 그 어머니를 위해 기뻐해야 한다. 왜냐하면 그녀는 딸에 대한 관용과 신임으로 딸의 사랑을 느꼈기 때문이다. 우리는 여자아이를 위해서도 기뻐해야 한다. 왜냐하면 엄마가 딸에게 말을 마칠 수 있는 기회를 줬기 때문이다.

⁸⁵설령 가장 친밀한 가족 사이일지라도 오해는 발생할 수 있으나 인내심을 갖고 경청한다면 비로소 오해를 풀 수 있다. 사랑은 계속 존재하지만 가끔씩 보이지 않고 만질 수 없을 뿐이다. ⁸⁶조금만 인내심을 갖고 경청부터 시작하면 진정한 면모를 드러낼 수 있는 기회를 주게 되는 것이다.

단어 恰巧 qiàqiǎo 〔부〕 때마침, 공교롭게도 | 咬 yǎo 〔동〕 물다 | 微微 wēiwēi 〔부〕 조금 | 怔 zhèng 〔동〕 멍하다, 얼이 빠지다 | 据为己有 jùwéijǐyǒu 〔성〕 자기 소유로 만들다 | 失望 shīwàng 〔동〕 실망하다 | 训斥 xùnchì 〔동〕 꾸짖다 | 温柔 wēnróu 〔형〕 부드럽고 상냥하다 | 眨眼睛 zhǎ yǎnjing 눈을 깜빡거리다 | 天真 tiānzhēn 〔형〕 천진난만하다 | 庆幸 qìngxìng 〔동〕 다행스러워하다, 기뻐할 만하다 | 宽容 kuānróng 〔형〕 너그럽다 | 信任 xìnrèn 〔동〕 신임하다 | 误解 wùjiě 〔동〕 오해하다 | 倾听 qīngtīng 〔동〕 경청하다 | 消除 xiāochú 〔동〕 없애다, 해소하다 | 摸不着 mōbuzháo 〔동〕 만질 수 없다 | 展露 zhǎnlù 〔동〕 드러내다 | 面貌 miànmào 〔명〕 면모

83 母亲一开始听到女儿的回答，觉得：

A 特别高兴
B 一点儿都不奇怪
C 特别委屈
D 有些失望

엄마가 처음에 딸의 답을 듣고, 느끼기에:

A 특히 기뻤다
B 하나도 이상하지 않았다
C 너무 억울하다
D 조금 실망했다

단어 委屈 wěiqu 〔동〕 억울하다

해설 엄마가 딸에게 목마른 상황에서 두 개의 사과가 있다면 어떻게 할 것인지를 묻자 딸이 둘 다 한 입씩 깨물겠다고 했다. 이에 대해서 엄마는 약간의 실망을 느꼈기 때문에 정답은 D이다.

84 女儿为什么想把两个苹果各咬一口?

A 看是不是坏了
B 想做个记号
C 要选一个甜的
D 舍不得吃

딸은 왜 두 개의 사과를 각각 한 입씩 깨물어 보고 싶어 하는가?

A 상했는지 보려고
B 표시를 하고 싶어서
C 단 것 한 개 고르려고
D 먹기 아까워서

단어 记号 jìhao 명 기호, 표시 | 舍不得 shěbude 동 ~하기 아까워하다

해설 딸이 두 개의 사과를 한 입씩 깨물거라고 하자 엄마가 그 이유를 물었다. 세 번째 문단의 밑줄 친 문장에서 '어떤 사과가 더 단지 내가 먼저 맛을 보고 싶었다. 그런 다음 가장 단 것을 엄마에게 드려서 드시게 한다'라고 했기 때문에 정답은 C이다.

85 关于那位母亲, 可以知道:

A 非常细心
B 对女儿比较有耐心
C 答应了孩子的要求
D 追求完美

그 엄마에 관하여, 알 수 있는 것은:

A 매우 세심하다
B 딸에 대해 인내심이 있는 편이다
C 아이의 요구를 들어주었다
D 완벽함을 추구한다

단어 细心 xìxīn 형 세심하다 | 追求 zhuīqiú 동 추구하다, 탐구하다 | 完美 wánměi 형 완미하다, 매우 훌륭하다

해설 엄마는 처음에 딸에 대해서 조금 실망을 했지만 참고 이유를 물어보았다. 그 인내심 덕분에 오히려 그녀는 딸의 사랑을 확인할 수 있었기 때문에 정답은 B이다.

86 上文主要想告诉我们什么?

A 要学会多角度看问题
B 要维护孩子的自尊心
C 要学会倾听
D 要多体贴父母

위 글이 우리에게 주로 말하고자 하는 것은 무엇인가?

A 다각도에서 문제를 보는 것을 습득해야 한다
B 아이의 자존심을 지켜 줘야 한다
C 경청하는 것을 습득해야 한다
D 부모님을 자상하게 돌봐야 한다

단어 角度 jiǎodù 명 각도 | 维护 wéihù 동 유지하고 보호하다, 지키다 | 体贴 tǐtiē 동 자상하게 돌보다

해설 주제는 가장 마지막 문단을 읽어보면 쉽게 찾을 수 있다. 밑줄 친 문장에서 '조금만 인내심을 갖고 경청부터 시작하면 진정한 면모를 드러낼 수 있는 기회를 주게 되는 것이다'라고 했기 때문에 정답은 C이다

人类习惯躺着睡觉，即使在某些特殊情况下能坐着入睡，但也总会睡得东倒西歪的。与人类不同，[87]鸟类大都是以双足紧扣树枝的方式"坐"在数米高的树上睡觉的，而且从不会跌落下来。这是为什么呢？

一位鸟类学家解释说，[88]人类和鸟类的肌肉作用方式有很大的区别，尤其是在进行"抓"这一动作时，更是完全相反。二者相比较，人类是主动地去抓，鸟类则是被动地去抓。当人类想要抓住某样东西的时候，需要用力使肌肉紧张起来。而鸟类只有在要松开所抓的物体时，肌肉才会紧张起来。也就是说，当鸟类飞离树枝时，其爪子的肌肉呈紧张状态，而当它"坐"稳之后，肌肉便松弛下来，爪子就自然地抓住树枝了。

这位鸟类学家还介绍说，不同的鸟睡眠时间也大不相同。鸫属的鸟基本上一天只睡1到3个小时；[89]啄木鸟等穴洞孵卵鸟类睡眠时间最长，大约要睡六个小时。

另外，他还指出，同人类相比，鸟类没有"深度睡眠"这一阶段，它们所谓的睡眠只是进入了一种"安静的状态"而已，[90]因为它们必须警惕随时可能出现的天敌，以便及时地飞走逃生。

인류는 누워서 자는 게 익숙하다. 설령 어떤 특수한 상황에서 앉아서 잠이 들 수 있다고 할지라도 내내 이리저리 뒹굴면서 잘 것이다. 인류와는 다르게 [87]조류 대부분은 두 발을 나뭇가지에 단단히 채우는 방식으로 몇 미터나 높은 나무 위에 '앉아서' 잠을 잔다. 게다가 절대 떨어질 리도 없다. 왜 그럴까?

어느 조류학자는 [88]인류와 조류의 근육이 작용하는 방식에 큰 차이가 있고 특히 '잡는' 동작을 할 때 더 완전히 다르다고 설명했다. 두 개를 서로 비교해 보면 인류는 주동적으로 가서 잡고 조류는 오히려 피동적으로 가서 잡는다. 인류가 어떤 물건을 잡고 싶어 할 때 힘을 써서 근육을 긴장시키는 것이 필요한데 조류는 잡은 물체를 놓아야 할 때만 근육이 비로소 긴장하기 시작한다. 다시 말하자면 조류가 나뭇가지에서 날아갈 때 발의 근육이 긴장 상태가 되고, 그것이 '앉을' 때는 근육이 이완되어 발은 자연스럽게 나뭇가지를 잡는다.

이 조류학자는 더 소개하면서 새마다 자는 시간도 같지 않다고 말했다. 지빠귓과에 속하는 새는 기본적으로 하루에 한 시간에서 세 시간을 잔다. [89]딱따구리 등의 동굴에서 알을 부화하는 새는 수면 시간이 가장 길며 대략 여섯 시간 정도 잠을 잔다고 한다.

그 밖에 그는 인류와 비교해서 조류는 '깊은 수면'이라는 이 단계가 없다고 지적했다. 그것들의 모든 수면은 단지 일종의 '안정된 상태'에 들어가는 것일 뿐으로 [90]수시로 나타날 수 있는 천적을 반드시 경계하고, 즉시 날아가 위험에서 빠져 나와야 하기 때문이다.

단어 习惯 xíguàn 통 습관이 되다, 익숙해지다 | **即使** jíshǐ 접 설령 ~하더라도 | **东倒西歪** dōngdǎo xīwāi 성 이리저리 비틀거리다 | **紧扣** jǐnkòu 통 단단히 채우다, 단단히 걸다 | **跌落** diēluò 통 떨어지다 | **肌肉** jīròu 명 근육 | **抓住** zhuāzhù 통 잡다 | **松开** sōngkāi 통 풀다 | **松弛** sōngchí 형 느슨하다, 이완하다 | **鸫** dōng 명 지빠귀 | **属** shǔ 명 무리 | **啄木鸟** zhuómùniǎo 명 딱따구리 | **穴洞** xuédòng 명 동굴 | **孵卵** fūluǎn 통 부화하다 | **睡眠** shuìmián 명 수면 | **阶段** jiēduàn 명 단계 | **所谓** suǒwèi 형 이른바 | **警惕** jǐngtì 통 경계하다 | **天敌** tiāndí 명 천적 | **逃生** táoshēng 통 위험에서 빠져 나오다, 목숨을 건지다

87

鸟类大多是怎样睡觉的？

A 躲在洞里
B 倒挂在树枝上
C 东倒西歪地躺着
D "坐"在树枝上

조류는 대부분 어떻게 잠을 자는가?

A 동굴 안에 숨어서
B 나뭇가지에 거꾸로 매달려서
C 이리저리 뒹굴듯이 누워서
D 나뭇가지 위에 '앉아서'

단어 躲 duǒ 통 숨다 | 倒挂 dàoguà 통 거꾸로 매달려 있다

해설 질문에서는 조류의 수면 방법에 대해 묻고 있고 글에서는 사람이 자는 방법과 조류가 자는 방법을 비교했다. 첫 번째 문단의 밑줄 친 문장에서 '조류 대부분은 두 발을 나뭇가지에 단단히 채우는 방식으로 몇 미터나 높은 나무 위에 '앉아서' 잠을 잔다'라고 했기 때문에 정답은 D이다.

88

人类和鸟类的睡眠方式不同，是因为：

A 大脑结构不同
B 骨骼构成不同
C 饮食习惯不同
D 肌肉作用方式不同

인류와 조류의 수면방식이 다른 이유는 :

A 대뇌의 구조가 다르다
B 골격의 구성이 다르다
C 식습관이 다르다
D 근육이 작용하는 방식이 다르다

 **骨骼** gǔgé 몡 골격

해설 두 번째 문단의 밑줄 친 문장에서 인류와 조류의 수면 방식에 대해서 조류학자가 '인류와 조류의 근육이 작용하는 방식에 큰 차이가 있고 특히 '잡는' 동작을 할 때 더 완전히 다르다'라고 했으므로 정답은 D이다.

89

根据第3段，下列哪项正确?

A 很多鸟喜欢在晚上睡觉
B 啄木鸟的睡眠时间很长
C 鸫属的鸟每天要睡6个小时
D 鸟类的睡眠时间和季节有关

세 번째 문단에 근거하여, 다음 중 옳은 것은?

A 매우 많은 새들이 저녁에 잠자는 것을 좋아한다
B 딱따구리의 수면 시간은 매우 길다
C 지빠귓과에 속하는 새는 매일 6시간을 잔다
D 조류의 수면 시간은 계절과 관련이 있다

 **季节** jìjié 몡 계절, 철

해설 세 번째 문단에서는 각종 조류와 관련된 수면에 대해서 이야기하고 있다. 밑줄 친 문장에서 '딱따구리 등의 동굴에서 알을 부화하는 새는 수면 시간이 가장 길며 대략 여섯 시간 정도 잠을 잔다'라고 했기 때문에 정답은 B이다.

90

鸟类为什么没有"深度睡眠"?

A 为了保存体力
B 为了保持警觉
C 周围环境太吵
D 怕错过捕食时间

조류는 왜 '깊은 수면'이 없는가?

A 체력을 보존하기 위해서
B 경계심을 유지하기 위해서
C 주변 환경이 너무 시끄러워서
D 먹이 잡을 시간을 놓칠까 걱정해서

保持 bǎochí 동 유지하다, 지키다 ｜ **警觉** jǐngjué 몡 경계심 ｜ **捕食** bǔshí 동 (동물이) 먹이를 잡다

해설 글의 가장 마지막 문단의 밑줄 친 문장을 보면 '수시로 나타날 수 있는 천적을 반드시 경계하고, 즉시 날아가 위험에서 빠져 나와야 하기 때문이다'라고 했기 때문에 조류가 깊게 자지 않는 이유는 B라는 것을 알 수 있다. 그러므로 정답은 B이다.

三 书 写

第 一 部 分

🎯 *91-98*

---

91 透明的　结实　雨伞　这种　吗

정답　这种透明的雨伞结实吗?　｜　이런 투명한 우산은 튼튼한가요?

단어　透明 tòumíng 휑 투명하다 ｜ 结实 jiēshi 휑 튼튼하다 ｜ 雨伞 yǔsǎn 똉 우산

해설　'结实'은 '튼튼하다'라는 형용사이다. 형용사가 술어가 될 때에는 목적어를 갖지 않기 때문에 나머지는 술어 앞에 순서대로 배치하면 된다.

这种透明的　雨伞　结实 吗?
관형어　　　주어　술어

---

92 那文件　保存　硬盘里了　到　我把

정답　我把那文件保存到硬盘里了。　｜　나는 그 파일을 하드디스크에 보관했다.

단어　文件 wénjiàn 똉 서류, 파일 ｜ 保存 bǎocún 똥 보존하다 ｜ 硬盘 yìngpán 똉 하드디스크

해설　'把'는 '～를'이라는 의미의 개사이다. '부사 + 조동사 + 개사 + 명사'의 순서대로 술어 앞에 위치하기 때문에 '把(～를)'는 명사와 함께 술어 앞에 오게 된다. 또한 술어 뒤에 '到'가 올 때에는 목적 달성의 의미 또는 '～까지', '～에'라는 의미를 가지며 제시어의 '到'는 '～에'라는 의미로 해석된다.

我　把那文件　保存　到硬盘里了
주어　부사어　술어　　보어

---

93 邀请了　很多　此次开幕式　明星

정답　此次开幕式邀请了很多明星。　｜　이번 개막식에 많은 스타를 초청했다.

단어　邀请 yāoqǐng 똥 초청하다 ｜ 此 cǐ 때 이, 이것 ｜ 开幕式 kāimùshì 똉 개막식 ｜ 明星 míngxīng 똉 샛별, 스타

해설　'邀请'은 '초청하다'라는 의미의 동사이다. 그러므로 목적어에는 '开幕式(개막식)'가 아니라 '明星(스타)'이 나와야 한다.

此次　开幕式　邀请了　很多　明星。
관형어　주어　　술어　관형어　목적어

---

94 这部　小说是　作品　之一　他的代表

정답　这部小说是他的代表作品之一。　｜　이 소설은 그의 대표 작품 중 하나이다.

단어　小说 xiǎoshuō 똉 소설 ｜ 作品 zuòpǐn 똉 작품 ｜ 代表 dàibiǎo 똉 대표

해설　'之一'는 '～중의 하나'라는 의미이며 명사 뒤에 위치한다. '是' 같은 경우 'A + 是 + B'의 법칙으로 쓰여 'A는 B이다'라는 의미가 된다. 또한 A와 B가 각각 동격이어야 하기 때문에 이 구문을 제시어에 그대로 적용하면 A자리에는 '小说(소설)', B자리에는 '代表作品之一(대표 작품 중 하나)'가 위치하게 된다.

这部　小说　是　他的　代表作品之一。
관형어　주어　술어　관형어　　목적어

95

利息　　此次贷款　　上调了　　百分之二

| 정답 | 此次贷款利息上调了百分之二。 | 이번 대출금 이자가 2% 상향 조정되었다. |

단어 贷款利息 dàikuǎn lìxī 몡 대출금 이자 | 上调 shàngtiáo 동 상향 조정하다 | 百分之 bǎifēnzhī 몡 퍼센트

해설 구체적인 수량은 술어 뒤에 위치하여 보어로 쓰인다. 다시 말해 '2%'라는 뜻의 '百分之二'은 '上调(상향 조정하다)'라는 술어 뒤에 위치해야 한다.

此次　贷款利息　上调了　百分之二。
관형어　주어　술어　보어

96

退休　　的　　爷爷是　　去年

| 정답 | 爷爷是去年退休的。 | 할아버지께서는 작년에 퇴직하셨다. |

단어 退休 tuìxiū 동 퇴직하다

해설 '是…的' 구문은 이미 일어난 사실을 강조할 때 쓰는 강조 용법이며 '是'는 주어 뒤에, '的'는 문장 맨 마지막에 위치한다. 이 때 '是'와 '的'는 아무 뜻이 없으며 단지 강조의 기능만을 한다. 그렇기 때문에 이 문장의 술어는 '退休(퇴직하다)'라고 볼 수 있다. '작년에 퇴직했다'라는 사실을 강조하려고 한 것이기 때문에 '去年退休(작년에 퇴직했다)'는 '是'와 '的' 사이에 위치한다.

爷爷　是　去年　退休　的。
주어　　　　술어

97

设计　　这把锁的　　巧妙　　极其

| 정답 | 这把锁的设计极其巧妙。 | 이 자물쇠의 설계는 아주 교묘하다. |

단어 设计 shèjì 몡 설계, 디자인 | 锁 suǒ 몡 자물쇠 | 巧妙 qiǎomiào 혱 교묘하다 | 极其 jíqí 뮈 아주

해설 '把'는 '~를'이라는 의미의 개사도 있지만 동시에 자물쇠를 세는 양사이기도 하다. 또한 '巧妙'는 '교묘하다'라는 의미의 형용사이기 때문에 술어로 쓰일 때 목적어를 갖지 않는다.

这把锁的　设计　极其　巧妙。
관형어　주어　부사어　술어

98

对身体　　熬夜　　伤害　　极大

| 정답 | 熬夜对身体伤害极大。 | 밤을 새는 것은 몸을 크게 상하게 한다. |

단어 熬夜 áoyè 동 밤새다 | 伤害 shānghài 몡 해로움 | 极 jí 뮈 극히

해설 '伤害极大'는 '해로움이 극히 크다'라는 의미이다. '伤害(해로움)'라는 주어가 '极大(극히 크다)'라는 술어와 합해진 하나의 문장이라고 볼 수 있는데 이런 주술구 또한 술어가 될 수 있다. 제시어 중에서 '밤을 새다'라는 뜻의 '熬夜'가 주어이며 이에 대한 술어로 주술구인 '伤害极大(해로움이 극히 크다)'가 쓰이게 된 것이다. 그래서 직역하면 '밤을 새는 것은 몸에 대해서 해로움이 극히 크다'라는 의미가 되며 개사 '对(~대하여)'는 술어인 '伤害极大(해로움이 극히 크다)' 보다 앞에 위치해야 한다.

熬夜　对身体　伤害极大。
주어　부사어　술어

第 二 部 分

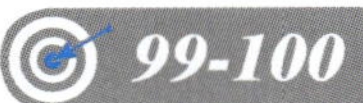

99

最初、状态、习惯、克服、坚持

모범답안　俗话说：万事开头难。也许太多时候我们厌恶最初的状态，不知道如何才能做到令人满意。但如果坚持，不断地努力探求，养成良好的习惯，一定会克服重重困难，获得令人满意的成功。

속담에서 말하길 '모든 일은 시작이 어렵다'라고 한다. 어쩌면 정말 많은 경우 우리는 처음의 상태를 싫어하고 어떻게 해야 다른 사람을 만족시킬 수 있는지를 모른다. 하지만 만약 굳건하게 끊임없이 노력하고 탐구하여 좋은 습관을 기른다면, 반드시 어려운 고난을 극복해 낼 수 있고 다른 사람을 만족시킬 만한 성공을 얻을 수 있을 것이다.

단어　**最初** zuìchū 몡 처음, 최초 │ **状态** zhuàngtài 몡 상태 │ **习惯** xíguàn 몡 습관 │ **克服** kèfú 동 극복하다 │ **坚持** jiānchí 동 견지하다, 고수하다 ‖ **开头** kāitóu 몡 시작 │ **也许** yěxǔ 뷔 어쩌면, 아마도 │ **厌恶** yànwù 동 몹시 싫어하다 │ **养成** yǎngchéng 동 양성하다, 기르다

100

모범답안　日益发展的社会，竞争也在逐步加剧，压力也是随之而来。寻求发泄的方法已是人们关注的话题，那就来一次说走就走的旅行吧。抛弃世俗的种种烦恼，尽情的享受旅行带给我们的放松。继而重整心情，更好地工作和生活！

나날이 발전하는 사회에서는 경쟁도 점차 더 심해지고 스트레스 또한 따라 온다. 해소하는 방법을 찾는 것은 이미 사람들이 주목하는 주제이다. 그렇다면 한 번 즉흥적인 여행을 떠나보라. 세속의 여러 가지 걱정을 버리고 여행이 우리에게 가져다 주는 홀가분함을 한껏 즐겨라. 계속해서 마음을 재정비하면 일과 생활을 더욱 잘할 수 있을 것이다.

단어　**日益** rìyì 뷔 날로 │ **竞争** jìngzhēng 몡 경쟁 │ **逐步** zhúbù 뷔 한 걸음 한 걸음, 점차 │ **发泄** fāxiè 동 털어놓다, 해소하다 │ **关注** guānzhù 동 주시하다, 관심을 가지다 │ **抛弃** pāoqì 동 버리다 │ **放松** fàngsōng 동 정신적 긴장을 풀다 │ **重整** chóngzhěng 동 재조정하다